수학 | 신체 | 테크놀로지의 삼중주

Mathematics and the Body:
Material Entanglements in the Classroom
by ELIZABETH DE FREITAS and NATHALIE SINCLAIR

Mathematics and the Body

Material Entanglements in the Classroom

수학·신체·테크놀로지의 삼중주

포괄적 유물론과 **수학교육**의 만남

엘리자베스 드 프레이타스 · 나탈리 싱클레어 지음

이경화 · 김동원 · 박진형 · 문성재 · 노정원 · 서민주 옮김

KM 경문사

역자 서문

이 책을 번역할지에 대해 고민이 많았습니다. 책에서 다루는 주제와 내용이 생소하고 어려운 것이 첫 번째 이유이고, 특정 정치적인 입장에 치우친 견해를 담고 있는 책으로 오해를 불러일으킬까 하는 염려가 두 번째 이유입니다. 첫 번째 이유는 공부하는 사람들이 내세우기 부끄러운 것이고, 더욱이 국내외 사회과학과 인문과학 분야에서 최근 몇십 년 동안 상당히 많은 관심과 조명을 받는 들뢰즈 철학을 수학교육에 반영한 책이니 번역할 필요가 있다고 생각했습니다. 많은 나라에서 그렇듯이 우리나라에서도 '정치'라는 단어는 부정적인 의미 또는 이미지와 관련되는 경우가 많습니다. 그런데 역자들이 파악하기에 이 책에서 사용하는 '정치'라는 단어나 저자들이 제시한 '포괄적 유물론'은 새로운 철학으로 이해하는 것이 바람직합니다. 저자들은 수학이라는 학문의 특성과 역사를 새롭게 보고, 이로부터 수학교육의 철학과 방향, 수학 교수·학습 방법을 논의할 수 있는 새로운 이론과 그 사례를 제시하는 데 목표를 두고 이 책을 썼습니다. 특히, 창의성과 심미성에 대한 다양한 학문 분야의 논의를 수학과 수학교육에 가져와서 새로운 수학교육을 꿈꿀 수 있는 기초를 제공한 점이 흥미롭습니다.

수학적 창의성에 대해서는 다양한 정의가 제시되어 왔으며, 창의성 개념의 다의성은 관련 연구의 발전을 이끄는 원동력 중 하나입니다. 이 책에서는 샤틀레가 했던 수학사 연구 결과를 기초로, 다음과 같이 이전에 제시된 것과는 다소간 차이가 있는 수학적 창의성의 의미에 천착했습니다.

> 샤틀레는 책에 새겨져서 고정된 다이어그램이 아니라, 수학자가 손으로 새로운 차원의 공간, 새로운 종류의 평면을 스케치한 것들에 주목했다. 이 스케치들은 추상적인 대상을 지시하지 않기 때문에 물리-수학적 존재들이라고 할 수 있다. 이러한 관점에 따르면, 수학적 창의성은 모종의 제스처와 이 제스처를 위해 손을 역동적으로 움직이는 순간 새롭고 독창적인 무언가를 포착하여 다이어그램에 담아낸 것이라고 할 수 있다. (본문 3장에서 발췌)

위에서 '물리-수학적 존재들'이라거나 '손을 역동적으로 움직이는 순간'이라는 표현이 눈길을 끕니다. 수학은 추상적인 대상에 대한 정신적인 활동이라고 생각하는 것이 통상적이기 때문입니다. 이 책에서는 위에서 언급한 제스처와 손을 이용한 촉각뿐만 아니라 시각, 청각, 음성, 언어, 상상 등 다양한 감각에 주목하며 이들이 수학적 창조와 수학 학습에서 중요한 역할을 한다고 주장합니다. 이 주장을 뒷받침하기 위해 저자들이 제시한 흥미로운 사례들은 그동안 수학교육 연구가 간과한 면이 있는 수학하는 행위와 그 행위의 물질적 특성을 새롭고 독창적인 방식으로 조명합니다. 특히, 저자들은 다양한 감각 기반의 행위 및 물질에 기초한 수학 학습의 의미와 효과를 연구하기 위해 테크놀로지를 적극적으로 활용한 교수 실험을 설계하여 실행하고 그 결과를 이 책에 담았습니다. 테크놀로지를 활용한 수학교육 관련 논의는 매우 다양하게 이루어져 왔습니다만 이 책에서 제시하는 내용은 이전의 논의와 상당히 다릅니다. 저자들이 제시한 새로운 테크놀로지 환경과 그 환경에서 수학의 신체 또는 물질성을 다양하게 감각하거나 생성하는 모습은 수학학습에 대한 새로운 꿈을 가지게 합니다. 저자들은 수학의 신체 또는 물질성을 고려하면 학습자를 정해진 기준에 맞추는 것이 아니라 나름의 수학적 창조를 즐기도록 뒷받침할 수 있다고 말합니다. 이것은 미래 수학교육 또는 인공지능 기반 수학교육 담론에서 가장 많이 강조하는 측면입니다. 이런 이유로 번역서의 제목을 《수학·신체·테크놀로지의 삼중주: 포괄적 유물론과 수학교육의 만남》으로 붙여보았습니다. 원제는 《Mathematics and the Body: Material Entanglements in the Classroom》인데 여기서 '물질의 얽힘들'이라는 표현이 매우 중요함에도 너무 추상적이어서 차라리 저자들의 입장인 '포괄적 유물론'을 제목에 포함시키는 것이 책의 내용을 효과적으로 압축하여 안내할 수 있다고 생각했기 때문입니다.

역자들이 이 책의 난해하고 시적인 표현들을 적절한 우리말로 옮기기 위해 나름 최선을 다했으나 번역서는 원저를 뛰어넘지 못한다는 진리를 다시 한 번 확인했습니다. 이에 포괄적 유물론을 적용한 수학교육 연구에 관심을 두는 연구자들은 반드시 원저를 참고할 것을 권합니다. 원저가 아니라 이 번역서만 읽을 독자들을 위해 저자들이 요약한 이 책의 집필의도를 제시합니다.

> 독자들에게 부탁하건대, 사고 실험을 해보는 것, 말하자면 'what if' 방식으로 생각해보는 것, 그렇게 해서 상식적인 믿음을 잠시 접어두고 다르게 생각해보고, 수학과 인간 신체가 어떻게 서로 관련을 맺는지에 대해서도 더 많이 깨닫는 기회를 가져보라고 제안한다. 이렇게 다르게 생각해보는 경험을 더 확장해보는 유익한 탐구로 독자들을 초대하고 싶다.

이 책의 각 장에서는 수학과 물질 사이의 관계를 개념화하는 대안적인 방법을 생각해보도록 했다. 그래서 문체가 수학교육 문헌에서 흔히 볼 수 없는, 생생하고 시적인 경우가 가끔 있다. 이렇게 사변적이고 창의적인 작업이 수학교육 분야에서 상당히 중요하다고 생각한다. 이런 작업에 의해 미지의 영토를 개척할 수 있고, 교수·학습에 대한 새로운 추측도 할 수 있기 때문이다. (저자 서문에서 발췌)

2019년 1월 방한했던 싱클레어 교수님은 이 책을 쓰게 된 배경과 난관, 학교와 캐나다 연구재단, 그리고 가족의 지원에 대해 허심탄회하게 털어놓았습니다. 한 권의 책에 얼마나 많은 지혜와 시련과 경험이 담기는지를 절실히 느낀 순간이었습니다. 그리고 얼마나 많은 지원이 필요한지에 대해서도 알 수 있었습니다. '미래 수학교육'이라는 단어가 화두이지만 아직은 막연한 두려움과 추상적인 논의에 머물러 있는 우리에게, 이 책은 수학·신체·테크놀로지의 조화와 협력을 기초로 하는 새로운 수학교육의 방향과 방법론을 제시하고 있습니다. 이 책의 주요 주장에 비추어 우리나라 수학교육의 이론과 실제를 새로운 각도에서 조명하고 한 단계 도약할 수 있는 계기를 마련한다면 역자들로서는 더 바랄 것이 없습니다. 저자들이 워낙 창의적이어서 기존 연구를 독창적으로 해석하여 이론적 관점을 세우거나, 연구 아이디어를 시적으로 표현한 경우가 많아서 번역하는 데 큰 어려움을 겪었습니다. 원저가 주는 감동을 충분히 담아내지 못한 것이 못내 아쉽지만, 새로운 수학철학과 새로운 수학교육학이라는 점은 분명하게 알 수 있을 것입니다. 부디 독자들도 물질과 물질성, 물질세계가 수학과 수학교육에 일으키는 파문을 즐겁게 탐험하면 좋겠습니다. 수학교육의 변화와 희망을 위해 함께 노력하시는 경문사의 조경희 대표이사님과 기획편집부에 깊은 감사의 마음을 전합니다.

2020년 2월
역자 일동

한국어판 서문

이 책은 독자들에게 수학적 활동의 철학적, 교육학적, 정치적 차원에 대한 폭넓은 성찰의 기회를 제공할 것입니다. 특히, 다양한 연령과 맥락을 고려하면서 이전과는 다른 새로운 관점에서 수학적 활동의 다양한 측면을 살펴보고자 했습니다. 이 새로운 관점을 '포괄적 유물론'이라고 명명하고, 이 관점에 따라 그동안 수행한 연구 프로젝트 그리고 다차원적으로 살펴보았던 핵심적인 문제들을 망라하여 제시할 것입니다. 이 책에서 다룰 핵심적인 논점은 수학에 내재되어 있으며 또한 수학 자체의 본성이기도 한 신체(성)입니다. 이 책에서는 마음과 인식의 매개체로 비하하여 신체를 논의하지 않으며, 물질-의미를 분리하여 학습을 설명하는 이원론으로부터도 벗어나서 학습을 물질-의미의 혼합으로 보고자 합니다. 그리하여 학습에서 수학적인 무/의미를 낯설고 새로운 방법에 의해, 창의적이면서도 물질적으로, 중재할 수 있을지에 주목하고자 합니다.

2014년 이 책의 영문판을 낸 후 지금까지 계속해서 저희 두 저자는, 수학이 살아 숨쉬고 이전 시점에서 다음 시점으로 역사적인 변혁을 이루며, 새로운 물질과 노력에 영향을 받으면서 다시 새로워지는지를 탐구해왔습니다. 이와 같은 탐구는 수학적인 생각이 다이어그램과 제스처에 창의적으로 또는 구성적으로 담겨 있음을 밝히는 데 초점을 두고 이루어져 왔으며, 이 책에서 그 탐구의 씨앗을 찾을 수 있습니다. 연구자들이 새로운 이론을 구성하려면 항상 부딪히는 위험이 있습니다. 그 이론을 설명하는 주요 용어를 다른 연구 분야의 언어와 문화로 번역하기가 어렵다는 것이 바로 그 위험입니다. 이 책에서도 물질, 물질성, 유물론 등과 같은 용어를 사용할 텐데, 이 용어들은 이미 철학에서 오랫동안 특정한 의미로 사용되어 왔기 때문에 그 자체로 거부감을 줄 수도 있습니다. 특히, 어떤 한국 독자들은 유물론이라는 용어를 특정한 정치적 의미를 가진 것으로 보아 불편하게 생각할 수 있습니다. 철학의 역사에 비추어 볼 때는 유물론이라는 용어를 불편하게 보는 것이 당연합니다. 그렇지만 바로 그 이유에서 저희 두 저자는 2000년대에 크게 번성한 신유물론에 관심을 가지게 되었고, 새로운 의미와 주장을 담은 용어로 새롭게 바꾸고자 했습니다. 이에 대해서는 2장에서 자세히 다룰 것입니다. 이러한 노력에 의해 인간 중심의 가치와 행위성에만 주목하던 휴머니즘에서 포스트휴머니즘으로, 곧 휴머니즘을 넘어서는 정치적 입장으로, 이론적인 그리고 철학적인 발전을 이룰 수 있게 되었습니다.

이 책의 각 장에서는, 신체화에 대한 페미니스트들의 이론에 대한 논의로부터 시작하여 이러한 이론이 과거에 환원적으로 취했던 이원론을 몰아내는 데 끼친 영향 그리고 자연문화(natureculture)와 생물사회적(biosocial) 얽힘으로 나아가는 정치적인 방향에 대해 살펴볼 것입니다. 이러한 지향을 책 전체에 걸쳐 제시하더라도 충분한 비평이 이루어진 것으로 볼 수 없음을 인식하면서, 특히 학교 수학에서 배제라는 문제와 불능의 문제를 다룰 때는 창의적인 개방과 구성적인 개입을 할 수 있어야 한다는 점에 대해서도 주목할 것입니다. 이와 같은 필자들의 노력이 연구자들로 하여금 수학에 관한 언어, 신체, 정치 사이의 상호작용에 대해 기존과는 다른 관점에서 보도록 했다는 것이 무척 기쁩니다. 저희는 인종, 종교, 민족 등에 초점을 두는 이른바, 정체성 정치가 아니라, 지극히 개별적이고 미시-현상학적인 측면에 초점을 두어 각자의 체험을 살펴보는 정치를 시도했습니다. 이것은 랑시에르의 관점에 입각한 것이며, 이로부터 다양한 학습자들이 행동하고, 생각하며, 수학적으로 활동하는 것의 의미를 살펴보는 새로운 방식을 제안할 수 있었습니다.

저희 두 저자는 함께 고민하고 노력하면서 우리의 손과 눈, 귀 그리고 다른 감각기관을 통하여 수학으로 '감지된 것', 수학 수업과 시험에서 '감지할 것'에 대해 탐색했습니다. 이 점에서 저희의 입장을 감각 정치라고 부를 수 있을 텐데, 이 입장을 인종과 장애 관련 연구를 포함한 다른 학문 분야로 확장하여 적용할 수 있을 것으로 생각합니다. 저희 스스로가 다양한 입장에서 수학과 신체에 대한 문제를 다루고자 상당히 낯선 연구들을 살펴보았습니다. 예를 들어, 수를 더하거나 세지 못하는 증상을 가지는 난산증(dyscalculia)에 대해 논의함으로써, 장애에 대해 서로 입장이 매우 다른 사회문화적 장애 이론과 신경과학적 장애 이론에서 제시한 인과 관계에 대한 설명을 참고하기도 했습니다. 이와 같이 포괄적 유물론을 통하여 감각의 사회정치 그리고 언어와 담론의 물질적 능력을 살펴보고자 했습니다. 또한, 신체와 활동이 가지는 자명한 물질성 못지않게 그 잠재성에 대해서도 주목했습니다. 여기서 잠재성은 분명하지도, 실제적이지도, 이상적이지도 않으면서 강력하게 생성되고 변화무쌍하여 수, 선, 무한성과 같은 수학적 개념의 복잡한 물질적 문화를 탐색할 수 있게 했습니다. 이로부터 수학을 가르치고 배우는 방법에 대한 인식론적 숙고와 더불어 수학적 대상의 본질에 대한 존재론적 질문들을 얻을 수 있었습니다.

이 책을 번역해준 이경화, 김동원, 박진형, 문성재, 노정원, 서민주에게는 깊은 감사의 마음을 전합니다. 수학교육 내적인 의미뿐만 아니라 더 광범위한 의미에서 정치적으로 그리고 전문적으로 헌신적인 노력을 기울였기에 훌륭한 번역본이 나왔을 것을 믿습니다. 이 책을 계기로 향후 한국의 풍부한 문화적 배경에서 저희의 입장에 대해 논의하고 저희에게 새로운 영감을 주리라 생각합니다.

엘리자베스 드 프레이타스

나탈리 싱클레어

로트먼의 서문

드 프레이타스와 싱클레어가 쓴 이 책은 감탄할 만큼 놀랍고 도발적이다. 이 책의 목표는 수학 학습에 대한 신유물론적 접근을 개발하는 것이었으며, 저자들은 자신들의 입장을 '포괄적 유물론'이라고 명명하고, 야심차고 독창적으로 이 이론을 완성했다. 포괄적 유물론에서는 수학을 순수하고 추상적인 정신의 활동으로 간주했던 유심론의 오랜 전통을 거부하고 신체의 활동을 고려할 뿐만 아니라 그것을 전면에 내세웠다. 철학과 인문학에서는 이미 이루어졌던 유물론으로의 전회를 수학으로 확장한 것이다. 다시 말해, 이들은 칸트식으로 지식을 내적인 선험적 직관과 개념적 범주에 의해 감각을 필터링하는 것으로 이해하는 것이 아니라, 외부 감각을 중시하는 흄의 경험주의를 택하여 입장을 전개했다. 또, 존재론적으로는 점, 숫자, 선과 같은 수학적 대상들이 플라톤의 이데아, 즉 '외부 세계에', 시간, 공간, 물질을 초월하여 존재하는 비물질적인 대상이라고 믿는 플라톤의 실재론을 거부했다. 오히려 저자들은 과학자들이 외부 실재를 연구하는 것과 유사하게 수학적 대상에 대한 진리를 발견하는 것으로 수학적 활동이 구성된다고 보았다. 형이상학적 유심론에 대해서는 물질적인 존재가 어떻게 초월적인 이데아의 대상과 접촉할 수 있는지와 같은 수많은 비판이 제기되어 왔으나, 수학자들을 비롯한 많은 사람들은 여전히 형이상학적 유심론을 옹호하고 널리 수용하여 관습적으로 믿어왔었던 것을 감안하면, 매우 혁신적인 접근이다.

이 책의 저자들이 생각하는 주요 독자는 수학교육자들이다. 이 책에서 저자들은 수, 평행, 원, 그리고 다이어그램과 같은 기본적인 수학적 개념을 지도하는 일련의 실험적인 수업을 직접 설계했고, 다른 연구자들이 설계한 수업도 비판적으로 분석함으로써 이 책에서 다루는 핵심적인 아이디어를 설명하고 정당화했다. 저자들이 관찰했던 바와 같이, 체화된 수학은 교육 분야의 많은 연구자들의 주된 관심사였다. 지난 십년 동안, 인지적, 현상학적, 활동적, 의사소통적 접근들과 같은 다양한 입장에서, 학생의 신체, 제스처, 손, 눈, 그리고 팔다리의 움직임, 언어화, 드로잉, 다이어그램 등의 역할, 그리고 학생의 상징, 도구, 물리적 대상, 표면과의 상호작용을 파악하고자 하는 연구가 점차 증가했다. 이 책에서는 이러한 연구의 바탕에 깔려 있는 기본 가정과 연구 결과들을 탐색하는 것에 목표를 두었다. 이를 위해 그리고 이로부터 더 나아가기 위해 저자들은 학생의 또는 수학자의 '수학 활동에서 신체적인 측면들'이 어떻게 형식적인 수학으로 추상화되고 일반화되는가라는 문제에 주목했다. 저자들은 이 문제를 해결하기 위해, '신체'에 대한 관념을 새롭게 확장하여 형식화하고, 신체가 관여하는 물질과의 상호 관련성 속에서 수학적 개념을 이해하고자 했다. 또, 수학자의 신체적 활동에 대해서도 살펴봄으로써, 수학자들의 수학 창조와 학생에 의한 재창조, 다시 말해, 수학의 역사와 수학의 학습을 비교할 수 있었다. 이 책의 다음 첫 문장에 이러한 아이디어가 분명하게 들어 있다. '샤틀레[1]는 아주 먼 과거부터 지금까지 널리 받아들였던 수학철학에 의문을 제기하면서 수학의 역사에 대한 놀라운 책을 집필했고, 이것을 읽으면서 우리는 이 책에 대한 영감을 얻었다.' 그 책은 샤틀레가 쓴 《공간 그리기(Figuring Space)》이며, 그는 제스처가 신체의 습관화된 움직임으로 나타나는 것과 물리적 다이어그램을 상호 관련시키는 것이 수학 창조에서 얼마나 핵심적이었는지를 보여주었고, 인간의 행위성이 수학의 역사적인 발달에 등장했던 중요한 순간들을 포착하여 제시했다. 드 프레이타스와 싱클레어는 샤틀레가 제스처하는 신체와 형식적인 추상화를 관련시킨 것에 주목하고, 이를 수학 교실에 적용하고자 했다.

이를 위해 저자들은 먼저 체화라는 것이 어떤 본성을 가지는지를 밝힐 필요가 있었다. 때문에 드 프레이타스와 싱클레어는 '신체는 언제 신체가 되는가?'라는 질문부터 논의하기 시작했다. 수학에서의 체화에 대한 문헌들을 비판적으로 검토한 후 저자들은 여러 관련 입장들이 공통적으로 인간 신체가 '스스로를 통제할 수 있다'는 전제를 가지고 있으며, '마음과 신체를 분리하는 이원론적인 입장', '신체를 단지 높은 차원의 인지를 담는 통로나 그릇으로 폄하하는 입장', '인간의 의지나 의도가 경험의 조작에서 중심적이라는 입장'으로부터 벗어나는 데 실패했다는 것을 확인했다. 더욱이 개별적인 신체에 대해서만 앎과 행위성을 논의하면 집단적인 사회적 신체를 적절하게 다룰 수 없다는 문제점도 제기했다. 그렇다면 신체의 경계는 어디인가? 저자들은 '신체가 개인의 것으로 고립된 대상이며 인지는 신체 내부에서 일어나는 일'이라는 오랜 믿음에서 탈피하여, 행위성이 사회적 네트워크의 역동적인 배치를 이루며 '신체는 그 경계가 유동적이면서 분포하는 모종의 네트워크'로 본 포스트휴머니즘 담론에서의 주체성과 행위성에 주목했다. 다시 말해, 신체는 '그 자체가 물질 관계의 집합이면서 다른 물질 관계를 구조화하는 것'으로 보았다. 저자들이 학습 활동을 분석한 사례에서 제시한 교실에서의 신체-배치[2]는, '수학적

1) Châtelet(1993/2000) 참고
2) 역주. 원문에서 로트먼은 'assemblage-body'로 썼으나 이 책의 저자들이 본문에서 사용하는 용어는 'body-assemblage'이고, 저자들의 용어와 입장을 소개하는 것이 로트먼의 의도로 보여서 혼란

능력, 지배와 복종의 습관과 더불어, 참여자, 필기도구, 필기표면, 텍스트, 책상, 칩'으로 이루어졌다. 이와 같이 신체의 의미를 규정하면 학생들의 신체와 다양한 심리-사회적 환경에 행위성과 사유가 분포된다는 것을 알 수 있다. 그러므로 '행위자 없는 행위'[3]라는 니체의 주장과 유사하게 '사유자 없는 사유'[4]가 가능해졌다. 고립된 개인의 사유 외부에 있는 또는 개인의 사유와 더불어 존재하는 물질 관계가 바로 사유의 원천이라는 뜻이다. 저자들은 독특한 유물론적 입장을 표방한 들뢰즈로부터 지대한 영향을 받았는데, 여기서 사유는 물질 관계로부터 비롯되는 일종의 현상이며 들뢰즈는 이를 '사유의 외재성'으로 명명했다. 요컨대 저자들은, 수학에 관한 신체의 능력과 기능이 이질적인 관계들의 배치에 걸쳐서 분포되는 것이며, 개별적인 인간의 신체 또는 오직 인간들만의 노력에 의해 만들어진 능력은 없다는 포스트휴머니즘의 입장에서 신체를 이해하고자 했다.

그렇다면 물질의 신체-배치가 어떻게 수학적 대상과 연결될까? 수학적 개념이 어떤 의미에서 물질이라는 뜻인가 또는 수학적 개념을 어떻게 물질과 관련시킬 수 있을까? 이는 이 책의 핵심적인 이론적 질문이다. 저자들은 어떻게 '수학적 개념이 물질에 조작적으로 그리고 행위성을 가지고 관여하는지'를 보여주고자 했다. 이를 위해 저자들은 물질과 '물질성'에 대한 휴머니스트들의 해석을 거부하고 개념의 본성에 대해 새롭게 해석하는 방법을 개발했다. 물질과 물질세계에 대해 대안적인 접근을 제시한 베넷, 쿨 그리고 프로스트, 바라드를 참고했으며, 주로 바라드의 입장을 채택했다. 바라드는 보어의 양자 현상에 대한 해석에 근거하여 '행위적 실재론(agential realism)'을 정립했는데, 여기서는 개념을 비물질적인 마음의 대상이 아니라 '대상의 물질적 배치'로 보았다. 이때 대상은 모종의 관계 그리고 그 관계를 구성하는 요소들이 상호 관련되어 있는 것(interrelated)이 아니라 내적으로 관련되어 있는 것(intra-related)으로 상정되었다. 베넷의 '진동하는 물질' 개념, 곧 물질에 행위성이 있다고 보는 물활론적인 사고,[5] 그리고 쿨과 프로스트의 '포괄적 유

의 여지를 없애기 위해 '신체-배치'로 번역했다.

3) 역주. 행위자 없는 행위란 여성, 학생 등 행위자가 본질적으로 어떤 정체성을 가지고 존재하면서 행위하는 것이 아니라는 뜻이다. 다시 말해, 사회문화, 환경 등의 영향에 의해 어떤 행위를 하게 되며, 그러한 행위 속에서 행위의 결과로 정체성을 얻게 된다는 것이다. 같은 맥락에서 저자들은 사유자가 먼저 존재하여 어떤 사유를 한다기보다는 다양한 영향 아래 사유하면서 그 사유의 결과로 사유자가 존재하게 되는 것으로 보고 있다.

4) 역주. 원어는 'thoughts without a thinker'이므로 '사고자 없는 사고'로 번역할 수도 있으나, 어감상 '사유자 없는 사유'가 나아 보여 그렇게 번역했다.

5) 역주. 물활론적 사고는 동물, 사물을 포함한 모든 것이 살아 움직일 수 있고 의지도 갖고 있다고 생각하는 것을 뜻하며, 여러 원주민 또는 어린 아동의 사고 특성이다(Piaget, 1929). 원문에 non-animistic으로 되어 있으나 오류로 보이며 물활론적 사고가 맥락상 적절하다. 한편, 진동하는 물질은 물질의 배치가 임시적으로 변화하는 모든 다양한 요소들이 모여 만들어지며, 그 자체로

물론'을 토대로 저자들은 신체-개념의 결합을 시도했다. 말라푸리스와 라투르의 인류학적 논의 역시 '단지' 물질이라는 생각을 거부하는 기초로 삼았다. 인간은 활동적이고 물질은 '죽어 있는' 무기력한 것이라는 데카르트의 이분법은 자연과학자들이 물질을 다룰 때 그 바탕에 깔려 있는 입장이었다. 그러나 앞서 제시한 여러 학자들이 주장한 유물론에 따르면 데카르트가 인간의 정신에 한정했던 자유와 행위성은 인간과 비-인간 행위자들을 가로질러 분포한다. 저자들은 다양한 유물론을 엮어 수학의 존재론을 구축했고, 사유의 비-인간적이고 물질적인 차원에 주목했으며, 이것이 신체-배치에 대한 그들의 주장을 뒷받침했다. 샤틀레의 책은 저자들이 목표한 신체-수학 프로젝트를 완성하는 데 영감을 주었고, 이에 근거하여 저자들은 이론적인 입장을 확립함으로써 신체와 형식적인 수학 개념을 연결하는 복잡한 문제까지 다룰 수 있게 되었다.

샤틀레는 수학이 어떻게 존재하게 되는가, 곧 '이미 존재하는 것'이 아니라 수학의 발생, 수학으로 되는 것에 관심을 두었다. 그의 저서는 그라스만이 벡터공간에서 대수학을 창조했던 사례와 코시가 물리-개념적 운동에 의해 복소함수를 통합했던 사례와 같은 특정한 수학적 창조에 대한 분석을 담고 있다.

샤틀레가 제시한 출발점은 실제적이고, 물리적인 운동이다. 형식적인 구성물인 추상화가 궁극적으로는 어떤 비물질적 표상일지라도, '추상화의 증폭'은 신체에서 시작한다. '추상화의 증폭'은 '학습된 움직임의 배열'인 제스처에 따라 이루어진다. 여기서 제스처는 사전에 존재하거나 독립적으로 무엇인가를 상징하는 기호나 표상이 아니라, 제스처를 하는 행위와 제스처 자체로부터 새로운 수학적 의미를 만들어가면서 물질적인 사건이 되는 그 무엇이다. 샤틀레는 제스처가 형식적인 언어로 기술할 수도 없고, 알고리즘에 의해 결정되지도 않고, 비록 되돌아보면 그렇게 보일 수도 있지만 어떤 의도를 표현한 것도 아니며, 사실 의식적으로 만들어내는 것도 아니어서, "어떤 의도에 대해 파악하기 전에 이미 우리 안에 들어와 있는 의미가 바로 제스처"라고 말했다. 제스처는 모종의 문제에 대한 반응이며, 참조나 의미작용이 아니라 일련의 암시를 통한 지시에 의해 작동한다.[6] 여기서 일련의 암시는 다이어그램과의 상호작용 과정에서 '문제들의 왕조'와 좀 더 정확한 암시로 이루어진 서로 관련된 '문제들의 가족'을 발생시킨다.[7] 샤틀레는 제스처가 형

살아 있고 요동치는 존재라는 것을 은유적으로 표현한 것이다(Bennett, 2010, p.23).

6) 역주. 참조나 의미작용은 의도나 뜻하는 바를 분명하게 드러내는 데 반해 암시는 독자나 대화 참여자가 나름대로 해석하여 다양한 의도와 의미를 만들어 낸다. 샤틀레는 제스처가 사회문화적인 성격을 띠고 있지만 여전히 상황 속에서 그 의도와 의미를 짐작해내야 한다는 점에서 암시에 의한 지시로 보고 있다.

7) 역주. 제스처가 일련의 암시로 이루어졌기 때문에 분명한 의도와 의미 대신 의도와 의미에 대한

식적인 추상화를 향해 날아가던 도중에 굳어져서 만들어진 것이 다이어그램이라고 보았다. 다시 말해, 다이어그램은 '제스처가 기호로 응축되기 훨씬 전에, 움직이는 제스처를 붙잡아 놓는다. 그러므로 다이어그램은 신체, 수학적 대상, 수학적 조작 사이를 연결하는 매개체이며, 제스처와 마찬가지로 물질적인 사건이다. 다이어그램을 모종의 표현, 상황기술, 또는 수학적 대상이나 수학적 개념의 시각적 상징으로만 보는 전통적인 관점과는 정반대로 샤틀레는, 다이어그램이 수학적 의미의 창조에서 핵심적이라고 보았다. 이 책의 저자들은 다이어그램을 '공간을 잘라내고 새로운 차원과 새로운 구조를 암시하는 직접적인 샘플링을 위한 운동학적 의미 포착 장치'라고 명쾌하게 기술했다.

저자들은 '어떤 다이어그램에 의해 어떤 조작을 위한 제스처를 기술하여 고정하면 다른 제스처는 배제'하기 때문에 다이어그램은 점진적으로 작동하며 결코 작동을 완료하지 않는다고 보았다. 다이어그램과 제스처는 서로를 상정하면서 상호작용하는데, 저자들은 이를 서로가 서로를 '잠재적인 존재'로 보면서 상호작용한다고 표현했다. 이와 같이 대체로 제스처-다이어그램 결합은 '의미 속에서 감각할 수 있는 것들을 만들어내는 역동적인 탐색 과정'을 가능하게 한다. 저자들은 여기서 감각할 수 있는 것들의 구성을 행위적 실재론자 바라드가 물질의 배열로 개념을 설명한 것에 기초하여 '개념 자체'가 '제스처 하는 손, 말하는 입, 그리고 상호작용 내부에 순환하는 정동들의 배열로 이루어진다.'고 보았다. 그러고는 이 주장을 구체적으로 뒷받침하는 다양한 예, 가령 사영기하에서 '무한원점'에 대한 논의와 움직이는 원들이 포함된 짤막한 영상을 보고 대학생들이 그린 다이어그램에 대한 자세한 논의를 제시했다.

저자들이 샤틀레의 관점에서 찾은 절반의 가치가 수학적 의미에 대해 암시를 주는 제스처-다이어그램 장치에 있다면, 나머지 절반의 가치는 잠재성[8] 개념에 있다. 샤틀레는 들뢰즈의 유물론과 내재론[9]에 기초하여 잠재성 개념을 세웠으며, 물질의 물리적 세계가 바로 이 잠재성에서 실제로 바뀜으로써 끊임없이 존재가 되어가거나 존재하게 된다고 보면서, '실제 대상의 일부가 잠재성에서 객관적인 차원으로 나아가는 것이지만, 잠재성을 실제 대상의 일부로 엄격하게 제한해야 한다.'고 설명했다. 잠재성은 물질 속에 내재되어 있으면서 가능한 모든 것의 원천이다. 샤틀레는 잠재성이 수학적 세계와 물리적 세계를

일련의 문제들을 발생시킨다는 뜻으로 해석할 수 있다. '왕조'와 '가족' 은유는 문제들이 이루는 의도와 의미의 유사성이 그 범위와 성격 면에서 차이가 있음을 나타낸다.

8) 역주. The virtual과 virtuality 모두 잠재성으로 번역했다.

9) 역주. 내재론은 인간의 의식 안에 실재가 있고 실재가 의식과 동일하다고 보는 입장이다. 들뢰즈는 내재적 일원론을 제시한 것으로 간주되고 있으며, 현대의 플라톤주의자 또는 헤겔적 재전유자로 평가받는다(김명주, 2008).

연결한다고 했으며, 이 책의 저자들은 잠재성을 '유동성, 진동, 잠재력, 그리고 불확정성'으로 해석했다.

라이프니츠는 공간을 '유연하고, 접히고, 활성화되는 물질'로 설명했는데, 이와 같은 입장에서 샤틀레는 '감각 가능한 물질'에서 떨어져 나왔기 때문에 움직일 수 없을 것 같은 수학의 대상들이, 오히려 항상 잠재적인 움직임과 변화의 상태에 있다는 것에 주목했다. 예를 들어, 기하학의 점, 선, 원을 지정된 대상이며 고정되고 절대적인 공간 내에 위치하는 표상으로 제한할 수 없다. 샤틀레는 수학자들이 '사고실험' 속에서 탐구해왔던 잠재성으로서의 점을 코시가 복소평면에서의 특이점이라는, 혁신적으로 새로운 개념으로 바꾼 사례를 제시했다. 점은 다이어그램의 예로서 가장 단순하면서 동시에 매우 일반적이다. 저자들은 "다이어그램의 잠재성 혹은 잠재력은 그 안에 '포함된' 모든 제스처와 장차 일어날 수 있는 모든 변화로 이루어진다."고 보았다. 이렇게 보면 수학적 대상은 잠재성의 차원과 실제의 차원을 가진 물질적 대상이다. 수학과 물리적 세계가 처음에 분리되어 있다가 깊이 얽히면서, 바라드가 설명했듯이, 서로 엮이거나 상호-구성되는 방식으로 '내적 관계'를 이루며 합해지기 때문에 잠재성 자체가 수학과 물리적 세계를 연결하는 것은 아니다. 수학적 개념이 수학자들의 행동과 연결되면서 생성의 과정에 참여하는 것이며, 저자들은 이를, '제스처, 다이어그램, 디지털 네트워크를 통해 잠재성을 실현할 수 있고, 수학적 신체가 생성되며, 우리는 수학이 되고, 우리가 수학을 포섭하면서 동시에 수학에 포섭된다.'라고 설명했다.

지금까지 이 책을 부분적으로 요약하고 일부 인용도 했는데, 이것만 보면 이 책의 미래 독자들에게 수학이 '되어간다는 것'의 개념이 아마도 생소할 것이다. 이 책에서 제시하는 '우리 자신'과 수학의 의미가 반직관적일 수 있는데, 책을 읽고 나서 그렇지 않다고 생각을 바꾸어주길 희망한다. 드 프레이타스와 싱클레어가 상당히 자세하게 그들의 입장과 개념을 설명하면서 가능한 한 쉽게 이해할 수 있도록 한 것을 보면, 저자들도 독자가 마주할 법한 어려움을 충분히 이해하고 있는 것 같다. 저자들은 이 책에서 배치로서의 신체라는 개념 그리고 우리의 신체가 추상적인 개념과 역동적인 관계를 맺음으로써 수학이 되어가는 데 기초가 되는 과정을 주의 깊게 전개했으며, 전개 과정에서 풍부한 자료와 풍부한 관련성에 의해 주제를 설명하고 맥락화했다. 저자들은 구체적인 수업 관찰과 실험들에 그들의 아이디어를 반영하면서 동시에 '신체 수학의 감각 정치'와 '수학적 심미성의 지도 그리기', '언어의 물질성', '수학 수업에서의 창의성'에 이르는 핵심 주제들에 대해 각각 챕터를 서술하여 예시적이고 영감을 주는 방식으로 이 책을 저술했다.

마지막으로 저자들은 펼친 내용을 종합하면서 수학이 되어간다는 것이 뜻하는 바를 일반적으로 그리고 수업의 맥락에서 논의하면서, 들뢰즈의 '소수자 과학', '소수자 문학'[10] 그리고 '소수자 수학', 곧 지배적인 '상태'나 권위적인 형태에 제한되지 않는 사유와 창조 형식에 주목했다. 그들은 "수학 교과는 국가에서 승인한 학교 수학의 담론이라기보다는 놀라움, 난센스, 그리고 역설로 가득하다."라고 결론지었다. 비록 제도적 요구와 고정된 지배적인 교육과정에서는, "학생들과 교사들이 보편적인 방식을 다루고 더 많은 학생들이 수학을 학습하길 바라고 있지만 말이다." 그렇기 때문에 드 프레이타스와 싱클레어의 입장을 현재의 교육과정에 연결할 수 있을지 없을지는 모르지만, 이들이 제시한 수학교육 관점은 나름대로 중요한 이론이라고 할 수 있다. 요컨대, 《수학과 신체》는 가치 있고, 획기적이며, 도전적인 작업이다.

10) 역주. 들뢰즈에 따르면, 존재는 늘 '되기'이며 모든 '되기'는 '소수자-되기'라고 할 수 있다(Deleuze & Guattari, 2001). 여기서 소수자-되기는 성인과 아이, 백인과 유색인, 이성애와 동성애, 남성과 여성 등 대립하는 권력 중 다수가 지배하는 사회에서 벗어나 새로운 존재가 되는 것을 뜻한다. 들뢰즈는 문학의 경우를 예로 하여 소수자-되기가 왜 중요한지를 설명했다. 소수자-되기는 본래 빈약했던 소수자의 언어를, 카프카가 그랬듯이 단어, 문법, 문장구조의 재구성을 통하여, 다수가 사용하는 지배적인 언어를 변형시킬 수 있는 새로운 언어로 탈바꿈시킨다(조애리, 유정화, 2016).

저자 서문

샤틀레는 아주 먼 과거부터 지금까지 널리 받아들였던 수학 철학에 의문을 제기하면서 수학의 역사에 대한 놀라운 책을 집필했고,[11] 이것을 읽으면서 우리는 이 책에 대한 영감을 얻었다. 그는 수학적 창의성의 핵심이 제스처와 다이어그램이라고 보았으며, 이 생각이 우리 두 사람으로 하여금 작게는 수학 교수·학습에서 신체-기반 모바일 장치의 역할에 관한 논의에서부터 크게는 수학 교수·학습 전반에 관한 많은 아이디어를 생각하게 했다. 그의 책을 통해 물리적 세계와의 어떠한 연결도 거부하는, 추상적이고 정적인 학문으로 간주되어왔던 수학에서, 물질성이 얼마나 중요한지를 이해하는 방법을 찾을 수 있었다. 수학적 사고와 학습의 체화된 본성에 관한 근래 학자들의 연구로부터 많은 것을 배우긴 했지만, 수학과 신체의 본성에 대한 그들의 몇 가지 기본적인 철학적 가정에는 만족하지 못했다. 이 때문에 담론을 기반으로 하면서도 정치화된 방식으로 강력한 통찰을 주었던 연구들에 기초하여 체화된 수학을 연구할 수 있는지 고민했다. 그런데 담론 기반의 정치 관련 연구들은 학습에 관한 획득론자들의 기본 가정을 넘어 교육의 사회문화적 측면을 조망했다는 점에서 기여했지만, 교수·학습에서 신체의 역할을 소홀히 하는 경우가 많았다. 샤틀레는 수학과 신체에 관한 새로운 유형의 유물론적 연구를 통해 수학이 어떻게 물질세계에 관여하는지 탐색하는 새로운 방식에 대한 영감을 제공했다. 이 책에서 이 새로운 방식을 적용하여 수학교육에 대해 어떻게 재고할 수 있는지 보여주고자 노력할 것이다.

샤틀레의 책을 읽었을 때 들뢰즈와 로트먼의 철학은 물론이고, 바라드의 철학과 같은 신유물론이 연결되기 시작했다. 이로부터 체화 **그리고** 담론에 대해 어떻게 일관성을 유지하며 논의할 수 있을지 알게 되었다. 또, 철학, 페미니즘, 역사, 수학에서의 중요한 전통에 닿을 수 있었고 수학교육 연구를 맥락화하고 질문을 제기할 수 있었다. 우리 두 저자가 각자 몰두했고 논의해보고 싶었던 수학에서의 정치학과 미학이라는 주제도 부드럽고 지속적인 방법으로 논의할 수 있었다. 도입부에서는 샤틀레에서 출발하여 그의 철학

---

11) Châtelet(1993/2000) 참고

의 바탕이 되는, 매우 중심적이며, 어쩌면 반직관적인 두 가지 개념을 제시할 것이다. 첫 번째 개념은 인간 신체로, 그것이 무엇인지 또는 무엇이라고 볼 수 있을지에 대해 살펴본다. 두 번째는 물질성 개념으로, 그 본성이 무엇이며 인간 신체, 사회, 개념과 어떤 관련성이 있는지를 알아본다. 궁극적으로는 신체와 물질이라는 두 개념에 대한 논의로부터 수학교육의 고유한 맥락에 기초한, 우리가 **포괄적 유물론**이라고 명명한, 특별한 종류의 유물론을 제시하고자 한다.

1장에서는 그동안 신체 그리고 신체와 물질세계의 상호작용에 대해 당연하게 가정해온 경계의 재고를 제안할 것이다. 신체 그리고 신체와 학습의 관계에 대한 많은 연구를 수행해오는 동안 다음 질문들이 생겨났기 때문이다. 신체란 무엇인가? 신체는 어디에서 시작해서 어디에서 끝나는가? 교실에서는 언제 신체의 개체화가 발생하는가? 신체 내부와 외부는 언제나 구분되는가? 신체는 유한한 유기체인가? 샤틀레는 인간의 신체를 포함한 모든 신체가 고정되지도, 안정되지도, 단일하지도 않다고 보았는데, 이와 같은 유물론의 관점에서 수학을 고려하는 동안 앞선 질문들이 더 중요해졌다. 로트먼[12)]이 제시한 바와 같이, 지난 세기에 이루어진 기술 공학의 발전에 힘입어 감각할 수 있는 것이 급격하게 증가했고 그로 인해 안방에서 세계를 볼 수 있게 되었는데 신체가 유한하다고 할 수 있겠는가? 많은 학습 이론들이 이 문제를 다루고 있지 않은 것은 아마도 학생 각자의 활동 분석에 초점을 두면서 개별적으로 일어나는 학습과정을 설명하는 것에만 관심을 두었기 때문일 것이다. 신체에 대한 이와 같은 폐쇄적인 '정의'에 문제가 있다고 생각하면, 활동, 학습, 체화가 뜻하는 바도 얼마든지 확장할 수 있지 않겠는가? 이 책에서는 어떤 인공물, 신체들, 개념들과 관련되는가에 따라 동일한 신체라도 때로는 더 많이 때로는 더 조금 고려하면서 예를 중심으로 활동, 학습, 체화의 문제를 논의할 것이다. 다음으로 인간 신체 중심의 학습에서 탈피하여 학습을 돕는 기계에 대해서도 생각해볼 것이다.

2장에서는 물질과 의미의 존재론적 얽힘에 대해 다룰 텐데, 아마도 독자들은 반직관적이라고 느낄 수도 있다. 인간의 신체를 피부로 둘러싼 무언가로 가정했던 것처럼 물질은 죽은 것이며 인간의 의지에만 반응하는 무언가로 가정하는 철학적 입장이 있다. 이와 달리 무생물도 행위 주체가 될 수 있다고 보는 입장도 있는데, 이 경우에는 의도성의 문제가 생긴다. 가령, '토스터가 **의도를 가지고** 튀어나올 수 있을까?'와 같은 질문에 답해야 한다. 주체에 대한 많은 문헌들은 신체, 대상, 행동을 이분법적으로 분류하는 함정에 빠져 있다. 바라드와 들뢰즈의 연구로부터 도출한 잠재성 개념에 기초하여, 인간과 비인간[13)] 행위 주체 사이의 다양하고 결정되지 않은 관계에 초점을 둠으로써 우리는 앞에서

12) Rotman(2008) 참고

말한 함정에서 빠져나올 수 있었다. 더욱이 구체적이고 물리적인 대상만이 아니라 의미, 담론, 개념에까지 확대해 물질로 다룰 수 있게 되었다.

바라드의 유물론에 기초함으로써 의미와 물질에 대해 강력하게 재개념화할 수 있었지만, 추상적이고 비물질적인 수학의 본성을 설명하는 것으로부터 벗어나기가 어려웠다. 샤틀레가 바라드의 입장과 같은 신유물론을 수학의 경우에 적용한 사례가 바로 이 지점에서 큰 도움을 주었다. 그가 선택한 예들이 매우 특수하고 수학적 개념의 존재론적 문제에 대해서도 완전히 다른 방식으로 접근했기 때문에, 독자들은 샤틀레가 제시한 수학을 생소하게 느낄 수 있다. 주류 수학 철학 입장에서는 도전적으로 보일 수 있으며, 학교 수학으로 이해하거나 변환하기 어려운 수학일지도 모른다. 그럼에도 불구하고 우리 두 저자는 포괄적 유물론으로 명명한 관점을 택하는 모험을 했고, 이것이 포스트휴머니즘과 유물론의 관점에서 학교 수학에 새롭게 접근하는 방법이라고 생각한다. 더 일반적으로 말하면, 수학적 경험의 물질적 특성을 경험주의 전통 내에서 면밀히 들여다봄으로써 수학에 접근하고자 한다.[14] 주로 생각해보았던 질문들은 다음과 같다. 수학하는 활동[15]을 이루는 구체적인 물질적 행위는 무엇인가? 문화적 실천으로서의 수학하는 활동에서 외적 관계, 곧 물질적 습관을 이루는 물질들 사이의 관계는 무엇인가? 이와 같이 우리는 추상적 사고와 물질성이 서로 얽혀 있는 것으로 가정하는 전통을 따르고자 한다. 이 전통에 있는 현상학적 입장에서는, "사유는 신체 활동의 '이면' 또는 '기초'가 아니라 그 자체 '이다.'"[16] 그리고 사고와 추론 등 관련 인지적 구성 모두 외적이며 '살(flesh)'에 위치하는 것으로 본다.[17] 또, 각각 고유한 특성을 가지고 있는 다양한 종류의 경험주의가 있기 때문에, 관련 주장들이 다양한 문화와 학문적 풍토가 반영된 것이어서 역사와 맥락에 따

---

13) 역주. 이 책 전체에서 인간과 비인간의 구분이 이루어지는데, 수학교육의 맥락에서 말하는 비인간에는 컴퓨터, 수학교구, 교과서, 제스처, 다이어그램 등이 포함된다.

14) 수학교육 연구를 대체로 두 부류로 나눌 수 있다. 첫 번째 부류는 칸트의 영향을 받은 학습 이론, 곧 인지 능력에 의해 감각에 의한 지각을 종합한다는 주장을 따른다. 두 번째 부류는 흄의 영향을 받은 것으로, 개념적 범주는 지각적인 일상적 습관과 물질과의 상호작용을 통해 구성된다는 주장을 따른다. 세계에 대한 우리의 경험이 현상의 물질적 세계에 부과하는 내적 범주 또는 개념을 통해 구조화된다고 가정하는 칸트의 전통(Delanda, 2006)과 달리, 흄의 전통은 물질적 습관과 인지 구조의 창발에 주목하는 경험주의적인 것이다.

15) 역주. 수학 활동이 아니라 '수학하는 활동'으로 번역한 것은 원문에서 mathematical activity가 아니라 activity of doing mathematics로 'doing'을 강조했기 때문이다.

16) Nemirovsky(2003), p.108 참고.

17) 역주. 여기서 '살'은 마음과 신체의 이분법이 가져온 다양한 문제를 극복하기 위해 여러 철학자들이 제시한 대안적인 개념이며, 저자들은 이 책에서 살이 신체처럼 눈에 보이면서도 마음처럼 인지적 습관을 갖출 수 있는 것으로 보고 있다.

라 다를 수 있다고 본다. 이 책에서도 같은 맥락에서, 역사적인 주장을 바탕으로 그리고 암묵적이건 명시적이건 모종의 가정을 토대로 수집한 자료를 분석하는 방법을 강조함으로써, '경험적' 보편성 개념에 문제를 제기한다.

그러나 경험적 보편성 문제를 철저한 방법으로 다루지는 못했다. 저자들 각자 또는 함께 연구한 내용을 철저하게 살펴보고 해당되는 상황을 선택한 것이 아니라 우연히 선택한 예를 바탕으로 논의했기 때문이다. 수학적 미학 관련 논의, 창의성과 교실에서의 언어 사용에 대한 논의가 그 경우에 해당한다. 바라드와 샤틀레가 제시한 배치와 잠재성 개념의 경우는 좀 더 자세히 살펴보고 논의했으며 둘 다 수학교육 관련 논의로 연결하고자 했다. 계획하지 않았었지만 장애 관련 문헌을 살펴보게 된 후 너무나 많은 것을 배웠고, 포스트휴머니즘과 유물론으로 관점을 전환하려는 시도를 발견했다는 점에서 의미가 있다.

이 책에는 포괄적 유물론을 수학적 활동에 적용해보려는 시도가 담겨 있다. 샤틀레의 글은 때로는 시적이고 어려웠지만 이것을 수학교육으로 확장하는 가운데 예와 적용사례를 제시함으로써 그의 통찰이 얼마나 수학교육에 적합한지를 드러내고자 했다. 독자들에게는 이 책에서의 논의를 위해 참고한 많은 문헌들이 친숙하지 않을 텐데, 이 책을 통해 관련 연구들을 접한 후 그들의 연구를 직접 확인하여 발전적으로 적용하길 희망한다. 포스트휴머니즘의 경우, 교수·학습 연구에서 인간 주체를 중심에 두는 상식적인 경향에 반하는 것이어서 아마도 포용하기 어려울 수 있다. 또, 신체라는 개념 역시 우리네 삶의 경험에 비추어볼 때 인간이 사망하는 순간 경험도 분명히 종말을 맞이하기 때문에 잠정적으로만 특성을 드러내는 불안정한 것이어서 충분히 이해하기가 어렵다. 상황이 이러하지만 독자들에게 부탁하건대, 사고 실험을 해보는 것, 말하자면 'what if' 방식으로 생각해보는 것, 그렇게 해서 상식적인 믿음을 잠시 접어두고 다르게 생각해보고, 수학과 인간 신체가 어떻게 서로 관련을 맺는지에 대해서도 더 많이 깨닫는 기회를 가져보라고 제안한다. 이렇게 다르게 생각해보는 경험을 더 확장해보는 유익한 탐구로 독자들을 초대하고 싶다. 이 책의 각 장에서는 수학과 물질 사이의 관계를 개념화하는 대안적인 방법을 생각해보도록 했다. 그래서 문체가 수학교육 문헌에서 흔히 볼 수 없는, 생생하고 시적인 경우가 가끔 있다. 이렇게 사변적이고 창의적인 작업이 수학교육 분야에서 상당히 중요하다고 생각한다. 이런 작업에 의해 미지의 영토를 개척할 수 있고, 교수·학습에 대한 새로운 추측도 할 수 있기 때문이다. 각 장에서는 신유물론에서 가져온 아이디어를 수학교육 연구의 지평을 여는 데 어떻게 활용할 수 있는지 보여주고자 했다. 그러나 책에서 완성된 지도를 제시할 수는 없다고 생각하며, 완성된 지도의 제시를 목표로 이 책을 쓴 것도 아니다. 우리가 찾은 생각을 기존의 수학교육 입장들과 관련시켜보려고 했고 다양한 접근들 사이의 미묘한 차이를 알아내려고 했다. 수학교육 분야에서 당연하게 여겨지는 기본적인 개념들에 대해서도 기본 가정을 바꾸어보려고 노력했다. 우리도 우리가 수행한 연구만을 기초로 논의를 펼치기보다는 다른 출판물과 비디오 자료에서 다양한 예를 찾아 활용했으므로, 독자들도 직접 찾아볼 수 있는 자료들에 대해 이 책의 관점이 어떻게 적용되는지 파악해보기를 제안한다.

초록

이 책의 가장 중요한 목표는 포괄적 유물론의 관점에서 수학을 재조명하고 이를 바탕으로 학교 수학을 재고하는 것이다. 이로부터 교수·학습에 대한 시사점을 도출하겠지만 특정한 학습 이론이나 교과서 혹은 교육과정 설계에 대한 기초를 제공하지는 않는다. 또한 교사교육, 평가, 수학의 헤게모니적 역할 등 우리 사회에 존재하는 많은 딜레마들에 대한 해결책을 제시하지도 않는다. 그래도 연구자, 교육과정 설계자, 교사교육자, 비판적인 이론가들이 이 책에 제시한 기본적인 철학적 입장과 수학 교수·학습 사례 분석을 참고하여, 새로운 방향의 수학교육 연구와 실천을 고려할 수 있는 통찰과 자극을 얻기를 소망한다.

특히, 이 책에서는 개념 학습 방법, 교육과정 내용 요소로서의 개념 선정과 계열화에 대한 대안적인 접근을 제공함으로써, 포괄적 유물론이 수학적 개념의 체화에 대한 생각을 어떻게 바꿀 수 있는지 보여준다. 개념을 다른 방식으로 활성화하면, 학습도 마찬가지로 달라진다. 교실에서의 창의적 행위는 물질 배치 성장의 일부이며, 신체의 **잠재성**에 초점을 둔 체화 과정의 하나이다. 교실에서의 창의적 행위가 집단적인 속성을 가진다는 점 그리고 그 행위에 대한 비인간적이고 물질적인 요인들에 주목하고자 할 때, 어떤 방법론을 선택할 것인지가 고민이었다.

우리가 택한 방법은, 기존 자료를 다르게 보려고 시도하는 것, 실험에서 얻은 자료는 더 일반적인 관점에서 보려고 노력하는 것이었다. 이런 시도와 노력을 하는 동안 연구방법의 제한점을 두루 고민해보았다는 점은 의미가 있다고 생각한다. 마지막으로, 체화와 학교 수학의 통제적 관행에 대한 정치적인 문제들을 논의함으로써, 학교 수학의 맥락에서 (무)능력이 어떻게 다루어지는지를 새로운 분석 방법에 의해 논의한다.

1장과 2장에서 신체와 물질성을 초점으로 하는 철학적 입장을 제시했지만, 후속 장들에서는 이 두 초점을 다소간 다른 방식으로 적용했다. 어떤 이론에 친숙한가 여부 그리고 관심사에 따라 처음부터 끝까지 읽거나 아니면 수학교육 문제에 따른 장을 선택하여 읽을 수도 있을 것이다. 어린 아동부터 수학자에 이르기까지 다양한 인간 주체가 신체와 물질성을 어떻게 고려해야 하는지를 예와 더불어 각 장에서 다루었다.

3장과 4장에서는 잠재성이라는 중요한 개념을 교실에서의 창의적인 순간을 예시로 하여 논의했다.

8장에서는 다시 잠재성 개념을 중심으로, 고등수학의 예를 통해 수학적 개념의 물질화 문제를 살펴보았다. 수학교육 연구에서의 사회문화적 또는 담론적 접근에 관심이 있는 독자라면 5, 6, 7장 그리고 신체에 관한 1, 2장을 함께 읽으면 좋을 것이다.

차례

1 신체는 언제 신체가 되는가?

수학교육에서 체화를 다루는 한 가지 흔한 방식은 학생들이 그들의 신체를 통해 수학적 개념을 경험하고 개념과 상호작용하는 방식에 주목하는 것이다. 예를 들어, 학생들에게 움직임을 감지하는 장치를 부착한 후 특정한 거리, 시간 그래프를 자신의 몸을 움직여서 그리도록 하면, 학생들은 데카르트 좌표계에서 팔과 다리를 움직이면서 느리게, 빠르게 이동하거나 정지하는 움직임을 경험할 수 있다. 마찬가지로 손과 팔을 이용하여 특정한 함수를 나타내거나 만들어낼 수 있고, 목소리로 x축 혹은 극댓값과 극솟값의 교점을 표현할 수도 있다. 컴퓨터 화면에서 마우스를 이동하여 변화와 동시에 불변성을 표현하는 경우처럼 손과 눈을 동시에 섬세하게 움직일 때도 있다. 이와 같이 눈, 귀, 팔, 다리, 그리고 심지어 몸 전체의 움직임을 통해 수학적 개념을 생성하고, 표현하며, 의사소통한다는 것은 분명하다. 이렇게 신체를 활용한 활동에 대한 논의의 목표는, 한편으로는 신체가 수학적 이해의 발달에서 중요한 역할을 한다는 것을 강조하고, 다른 한편으로는 신체를 쓰게 하여 수학적 활동에 몰입하도록 동기를 부여하며, 수학이 추상적이고, 체화되지 않았고, 인격적이지도 않은 교과라는 기존의 생각을 바꾸는 것이다.

선행연구와 마찬가지로 이 책에서도 신체와 관련하여 몇 가지 가정을 하고 그 가정에 따른 결과를 탐색한다. 가장 중요한 문제는, 학생 혹은 수학자가 하는 수학적 활동의 물리적 측면이 이른바 형식적 수학의 추상성과 일반성으로 어떻게 전환되는가 하는 것이다. 신체적 활동을 먼저 내면화하고 나서 수학적 담론 혹은 교실 담론으로 나아가면 될까? 기울기에 대한 감각을 가진 후 이것을 모종의 수학의 관례적인 표현들로 바꾸면 될까? 행위의 물질성과 수학적 개념이 표상 이론을 초월하여 서로 형성하거나 얽히는 것으

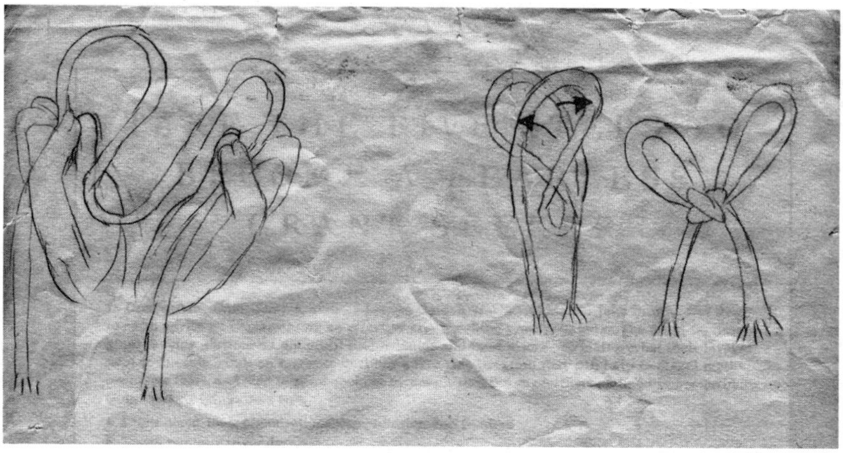

그림 1.1 • 매듭을 그리는 학생

로 보아야 할까? 한 6학년 학생이 줄로 만든 매듭을 그린 다음 사례에 대해 생각해보자. 이 학생은 그림 1.1과 같이, 매듭만 그린 것이 아니라 매듭을 만드는 자신의 손도 그렸다.

그림에서 손이 그림을 보는 사람을 향해 있으며, 보는 사람이 어느 위치에서 그림을 보는지도 감안하고 있기 때문에 이 그림은 보는 사람의 신체도 고려했다고 할 수 있다. 수학적 다이어그램으로 이보다 더 정교하게 그림을 보는 사람을 체화할 수 있을까? 이렇게 보는 사람까지 체화한 것이 실제로 신체와 물질 사이의 결합을 이루어 다이어그램, 줄, 감각 기관을 포함한 전체 배치에 의해 목하 탐구하는 수학적 개념과 연결되는 것 아닐까? 다이어그램을 단지 표상으로만이 아니라 개념이 발생하는 것으로 생각하면 무슨 일이 벌어질까? 수학적 활동을 통해 실제로 세계를 재배치하는 방식으로 물질과 의미를 재혼합한다고 할 수 있을까? 이런 식으로 수학적 활동의 성격을 고려하면 수학적 활동의 창의적이거나 구성적인 면을 더 잘 탐색할 수 있는 것 아닐까? 이 장에서는 이와 같은 질문들에 초점을 맞춤으로써 수학적 신체의 대략적인 의미를 재고한다. 이를 통해, 학습자가 화면 속의 삼각형을 마우스로 드래그할 때 자신이 조작하는 마우스, 화면, 보다 일반적으로는 디지털 인터페이스와 무관하게 알고, 행동하고, 느끼는 닫혀 있는 신체로 보는 것이 아니라, 어떻게 여러 신체가 배치를 이루게 되는지를 살펴볼 수 있는 이론적 틀을 제안할 것이다.

로스[1]는 오랜 친구의 전화번호를 기억할 수 없을 때 휴대폰에 손가락을 올리면 손가락이 저절로 춤추듯이 움직이면서 정확하게 친구의 번호를 기억해내는 흔한 경험을 체화된 지식에 대한 간단하지만 강력한 예로 제공한 바 있다. 이와 같이 앎을 손가락, 손, 그

1) Roth(2011) 참고

리고 눈의 능력으로 생각할 수 있다면, 피부로 둘러싸인 것으로서의 신체를 넘어서서 신체의 '앎'에 대해서도 생각해볼 수 있지 않을까? 이와 같이 다양한 물질들의 배치가 성장하고 수축하는 것으로서의 신체를 생각해볼 때가 된 것 아닐까?

2장의 도입부에서 이 다양한 물질들을 구성하는 것이 무엇인지 탐구할 예정이고, 이제 신체는 언제 신체가 되는가라는, 열린, 앞으로도 계속 열린 형태로 다룰, 질문에 주목하고자 한다. 이 질문을 통해 신체의 본성에 대한 가정뿐 아니라 신체를 개별적인 존재로 바라보는 방식에 대해 이의를 제기하고자 한다. '신체는 언제 신체가 되는가?'라는 질문을 생각하면, 인간이든 비인간이든 신체들이 신체들로 그리고 개별 신체가 하나의 신체로 되는 모종의 과정에 주목하게 된다. 교수·학습에서 신체의 역할에 점점 더 많은 관심을 기울이고 있는 현재 수학교육의 맥락에서 이와 같이 신체에 대해 다시 생각해보는 것은 시의적절하며 의미 있다. 체화의 진행 과정에 초점을 두면 수학적 활동에 작용하는 다양한 규모의 다양한 영향을 추적할 수 있고 이 영향들이 어떻게 복잡한 과정에 의해 얽히는지 파악할 수 있다. 이를 통해 신체가 고정된 실체가 아니라 생성의 과정에 가깝다는 것도 알 수 있다. 그러므로 신체를 다시 전통적으로 생각해왔던 것처럼 통합했다가 다시 조각조각 분해하여, 순간적으로는 인식 불가능하거나 낯설지라도 신체들이 어떻게 배치되고 세계에 통합되는가를 재고하고자 한다. 이 장에서는 체화에 대한 여러 이론을 탐구한 바와 이 책에서 우리가 제안하는 접근을 비교하고 대조할 것이다. 여러 이론에는 신경생물학, 페미니즘 철학, 푸코의 이론, 담론 분석, 물질 현상학 그리고 확장된 자아 개념 등의 연구가 포함된다. 이들 이론의 서로 다른 입장을 세세한 뉘앙스까지 공정하게 다룰 수는 없지만 그래도 이하에서 관련 이론의 대략적인 흐름을 조망하고, 신체에 대한 전통적 관점과의 차이에 초점을 두어 논의하고자 한다.

체화에 대한 여러 이론

수학적 사고와 학습을 위해서는 신체, 그중에서도 특히 뇌를 사용한다. 그러나 뇌가 아닌 다른 신체 부분들도 수학적 사고와 관련이 있을 것이라는 문제를 다양한 학자들이 지난 20여 년 동안 연구해왔다. 이들 다양한 연구에서는 인간의 신체에 대해 그리고 신체가 물질적이고 사회적으로 발생하는 속성을 가진 수학적 경험과 어떻게 상호작용하는지에 대해 서로 다르게 가정하고 있다. 예를 들어, 레이코프와 누네즈[2)]는 체화된 인지 패러다임을 가정하고 개념적 지식과 감각-운동 체계 사이의 연결을 중심으로 연구하면서,

2) Lakoff & Núñez(2000) 참고

수학적 개념의 의미론적 내용을 인간의 신체가 세계에서 기능하는 방식이라는 측면에서 이해할 수 있다고 주장했다. 그러나 일부 연구자들은 레이코프와 누네즈의 연구가 신체와 뇌를 연결하는 문제만 다룸으로써 수학적 사고의 사회적인 측면을 간과했다고 비판했다. 래드포드[3]는 '감각적 인지'에 의한 다중양식적인 학습의 개념화를 시도함으로써 수학교육의 맥락에서 체화 인지를 연구했다. 그는 레이코프와 누네즈가 말한 은유적 사상만이 아니라, 발화, 신체, 제스처, 상징 그리고 도구의 기호학적 조정까지 포괄하여 논의했다. 더욱이 사회적인 것과 물질세계를 체화의 강력한 구성요소로 보았으며, 제스처와 같은 구체적인 감각-운동 행위를 이해와 의사소통의 초기 원천에 그치지 않고 지속적으로 사용하는 도구로 생각했다. 래드포드는 '감각적'이라는 단어의 의미를 한편으로는 '체화된'의 뜻으로 그리고 다른 한편으로는 인간의 신체와 물질세계가 한 체계에서 서로 관련을 맺으면서도 독자적인 요소이기도 하다는 뜻으로 사용했다.

그러나 물질 현상학[4]은 '뇌 속에서 일어나는 모종의 정신적인 무언가'를 '물질적인 것'으로 보면 그 현상을 더 잘 이해할 수 있다는 주장에 의해 여러 요소를 구별했던 이전의 입장들로부터 벗어났다. 여기서는 레이코프와 누네즈가 정신과 신체라는 이원론적 접근을 유지하면서 제시한 은유-기반 이론을 해체하고 '살'이라는 단어를 이원론적 전통에 대한 대안으로 제시했다. 더 극단적인 입장으로는 마투라나와 바렐라[5]의 체계 이론에 근거한 복잡계 이론 그리고 데이비스와 심트[6]의 활동주의[7]를 들 수 있는데, 여기서는 고정된 인간의 신체 개념을 거부하고 신체를 일종의 생태계이며 그 경계를 끊임없이 조정하는 것으로 개념화했다. 다시 말해, 이들은 인간의 신체가 다소간 가시적이고, 물리적인 경계를 가지며, 상황에 의존한다고 보았다. 특히, 인간의 사고가 단지 데카르트의 '정신'만이 아니라 다양한 신체의 부분들에 의해 이루어진다는 것을 밝힘으로써 인간의 신체를 학습의 적극적인 요소로 새롭게 활성화했다. 이러한 입장에 근거하면, 수학 수업에서 교사와 학생이 서로 다중양식적인 방식으로 의사소통하는 현상을 비롯한 새로운 현상에 주목할 수 있다.[8]

스티븐스[9]는 수학 교수·학습에서 신체의 역할에 주목한 여러 연구에서 '체화된'과

3) Radford(2009) 참고
4) Hwang & Roth(2011) 참고
5) Maturana & Varela(1987) 참고
6) Davis & Simmt(2003) 참고
7) 역주. Enactivism을 활동주의, 발제주의, 행화주의, 등으로 번역하며, 대체로 인지를 주체의 적극적인 활동 또는 행동과 관련짓기 때문에 보통 구성주의의 한 유형으로 본다.
8) 예를 들어, 2012년 Journal of the Learning Sciences의 특별호인 21(2) 참고.
9) Stevens(2012) 참고

'체화'라는 용어를 어떻게 사용했는지 분석하고, 더 분명하게 그리고 그 중요성을 적절하게 드러내는 방식으로 용어를 사용해야 한다고 주장했다. 근본적으로 수학적 인지가 체화되어 있다는 말이 무슨 뜻인지를 생각해보아야 한다고도 했다. 시츠-존스톤[10) 역시 '인지가 체화되어 있다'는 표현 자체가 더 고차원적인 인지 행위를 위한 용기 혹은 그릇으로 신체를 강등시킨다고 비판했다. 스티븐스[11)는 개념주의와 상호작용주의의 두 지배적인 접근에 많든 적든 의존하면서 대부분의 연구가 이루어지고 있는 것이 문제라고 비판했다. 첫 번째 접근은 인지 언어학과 밀접하게 관련되어 있으며, 개별적인 인간 존재가 공통의 생활 현상을 공유하면서 '이 현상에서의 경험에 기초하여 공통의 내적 개념과 개념 체계를 구성한다.'는 가정을 기반으로 한다. 다시 말해서, 개념들은 공통의 현상이 추상된 결과이고, 이는 다시 '현상학적 기본요소'로 이어지며 궁극적으로는 개인의 개념적 체계가 만들어진다는 것이다. 예를 들어, 알리발리와 나단[12)은 수학적 인지가 '지각과 행위에 기반을 두고 있으며 물리적 환경에 근거하고 있다'고 보았다. 이와 같은 개념주의의 입장에 따르는 연구자들은 학생과 교사의 물질적 행위를 내적 개념화가 이루어지기 전에 나타난 또는 그 원천이 되는 것으로서의 외적 시뮬레이션이라고 해석했다. 이들 연구는 '기반을 둠'과 '근거하고 있음'이라고 서술하면서도 정신과 신체의 이원적 관계는 유지하는 것으로 보인다. 정신과 신체의 이원론을 부정하는 부분에서조차 수학적 개념은 정신의 내부에 있는 것으로 그리고 신체는 내적인 종합을 위해 세계와 부딪치는 것으로 보기 때문이다.

앞서의 논의에 기초할 때 신체에 대한 개념주의 접근은 신체의 활동을 신체적인 사고가 아니라 시뮬레이션으로 폄하하여 해석한다는 점에서 신체적 활동을 적절하게 고려하지 않았다. 신체에 대한 두 번째 접근인 상호작용주의는 상호작용 연구에서 유래했고 의미 형성과 관련하여 사회적인 관점을 반영한 것이다. 스티븐스[13)는 상호작용주의에 동조하면서, 의사소통과 교육을 목적으로 설계한 제스처 연구들을 검토하고 제스처가 '상호작용 내에서 의미와 행위를 만들어내는 여러 양식 자원' 중 하나라는 입장을 지지했다. 상호작용주의 연구자인 네미로프스키는 현상학, 그중에서도 메를로-퐁티가 신체적 활동을 정신적 개념의 반영으로서가 아니라 자체적으로 의미를 가지는 것으로 본 것 그리고 "학습자는 지각-운동적 활동을 통해 수학적 통찰을 구성하고 표현한다."고 주장했던 입

10) Sheets-Johnstone(2009) 참고
11) Stevens(2012) 참고
12) Alibali & Nathan(2012) 참고
13) Stevens(2012) 참고

장에 영향을 받았다.[14] 네미로프스키 등의 연구에서는 지각-운동적인 가능성들이 상황에 내재하는 것으로 보았으며, '주목하기, 움직이기, 반응하기, 기대하기 이전의 준비 단계'에 이러한 가능성들을 의도하고 직관하고 상상하는 인간의 능력에 초점을 두었다. 여기서 어떻게 경험의 미시-민족지학적 측면들이 우리가 가르치고 학습하는 방식에 영향을 주고 부분적으로 조형하는지를 알 수 있었지만, 문제는 역시 인간의 의지나 의도를 중심으로 경험의 조직을 논의했다는 점이다. 우리는 인간의 의도를 덜 강조하고 분배된 행위성에 더 집중하고자 한다.[15] 나아가 일부 존재론적 논의에서 인간의 신체를 활동에 참여하여 처리하는 대상으로서만 간주하는 방식으로 개념화하는 것에 이의를 제기할 것이다. 이러한 논의로부터 개념주의도, 스티븐스가 동조하며 연구했던 상호작용주의도 신체의 바이오정치[16]를 적절히 다루지 못하고 있음을 주장할 것이다.

갈레세와 레이코프[17]가 제시한 '체화된 시뮬레이션 이론' 역시 같은 이유에서 문제가 있는 것으로 볼 수 있다. 사실 사고를 '신체의 활동'으로 보면 뇌가 그 신체의 활동을 통제하므로 뇌를 연구하면 된다고 생각하기 쉽다. 체화 이론 연구자들도 인간과 동물의 활동에서 뇌의 사용이 중요하다고 보고 학습을 신경과학적으로 설명해왔다. 갈레세와 레이코프는 개념적 지식이 '이 세계 속에서 대상, 사건 그리고 현상을 구별하고, 인식하고, 범주화하고 궁극적으로 개념화하는 능력을 가능하게 하며' 서로 다른 신경 피질 네트워크의 활성화에 의한 '뇌의 활동 속에 있다'고 주장하면서, 운동-감각 체계에 따른 개념적 지식의 존재 방식을 보여주고자 했다. 이와 같은 방식으로 뇌의 활동에 대해 연구하면서 전-의식적 지각인 정동과 신체 활동을 앎의 핵심으로 보았다는 점에서는 고무적이나, 학습의 근본적인 구조로서의 신경 생물학에 대한 환원주의적이고 결정론적인 접근에 빠질 가능성도 있기 때문에 우려가 된다.[18] 그렇게 되면 학습에 관련된 사회-문화적 요인을 간과할 가능성도 있기 때문이다. 비록 사회-문화적 접근과 신경 심리학 사이를 연결하려

14) Nemirovsky, Rasmussen, Sweeney, & Wawro(2012), p.311 참고

15) 이는 1980년대 중반에 등장한 허친스의 인지 분배의 전통에 따른 것이다. 메를로-퐁티 등을 비롯한 초기 현상학자들은 인간의 신체에 제한하여 체화의 문제를 다루었으나, 로스는 신체를 분배된 네트워크로 보는 앙리의 관점에서 물질 현상학을 정립했다(Roth, 2011).

16) 역주. 바이오정치는 인간의 행동들을 합리적이거나 심리적인 것으로 이해해왔던 전통에서 탈피하여 생물학적인 요인들에 의해 영향을 받은 측면을 밝히는 연구 분야이다(김상태, 2008, p.15). 여기서는 신체의 생물학적인 요인들, 특히 다양한 감각과 물질세계와의 배치에 주목하여 신체 활동을 탐색할 필요를 주장하기 위해 이 용어를 사용했다.

17) Gallese & Lakoff(2005) 참고

18) 물론 신경생물학의 주장이 사회적, 문화적, 운동감각적 측면을 부정하지는 않기 때문에 항상 환원주의적이고 결정론적이라고 할 수는 없다. 다만 현재 과학계 연구 문화의 주요 경향이 그러하다는 것을 지적하고자 한다.

는 시도[19]도 있고, 그 두 접근 모두로부터 얻을 수 있는 것들이 많으나, 신체에 대한 사회-문화적인 접근을 다소 간과하는 것처럼 보이는 신경과학 연구의 방법론적 가정은 지적할 필요가 있다. 예를 들어, 상호주관성에 의한 공동 구성보다 개인의 구성을 강조하는 접근법 그리고 창의적인 협력적 상호작용보다 병리학에 초점을 둔 접근법에서는 심리-사회학적 발달에 대한 이론을 시각·운동적 발달에 대한 신경과학적 접근으로 대체할 위험이 있다. 예를 들어, 공감 능력이 생물학적으로 결정된다는 것을 암시하는 방식으로 지각과 행동이 쌍을 이룬다고 주장하는 거울 뉴런 연구[20]에 기반을 둔 논증이나 뉴런의 미러링을 통해 타인의 마음을 직접 체험하듯이 이해할 수 있다고 주장하는 논증[21]은 우려스럽다. 시츠-존스톤[22]도 같은 입장에서 "거울 뉴런이 형태학 그리고 신체-운동적이고 촉각을 이용한 운동감각적 경험에 의존한다."는 주장을 비판했고, 거울 뉴런의 모든 활동은 사실 운동감각적 활동과 사회문화적 요소에 의해 조건적으로 영향을 받는다는 점을 적시했다는 점에서 의미가 있다.

페미니스트 철학[23]에서는 주체성에 대한 생물학적 논의와 정치학적 논의 사이의 긴장을 다루어 왔으며, 앞서 언급한 신경생물학 분야의 연구 결과를 어떻게 해석할 것인가와 관련해서도 논의해왔다. 그러므로 페미니즘 철학을 신체에 대한 본질주의적 관점[24]에 의문을 제기하는 데 필요한 충분한 근거로 활용할 수 있다. 페미니즘은 신체가 사회-문화적인 힘의 산물임을 보이기 위해 힘든 싸움을 해왔으며, 정체성에 대한 본질주의적 접근, 이를테면 우리의 정체성이 무엇인가를 그 본질에 의해 제시하는 대신, 우리는 어떤 행동을 하는가라는 수행에 초점을 두고 정체성을 규명해야 한다고 주장했다. 신체 그리고 신

19) Hall & Nemirovsky(2011) 참고

20) 역주. 거울 뉴런 연구는 이탈리아의 신경심리학자 리촐라티 연구팀이 1996년 보고한 것으로, 손으로 물체를 들어 올리는 사람을 지켜본 원숭이와 직접 행동을 한 원숭이 모두 동일한 대뇌 물질을 활성화시키는 현상을 다루었다. 인간 역시 이처럼 대뇌의 일부 신경 세포가 '거울처럼 비추는' 특성을 지니고 있어서 어떤 행동을 관찰하거나 혹은 직접 행할 때 동일하게 반응한다고 주장한다(김수임, 2017, pp.26-27).

21) Gallese & Lakoff(2005) 참고

22) Sheets-Johnstone(2012) 참고

23) 역주. 일반적으로 페미니스트 철학은 본질주의를 거부하는 경향이 있다. 특히, 본질적이고 결정론적인 접근에서 벗어나 역사적으로 구성되는 젠더 정체성을 강조하곤 한다. 저자는 이러한 기조에 동의하며 인간의 신체가 이미 규정된 것이 아니라 언제나 새로운 물질과의 만남을 통해 변화한다고 주장하고 있다.

24) 역주. 본질주의에서는 신체의 본질을 규정하여 신체를 정의하고 설명한다. 이와 달리 이 책에서 제시한 예와 같이 사회문화적 영향 등 신체가 되기 위해 충족시켜야 하는 조건을 제시하여 신체를 설명하는 것은 비-본질주의에 따르는 것에 해당한다.

체와 사회적 현상의 관계에 대한 이러한 접근법에 의해 지난 수십 년 동안 이루어졌던 행동주의 연구의 환원주의적 실증주의[25)]를 넘어서서 체화에 대해 논의할 수 있게 되었다. 1993년에 출판된 버틀러의 《의미를 체현하는 육체》, 1994년에 출판된 그로스의 《뫼비우스 띠로서의 신체》 그리고 다른 많은 '신체' 연구자들은 신체를 비-본질주의적으로 인식해야 한다고 말했으며, 생물학적으로 주어진 것이 아니라 담론적으로 구성된 수행적인 실체로 간주해야 한다고 주장했다. 주체와 신체에 대한 버틀러의 연구는 생물학과 문화 사이의 구별에 의문을 제기하는 데 큰 영향을 미쳤다. 버틀러는 생물학적 성(sex)과 사회적 성(gender) 모두가 신체를 특수한 방식으로 체현하는 문화적 실천이 반영된 결과라고 주장했다. 버틀러는 라캉이 제시한 동일시 개념과 거울단계[26)]에 토대를 두고, 신체-이미지의 경계들이 얼마나 비결정적이고 불안정적인지를 논의하면서, 신체-이미지와 상상 속의 '실제' 신체 사이에 단절이 일어난다는 것에 주목했다.[27)] 비록 나중에 라캉의 틀에서 벗어나기는 했으나, 그로스[28)]도 신체를 유사한 방식으로 정의했다. 신체에 대한 그로스의 기술에서 가장 흥미로운 부분은 응집에 의해 신체가 주어진 단일체로 되는 과정에 주목한 점이다. 그로스에 의하면, '살, 기관, 신경, 근육, 골격 구조는 원래 불완전한 '날것의 물질'인데 이를 구체적이고, 물질적이고, 활력 있게 조직함으로써', '심리적이고 사회적으로 각인이 일어난다. 아울러 신체는, '신체와 정신의 "형상"과 공간의 일치를 이

25) 역주. 행동주의에서는 복잡한 행동을 자극과 반응의 결합체계로 환원하여 관찰하거나 해석하는 것이 과학적이거나 실증적이라고 주장하는데, 이 책의 저자들은 이렇게 해서는 복잡한 신체 활동과 인지 과정을 적절하게 포착하거나 설명할 수 없다고 본다.

26) 역주. 라캉은 정신세계를 '상상계', '상징계', '실재계'로 구분했는데, '거울단계'는 이 중 첫 번째인 상상적 자아형성의 단계를 뜻한다. 아이는 거울에 비친 자신의 이미지와 외부의 대상을 구별하지 못하다가 점차 거울 속에 비친 자신의 이미지를 알아보게 되고 외부의 대상과 구별하며, 자아를 형성하게 되고, 자기를 중심으로 대상화된 세계를 구성한다. 이렇게 거울단계에서 거울에 비친 자신의 이미지와 자신을 '동일시'하게 됨으로써 자아를 형성한다(노상우, 진상덕, 2014).

27) 초기 버틀러에게 있어, 인간의 정체성은 거울단계에 형성되는데, 이때 '실제' 신체가 신체-이미지를 스스로 구별해 내고 오인하는 과정에서 '존재성을 얻어 나가게 된다.' 다음 인용문에서 분명하게 드러나는 바와 같이, 버틀러의 신체에 대한 설명은 '실제' 신체 내에서 그리고 다른 신체들 사이에서, 매우 관계적이다. 또, '거울단계는 신체 개념이 어떻게 형성되는지에 대한 발달론적인 설명에 의해 다루어지지 않는다. 그러나 모종의 형상을 표면에 투사하는 능력에 의해 신체의 대략적인 형태를 정신 활동 그리고 상상 활동을 통해 정교화하고 초점화하며, 포괄하는 일련의 과정이 진행된다. 이와 같은 정신적 투사 혹은 정교화의 과정에 의해, 신체의 의미를 그 모체가 되는 신체로부터의 구분이 아니라, 필요한 자기분할과 자기소외에 의해 구분한 신체의 대략적인 형태를 투사하여 얻게 된다(Butler, 1993, p.71, 강조는 저자가 한 것임).

28) Grosz(1999) 참고

룰 때', '신체의 표피가 심리적 실체의 경계를 포섭할 때, 그리하여 신체가 경험과 주체성의 한계를 규정할 때', 바로 그때, 신체가 된다. 따라서 신체는 비본질적인 존재이며 사회적으로 코드화된 의미의 집합이 각인되어 만들어진 것이다. "신체는 비결정적이며, 무정형이고, 조직되어 있지 않은 잠재성이므로 어떤 문화와 시대 속에서 사회적인 촉발, 조직, 장기간의 '실행'에 의해 존재하게 된다."

페미니스트 철학 기반 연구들에서 신체의 경계와 표면을 기술하고 방어하는 담론의 권력에 주목하는 경우들을 확인할 수 있다. 권력과 담론에 대한 푸코의 연구도 이러한 연구들에서 신체를 논하는 방식에 영향을 미친 것으로 보인다. 푸코는 권력을 생산적인 힘[29]으로 설명했는데, 주권자의 권력이나 중심적인 권위가 아니라 담론적인 행동 그리고 국가를 관리하는 위계의 구조화에 의해 다양한 물질적 효과를 만들어내는 능력을 가진 것으로 보았다.[30] 수학교육에서의 체화된 인지 이론들에서는 이와 같은 젠더, 계급, 인종, 성적 지향 또는 더 넓은 의미에서 사회적 구성물인 주체성과 권력 등 모든 교육적 경험을 이루는 사회적 구성물을 간과해왔다. 누네즈, 에드워즈 그리고 마토스[31]는 이러한 점을 지적하며, 상황 인지를 "유의미한 상황에 마음과 무관한 진리가 있다고 보는 것"이 아니라 "신체적으로 이루어졌기에 독단적이라고 할 수 없는, 모종의 의미-형성에 기초한 수학 창조의 방식에 주목하는 이론으로 보아야 한다. (중략) 그러므로 마음을 중심으로 한다고 생각했던 수학적 개념이 실은 체화되어 있고 맥락적이라는 사실을 이해하기 위해, 체화된 사고가 드러나는 역사적 과정에 대한 이해가 필요하다."고 제언했다. 이와 같은 제언은 체화에 대한 문헌에서 여전히 적절하게 다루어지지 않았는데, 아마도 그 이유는 다양한 규모로 신체 문제를 다루는 것이 어렵기 때문일 것이다. 그렇다면 어떻게 신체들의 사회적 얽힘을 논의하면서 신체의 '지각-운동적 가능성'에 관해 말할 수 있을까? 개별 학습자들 혹은 이들의 심리에만 초점을 맞추면 신체의 사회적 얽힘과 지각-운동적 가능성에 대해서는 논의할 수 없다. 문제는 사회문화적인 것에 초점을 맞추면 수학적 활동의 특수한 미시-실천들에 주목하기 어렵다는 지적이다. 아마도 이는 시간의 문제일 것이고 두 측면 모두 정당하게 논의하려면 지속적인 노력이 필요하다. 이렇게 다양한 공간과 시간의 규모가 서로 얽히는 방식을 연구하기 어렵다고 해서 시도조차 하지 않는다면 연구자로서 태만한 것이다. 이 책에서는 이 두 영역에서의 연구를 함께 풍부하게 논의할

29) 역주. 여기서 생산적이라는 것은, 과거에 권력이 주로 억압이나 처벌 위주의 부정적인 방식을 채택한 것과 대조적으로 체제에 필요한 인간을 길러내고 순종적인 주체를 양성하는 적극적인 방식을 따른다는 의미이다(조원광, 2012).

30) Krause & Rölli(2008) 참고

31) Núñez, Edwards, & Matos(1998) 참고

수 있음을 보여줄 것이며, 신체에서 의미와 물질이 얽혀있는 방식을 더 잘 드러내는 새로운 이론을 제공할 것이다.

물질 현상학과 포스트휴머니즘

수학교육에서 사회문화적인 이론적 접근에는 전반적으로 공감하지만 이들 이론에서는 신체에 관한 존재론적 논의를 제한하는 담론 개념에만 의존하는 경향이 있다. 예를 들어, 스파드[32]는 사고를 체화된 활동으로 재정의했고 효과적으로 개별적인 인지에서 사회적인 상호작용으로 초점을 전환했다. 그러나 언어-중심의 수학적 활동 분석에만 머물렀다. 담론과 의사소통을 강조하면서 신체에 대해서는 부적절하게 이론화했기 때문에 스파드가 제시한 접근은 강력하면서 동시에 약점이 있다. 황과 로스[33]는 일반적으로 사회-문화적인 연구에서 비고츠키의 이론을 '언어 중심'으로만 해석하여 사고를 언어로 환원시키는 경향이 있으며, 이 때문에 학습에서 신체가 가지는 의미와 신체가 하는 역할에 대해 다루지 못하게 된다고 지적했다. 2장에서 논의할 신유물론적 접근은 사회문화적 접근에 대한 이와 같은 지적에 대처하기 위해 대두된 면이 있다.

> 신유물론자들은 자연의 물질적 환경, 다른 신체들, 사회경제적 구조를 인간이 지속적으로 존재하기 위해 그리고 인간의 욕망을 만족시키거나 정치적으로 참여하는 데 필요한 자원을 얻기 위한 것으로만 보는 것을 비판했다. 그리하여 경험적으로 행동하는 주체의 신체가 중요하다는 것을 간과하는 이론은 적절한 정치 이론이라고 할 수 없다고 보았다. 이것은 페미니스트와 계급 이론가들이 주장해왔던 바이기도 하다. 그러나 최근 구성주의와 정체성 정치 개념이 유행하면서 이와 같은 물질적 차원에 대한 논의가 간과되는 것으로 보인다.[34]

개인과 제도, **담론을 통해** 수학을 배우는 학생이 정체성을 어떻게 형성하거나 규정 받는지를 보여준 연구들은 의미가 있고 설득력도 있다. 다음 장에서 다루겠지만, 이 연구들이 아직은 물리적 물질을 완전히 무력한 것으로 다루는 방식으로 신체를 간과할 위험도 내포하고 있다. 다음 장에서 이러한 담론적 접근을 통해 교수·학습을 논의할 때 신체를 더 적극적으로 고려하는 방법에 대해 다룰 것이다.

---

32) Sfard(2008) 참고

33) Hwang & Roth(2011) 참고

34) Coole & Frost(2010) 참고

후설, 하이데거, 메를로-퐁티, 사르트르를 비롯한 다수의 유럽 철학자들이 발전시킨 현상학은 체화와 수학을 연구하는 강력한 이론적 틀을 제공했다. 특히, 메를로-퐁티는 20세기의 현상학자이며, 인간의 지각, 감각 그리고 정동에 초점을 둔 체험(lived-experience)의 구조를 다룬다는 점에서 고유한 철학을 제시했다. 현상학 전통의 주된 특징 중 하나는 인간의 지향성을 경험 결정인자로 지나치게 강조한다는 것이다.[35] 이와 달리 로스는 수학교육의 맥락에서 고유한 물질 현상학을 구축하여 적용했고, 이를 통해 학습에서 신체가 담당하는 역할을 논의했다. 예를 들어, 로스[36]는, 학생이 정육면체를 만지면서 다양한 방법으로 다루는 과정에서 일체의 의도 혹은 지배적인 개념은 없었으며 다만 스스로 촉발되고 진행하는 손의 움직임을 관찰했다. 로스는 이러한 촉각적인 조우가 언어에 비해 근원적이고, 정신의 의도에서 자유롭거나 어느 정도 분리되어 있다고 설명했다. 움직임은 손 안에서 이루어지지만 정육면체와의 이전의 조우에 대한 기억이 내재되어 있기 때문에 이것이 가능하다. 전-언어 단계라도 이미 사회적 세계에 '가능성'이 들어있어서 정육면체와 조우한 그 순간에, 사회적 세계 자체가 눈과 손의 움직임을 조정하고 촉각적인 접촉을 하게하며 그렇게 함으로써 서서히 존재하게 된다.

로스는 전-언어 단계에 '가능성'을 전제함으로써 신체가 변화를 일으키는 능력을 가지고 있다고 보았고, 학생의 의지나 의도보다 수학을 하는 손에 초점을 두었다. 그는 물질적이고 감각 가능한 것, 이른바 물리적 조작물을 조우하게 된 학생을 연구하면서, 지각할 수 있고 만질 수 있는 정육면체에 주목했다. 그러나 이 사례에서 로스는 학습에서 신체가 하는 역할을 다루는 데 그치고 정육면체나 수학의 물질성을 온전히 다루지는 못했다. 요컨대 정육면체 자체가 학습자와의 만남을 통해 어떻게 정육면체-되기에 도달하는지 그리고 이 되기의 과정에서 정육면체의 경계가 어떻게 달라지는지를 제대로 다루지 못했다. 다른 원천에서 나올 법한 전-언어 단계의 '가능성'에 적절히 주목하지 못했고, 여전히 비인간적 물질을 수동적이고 무력한 것으로 보았기 때문으로 보인다. 이 사례에서는 학습자가 정육면체의 수학적 개념과 아직 접촉하거나 갈등을 일으키지도 않은 것으로 보이며, 정육면체가 비물질적이고 불변적인 개념처럼 다루어졌다.

로스는 '신체'를 고립된 인간의 신체의 측면에서 논했을 뿐 정육면체는 여전히 수동적인 존재에 그치는 상태로 학습자의 활동을 설명했다. 이에 대해 다음과 같은 질문을 제

35) 역주. 현상학에서는 인간의 의식이 항상 다른 무언가에 대한 의식이라는 점을 강조한다. 언제나 의식은 지향하는 대상과 그 대상을 지향하는 작용을 특징으로 갖는다는 것이다. 따라서 현상학은 경험의 결정인자로서 인간 의식의 지향 작용을 강조하게 된다. 저자는 이러한 접근이 인간중심적이라며 비판하고 있다(Gallagher & Zahavi, 2013).

36) Roth(2010) 참고

기하고 다루고자 한다. 만약 정육면체 자체가 의미 배치 과정에 수동적으로가 아니라 능동적으로 관여하는 것으로 본다면 학습을 다르게 볼 수 있을까? 정육면체 자체를 물질적인 행위자로 간주한다면 혹은 상황과 모든 '행위소(actant)'를 행위성에 포함시킨다면 어떻게 될까? 행위성을 인간의 의지나 의도와만 연결하지 않고, '가능성'이라는 전-언어 단계의 행위자를 가정하지도 않고, 여러 관계가 가지는 잠재적 에너지와 정동의 능력을 포함하는 것으로 행위성 개념을 확장하고자 한다. 이를 통해 인간과 비인간이 세계를 어떻게 재배치하는 결합을 형성하는지를 논의할 수 있다. 유사하게 어두운 방에서 막대를 짚으며 걷는 사람을 상상해보자.[37] 그는 손끝에 막대가 있는 것으로 느낄까? 아니면 어두운 방바닥에 막대의 끝부분이 닿아 있는 것으로 느낄까? 앞서 언급했던 정육면체 상황으로 행위성을 분배하려면, 신체의 경계, 물질의 본성, 수학의 존재에 대해 재고해야 한다. 만약 아동-정육면체-개념의 배치를 특정한 순간에 창발하는 하나의 신체로 고려하면 어떻게 될까? 그렇게 하는 것이 학습 경험에 대한 새로운 방식의 연구를 가능하게 하지 않을까?

우리도 해러웨이[38]를 비롯한 포스트휴머니스트 철학자들과 마찬가지로 인간의 신체가 고정되지도 완성되지도 않은 것이며, 활동에서 인간의 신체만을 유일한 행위자로 보지 않으려고 한다. 다시 말해, 교사라는 존재 그리고 정책에 따른 교사의 교수행위가 그러한 것처럼 정육면체 그리고 수학적 개념이라는 물질성 역시 행위자로 보고자 한다. 이는 수학적 개념의 존재론 그리고 체화의 본성과 학습의 본성에 관한 우리의 철학적 주장이다. 이에 대해서는 2장과 8장에서 더 자세히 다룰 것이며, 여기서는 인간 행위자를 중심으로 하는 현상학적 분석을 어떻게 확장할 것인가의 문제에 집중하려 한다. 그렇게 함으로써 학습 경험에 작용하는 다양한 힘에 주목하고 협소한 의미에서의 현상학적 연구가 가진 한계들을 넘어설 수 있기를 소망한다. 아울러 신체는 언제나 중심적인 제어가 없는 채로 인간과 비인간의 배치로 이루어진다고 개념화하고자 한다. 또, 수학의 신체와 수학 내에서의 신체는 '관계적 존재론' 혹은 '상호 생성'에 의해 여러 요소를 통합함으로써 체화가 되어가는 것으로 보고자 한다.[39] 앞에서 언급한 사례에서는 학습자, 정육면체, 개념의 비결정적인 배치를 통해 신체가 되어가는 것으로 볼 수 있다. 이렇게 신체가 되어가는 과정에서 두 겹 또는 여러 겹의 가닥이 얽히겠지만 소박한 장면들을 사례로 하여 신체에 대한 전통적인 모델이 아닌 다른 모델에 의해 신체를 재고하고자 한다.

---

37) 베이트슨(1972)을 포함한 많은 연구자들과 마찬가지로 보어도 이 사례를 제시했다.

38) Harroway(2008) 참고

39) Barad(2003) 참고

말라푸리스[40]는 생물학적인 것과 문화적인 것을 개념적으로 연결하고 물질적 맞물림이라는 개념을 기초로 신체를 재개념화했다. 또, '확장된 자아'라는 개념을 통해 신체가 "피부 표면으로 둘러싸인 고정된 존재가 아니라 변화할 수 있고 외부로 확장 가능하다."고 보았다. 무기력하고 생기를 잃은 세계에 고립된 채로 존재하는 인간 행위자 개념을 탈피하여 자아와 신체에 대해 새롭게 개념화한 것이다. 이렇게 자아를 확장함으로써 신체를 '그릇'으로 은유하는 것에서 더 나아가 "뇌와 신체 내부와 외부 어느 한 곳에 고정되는 것이 아니라 뇌, 신체, 사물 사이에서 형성되며 그 어느 것으로도 환원할 수 없는 자아"에 대해 논의했다. 말라푸리스는 이와 같은 논의를 통해, 체화 인지 이론에서 '생각하는 존재의 존재론적 경계를 허무는 것에 그친 것'과, '생물학적 경계 내에 갇혀 있게 된 것'과 다르게, 자아가 '체화해감을 통해 존재하게 되는' 것에 대해 살펴보고자 했다.

> 더 간단히 말해서 만약 체화된 자아라는 것이 있다면, 그것은 끊임없이 투사하고 확장하여 신체의 피부를 넘어서고 연결 기관들에 의해 신체의 물질적 환경과 접촉하여 자신과 통합시키는 것으로 보아야 한다. 체화는 한계가 정해지지 않은, 결코 정해지지 않은 상태이다. 체화는 변화의 통로라고 할 수 있으며, 체화에 의해 세계가 우리에게 다가오고, 곁에 머무르고, 심지어 우리의 일부가 된다.

말라푸리스는 반지, 검, 도구와 같은 무생물을 신체 '도식'에 통합시키면 어떤 결과를 얻는가에 대해 고고학적인 그리고 신경과학적인 근거를 제시하면서 논의했다. 이렇게 무생물을 다룰 때 뇌는 재구성된다. 더욱이 개별적으로 이러한 무생물을 통합하게 되면 '신체와 더불어 확장되면서 신체의 일부가' 된다. 말라푸리스는 체화하는 행위에 의해 '신경과 신경 밖에 있는 물리적 자원 사이에 연속적이고 상호 협력적인 조정'이 일어난다고 주장했다. 이러한 주장은 학습자가 주판을 사용하면서 계산하거나 컴퍼스로 원을 그리는 경우를 생각해볼 때 수학교육 연구에 다음과 같은 시사점을 준다. 이러한 도구들이 학습자의 신체의 일부가 되고, 지속적으로 신체의 구성을 변화시킨다는 것이 그것이다. 이렇게 보면 시험에서 계산기 사용을 금지하는 현재의 관행은 팔을 묶거나 눈을 가리는 것과 크게 다르지 않다. 인간의 신체는 끊임없이 무언가와 조우하며 다른 대상들을 통합하게 되며 이와 같은 과정에 의해 신체의 한계를 확장하게 된다.[41]

말라푸리스가 자아의 확장과 신체의 경계를 바꾸어 나가는 것에 주목한 반면, 신체가

40) Malafouris(2008) 참고
41) de Freitas & Sinclair(2012) 참고

어떻게 축소되는가에 대해 논의한 연구도 있다. 예를 들어, 색[42]은 심각한 무릎 부상을 겪은 이후 자신의 다리가 이질적으로 느껴지면서 마치 자신의 신체에 속하지 않는다고 생각하는 경우를 제시했다. 유방암 환자들의 경우도 유방이 자신의 신체가 아니라고 생각하는 식으로 신체의 축소를 경험한다고 한다. 물론 여성이 임신한 경우 태아에 대해 논할 때도 신체가 어디서부터 시작되고 어디서 끝나는지의 문제를 다룬다.[43] 신체의 확장 문제는 물질적인 문화에 관련하여 그리고 신체의 축소 문제는 신체적인 결여에 주목하는 장애 문제와 관련하여 주로 다룬다. 6장에서는 내장기관, 팔다리, 신경 연결에 선험적 능력이 내재된 것으로 보는 것에 이의를 제기하는 포스트휴머니즘에 대해 살펴보고, 신체 축소와 관련하여 개별 신체 내에 결여된 것이 아니라 서로 다른 감각을 보정하는 면에 대해 논의하고자 한다.

대상, 유사-대상 그리고 행위성

이 절은 신체와 행위성을 이질적인 배치와 존재하는 과정이라는 측면에서 어떻게 재고할 것인가를 생각해보기 위한 예로 시작하고자 한다. 이 예는 래드포드와 로스[44]가 제시한 것으로 우리의 논의 관점과 상당부분 유사하면서 동시에 중요한 측면에서 차이가 있기도 하다. 이들은 학생들이 수학 문제를 해결하기 위해 '공동 활동의 공간'을 만들어낸다고 하면서 이에 대해 분석했다. 래드포드와 로스는 세 명의 학생이 어떻게 '제스처, 단어, 행위, 지각과 같은 매우 다양한 형태의 기호들을 정교하게 조정하면서 인공물 관련 신체들을 복잡하게 배열하면서' 공동 활동의 공간을 만들어 내는지를 서술했다. 여기서 사고는 '**집단적이며, 상호-신체적이고, 상호-객관적인 것**'으로 나타난다. 이들의 연구에는 한 4학년 학생, 마크가 모델링 과제를 해결하는 장면이 포함되어 있다. 마크는 생일 선물로 1달러가 들어있는 돼지 저금통을 받고, 매주 2달러를 저금통에 넣는다. 첫째 주에 3달러, 둘째 주에 5달러, 등의 패턴이다. 학생들에게는 파란색과 빨간색의 칩과 수가 적힌 플라스틱 컵을 제공하고 5주 동안 모은 돈을 모델로 나타내도록 했다. 이어서 10주, 15주, 25주 동안 모은 돈을, 최종적으로는 n주 동안 모은 돈을 $1+2n$이라는 모델로 나타내도록 했다.

42) Sacks(1984) 참고

43) 이와 같이 신체를 본질주의에 입각하지 않고 바라볼 수 있도록 중요한 차원을 마련해주고, 신체의 확장과 축소 맥락에 주목하게 한 네미로프스키에게 감사드린다.

44) Radford & Roth(2011) 참고

한 학생은 첫째 주에 모은 돈을 나타내기 위해 3개의 칩을 컵에 넣는 식으로 '칩을 컵에 넣기' 전략을 사용했다. 이 전략에 대한 래드포드와 로스의 논의는 다음과 같다.

> 이 전략은 흥미롭지만, 오랜 기간, 이를테면 25주 동안 모은 돈을 나타내는 데에는 한계가 있는 모델이다. 컵에 칩을 넣으면 수학적인 것은 고사하고 아무런 구조를 파악할 수가 없기 때문이다. 다음으로 학생들은 칩을 2개씩 더한다는 것에 주목하게 되는데 이 경우도 아직 추상적인 곱셈 구조를 파악한 것으로 볼 수 없다.

학생들이 '추상적인 곱셈 구조'를 성공적으로 파악했는지에 대해 알아보기 전에 먼저 위 활동에 관련된 물질세계만이 아니라 학생과 연구자가 함께 형성한 수학의 신체에 주목해보자. 특히, 칩, 컵, 책상의 특정 부분으로 이루어진 물질세계가 이 장면에서 어떤 역할을 하는지, 인간과 비인간을 구별하듯이 이 장면에 담긴 추상성과 구체성 사이의 경계를 어떻게 구분할 것인지에 대해 살펴볼 수 있다. 래드포드와 로스는 칩과 컵이 유용한 표상이라고 생각하고 분석했다. 그러나 칩과 컵은 활동을 돕는 표상에 그치는 것이 아니라 더 중요한 역할을 한다. 여기서 학생들-칩들-컵들-개념들은 아직 결정되지 않은 채로 계속 성장하며, 이런 의미에서 근본적으로 완성되지 않은 배치이다. 학생들은 먼저 파란색 칩을 하나 컵에 넣고 다음으로 한꺼번에 2개의 빨간색 칩을 컵에 넣었는데, 이런 식으로는 일반성을 추론하는 데 필요한 시각화를 할 수 없었다. 그러므로 학생들에게 칩을 꺼내 컵 앞에 배열하도록 했다. 컵이 아니라 평평하고 넓은 책상 위에 칩을 놓도록 했기 때문에 학생들은 칩들을 볼 수도 있고 셀 수도 있었다. 이렇게 함으로써 컵에 칩이 얼마나

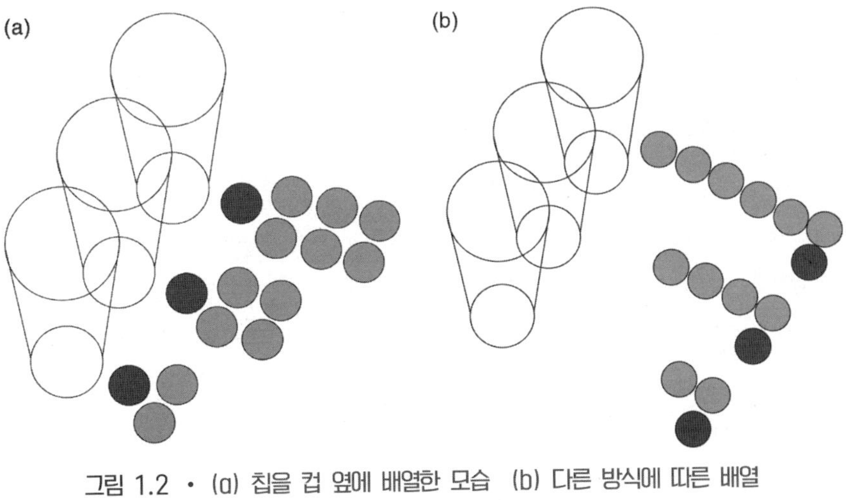

그림 1.2 • (a) 칩을 컵 옆에 배열한 모습 (b) 다른 방식에 따른 배열

들어갈 수 있을지를 생각하는 대신, 컵을 자리지기로 생각하고 각각의 자리 옆에 칩을 놓은 후 새롭게 상호작용 할 수 있게 되었다. 이제 책상 위에 칩을 두었기 때문에 컵 안에서 컵이 놓여 있는 책상 표면으로 수학적 활동의 초점이 이동했다. 결과적으로 매주 2달러가 증가하는 상황이 주 단위로 시간의 경계를 만들어 주와 주 사이의 단절이 이루어짐으로써 절대 참조 평면을 생성할 수 있게 되었다. 그리하여 그림 1.2a와 같이 일정 시간이 흐른 시점에서의 총액이 아니라 각 주의 총액을 배열로 나타낼 수 있게 되었다.

점차 칩을 놓을 자리가 부족해지자 학생들은 이웃한 책상에도 컵과 칩을 배열하게 되었다. 이와 같이 책상의 윗면에 순차적인 배열을 시각화하여 나타냄으로써 책상의 윗면도 물질적 행위의 일부가 되었다. 이어붙인 책상, 컵의 모양, 칩의 색깔 등 활동이 이루어지는 동안 만들어진 물질적 배치는 학생들로 하여금, 시간의 흐름에 따른 결과의 시각화에서 정적인 구조를 파악하는 데 기초가 되는 정적인 시각화로 나아가도록 했다. 사실 학생들은 10주가 되었을 때 모은 돈의 총액을 물리적으로 세어 구했고 수학적으로 최적화된 전략을 스스로 만들어내지는 못했다. 이때 교사가 함께 활동하면서 학생들에게 그들이 사용했던, 매우 번거로웠던, 반복 전략을 설명해보라고 했다. 교사는 컵을 가리키면서 5주 동안 모은 돈의 총액을 구할 때 주목한 것이 있는지 물었고, 빨간색 칩들을 손으로 가리키면서 개수에 대해 알 수 있는 것이 무엇인지 물었다. 4주 동안 모은 돈의 총액을 구하는 경우에 대해서도 동일한 질문을 했다. 한 학생이 '항상 2배입니다!'라고 외쳤고, $1+1=2$, $2+2=4$, $3+3=6$ 등 몇몇 예를 제시하면서 2배 관계에 대해 논의하기 시작했다. 교사는 학생들이 이 상징적인 관계를, 주를 나타내는 수와 칩의 개수 사이의 수학적인 표현으로 전환하도록 도우면서 학생들과 함께 활동했다. 5주를 나타내는 컵을 집어 들고 '5'라고 말하고 빨간 칩들을 가리키며 '곱하기?'라고 질문함으로써 수학적 표현으로의 전환을 함께 시도했다. 이에 학생이 '2'라고 답하자 교사는 다시 파란색 칩을 가리키며 '더하기?'라고 질문했고 학생은 '1'이라고 답했다. 교사는 5주를 나타냈던 컵을 들어 10주를 나타내는 자리에 놓고 '만약 10주라면 어떻게 하겠습니까?'라고 물었다.

래드포드와 로스는 교사와 학생의 공동 활동을 '함께 하기(togethering)'라고 설명하면서, 교사와 학생이 서로 다른 목적을 가지고 활동하지만 교사와 학생의 활동을 구분하는 경계선은 없다고 보았다. 이와 같은 입장에 따라 래드포드와 로스는, 학습을 지식의 획득으로 환원하지 않고 대수적 구조의 발달과 같은 수학의 문화를 전수할 수 있는 것으로 설명했다. 여기서 교사와 학생은 분리되어 있는 주체가 아니며, 교수 활동과 학습 활동이라는 서로 다른 성격의 활동으로 환원되지 않는다. 우리가 보기에는, 시간 단위인 주의 2배를 구하는 전략을 통해 이전까지는 서로 독립적이었던 두 배열 사이에 효과적인 연결을 구축한 것이고, 책상 위의 적절한 위치로 전략을 확장함으로써 돌파구를 찾고 환경을 재분배했다는 점에 의미가 있다. 교사는 컵을 집어 들고 칩의 배열을 가리킬 때 2배 더하기 1이라는 것을 리듬감 있게 반복하도록 함으로써 학생들이 컵과 칩을 연결하는 조작을 도출할 수 있었다. 이렇게 새로운 배치가 만들어지면서 이 활동이 성공한 것으로 볼 수 있다.

위의 활동에 의해 발생한 곱셈 구조는 여러 쌍의 칩들을 리듬 맞추어 놓고 짝을 맞추어 칩을 세면서 $2+2+2+\cdots$와 같이 반복하여 더한 결과로 얻은 것이 아니다. 칩이 2배로 늘어나는 것이 보이도록 칩을 재배열하고, 컵들에 의해 표현된 주와 주 그리고 마침내 여러 주들과 여러 칩들 사이를 번갈아 바라보는 물질의 재배치에 의해 얻은 것이다. 교사는 손으로 컵과 칩을 가리키면서 시선을 사영시켰고 이를 통해 학생-칩-컵-개념-교사의 배치를 바꾸었다. 위에서 칩이 2배로 증가하는 것을 n개의 칩을 2배하여 직사각형 형태의 배열을 얻는 것으로 나타낸 것이, 평면에서의 공간적인 의미로 포착되는 곱셈 개념과 얼마간 관련된다. 이런 점을 감안하면, 그림 1.2b에서처럼 다른 가상의 방식으로 칩을 배열하는 경우 물질의 배치가 달라지고 그와 관련하여 곱셈의 의미도 바뀔 것으로 생각한다. 이 경우 칩의 총 수는 선형적인 관계로 나타나고, 아마도 교사는 다른 제스처와 억양을 바탕으로 하는 물질 조건을 제시하여 여기에 담긴 '수학적 의미'를 만들어낼 것이다. 두 물질 배치는 공통적으로 n번째 주의 칩의 개수를 대수적으로 어떻게 나타낼 것인지를 설명하는 단계로 나아가야 하는데, 이를 위해 칩, 돈, 책상, 가리키는 손가락 등 추상적인 수학적 표현과 아무런 관련이 없는 물질에 어떻게 교사와 학생의 행위가 작동하는지를 밝혀야 한다. 이때 주의의 전환과 통찰에 의해 돌파구를 찾을 때까지 수학은 그냥 조용히 존재하는 것일까? 아니면 손의 움직임과 칩의 배열에 수학이 얼마간 내재되어 있는 것일까? 수학이 물질 배치에 이미 내재되어 있다면 구체적인 행위와 추상적인 수학적 표현이라는 말은 무슨 뜻으로 이해해야 할까?

사실 우리가 처음으로 포스트휴머니즘의 입장에서 신체에 대해 논의한 것은 아니다. 지난 25년 동안, 역사학 및 사회학 그리고 과학적 실천에 폭넓게 초점을 두고 연구했던 라투르가 이미 이에 대해 논의했다. 라투르는 포스트휴머니즘을 사회학 연구에 적용하여 행위자 네트워크 이론(ANT)을 발전시켰다.[45] 여기서 그는 그동안 세계를 인간과 자연의 영역 또는 외부 세계로 구분했던 모더니즘 전통에 이의를 제기했는데, 모더니즘에서는

45) 행위자 네트워크 이론은 1980년대 브뤼노 라투르, 미셸 칼롱, 존 로 등의 과학기술학 학자들이 정립한 이론으로, 인간 행위자와 비인간 행위자의 네트워크가 형성되는 과정에 초점을 둔다. 라투르는 과학 지식이 실험 장비, 여러 유기체, 과학자의 신체, 컴퓨터, 상징체계와 같은 요소가 중첩되어 네트워크로 발달한 결과라고 주장한다.

인간의 영역이 근원적 자유, 의지, 의도, 행위성, 다양성을 가진 것으로 그리고 자연의 영역 또는 외부 세계는 기계적 정확성에 따를 뿐 행위성이 없다고 보았다. 라투르는 바로 이와 같은 구분이 정신과 신체의 이원론을 강화하여 '사회과학'에서의 논의를 부적절하게 만든다고 주장했다. 이는 많은 교육 이론에 대해 똑같이 제기할 수 있는 비판이다. 특히, 학습을, 패턴을 만들거나 일반화하는 인지적 스키마와 정육면체, 칩, 컵과 같은 물질적 대상 사이의 변증법적 관계로 이해하는 이론들은 유사한 이원론을 따르는 것으로 볼 수 있다. 라투르는 이와 다르게 지각과 지각하지 않는 물질을 정도 또는 강도에 비추어 설명했다. 이 책에서는, 인간의 사고와 그 외부 세계를 존재론적으로 구별했던 것을 비판하면서 행위성을 인간과 비인간을 포함한 다양한 행위자의 이질적인 배치를 가로질러 분배된 것으로 재고하는 라투르의 접근을 받아들였다. 그는 세계가 '행위소' 혹은 '유사-대상'으로 이루어졌는데, 여기서 유사-대상에는 인간, 정육면체, 컵, 수가 모두 포함되고 이들이 모두 어느 정도의 행위성을 가지고 촉매 또는 중재자들의 네트워크나 배치를 이루는 것이라고 설명했다. 행위소는 행위의 원천이며, "행위하는 무언가 혹은 타자로부터 행위를 당한 무언가를 가리킨다. 행위소는 개별 행위자로서의 인간이나 보다 일반적인 의미에서의 인간이 가진 특정한 동기와 무관하다."[46] 행위소는 "때로는 사물로, 때로는 내러티브로, 때로는 사회적 결합으로 나타나며, 단순한 존재로는 환원되지 않는다."[47] 심지어 무생물 '대상'도 사회-물질 네트워크에서 활발한 중재자가 될 수 있으며, 이에 대해서는 수학적 개념을 자세히 다루는 장에서 논의할 예정이다. 유사-대상은 "존재하는 대상으로서 힘을 가지고, 물질로서 에너지를 가지며, 외적 존재로서 강도를 가진다."[48] 이상의 논의와 같이 마음과 물질의 이원론에서 벗어나려 했던 여러 시도가 있었다.

앞선 논의가 인간 행위소와 비인간 행위소를 구별할 수 없음을 뜻하는 것은 아니다. 이 구별은 라투르와 다른 연구자들이 어떻게 권력이 특수한 행위소를 통해 집결되는지에 주목하여 논의했을 때 매우 중요했다. 라투르는 과학사에 대해 상세히 기술하면서 인간 행위소가 권력을 행사하고 물질적 변화에 영향을 미치는 방식을 효과적으로 보여주었다. 예를 들어, 라투르[49]는 17세기 유럽의 과학자에 대해 살펴보고, 보이는 것과 보이지 않는 것에 대해 다이어그램을 그림으로써 이들을 어떻게 구성하고 제어했는지 그리고 이로부터 자본주의, 제국주의, 상업적 이익을 부분적으로 추구할 수 있었는지를 보여주었다.

46) Bennett(2010) 참고
47) Latour(1993) 참고
48) Bennett(2010) 참고
49) Latour(1990) 참고

이를테면, 사회과학자와 물리학자가 선호하는 기록 방식을 활용하여 성공적으로 다른 사람들의 주목을 끌었을 때, 그들은 높은 지위를 얻을 수 있었다. '과학자들이 자연에 대한 탐구를 중단하고 인쇄물과 이전의 주장만을 집요하게 살펴보았을 때, 그들은 무언가를 보기 시작했다.' 인간의 신체가 평평한 지구에 고유한 힘을 가지고 존재하는데 지구 위나 밖으로 벗어나지 않았다는 것이 그것이다.

베넷[50]은 라투르의 연구에 기초하여 '생기적 유물론(vital materialism)'[51]이라는 새로운 정치 이론을 주창했다. 베넷의 입장을 일종의 환경주의[52]로 이해하는 경우도 있는데, 아마도 이는 비인간적 행위자의 정치적 목소리를 드러내고자 했기 때문으로 보인다. 그러나 기존의 환경주의와 달리 생기적 유물론에서는 인간 중심이 아니라 탈-중심화된 행위성을 논한다는 점에서 훨씬 급진적이라고 할 수 있다. 라투르와 베넷은 행위성과 권력이 어떻게 다양한 물질적 배치 전반에 분배되어 있는지를 논의하는 정치학을 구축했다. 예를 들어, 베넷은 스피노자가 제시한 'conatus'[53] 개념을 이용하여 신체의 '능동적인 충동'과 '신체 고유의 존재'를 유지하고 보존하려는 경향을 고려한 새로운 체화 이론을 탐색하고 구축했다.[54] 베넷과 라투르의 입장이 인간 중심을 탈피하려 했다는 점에서 차갑고 냉정한 것이라고 생각할 수 있지만, 정동과 정념이 인간을 통해 집단적이고 개별적으로 배치를 유지하게 하는 핵심이라는 것을 드러내고자 했다는 점에서 오히려 정반대의 목표를 가진 것으로 볼 수 있다.[55] 앞에서 살펴본 사례인 학생-칩-컵-교사 배치의 경우, 교사와 학생이 정서적으로 컵에 칩을 넣고 가리키는 행동을 하고 싶은 기분이 아니었다면 그리고 만약 컵의 모양과 색이 교사와 학생으로 하여금 컵에 칩을 넣거나 컵을 가리

---

50) Bennett(2010) 참고

51) 역주. 생기론(vitalism)에서는 생물과 무생물 사이의 구분을 받아들이고 유물론에서는 둘 사이의 구분을 인정하지 않는다. 베넷은 이렇게 서로 다른 두 입장을 통합하여 생기적 유물론이라는 새로운 입장을 제시하면서, 생물과 무생물 사이의 구분 여부에 관심을 두는 대신 생물과 무생물의 공존과 공동 성장에 주목했다. 이는 수학 학습에서 인간과 비인간이 얽혀 집단적이면서 동시에 개별적으로 공존하며 배치를 이루고 행위성을 공유하는 것으로 보는 이 책의 주요 입장과 맞닿아 있다.

52) 역주. 여기서 환경주의는 환경에 대한 높은 관심과 환경보호를 지향하는 포괄적인 입장을 가리킨다. 환경주의는 경제적 안정과 물질적 욕구충족에 주목했던 기성세대의 물질주의적 입장을 거부한다는 점에서 탈물질주의로 해석되기도 한다.

53) 역주. 라틴어 Conatus를 일반적으로 자기보존의 노력, 자존력, 역능, 능력 등으로 번역하며, 존재의 존재 방식에 대한 스피노자의 논의에서 사용한 단어이다.

54) 여기서 conatus는 '배치의 각 부분 사이를 "이동하거나 멈추게 하는" 모종의 관계이자 그 관계를 유지하려는 노력'이다(Bennett, 2010, p.22). 요컨대, 인간 혹은 비인간 유사-주체들과 유사-대상들 사이의 움직임과 정지를 나타내는 관계와 그 관계 안에서 힘과 물질이 역동적으로 얽히는 것을 뜻한다.

키기에 적절하지 않았다면 그 배치의 힘과 행위성은 만들어지지 않았을 것이다.

배치와 생성 과정

신체-배치들은 투과가 일어나기도 하고 부분적으로 닫혀 있기도 하며, 다양한 체화 행위를 통해 경계를 유지하는 동안 개별화가 이루어지기도 한다. 앞 절에서 제시한 예와 마찬가지로 수학적 개념은 지속적으로 이 과정을 따라 발전한다. 앞의 예에서 체화 행위는 칩을 컵에 담거나 책상 위에 칩을 배열할 때 손의 움직임, 다른 학생들과 교사와 주고받는 목소리와 제스처 등을 가리키는 것이었다. 이하에서는 학생과 교사가 서로 협력하기 위해 책상 근처에 모여서 물리적으로 배치되어 '공동 활동의 공간'을 만들었을 때, 칩이나 컵 외에 수학적 개념이 어떻게 이 공간에 포함되는지에 주목하고자 한다. 더욱이 그로스가 언급한 '심리적이고 사회적인 각인'은 단순히 상황의 물질적 조건으로 외부에서 부여한 것이 아니라, 이 물질적 조건들의 능동적인 힘에 의해 활성화되고 정교화된 것으로 보고자 한다. 이 예를 제시하면서 신체들의 경계를 어떻게 결정할 것인지 그리고 이러한 결정 과정에 따라 얻는 학습 이론이 무엇인지를 논의하고자 한다.

앞서 살펴본 바와 같이 기존의 체화 이론들에서는 개별적인 신체에 앎을 위치시키는 경향이 있으며 물질적인 네트워크-신체로서의 집단적인 사회적 신체를 적절히 다루지 못했다.[56] 이 점에 있어서는 공동 활동의 집단적인 공간을 언급한 래드포드와 로스 역시 마찬가지이다. 그러나 신체는 사회적인 것과 물질적인 것이 융합된 복잡한 물질적 네트워크의 일부로 고려할 필요가 있다. 상식적으로는 신체가 개별적이고 이산적인 실체이고 신체의 내부에서 인식이 일어난다고 본다. 이와 달리 주체성에 대한 포스트휴머니즘 이론에서는, 주체가 어떻게 흩어진 사회적 네트워크의 배치로 이루어지는지를 규명했고, 인간 신체의 경계가 변화무쌍하며 신체는 네트워크에 흩어져 존재한다고 주장했다.[57] 이들

---

55) 역주. 감정이 주체에게 고정된 의미로 통용되는 반면, 정동은 아직 하나의 의미로 고정되지 않은 감각의 유예 상태를 의미한다. 이러한 정동은 새로운 감각과 앎을 추동한다는 점에서 저자가 강조하는 변화, 비결정성, 유동성과 관련을 맺고 있다(허성원, 2019).

56) 관련 연구에서는 네트워크-신체를 물질적/사회적 결합의 리좀 격자를 통해 연결되고 구성되는 것으로 표현한다. 여기서 뿌리를 뜻하는 리좀이라는 은유는 교육 연구를 포함한 사회과학 연구에서 복잡한 상호작용을 개념화하는 통찰력 있는 방식을 제공한다(de Freitas, 2012a; Gough, 2004; MacLure, 2010; Ringrose, 2010; Semetsky, 2006; Webb, 2008). 이들 연구에서는 리좀을, 중심이나 주요 근원이 없이 다양한 입구와 출구를 가지며 스스로 자라고 확산되는 것으로 간주한다.

57) Deleuze & Guattari(1987), Bennett(2010), Rotman(2008), Latour(2005) 참고

연구자들이 행위성을 분산된 네트워크에 걸쳐 있는 것으로 파악함으로써 그동안 행위, 의도, 의지의 원천이 배치의 한 부분에만 포함되어 있다고 보았던 가정을 거부했다는 점에 대해 자세히 살펴볼 필요가 있다. 학생의 행위성만이 아니라 학생의 행위성을 돕거나 발달시키기 위한 지원 또는 중재 개념도 새로운 가정에 따라 수정해야 한다. 행위성을 계속 변화하는 배치의 관계 내에 작용하는 것으로서, 컵, 칩, 손가락, 목소리, 가르치는 행위 사이의 만남을 가로질러 흐르는 힘으로서 다시 조명해야 한다. 결국 신체적인 것이 무엇인가라는 문제는 더 복잡해진다.

> 신체성에 대한 강조를 통해 신체를 사회적이고 정치적인 상황에 중요한 영향을 미치는 역량으로 인식하게 되었고, 고립되어 스스로 인식하는 주체의 특성으로 행위성을 설명했던 것으로부터도 벗어나게 되었다. 신체는 제스처를 통해 다른 신체와 의사소통하고 감정적인 반응을 불러일으키며, 반드시 의식적으로 인지하지 않고도 판단할 수 있게 된다. … 따라서 신체성을 실천적이고 효과적인, 일련의 창발하는 성질로 이해하면 행위성의 물질성과 자연에 내재하는 행위적 성질들이 모두 드러난다. 행위성의 물질성과 자연에 내재하는 행위적 성질들 모두 정치적 과정을 이해하는 방식에 중요한 시사점을 제공한다.[58]

문제는 정동적인 반응들을 어떻게 감각 블록으로 구축하고 일상 수업에 연결하여 정치화할 것인가이다. 이에 대해서는 미시적으로 그리고 거시적으로 복잡한 상황의 한 측면을 중심으로, 특정 시대의 감각과 지각 이론이 수학교육과정과 수업 관련 정책에 어떤 영향을 주었는지를 드러내는 역사적인 사례에 주목하여 3장과 4장에서 논의할 예정이다. 5장에서는 교실에서의 언어 사용의 물질성을 드러내고 이것이 움직임과 정동 관련 언어를 따라 어떻게 순환하는지 보여줄 것이다. 교육 영역에서의 다양한 이론적 접근들에서는 학습의 집단적인 창발적 본성에 더 주의를 기울였으나, 이들 접근들은 흩어져 있는 존재들에 주목한 면이 있다. 예를 들어, 허친스[59]는 분산된 인지(distributed cognition)라는 대단한 이론을 제시하면서, 배 위에서 문제들을 해결할 때와 같이 물질적이고 환경적인 구조를 조정하는 사회적 집단의 구성원들에 인지가 분산되어 있는 것으로 보았다. 이와 다르게 이 책에서는, 학습자와 교사의 신체들이 연필, 컴퍼스, 계산기와 같은 물리적 대상과 수학적 개념을 포함한 다양하고 역동적인 물질성들과 더불어 모종의 배치가 되어가는 것으로 본다. 여기서 배치란, 일부 가닥은 느슨하게 감기고 꼬인 그리고 다른 가닥은 팽팽하게 서로 얽혀 공처럼 모인, 수많은 실의 매듭처럼 생각하는 것이 가장 적

58) Coole & Frost(2010) 참고
59) Hutchins(1995) 참고

절할 것이다. 이때 매듭은 내부도 외부도 없고 시작도 끝도 없으며, 어떤 것은 중앙에 어떤 것은 여러 가닥의 실에 걸쳐 있는 것으로 본다. 매듭을 포함하는 배치에는 다양한 요소와 물질들이 포함된다. 교실에서 매듭을 포함하는 배치에는 인간, 필기도구, 필기하는 지면, 텍스트, 책상, 문, 칩과 더불어 학문적 능력, 지배와 복종의 습관, 등이 포함된다. 비가시적인 것, 즉 청각적인 것, 촉각적인 것, 후각적인 것 혹은 다른 물질적인 지각에 의해 이들 배치를 만들고 유지할 수 있다. 배치는 컵, 감각기관, 개념 등 서로 다른 요소들을 대략적으로 모아서 만든 것이 아니라 끊임없는 움직임, 성장, 축소를 거치게 된다.

요컨대, 이 책에서는 존재가 아니라 존재가 되어가는 과정을 중심으로 신체를 연구하고자 한다. 신체는 자족적인 존재가 아니라, 자신을 둘러싼 다른 물질적 관계들을 구조화하는, 물질적 관계들의 집합이라 할 수 있다. 여기서 물질적 관계는 다른 종류의 힘과 관련을 맺으면서 변화한다. 배치가 이렇게 기본적으로 관계적인 것이라고 생각하면, 신체는 '미분 가능한 관계를 확장하거나 상대적으로 닫은 모종의 체계'로 볼 수 있다.[60] 여기서 의도적으로 미적분학을 연상하게 하는 용어인 '미분 가능한 관계'라는 용어를 사용하여, 신체를 구성하는 동시에 계속해서 진동하는 배치 속에 차이를 만들며 분화하는 관계에 주목하고자 한다.[61] 차이를 강조하는 것은, 정지보다 변화를, 존재(being)보다 생성(becoming)을 특별하게 고려하기 위해서이다. 이를테면, 칩을 컵 옆에 놓거나 책상의 공간이 부족한 상황이라면 학생-칩-컵-교사의 배치는 어떻게 달라질까? 동일성이 아니라 차이 개념은 신체의 비본질화에 핵심이다. 이에 주목하기 위해 체화 관련 이론에서는 존재가 되는 과정의 핵심으로 내재적 비결정성(intrinsic indeterminacy)과 유동성을 논의했다. 관계를 통해 결정되는 관계항 또는 관계를 맺는 대상들보다 관계가 존재론적으로 더 근원적이라는 점도 내재적 비결정성이라는 표현에서 도출할 수 있는 바이며, 이를 바탕으로 물질에 대한 사유 방식을 근본적으로 바꿀 수 있다. 이전 절에서 논의한 아동-정육면체-개념의 배치는 불안정한, 열린 관계들의 집합이며, 관계들 중 일부는 다른 관계들을 억제 또는 제한하는 것으로 볼 수 있다. 배치는 투과성을 가지며, 환경으로부터 완전히 분리될 수 없고, 부분적으로 안정되어 있으며, 강도 또는 에너지가 압축되어 있는, 주어진 환경을 미분하여 얻은 것이다. 학생과 칩 사이를 연결하는 선 그리고 아동과 정육면체를 연결하는 선은 고정되지도 경직되지도 않은 것이다. 이 선이나 다른 물질성과의 관계는 일시적으로 흐릿해질 수 있다. 특정한 실행, 이를테면, 칩을 컵 옆에 두거나, 칩과

60) Cutler & MacKenzie(2011) 참고

61) 이 용어는 원래 들뢰즈가 사용한 것으로, 관계가 관계항보다 존재론적으로 근원적인 역할을 수행하는 과정에 대한 논의를 위해 수학 개념인 미분 관련 용어를 사용했다.

컵 사이를 제스처로 가리키거나, 언어로 정육면체를 기술하거나, 손으로 정육면체를 탐구함으로써 단단히 결합되었다가 다시 좀 더 복잡한 관계를 언어와 팔다리로 설명할 때 결합력이 약해진다. 이 과정은 마치 1970년대에 사용했던 호롱불 빛이 커지기도 하고 작아지기도 하면서 시시각각 변하듯이 주변 환경의 영향에 따라 언제나 변화하는, 임시적인 실체로서의 배치 이미지를 형성하게 한다.

라투르와 베넷과 같은 학자와는 대조적으로 잉골드[62]는 행위성 개념의 유용성을 부정했다. 그는 행위성 개념에 의해 사고를 동일시와 인과성 측면에서만 다루게 된다고 보았다. 행위성 개념은 인간의 행위방식만이 아니라 대상이 어떻게 저항 혹은 순응을 통해 '반응'하는지를 설명할 때도 자연스럽게 제기된다. 잉골드는 인간과 대상이 움직이는 물질이라고 보는 관점에서 행위성의 원천이 된다는 관점으로 전환해야 한다고 주장했다. 다시 말해서, 언어에 행위성이 이미 포함되어 있는 것으로 보아야 한다는 것이다. '바람이 분다'와 같은 문장에 행위성이 있다고 보지 않으면 공기의 흐름을 논의하기 힘들다. 마찬가지로, 수업과 같이 '활동의 중심'이 흩어져 있을 때 행위성의 분산을 가정하지 않으면 학생, 교사 혹은 다른 '개인'을 연구하기가 매우 어렵다.[63] 그러므로 언어-사용을 분절적으로 해석할 때 행위성의 분배에 유의해야 한다. 들뢰즈의 용어로는 사유의 외재성으로서, 주체성을 생성의 과정으로 그리고 사고하는 부분들과 감각 기관들의 구조가 고정되지 않고 변화하는 것으로 표현할 수 있다. 사실 로트먼[64] 역시 지속적으로 변화하는 성질과 상호작용의 네트워크를 횡단하는, 분배된 행위성이라는 측면에서 들뢰즈가 신체와 체화 개념에 대해 논의한 바와 입장을 같이 하고 있다. 다시 말해, 신체는 더 이상 개별 인간의 살이라는 경계 안에 제한되지 않는다. 로트먼은 다른 집합체와 배치가 나타나면서 '나'라는 네트워크를 예측하고 마련하는 새로운 디지털 테크놀로지 덕분에 금세기에 새롭게 대두된 탈-중심적인 의미의 주체성을 "인간과 더불어 이루어지는 생성(becoming beside ourselves)"[65]라고 표현했다.

---

62) Ingold(2011) 참고

63) 같은 책 참고

64) Rotman(2008), Ingold(2011) 참고

65) 역주. 로트먼은 《Becoming Beside Ourselves: The Alphabet, Ghosts, and Distributed Human Being》(Rotman, 2008)라는 책에서, 제스처에 의한 사유 표현, 내적 언어, 공학적 도구가 정신에 미치는 영향, 등에 주목했다. 아울러 수학을 전공했던 경험과 지식을 토대로 디지털 시대의 존재론, 신체성, 언어의 역할에 대해 논의했다(http://www.wideopenwest.com/~brian_rotman 참고).

> 그러한 '나'는 실감이 나고, 제스처와 감각에 의해 작동하며, 실존 없이도 그 의미를 이해할 수 있고, 스스로 존재성을 획득해 나가는 체화된 행위자이다. 비전으로서의 접촉과 촉각, 특히 주로 접촉에 의존하면서, 어디에나 있는 컴퓨터 화면 대신 '풍부한 인접성의 세계'를 가로지르면서, 스스로 정보 공간을 항해하는 동안 제스처 수단과 촉각 수단을 사용하여 스스로 경험하게 된다.66)

이 '나'는 복수로 존재하고 분화하면서 새로운 배치를 형성하고 그 조직 안에 새로운 주름67)을 형성하는 동시에 '자신으로부터 새어나온다.' 로트먼은 수학자들의 실천에 대해 연구했고, 이를 바탕으로 네트워크 '나'를 말할 때 수학자, 수학적인 계산, 수학적 기호, 수학에서의 정리까지도 포함시켰다. 또, 시간과 공간에 대한 수학적 표현들은 수학자들의 연구와 수학적인 삶의 의미에 아주 큰 영향을 미쳤고, 디지털 테크놀로지는 수학을 매우 세분화된 네트워크로 보게 했다고 보았다.68) 이 문제에 대해서는 마지막 장에서 의미와 감각만이 아닌 테크놀로지 기반 교육의 역할을 자세히 알아볼 때 논의할 것이다.

여기서는 이질적인 연합들의 표면 위에 분포하는 행위성을 재해석할 수 있도록 하는 배치 이론을 제시하고자 한다. 아울러 연합의 힘은 연합의 이질성을 통해 극도로 강화된다는 점에 주목할 것이다.

> 신체들은 이질적인 배치로서 혹은 이질적인 배치 안에서 그 힘을 강화한다. 이렇게 생각하면 행위성도 오직 인간의 신체 혹은 인간의 노력을 통해 만들어진 집합체에 제한된 능력으로 보았던 전통적인 입장에서 벗어나서 존재론적으로 이질적인 장에 분배되어 있는 것으로 볼 수 있다.69)

배치의 어떤 부분에는 다른 부분보다 더 많은 통행과 정동이 작용하는 마디 혹은 매듭이 있으므로, 배치의 표면에 힘이 균등하게 분배되는 것은 아니다. 다시 말해, '불균등한 지형'에서 성질들이 창발하는 것으로 배치를 보아야 한다.70) 종종 발화를 수반하고 가시

---

66) Rotman(2008) 참고

67) 역주. 들뢰즈는 물리학, 수학, 형이상학, 신체와 영혼, 단자(Monad)와 세계, 신의 관계, 충족 이유와 사건의 문제 등 라이프니츠가 이 문제들에 어떻게 천착했는지를 살펴보면서, 논의를 펼쳤다가 다시 접는 일련의 행위들을 주름이라는 하나의 이미지로 표현했는데, 로트먼 역시 유사한 방식으로 주름이라는 용어를 사용하고 있다.

68) Hersh & John-Steiner(2011) 참고

69) Bennett(2010) 참고

70) 같은 책 참고

적으로 되는 특정한 개체화 행위는 힘을 분화하는 데 도움을 준다. 그러므로 정동이나 느낌이 나타나고 유동적으로 나아가거나 막히는 방식에 주의해 배치를 연구해야 한다. 배치 내부의 능동적인 행위자에만 고정하는 정적인 구조로 배치를 환원하지 않으면서 배치의 행위성을 파악하는 것도 중요하다. 배치의 힘을 모종의 제약과 같이 부정적으로 또는 조력자와 같이 수동적으로 파악해서도 안 된다.

인간의 신체를 논의하는 것으로 이 장을 출발하여 더 일반적인 개념인 물질성과 생성으로 초점을 옮겼다. 수학의 본성을 적절히 다루면서 체화 이론을 구축하려면 물질성에 대한 논의로 전환하는 것이 매우 중요하다고 생각한다. 신체의 경계에 대해 다시 살펴보고 존재하게 되는 과정에 주목하기 위해 수학적 개념이 존재하게 되는 과정에 어떻게 관련되는지를 논의할 필요가 있다. 이를 위해 다음 장에서 새로운 종류의 유물론을 정교화하려 한다. 복잡계 이론[71]의 연구를 포함하여 물질 자체를 급진적인 입장에서 재조명하는 선행연구를 논의의 근거로 제시할 예정이다. 이로부터 수학적 행위성을 기본적으로 관계적인 것으로 다시 정의하고자 한다. 이와 같은 새로운 종류의 유물론적 관점을 우리는 포괄적 유물론으로 명명하면서, 이것이 수학적 활동과 수학교육 연구에 어떻게 생산적인 분석틀을 제공할 수 있는지 설명할 것이다. 이와 관련하여 최근 과학철학 분야에서 물질의 고유한 비결정성에 대해 논의한 연구를 참고할 것이다.[72]

71) Davis & Simmt(2003) 참고

72) Barad(2007, 2010, 2011), Coole & Frost(2010) 참고

2 포괄적 유물론의 '존재론적 전회'

1장에서 신체를 배치로 보는 새로운 관점에 대해 논의했다. 이 장에서는 더 일반적으로 물질에 대해 살펴보고 배치로서의 신체 개념이 수학적 활동과 수학교육 연구에 적합하다는 점도 논의하고자 한다. 물질의 본성에 대한 관점은 대개 존재론적인 것으로 생각하지만, 삶에 대한 신념에 관련되는 것이어서 정체성, 문화, 교육에 대한 이해에도 관련된다. 이제 포괄적 유물론이라는 철학적 입장을 소개하고 이에 따라 어떻게 수학적 개념을 새롭게 이론화할 수 있을지 논의하고자 한다. 먼저 철학의 역사에 등장했던 다른 유물론과 포괄적 유물론이 어떻게 관련되는지에 대해 간단히 설명할 것이다. 1장에서 언급한 페미니즘 철학의 연장선에서 정신과 물질에 대한 고전적인 존재론의 문제를 드러내고 양자물리학에 기초한 새로운 해석을 제시한 바라드의 '행위적 실재론'을 살펴볼 것이다. 행위적 실재론은 일종의 존재론적 전회라고 할 수 있으며, 인간의 신체에 대해 생각하는 방식만이 아니라 이론적 개념에 대해 사고하는 방식에도 중요한 시사점을 준다. 이하에서는 바라드의 연구에 지대한 영향을 미친 물리 실험을 자세히 살펴보고, 이 실험에 기초하여 도출한 행위적 실재론이 수학교육 연구에 미칠 영향을 논의할 것이다. 이로부터 수학이 체화된 활동에 역사적이고 문화적으로 뿌리를 내리고 있다고 주장하는 연구들을 얼마간 보완할 수 있다고 생각한다.

신유물론

유물론이라는 용어는 정치뿐 아니라 철학에서도 오랫동안 사용해왔다. 철학에서 유물론은, 존재하는 모든 것은 물질이라고 주장하는 존재론적 일원론으로 여겨져 왔다. 이 점에서 유물론은 무언가를 알게 되는 과정에서 감각과 느낌의 역할을 중시하는 다양한 종류의 경험적 인식론과 일맥상통하는 입장으로 볼 수 있다. 그러나 물질을 구성하는 것은 무엇인가라는 질문에 대해서는 각기 다른 답을 제시하며 그에 따라 다소간 차이가 있는 여러 유물론적 입장들이 있다. 예를 들어, 스피노자는 내재적 생기론의 입장에서, 홉은 기계론적 관점에서 물질에 대해 논의했다. 19세기 마르크스주의자들은 권력 구조를 조형하는 일상적인 물질적 조건들의 사회-경제적 영향을 기술하기 위해 '역사적 유물론'을 제창했다. 유물론을 기초로 정치적, 존재론적 그리고 인식론적 논의가 복잡하게 이루어져온 역사를 고려할 때, 수학교육에서의 다양한 경험들을 연구함에 있어서도 유물론이 강력한 도구가 될 수 있다고 생각한다.

학습을 사회문화적이고 언어적인 관점으로 전회하여 연구하게 되면서 기존의 유물론을 폐기하였는데, 원시적이고 단순한 경험론으로 회귀하는 대신 담론적 접근에서 얻은 중요한 통찰을 수용하는 방식으로 기존의 유물론과는 다른 입장을 취했기 때문이다. 특히, 유물론의 역사적 배경을 간과하기보다는, 학습에 대한 새로운 신경생물학적 설명을 참고함으로써 행위성에 대해 복합적으로 이해할 수 있었다.

물질성에 관하여 현재 널리 수용되고 있는 입장은, 물질이 본질적으로 "길이, 폭, 두께를 가지며; 연장된, 동질적인, 그리고 무력한 것"이라는 데카르트의 정의에 기반을 둔다.[1] 물질에 대한 그러한 이미지는 양화, 계산 그리고 측정에 적합하다. 이 모델에 따르면, 신체의 행위는 전적으로 기계론적이며 물리 법칙에 의해 결정된다. 물론 데카르트와 이른바 데카르트주의자들은 인간의 신체가 자유, 의지 그리고 마음으로 채워져 있다는 점에서 다른 물질과 구분될 수 있다고 보았다. 데카르트주의자의 독해법을 따르자면, 인간의 신체는 인간의 정신과 영혼이 차지하고 있고, 여기서 정신은 신체에 의미를 부여하고 그것을 움직이도록 한다. 인간의 신체가 아닌 다른 신체들에는 그러한 영혼이 없다. 신유물론자들은 이러한 근대적 신체 이미지를 비판하면서, 자유와 행위성은 인간과 비-인간적 행위자 모두에 흩어져 있으므로, 물질은 무력하며 물질이 아닌 것은 운동성과 행위성을 가진다는 가정을 따르는 존재론을 모두 거부했다.[2] 또, 행위성을 가지는 인간과

1) Coole & Frost(2010) 참고
2) Latour(2005) 참고

무력하고 수동적인 물질을 구별하는 이원론을 거부하고, 물질에 대한 새로운 입장을 정립하여 주체성과 사회성에 대한 이론을 전개했다.[3] 원시적인 생기론이 지니는 위험으로부터 탈피하여 비유기적인 것과 유기적인 것 그리고 영혼이 없는 것과 영혼을 지니는 것으로 구분하는 이분법도 거부했고, 다시 물질에 영혼이 있는 것으로 보았으며, 잠재력 그리고 창발하는 생성의 힘을 가지는 존재로 생각했다. 요컨대, 신유물론자들은 '유기적인 것과 비유기적인 것 또는 영혼이 있는 것과 영혼이 없는 것 사이의 구분을 거부했으며' 더 일반적으로 물질 내에서의 '창발적이고 존재가 되는 힘'을 논의했다.[4] 신유물론은 페미니즘 관점을 수용한 연구들에 기대어 담론적인 힘과 비-담론적인 힘의 연합을 새로운 방식으로 연구하고자 했으며, 이 분야에서 이루어진 이전의 연구들이 주는 통찰은 유지하고자 했다. 신체를 더 이상 문화가 새겨지기만 하는 수동적인 물질로도, 전-의식적인 무언의 그릇으로도 생각하지 않았다. 신체는 자기 자신과 사회와 상호작용하며 상호 구성되는 것으로 이해되었다. 신유물론은 주체의 형성 과정에서 신체가 어느 정도의 행위성과 권력을 가진다는 점을 주장하기 위해, 담론의 물질성을 거부하는 담론에 대한 이론으로부터 신체를 구해내려 했던 것이다.

이와 같이 물질에 대해 새로운 관점을 제시한 신유물론을 주체성과 문화에 대한 논의에도 적용할 수 있다. 이 책에서도 같은 입장에 따라 인간과 비인간에 대한 기존의 이원론적 구분을 거부하고, 인간에 비해 비인간을 격하시키는 기존의 해석도 재고할 것이며, 정치적이고 윤리적인 논의의 근간이 되는 규범적 경계도 거부할 것이다. 교육에서 권력과 종속 사이의 관계에 대해 유물론적으로 분석하여, 신체를 통해 지속적으로 작용하는 정치적이고 경제적인 구조에 주목할 뿐만 아니라, 다양한 규모 그리고 시간성을 다루기 위해 노력해야만 하고, 감정적인 것, 심지어 분자 구조의 취약성과 우연성을 확인하고, 더 나아가 이러한 구조들을 유지하고 변화시키는 뒤얽힘도 파악할 것이다. 문화-역사적인 활동 이론 관련 연구들에서도 인간과 비인간 이원론을 탈피하여 매우 유사한 입장을 견지했다. 예를 들어, 래드포드[5]는 "주체성과 문화적 대상이 접점을 가지면서 정신이 피부 너머로 확장된다."고 말했다. 2012년 논문에서 그는, '정신을 물질로 보는 일원론적 관점'에 대해 논의했고, '더 구체적으로, 정신은 반응적 감각(responsive sensation) 능력을 특징으로 하는, 살아있는 물질적 신체이다'라고 말했다.

그러나 수학의 물질적 측면을 다루는 연구들에서 다루지 못한 부분이 있는데, 그것은

3) Barad(2003, 2007), Latour(2005), Malafouris(2008) 참고
4) Coole & Frost(2010) 참고
5) Radford(2008) 참고

수학적인 개념이 어떻게 조작 가능한[6] 행위적 방식(operative agential ways)으로 물질성을 가지게 되었는가 하는 것이다. 1장에서 살펴본 바와 같이, 체화에 대해 논의한 많은 연구에서는 학습이 고정된 부동의 수학적 개념을 향한 목적론적[7] 궤도를 따르는 것으로 가정하고 있음을 발견했다. 이 연구들에서는 수학적 개념, 가령, 곱셈, 정육면체, 0이 각각 특수하게 가지고 있는 다루기 어려운 본성에 주목하지 않고 당연히 학생들이 상호 협력하여 다룰 수 있는 것이라고 보았다. 여기서 비록 암묵적이지만, 비트겐슈타인[8]이 말한 '개념의 빛'[9]에 대한 지속적인 믿음이 존재한다는 것을 알 수 있다. 이 장에서는 비트겐슈타인이 개념의 빛과 모호함에서 벗어나야 한다고 했던 것처럼 기존의 존재론에서 벗어나 새로운 존재론을 구축하여 수학적 개념의 물질성을 연구하고, 이를 통해 수학의 교수·학습, 수학 연구의 본성을 재고할 것을 제안한다.

이 책에서 새롭게 제안하는 존재론은 포괄적 유물론으로 생물 정치를 강조하는 현상학 관점이다. 포괄적 유물론에 따라 신체의 미시-감정적 활동 그리고 이러한 신체들을 통해, 신체들을 따라 흐르는 정치적 힘 사이의 연결을 시도하고자 한다. 예를 들어, 6장과 7장에서는 수학교육과정 정책의 국소적이고 전반적인 실행을, 교실에서 매일매일 일어나는 신체적 실천들의 복잡한 상호 관계, 특히 실천들 사이의 중첩을 중심으로 알아본다.[10] 이와 같이 포괄적 유물론에 따른 연구를 통해 교육과정 정책을 전체적으로만 이해하거나 외부의 영향이나 권력으로만 보는 기존의 입장에서 벗어나, 감각과 정동을 통해 흐르고 이러한 흐름과 관련하여 신체들이 존재로 되어갈 때 그 신체들의 표면을 따라 흐르는 권

---

6) 역주. 여기서 조작한다는 것은 측정, 연산, 작도, 판별, 대소 비교, 순서화 등을 뜻한다. 수학적 개념은 다른 분야의 개념과 달리 이와 같은 조작 활동의 언어로 기술되어 있다.

7) 역주. 여러 유형의 목적론이 있으나 이들은 공통적으로 대상 또는 활동이 그 자체 내에 목적과 본성을 가지고 있다는 것을 전제로 한다. 예를 들어, 아리스토텔레스의 목적론에 따르면 돌은 지구 중심으로 향하는 것이 목적이고 본성이기 때문에 아래로 떨어진다. 이 설명은 자연과학의 발달에 따라 비과학적인 것으로 비판 받았다. 이 책의 저자들은 수학을 가르치고 배울 때 고정된 개념에 도달하는 것으로 학습을 가정하는 것이 일종의 목적론적 입장이라고 비판하고 있다.

8) Wittgenstein(1958) 참고

9) 역주. 비트겐슈타인은 수학자들이 이전에 가지고 있던 개념으로는 설명할 수 없는 새로운 대상이나 상황을 만나 혼란에 빠지는 경우가 많았으며, 수학의 발달은 그와 같은 괴물의 출현을 마주하고 해결하면서 이루어졌다고 보았다. 그는 집합론을 창시한 칸토어의 초한수 개념을 사례로 들면서, 기존의 개념이 가진 빛과 새로운 대상이나 상황이 일으킨 모호성으로부터 탈출하는 것이 새로운 지식으로 나아가는 방법이라고 보았다(Wittgenstein, 1978).

10) 역주. 미시정치학에서는 일상의 감수성과 사회적 관계를 형성하고 또 재형성하는 신체에 주목한다. 달리 말해, 담론과 그 결과를 받아들이는 인간의 성향, 기분, 정동 등이 없다면 담론 자체도 존재할 수 없다고 본다. 이 책의 저자들도 같은 맥락에서 교육과정이라는 거시적 담론을 일상의 신체적 실천을 통해 바라보아야 한다고 주장하고 있다.

력을 탐구하는 것에 목표를 둔다. 행위성과 합리성에 대한 인본주의적 입장을 탈피하고 포스트휴머니즘으로 나아가고자 하며, 바라드와 다른 연구자들의 입장을 두루 살피면서 삶의 정치적 배열을 그려내는 데 전념할 것이다. 라투르와 말라푸리스는 기존에 주목하지 않고 가치를 두지도 않았던 다양한 종류의 행위성을 부각시켰으며, 이와 같이 행위성에 대해 비판적으로 논의한 연구들을 참고하여 우리의 관점을 구축하고자 한다. 현상학과 지각 연구들(perception studies) 그리고 이들 연구들을 사회-정치적인 용어로 구조화했던 새로운 페미니즘 철학을 결합하는 것에 목표를 둘 것이다. 들뢰즈와 가타리[11]가 언급했듯이, "모든 것은 정치적이며, 모든 정치는 **거시정치**이면서 동시에 **미시정치**이다."

사회-정치적인 패러다임 내에서 자연과 물질 그리고 비-인간적 동물의 행위를 참조하여 진행한 교육 연구는 실증주의적 모델을 따르는 것으로 간주되어 왔다. 19세기에 이르러 자연과학으로부터 배태되어 사회과학이 발전했으나, 우생학과 사회생물학의 악명 높은 사례에서와 같이 실증주의 패러다임 하에서 자연과학의 원리와 방법에 의존하여 사회과학을 연구하는 것은 비판을 받았다. 주로 실험실에서 진행한 자연과학 연구의 모델과 방법론을 그대로 인간의 상호작용에 대한 연구에 적용했다는 점 때문이다. 다음 절에서 바라드의 양자역학에 관련된 통찰력 있는 논의와 최근에 이루어진 생명윤리학과 생명정치학의 연구를 살펴볼 텐데,[12] 이때 현대 과학의 발달이 실증주의로부터 탈피함으로써 이루어졌다는 것 그리고 현대 과학이 기존의 과학과 존재론적으로 그리고 인식론적으로 완전히 다른 전제에 근거하고 있다는 점을 확인할 것이다. 또, 이렇게 새로운 접근을 사회적인 맥락에 적용한다면, 기존에 분석하지 않았던, 불의와 불평등의 구조에서 작용하는 신념들을 부각시킬 수 있는 정치적 의제를 제시할 수 있다는 점에서도 완전히 다르다는 것을 논의할 것이다. 쿨과 프로스트[13]가 지적했듯이, "마르크스, 니체, 그리고 프로이트와 같은 19세기의 위대한 유물론자들은 자연과학의 발달에 큰 영향을 받았으나, 현대 물리학과 생물학이 발달함에 따라 기존과는 다른 방식으로 물질을 이해할 수 있게 되었다." 20세기 들어와서 생물학, 화학, 카오스 이론, 복잡계 이론, 그리고 끈 이론 등이 발달하면서 인과성과 물질, 그리고 생명에 대한 생각이 근본적으로 달라졌다. 글릭[14]이 언급했듯이, "일부 물리학자들은 카오스가 정적인 상태가 아닌 과정을 다루는 과학으로, 존재를 다루는 것이 아닌 생성을 다루는 과학이라고 보았다." 현대 과학에서는 물리적 세계를,

11) Deleuze & Guattari(1987) 참고
12) Bennett(2010), Kirby(2011) 참고
13) Coole & Frost(2010) 참고
14) Gleick(1987) 참고

내재적으로 자체-조직화를 지속하는 역동적이고 비선형적인 체계로 개념화한다.[15] 이와 같은 새로운 패러다임에 의하면, 평형 상태보다는 강도(intensity)와 에너지에 따른 복잡한 변형과 재구조화가 초점이 된다.

나겔은 《마음과 우주》[16]라는 제목의 책에서 이른바, '신-다윈주의 유물론'으로 불리는 현대 유물론에서 신-다윈주의라는 새로운 용어를 사용할 필요가 있었는지를 비판했다. 우리가 제시할 포괄적 유물론은 나겔이 비판했던 신-다윈주의 유물론과 다음과 같이 네 가지 점에서 근본적으로 다르다.[17] 첫째, 포괄적 유물론에서는 세계를 한 종류의 실체로 환원하는 것을 목표로 하지 않는다. 데란다를 비롯한 연구자들이 '평평한 존재론'[18]이라고 명명하여 제시한 입장을 받아들이지만, 이는 환원적 설명을 위해서가 아니라 정신과 물질의 이원론을 부정하기 위해서이다.[19] 모든 차이를 근원적 동일성으로 환원하지도 않고, 모든 물질성을 기계론적 원인을 갖는 것으로 해석하지도 않으며, 물질의 비결정성에 주목하여 차이와 다양성을 드러내는 현상의 기술을 시도하고자 한다. 둘째, 포괄적 유물론을 통해 경험의 정치적인 측면에 대해 침묵하지 않고 물질적 실천이 어떻게 사회적이고 정치적인 사안을 특성화하면서 동시에 사회적이고 정치적인 사안에 의해 특징 지워지는지를 논의한다. 우리는 교육에서의 불평등에 대한 쟁점을 명시적으로 고려하면서 정치적인 것과 물질적인 것이 어떻게 불가분하게 얽혀 있는지를 보이는 것에 목표를 둘 것이다. 신체 개념을 재고하긴 하지만 신체 개념 자체보다는 신체적 과정과 물질적 능력에 초점을 둠으로써 더 넓은 문제에 대한 연구로 진행하고자 한다. 셋째, 포괄적 유물론에 의해 감정과 정동을 비이성적인 것으로서 그래서 기본적인 물질적 실체와 행위의 부차적인 결과로서 논의하지 않고, 수학적 활동의 원천으로서 간주할 것이다. 다음 장에서 정동에 대해 논의한 내용을 보면 이성을 여전히 특권화하는 신-다윈주의 유물론자와 입장이 완전히 다르다는 것을 알 수 있을 것이다. 특히, 비-의미와 역설을 잘못된 생각이 아니라 수학적 활동의 핵심적인 측면으로 간주한다는 점에서도 신-다윈주의 유물론과 다르다.

---

15) Coole & Frost(2010) 참고

16) Nagel(2012) 참고

17) 페저는 신-다윈주의적 유물론을 비판했다(Feser, 2010). 하지만 철학자 데닛과 생물학자 도킨스와 같이 반대 입장을 견지하는 많은 연구자들은 페저가 정확한 근거를 기반으로 하지 못했다고 비판했다(Ferguson, 2013).

18) 역주. flat ontology의 번역어이며, 인간, 동물, 생물, 무생물, 등이 모두 동등한 주체이자 행위자라는 의미를 담고 있다.

19) 역주. 신유물론은 인간과 비인간의 차이가 없다고 주장하지 않는다. 신유물론은 단지 인간을 존재론적 중심 혹은 존재론적 위계의 꼭대기에 두는 기존의 접근을 비판할 뿐이다(Bennett, 2010).

나아가 수학적 능력과 수학적 직관과 같은 이론적 개념을 새롭게 분석함으로써 학교에서 '상식'을 개발함에 있어 수학이 어떻게 기능할 수 있을지에 대한 연구의 기초를 제공하고자 한다.

넷째, 포괄적 유물론에서는 수학적 활동에 대한 경탄, 놀람, 창의성을 단지 심리학적인 차원이 아니라 잠재성 및 물질의 생기와 연결되어 있는 정동으로 인식한다는 점에서 신-다윈주의 유물론과 다르다. 신-다윈주의 유물론자들은 물질의 재활성화와 관련하여 혼란스러운 입장을 취한다.[20] 사실 인간의 행위성을 분배하고 생성의 비결정적인 과정을 연구하는 우리의 시도는, 의심의 여지없이 신-다윈주의와 그 반대 입장 모두가 위험하다고 생각하는 일종의 포스트휴머니즘이다. 여러 이유에서 인간의 행위성을 탈중심화하는 것에 극도로 마음이 불편한 연구자들이 있는 것 같다. 그러나 포괄적 유물론에서 말하는 포스트휴머니즘은, 자아, 정체성, 인간성에 대한 인간 중심의 전제에 반대하는 이론적인 입장을 도출하기 위한 기초라는 점에 주목해야 한다. 사회-정치적 책임을 포괄적 유물론의 입장에서 논의할 때 알 수 있듯이, 인간에 반대하려는 것이 아니라 포괄적 실천으로 확장하기 위한 것이며, 이를 위해 페미니즘 연구자, 퀴어 연구자, 비판적 인종 연구자들과 같은 방식으로 인간과 생명의 범주를 다시 생각해보려 한다. 지난 몇 년 동안 인간과 비인간 대신 다른 방식으로 범주화를 시도한 다양한 종류의 포스트휴머니즘에 대한 논의가 이루어져 왔다.[21] 이 책에서 우리가 하는 논의는 이들 새로운 범주화에 의해 발전된 것이다.

관계적 존재론을 향하여

바라드[22]는 새로운 관점에서 보어와 양자물리학 연구를 살펴보고, 물질에 대한 역본설(Dynamism)[23] 또는 비결정론에 대해 논의했다. 그는 인간과 비-인간적 행위자 전반에 흩어져 있는 행위성을 파악하기 위해, 담론적 틀로는 포착할 수 없는 물질과 물질성의 힘을 상정하는, '관계적 존재론' 그리고 '행위적 실재론'을 제안했다. 이 두 용어는 보어의 양자물리학 연구에 기초하여 도출한 것으로, 원자가 본래 존재론적 비결정성을 가지

20) 잠재성에 대해서는 8장 참고

21) 이와 관련해서는 Minnesota University Press에서 2012년 출판한 12권의 포스트휴머니즘 시리즈 참고

22) Barad(2003, 2007, 2010, 2011) 참고

23) 역주. 역동설로도 번역하며, 데카르트의 기계론적 입장과 반대로 라이프니츠, 보스코비치 등이 자연현상을 지배하는 힘의 존재에 주목했던 입장에서 발원한 이론적 관점을 가리킨다.

고 있음을 뜻한다. 다시 말하면, 원자는 입자와 파동이라는 두 가지 형태로 모두 존재할 수 있기 때문에 본질적으로 이중적이며 그런 의미에서 정체성이 없다고 본다. 입자 혹은 파동으로서의 원자가 선험적으로 결정되는 것이 아니라, 언제 입자가 되고 언제 파동이 되는지를 결정하는 도구에 의해 원자가 행동하는 것으로 보는 것이다. 바라드는 이와 같은 존재론적 비결정성을 보어가 관심을 두었던 원자, 광자, 전자만이 아닌 빛, 동물, 식물, 인간을 포함한 물질 일반에 대한 논의의 철학적 근간으로 삼았다.[24] 이하에서는 바라드가 물질, 행위성, 존재론을 어떤 식으로 재고했는지를 보여주는 중요한 '포괄적인' 예라고 할 수 있는 보어의 연구에 대해 간략하게 살펴보고자 한다.

보어는 다른 많은 과학자들의 연구에 기초하여 원자보다 작은 실체의 본성을 밝히고자 했다. 고전 물리학에 따라 진행한 '이중 슬릿' 실험에서는 두 개의 구멍이 있는 스크린을 통해 빛을 쏘고 두 번째 스크린에서 시간이 지남에 따라 어떠한 패턴이 생기는지 관찰했다. 두 슬릿 중 한 슬릿 뒤쪽에 빛이 확산되어 패턴이 나타나면 빛이 입자라는 근거가 된다. 돌멩이 두 개를 충분히 가깝게 던져서 간섭 파동 패턴을 얻듯이 두 슬릿을 동시에 통과한 빛이 회절 패턴을 형성하면 빛이 파동이라는 근거가 된다. 따라서 원칙적으로 이중 슬릿 실험은 입자 혹은 파동 중 빛의 본질이 어느 것인지를 확인할 수 있는 결정적인 검사방법으로 볼 수 있으며, 19세기 초반 영이 수행한 연구에서 그 실험을 통해 빛이 파동이라는 결론을 얻었다. 하지만 원자에 대한 새로운 모델이 만들어지고 아주 작은 질량을 가지는 입자를 연구할 수 있는 새로운 방식을 찾으면서 이중 슬릿 실험에 의해 전자와 중성자가 회절 패턴을 형성할 수 있다는 주장이 제기되었다. 이때 여러 의문이 제기되었다. 그러한 입자들이 두 슬릿 중 어느 하나에 들어가서 개별 입자들처럼 움직일 텐데 어떻게 연못에서 파문이 일어나는 것과 같은 방식으로 '간섭'하여 파동을 이룰 수 있는가? 전자가 한 번에 한 슬릿에 들어가서 확산 패턴을 만드는 것이 아니란 말인가? 보어의 존재론적 비결정성에 동의할 수 없었던 아인슈타인은 전자들이 첫 번째 스크린에 도달할 때 어떻게 행동하는지 파악하기 위한 '어떤-슬릿(which-slit)' 감지기를 만들자고 제안했다. 보어는 전자가 파동이나 입자 둘 중 하나로 행동할 수 있으므로 어떠한 장치로도 결정할 수 없을 것으로 보았다.[25] 오늘날에는 어떤-슬릿 감지기를 이용하여 이중-슬릿 실험을 할 수 있다. 보어가 예측했듯이, 전자가 어떤-슬릿 감지기가 장착된 이중-슬릿 장치를 통해 전자가 통과할 때 만들어지는 패턴은 빛이 입자라는 것을 보여주지만, 어떤-슬릿 감지기가 없는 상태에서는 빛이 파동이라는 것을 보여주는 패턴을 보인다. 보어는 이 현상을 '다른 방식으로 측정하면 물체가 다르게 행동'하는 것으로 보지 않고 '기구'와 '대

24) Barad(2011) 참고

상'이 서로 분리될 수 없는 채로 내적 작용을 하는 것으로 해석했으며, 이를 측정 도구와 측정 대상의 **'양자 얽힘'**이라고 표현했다.[26)]

보어의 연구로 인해 제기된 철학적 문제는 단지 물질의 본질만이 아니라, 측정 장치, 그리고 더 일반적으로 담론의 본질에도 적용하여 생각해볼 수 있다. 이러한 입장에 전적으로 동의한다면 담론과 물질 사이의 존재론적 관계가 근본적으로 달라진다. 전자에 대한 지식이 확실한 것도 아니며 인간의 결정에 의존한다고도 볼 수 없다. 하이젠베르크는 이중-슬릿 실험의 모순적인 상황에 대해 인식론적 불확정성이라는 아이디어를 생각해냈다. 그는 '불확정성의 원리'를 통해 인식 주체가 자신이 이해하고자 하는 것과 간섭을 일으키는 것에 주목했다. 그러나 하이젠베르크가 말하는 상대주의적 관점으로만 양자 이론을 해석해서는 안 된다. 양자 이론은 물질에 비결정성이 내재되어 있음을 시사한다. 다시 말해, 보어는 양자 이론을 통해 인식론적 주장과 더불어 존재론적 주장도 제안한 것으로 볼 수 있다. 그는 물질이 비결정성을 가지며, 이러한 현상이 인간의 관찰 및 측정 기술의 한계를 의미하는 것이 아니라고 주장했다. 보어는 의미와 물질이 서로 영향을 주며 형성되고, 사물의 경계는 결정되어 있지 않으며, 성질과 언어의 의미 또한 본질적으로 결정되어 있지 않다고 주장했다.

> '파동'과 '입자' 등 이러저러한 개념들의 객관적인 지시체는 본질적인 특징을 가진, 결정적인 경계를 가진 대상이 아니다 … 그것은 실험 전에 존재하지 않으며 실험과 더불어 창발하는 현상이고, '대상'과 '장치'의 얽힘, 즉 불가분이라는 특성을 가진다.[27)]

보어의 연구에 기초하여 바라드는, 의미와 물질이 서로 얽혀있다는 양자 존재론을 일

---

25) 지금은 실체가 장치를 통과한 이후에 패턴이 형성되는 것을 기다리지 않고도 그것이 첫 번째 스크린에 도달하는 순간 실체의 행동을 확인하는 장치를 통해 아인슈타인의 사고 실험을 실행하는 것이 가능하다. '어떤-슬릿' 장치에 입자가 통과하는 슬릿을 관측하고 측정할 때, 이 장치에 빛의 행동과 간섭이 이루어진다. 그리고 두 번째 스크린에 일반적인 회절 패턴이 나타나는 대신 확산 패턴이 나타난다. 이것은 하이젠베르크의 불확정성의 원리를 뒷받침할 뿐 아니라 근본적으로 새로운 이론에 의해 관측의 의미를 고려할 필요성을 제기한다. 관측을 정확하게 하는 것은 무엇일까? 인간과 인간이 만든 장치에 고유하게 내재된 것으로 관측을 보아야 할까? 아니면 그저 관측이란 정보를 기록하는 행위로 보아야 할까? 개 또는 다른 동물 역시 관찰을 통해 간섭이라는 결과를 이끌어낼까? 이러한 질문들은 일찍이 하디(1929)가 주장한 수학에서의 플라톤주의적 입장, 곧 "나는 언제나 내가 먼 산을 응시하고 관찰한 것을 기록했다고 생각하며, 수학자는 그런 점에서 관찰자라고 생각한다."(p.18)와 같은 입장을 흔들 수 있을까?

26) Barad(2011) 참고

27) 같은 책 참고

종의 '존재-인식-론'으로 정립함으로써, 존재론과 결부된 인식론만 논의했던 고전적인 접근의 한계를 극복했다. 보어는 인식 주체와 인식 대상을 분리할 수 있다는 전제에서 벗어났고, '관념적인' 혹은 비물질적인 개념을 부정했으며, 개념을 특정한 물리적 배열로 보았다.[28] 수학적 개념과 장치가 '매개' 관계를 이룬다는 것뿐 아니라 수학적 개념과 인간의 신체도 매개 관계를 이룬다는 것을 부정했다. 기존의 관점에서 매개는 이미 실체들이 주어져 있고 실체들 사이의 관계도 이미 설정되어 있을 때 사용한 용어이다. 다시 말해, 개념의 획득을 위해 장치와 신체가 매개되는 과정을 가정할 때 이들 장치와 신체가 선택적으로 관련되거나 무관한 것으로 생각하는 경향이 있었다. 예를 들어, 원과 컴퍼스를 생각할 때, 컴퍼스는 '원'의 의미를 위해 선택했다가 충분한 시간이 지나면 제거하는 대상으로 보았다. 이와 같이 원 개념이 컴퍼스에 의해 매개된다는 생각은 그들의 상호 수반 관계를 온전히 다루는 것에 실패할 뿐만 아니라 '원'과 '컴퍼스'가 현상 속에서 일시적으로 함께 집합을 이루는 과정을 이해하는 것에도 실패한다. 이는 언어에 의해 또는 엄지와 검지로 원 모양을 만드는 제스처에 의해 원이 매개된다고 보는 논의에도 적용할 수 있으며, 이에 대해서는 나중에 다시 논의한다. 5장에서는 매개 대신 변조(modulation) 개념을 통해 언어와 신체 사이의 복잡한 존재론적 얽힘을 이해하고자 한다.

바라드는 수학의 존재론을 재고할 수 있도록 하는 새로운 용어인 **내부-작용**(intra-action)을 도입하여, 여러 장치와 대상 혹은 더 일반적으로, 물질화(mattering)와 의미를 모종의 관계성에 의해 구분하는 문제에 대해 논의했다. 이로부터 단어와 대상처럼 서로 구별되는 영역 사이의 상호작용 방식이 아니라 같은 영역 내에서 이루어지는 두 상호 수반적인 주름 사이에서 발생하는 현상을 이해하고자 했다. 원자와 이중-슬릿 장치는 원과 컴퍼스가 그렇듯이 서로 내부-작용하는 것으로 볼 수 있다. 이때 두 실체가 항상 생성의 과정에 있다는 것, 다양한 행위성을 수반하는 과정에 있다는 것이 더 중요하다. 바라드의 이러한 생각과 마찬가지로 우리도, 의도적인 행위자로서의 인간 주체를 탈중심화하고, 수학적 개념에 활기를 불어넣어 두 실체 사이의 '상호작용'을 내부-작용으로 전환하고자 한다. 그동안의 연구에서 수학적 개념을 주로 무력하고, 활력 없고, 비물질적인 것으로 고려해왔기 때문에 수학에 대해 새롭게 보는 이 접근이 매우 적합하다고 생각한다. 바라드는 경계가 결정되어 있지 않으면 이론적 개념들이 모두 비슷하다고 보았다. 덧붙여 내부-작용에 의해 개념과 물질을 분리할 수 없는 것으로 상정했다. 이 절의 앞부분에서 이미 주목했듯이, 내부-작용에 있어서 다른 핵심적인 아이디어는 '수행성(performativity)'이다. 이 수행성 개념에 의해 정체성의 본질주의적 개념에서 벗어나 일시적이고 연속적인 생성

28) Barad(2003) 참고

의 의미로 나아갈 수 있었기 때문에 수행성 개념은 바라드의 이론에서 매우 중요하다. 바라드는 담론적 힘을 강조했던 이전의 수행성 이론을 확장시켜서 신체와 물리적 세계가 내부-능동 수행에 관여하고 있다고 보았다. 실제로 바라드는 물리 철학과 페미니즘 철학의 통찰을 '회절적으로' 독해하여 수행성 개념을 재구성함으로써 신유물론을 구축할 수 있었으며, 바로 이것이 자신의 연구가 전체적으로 추구하는 바라고 서술했다.[29)]

바라드는 고전적인 존재론, 곧 "'시간'이라는 선형적 순간들과 조화를 이루면서 존재하는 '공간'이라는 용기 안에서, 계속 움직이며, 경계면과 성질이 결정되어 있고, 독립적으로 존재하는 대상들의 세계"라는 입장에서 벗어나려 했다.[30)] 사실 바라드는 공간과 시간이 이미 결정적인 소여로서 존재한다고 보지 않았고, 현상이 형성되는 과정에서 그것들이 내부-능동적으로 창발한다고 주장했다. 아인슈타인 이래로 공간과 시간이 서로 의존한다는 것, 즉 공간과 시간이 상호작용한다는 생각이 상식처럼 되어 있다. 여기서 더 나아가 바라드는 내부-작용 개념을 통해 공간과 시간 사이에 주어져 있는 경계면을 용해시키고, 공간시간물질화(spacetimemattering)라는 모종의 현상에 주목했다. 여기서는 공간-시간의 협응에 의해 주어진 고정된 위치로 과거를 보지 않으며, 미래 역시 단지 종착점을 나타내는 점으로 생각하지 않는다. 이 현상은 공간시간물질화에 의해 얽힌 그물망으로 볼 수 있다.

위와 같은 바라드의 주장에 수학교육자들이 관심을 가지기는 어려운 점이 있는데, 아원자 물질의 놀라운 행동에 과도하게 의존하여 논의했기 때문이다. 바라드[31)]는 아원자 물질 외에 인과성과 정체성의 고전적 개념으로는 설명할 수 없는 번개나 노랑가오리 그리고 인간의 수행과 같은 특수하고도 복잡한 수행[32)]에 대해 탐구함으로써 이와 같은 우려를 불식시켰다. 다만 양자물리에 초점을 두고 논의했으며, 매우 기이한 공간-시간 관계, 예를 들어, 메시지 '전송'이 일어나지 않으면 발신자나 수신자 모두 '의사소통'할 수 없지만, 양자의 경우는 비약적인 '움직임'이 가능하기 때문에 한 에너지 수준에서 다른 에너지 수준으로, 둘 사이를 통과하지 않고, 이동할 수 있다는 것에 주목했다. 고전적 존재

---

29) 역주. 독립된 개체로서 존재하는 사물을 정확히 재현해내는 과정을 다루려는 기존의 접근과 달리, 바라드는 물체가 빛과 같은 파동에 영향을 주어 파동의 진행방식 자체를 변화시키는 현상인 회절의 개념을 통해 물체와 관찰자가 독립적으로 존재하는 개체가 아니라는 점을 강조한다(조주현, 2016).

30) Barad(2011) 참고

31) 같은 책 참고

32) 바라드(2011)는 각 사례의 본성이 특수하다는 점 뿐 아니라 퀴어 이론에서 제시한 수행성 개념에 힘입어 논의하고 있음을 드러내기 위해 이들을 '퀴어 생물(queer critter)'과 같이 표현했고, 생물과 무생물들의 활동에 주목하는 자신의 정치적 의제도 이 표현에 담은 것으로 보인다.

론으로는 이 상황을 설명할 수 없지만 바라드의 관계적 존재론에 의해서는 가능하다. 물론 번개뿐 아니라 원자의 행동에서 나타나는 특정한 규칙성의 경우는 고전 역학에 의해 잘 설명할 수 있고 일상적인 행동에 대해 논의함에 있어서도 문제가 없다. 쿨과 프로스트가 다음과 같이 서술했듯이, 바라드는 보다 큰 규모에서 '실재'를 재고할 수 있게 했다는 의의가 있다.

> 원자는 태양계의 행성 형태가 아니라 전하가 아원자 입자에서 섬광처럼 나와 허공에 흩어져 있는 장이다. 엄청난 수의 원자들이 지각 가능한 '응집 물질'인 일종의 거시구조로 뭉치는 경우에도, 그 아원자들은 지속적인 창발, 인력, 반발, 파동 그리고 전하의 파절의 전환 등의 형태로 행동한다. 말하자면, 아원자들은 이전에 당연한 것으로 생각했던 안정 상태나 고정 상태에 머무르지 않는다. 이 현상이 우리가 살고 있는 객관적인 세계가 단순한 환영이라는 것을 의미하지는 않는다. 그러나 이는 실재론자들, 그중에서도 매우 강력한 신념을 가진 실재론자들까지도 우리가 비틀거리며 걷는 경험적 영역에서 궁극적인 의미의 진리나 물질의 본질을 포착할 수 없다는 것, 그래서 물질을 우리가 여태껏 습관적으로 의존해왔던 것과는 다른 새로운 개념으로 보아야 한다는 것을 받아들일 수밖에 없을 것이다.[33]

바라드[34]는 양자물리에 기초하여 담론과 물질이 문자 그대로 얽혀 있으며 상호 수반 관계에 놓여 있다는 신유물론적 주장을 제시했다. 바라드는 유명한 사고실험인 슈뢰딩거의 고양이, 곧 고양이가 밀실에 갇혀 있고, 이 밀실에는 매 시간 붕괴할 확률과 붕괴하지 않을 확률이 같은 방사능 물질이 있다고 하는 상황을 논의에 활용했다. 여기서 원자와 고양이의 운명은 서로 얽혀있다고 설명했다. 특정 시간에 원자가 붕괴할 확률을 구할 수는 있으나 원자가 붕괴할지 안 할지 확신을 가지고 예측할 수는 없다. 이때 확률 개념은 고양이가 죽어있음과 살아있음에 있어서 '동등한 가능성으로 이루어진' 상태가 되는 데 핵심적인 역할을 한다.[35] 바라드는 한편으로 인식론적 한계 때문에 고양이의 운명을 알 수 없다는 역설을 이끌어냈고, 다른 한편으로 고양이와 원자가 '결정된 존재 상태'에 있지 않다는 것, 다시 말해, 측정하지 않으면 고양이가 죽었는지 살아있는지에 대해 알 수 없다는 것도 논의했다. 고양이가 실제로 물질적으로 존재하는가 여부와 고양이를 관측하여 존재하는가 여부를 파악하는 것이 얽혀있는 사건이다. 더욱이 결정할 수 없는 상황이

33) Coole & Frost(2010) 참고
34) Barad(2008) 참고
35) Schrödinger(1935/1983) 참고

기 때문에 '생존 상태' 개념을 잘 정의했다고 보기도 어렵다.

위의 사고실험에서 연구 대상인 현상을 측정하거나 코딩하는 기계적 장치와 도구가 배치를 이룬 것으로 볼 수 있으며, 이로부터 무언가를 안다는 것에 대한 존재론적 함의가 무엇인지를 깊이 고민하게 되었다. 고양이의 상태를 나타내는 단어, '살아있다' 혹은 '죽어있다'를 어떻게 사용할 것인지를 도무지 알 수 없게 하는 역설이다. 인간의 능력으로 동물이 살아있는지 죽어있는지 여부를 결정할 수 있다고 믿었는데 이제 혼란에 빠졌고 강력한 인식-존재론을 찾아야 했다. 바라드[36]는 단어와 사물로 구별했던 두 영역 사이의 **상호작용**에서, '살아있음'과 '죽어있음'을 결정하는 담론적인 경계와 고양이, 원자, 그리고 가이어 계측기의 물질성이 모두 얽혀있는 것으로 보는, **내부-작용** 개념으로 초점을 바꾸었다. 이때 '살아있음'과 '죽어있음'을, 언어게임 안에서 단어가 기능한다는 이론만으로는 그리고 사회문화적 힘만으로는 적절히 설명할 수 없다. 이 두 입장은 유물론적 관점과 존재론적 논의를 하지 않았다. 이 이상한 고양이-원자의 배치와 비결정적으로 존재하는 물질에 대해 논의하는 것이 매우 중요하다.

이것은 비-표상적인 언어 이론의 측면을 고려하고 실천적 담론의 까다로운 물질성을 이해하려는 시도이기도 하다. 담론적인 것과 물질적인 것의 얽힘은 계속하여 경계를 변형시키고 새롭게 규정하며, 그 결과 단어와 사물은 상호 구별되는 것으로서 임시적으로 존재하게 된다. 개체화는 경계-형성의 실천을 통해 발생하는데, 그러한 실천을 통해 일어나는 서로 반대되는 혹은 서로 구별되는 실체들, 가령 죽어있음이나 살아있음과 같은 것들은 주름[37]을 잘라낸 것 혹은 분리한 것이다.[38] 언어는 그것의 외부에 있는 물질적 실체를 복제하거나 모델링하거나 코딩하는 것을 통해서가 아니라, 세계의 물질적 재배열을 통해 수행된다.

> 물질성은 세계에 대한 담론적 수행이지만 담론적 수행을 인간-기반 행위로 환원할 수 없다. 물질은 담론을 지원하는 존재가 아니고 인간-기반 실천의 궁극적 산물도 아니다. 담론적 실천은 경계, 성질, 의미를 국소적으로 다르게 결정하여 실행함으로써 특정한 물질세계를 구성하거나 재구성하게 된다. 즉, 담론적 실천은 지속적으로 물질세계 내에 일어나는 주체적 내부-행위이다.[39]

---

36) Barad(2008) 참고

37) 역주. 앞서 역주에서 한 번 언급한 바와 같이 라이프니츠의 과학, 철학, 예술에 대한 관점을 논의하면서 들뢰즈가 사용한 용어로, 주체와 주체성의 무한한 변화와 끊임없는 생성 과정을 표현한다. 바라드와 이 책의 저자들은 기본적으로 이러한 들뢰즈의 관점에 동의하는 것으로 보인다.

38) Barad, 2008, p.173 참고

바라드는 물질성을 담론으로 환원시켜서 담론적 수행으로서의 물질성에 대해 논의하면서, 담론의 물질성 그 자체에 대해, 즉 단어/사물의 내부-작용에 대해 단호한 입장을 제시했다. 현상은 담론적 실천을 통해 물질이 되며, 담론적 실천은 이미 그 자체로 항상 물질적이라고 보았다. 물질과 의미는 구별할 수 없으며 서로의 외부에 있는 관계도 아니라고 생각했다. 이와 같은 입장은 단어와 사물 사이의 지시 이론적 관점[40]을 부정하기 때문에 조작적인(operational) 것이 아니라고 생각하기 쉽지만, 여러 물질의 얽힘에 대한 증거를 찾아 기술하고 조사하는 실험을 통해 연구할 수 있다. 이 책에서 바라드가 제시한 입장에 따라 실험을 수행하고 이로부터 수학교육의 다양한 측면을 어떻게 연구할 수 있는지 논의할 것이다. 이 실험은 보어가 했던 사고실험과 유사하며, 그렇기 때문에 아마도 독자들은 실험결과에 대해 어느 정도 상상할 수 있을 것이다. 포괄적 유물론이 수학의 교수·학습에 어떤 시사점을 주는지에 대해서는 다음 절에서 자세히 다룰 것이다.

개념의 교육학

다시 바라드의 관계적 존재론, 혹은 양자 존재론으로 돌아가서 사회문화적인 신체가 수학을 인식하고 실행하는 것과 연관되는 방식에 대한 복잡한 문제들을 논의하고자 한다. 이로부터 수학적 개념과 상호작용하는, 구별된 독립적 신체 개념을 재고할 것이다. 바라드의 양자 존재론에 근거하여 배치에 대한 입장을 정립함으로써, 1장에 제시한 예와 같이 서로 독립적인, 이미 알려진 실체들로서의 학습자와 정육면체를 매개 이론에 의해 설명한 것에서 한 발 더 나아가려 한다. 바라드가 공간과 시간에 대해 제시한 새로운 입장은 미묘한 면이 있지만, 기존의 행위성과 인과성과는 다른 개념을 생각할 수 있게 하고 학습에 대해 생각하는 방식에도 큰 변화를 준다. 다시 말해, 바라드의 관계적 존재론에 근거하면, 행위성을 원인과 결과의 기계론적 모델로 환원시키는 고전적 존재론의 관점에서 학습을 연구하는 것에서 벗어나 학습과 생성의 복잡한 얽힘을 탐구할 수 있다. 그렇다면 수학적 개념의 창발에 관여하는 경계-형성 실천은 무엇일까? 어떻게 경계를 자르거나 접합하여 추상적이고 비물질적인 실체를 수행할까?

예를 들어, 7학년 학생이 다음 문제를 해결할 때 그린 다음 그림을 생각해보자. "정사각형 모양의 양어지의 네 꼭짓점에 나무가 있다. 나무를 그대로 둔 채로 넓이가 2배인

39) 같은 책, p.173 참고
40) 역주. 지시 이론은 언어 철학에서 정립되었으며, 언어로 모든 존재를 지시 또는 지칭할 수 있다고 본다.

그림 2.1 · 양어지 주변의 네 그루의 나무

정사각형 모양의 양어지를 만들어라." (그림 2.1 참고)[41)]

이 그림은 상징적인 정사각형을 나무의 도상적인 이미지와 결합한 것이며, 아무런 해석도 없이, 어느 정보도 두드러지지 않게 제시한 것이다. 상징과 도상의 경우처럼 서로 다른 표상들을 한 데 결합하여 제시했다는 자체가 문제해결의 강력한 도구가 된다.

나무와 정사각형, 그리고 체화되지 않은 관점을 포함하는 간단한 그림을 그리는 행위는, 단지 세계를 재현하거나 코드화하는 것이 아니라 세계를 재배열함으로써 경계-형성을 실천하는 것으로 볼 수 있다. 학생이 그린 선들은 수학적인 것과 '실제적인 것' 그리고 의미와 물질을 결합하면서 동시에 분리한다. 바라드의 용어로는, 학생이 상상하거나 기억하면서 정사각형-나무의 배치를 양어지로부터 분리시키는 절단을 형성하고 능동적으로 물질-의미화에 관여하는 담론적 실천이다. 그림 속의 나무는 '실제' 나무의 도상적 표상일 뿐만 아니라, 다이어그램적 장치가 되어 물질세계와 새로운 물질적 정사각형을 재결합하고 동시에 정사각형의 의미를 만들어냄으로써 '실제' 나무를 개체화한다. 다이어그램적 장치에 의해 정사각형을 의미화하는 것에 학생이 주목하면 나무의 개체화를 위한 분리가 이루어진다. 따라서 이렇게 그림으로 나타낸 것은 단순히 의미-형성 행위에 그치지 않고 의미와 물질의 중첩 구조를 형성하며 다시 재배열하는 행위이다. 요컨대 이 단순한 그림을 그림으로써 의미와 물질이 서로 얽히면서 재결합된다.

학생과 교사가 함께 그린 그림 2.2에는 점선, 대각선, 90도를 나타내는 각 등 새로운 대상을 추가한 새로운 배치가 형성되어 있으며, 이 배치에 의해 정사각형의 의미와 나무의 물질은 새롭게 배열된다. 이전에 있었던 작고 귀여운 나무 그림은 다른 정보와 여전

41) 이 문제에 대한 학생과 교사의 활동에 대한 자세한 분석결과는 de Freitas & Zolkower(2011) 참고

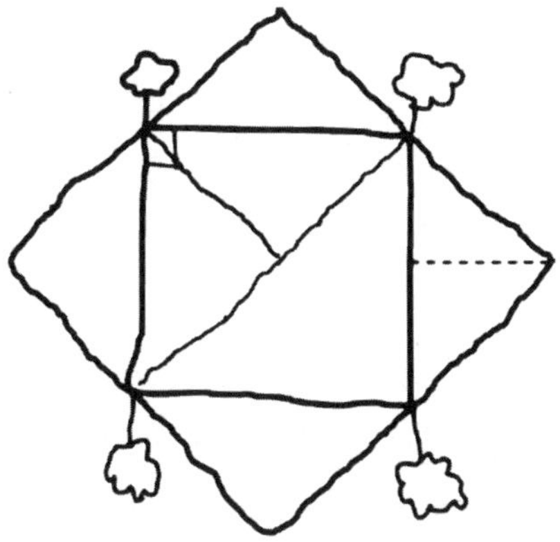

그림 2.2 • 요소를 추가하여 재배열한 그림

히 동등하게 그리고 체화되지 않은 관점과 더불어 그대로 있다. 이와 같은 담론적 실천에서 나무와 양어지라는 물질과 정사각형이라는 의미 사이의 경계를 형성함에 있어 나무 그림은 매우 핵심적이다. 이렇게 지각을 해체하고 다이어그램에 여전히 결합된 채로 반-도상적 나무를 배열하는 것이 수학적 의미의 분리를 수행함에 있어서도 중요하다. 하지만 의미가 실제로 물질세계에서 분리되어 존재하는 것은 아니다. 다른 경계-형성 행위와 마찬가지로 다이어그래밍 행위 또한 물질-의미의 구조 속에 새로운 주름을 만들어 내거나 접은 자국을 남기게 되며, 마치 존재론적으로 분리된 두 세계가 있는 것처럼 물질과 의미를 조작할 수 있게 된다.

위의 예에서, '실세계'나 '수학적' 대상이 분리되어 있는 실체이고 다이어그램은 그 분리된 실체들을 표상한 것으로 보는 기존의 입장에 다음과 같이 비판적인 입장을 제기할 수 있다. 먼저 "물질적인 것과 담론적인 것 사이의 관계는 상호 수반 관계"[42)]이므로, 담론적 실천이 존재론적으로 물질에 선행하지 않는다는 것을 지적할 수 있다. 모든 담론적 행위에는 하나를 다른 것과 구별하여 배열함으로써 경계를 만들어 물질화하는 '절단'이 들어 있다. 1장에서 논의한 바와 같이, 절단에 의해 개체화 과정에 주목할 수 있다. 이를테면, 아동은 동력이 있고 정사각형은 동력이 없는 것처럼 구별하거나 아동의 문화적 성을 그들의 생물학적 성과 구별하는 경우처럼, 개체에서 출발하는 것이 아니라 경계-형성을 실천하면서 창발하는 것이 개체라는 점을 알 수 있다. '절단'이 달라지면 배치도 달라지고 행위성의 정도도 달라진다.

그렇다면 포괄적 유물론을 통해 어떻게 학습을 단순히 고정된 지식을 획득하는 것으로 귀결되는 궤적이 아니라 다양한 종류의 행위 주체를 배치하는 비결정적인 행위로 볼 수

42) Barad(2007, 2008) 참고

있을까? 학습을 수학의 신체와 수학 내에서의 신체가 되는 과정으로 보는 새로운 관점을 수학교육 인식론에 포함시킴으로써 학습의 존재론적 원동력을 제공할 수 있을까? 수학교육과정과 관련하여 생기를 체계적으로 찾고 함양하는 방식에 대해 폭넓게 논의할 수 있는 방법은 무엇일까? 교육과정을 어떻게 생동적이고 활력이 넘치는 것으로 재구성할 수 있을까? 이 질문들에 답하기 위해 수학교육의 주요 목표 중 하나인 개념적 지식의 개발과 그 기저에 있는 수학적 개념에 대해 집중적으로 살펴보고자 한다. 최종적으로는 수학적 개념이 구체적인 사례의 특수성과 분리된, 추상적이고 보편적인 것이라고 보는 입장으로부터 탈피할 것을 제안한다. 이와 관련하여 바라드가 개념을 비물질적이고 논리적인 제약으로 환원시키지 말고 개념과 물질이 서로 얽혀있고 교차되어 있다고 주장한 것에 근거하고자 한다. 바라드는 개념이 무생물이 아니라 생동하는 물질이라는 뜻에서 물리적인 배열이라고 설명했다. 이에 근거하여 우리도 학습 이론의 중심을 인식론적인 것에서 존재론적인 것으로 바꾸고자 하며, 수학적 지식의 물질성에 주목하는 개념의 교육학을 제안하고자 한다.

> 어떻게 알게 되는가와 무엇을 아는가에 대해 다시 규명하는 것만으로는 데카르트적 사유에 진정으로 도전한다고 할 수 없다. 진정한 도전은, 살아 있는 존재들과 물리적인 신체들이 동등한 물질세계에 있다고 보면서 지식 체계를 고려하는 방식으로 기존의 인식론적 입장을 전복시키는 것이다. 결론적으로, 학습을 인식론적 문제가 아니라 존재론적 문제로 보는 것이 진정한 도전이 아닐까?[43]

개념의 교육학을 통해 커틀러와 맥켄지는 개념을 물질적인 것 그리고 존재-생성적 장치로 보고자 했다. 커틀러와 맥켄지에 의하면, 내재적 평면 위에서 조작하고 탐구하고 발명하는 동안 개념을 촉진하게 되고, 촉진된 개념은 다시 내재적 평면 위에서 행동하게 한다. 내재적 평면은 잠재적인 것을 현실화하는 마주침이 일어나는 물질적 평면이며, 개념은 이 내재적 평면 위에서 유동한다. 사실, 이 개념의 유동성이 바로 개념의 창의적 힘을 보증한다. 이 유동성이 바로 샤틀레가 다양한 역사적 사례를 통해 부각시켰던 것이다. 커틀러와 맥켄지는 일반적으로 생각했던 학습의 목표와는 정반대로, 학습을 통해 개념의 유동성을 유지하는 것, 즉 '지식으로 결정하지 않는 것'[44]을 추구했다. 결국, 커틀러와 맥켄지가 제시한 개념의 교육학은 물질과 의미의 상호 수반에 대한 바라드의 주장을 근

43) Cutler & MacKenzie(2011) 참고

44) 같은 책, p.68 참고

거로 하며, 교육과정에 제시한 개념들에 생기와 비결정성의 측면이 있다는 것을 학생들이 지속적으로 인식하도록 돕는다.

예를 들어, 연장(extension)의 아이디어를 보여주는 수직선에 대해 생각해보자. 위에서 언급했듯이, 데카르트는 물질을 정의하는 단 하나의 성질로서 연장을 제시했고, 운동을 포함한 다른 모든 성질은 2차적인 것으로 보았다. 물질에 대한 데카르트적 이미지를 거부하면, 물질의 유동성을 통해 연장을 보다 힘을 지닌 것으로서 재고할 수 있다. 여기서 샤틀레는 내포(intension)에 의해 새로운 잠재적 차원이 절단되고 접히며, 이와 대조적으로 연장에 의해 수평적으로 뻗어 나간다고 보았다.[45] 여기서 그는 연장을 실제로 이동한 구간과 그동안 걸린 시간으로 그리고 내포를 빠름, 느림 혹은 '늦음'으로 보는 스콜라 철학의 전통을 고수했다.[46] 현대적인 입장에서는 이런 식의 구분이 낯설어 보일 수 있으나, 샤틀레는 운동 또는 내포보다 위치 또는 연장을 특권화하지 않기 위해, 또, 운동을 위치나 연장이 존재가 되게 하는 존재-생성적 힘을 가진 것으로 보기 위해 이렇게 구별했다. 이와 같이 새롭게 파악한 잠재적 차원은 일종의 강도[47]이며, 강도에 의해 연장의 선형성을 탈바꿈할 수 있다. 새로운 잠재적 차원인 강도에 의해 연장은 가소성과 탄력성을 가지게 되는 것이다. 샤틀레는 이렇게 물질 내에 연장의 단단함을 불안정하게 만드는 '비결정적인 차원'이 있다고 보았다.[48] 또, 이 비결정적인 차원에서 탄력 있게 접은 주름이 수평적으로 그리고 수직적으로 꿰뚫고 뻗어나가 단단한 연장을 부수는 원동력이라고 표현했다. 3장, 4장, 그리고 8장에서 이에 대해 다시 논의할 것이다.

샤틀레가 제시한 새로운 관점에 비추어 수직선을 생각해볼 수 있다. 탄력성이 있는 수직선을 잡아 늘일 수 있고, 이 행위에 의해 이전에는 지각할 수 없었던 무한히 많은 수를 볼 수 있으며, 그러면 정수들 사이에 있던 잠재적인 실수들을 끄집어낼 수 있다. 만약 학생이 수직선이 고정되어 있지 않고 탄력적이라고 느끼면서 그 수직선에 마치 수가 흐르고 있다는 제스처를 계속하면, 모든 것이 더 체화된 것으로 바뀌고, 결국 수직선의 조밀성을 탐구할 수 있게 된다. 수직선은 연장의 전형적인 예이므로, 여기서 고정된 두 점 사

45) 역주. 통상적으로 내포는 개념의 내용이 되는 여러 가지 속성을, 연장은 개념이 적용되는 외부 세계에 존재하는 대상들, 곧 공간적 실체를 가리킨다.

46) Châtelet(1993/2000) 참고

47) 역주. 들뢰즈는 강도를, 현상 배후에 중층적으로 뻗어있는 차이의 형식이나 체계, 동질적인 두 항이 아닌 변별적인 항들로 이루어진 불균등으로 설명했다. 강도는 감성적인 것이 발생하는 이유가 되며, 무한히 뻗어있는 차이적인 힘이고, 이것으로 인해 우리는 무언가를 감각하게 된다 (김재춘, 배지현, 2012, p.5).

48) Châtelet(1993/2000), p.20 참고

이의 구간이 아니라 잠재적으로 움직일 수 있는 공간으로 보듯이, 일반적으로 연장 그리고 연장과 관련된 차원 개념을 어떻게 재고할 수 있는지를 파악할 수 있다. 강도를 분출함으로써 연장은 "긴장감으로 가득 차고, 스스로가 구조의 탄생 조건으로 표출된다."[49] 이렇게 수직선은 내재된 비결정성에 의해 창의적이고 생동하는 매우 활력 넘치는 개념이 되는 것이다. 수직선의 신체가 학생의 신체와 접촉하여 새로운 종류의 신체-배치가 탄생한 것으로 볼 수 있다. 이 예에서 역동적인 디지털 다이어그램이 학생으로 하여금 이러한 기회를 가지게 하는 힘을 가지고 있음을 알 수 있다.

이제 초등학교 교육과정 내용인 0 개념에 대해 생각해보자. 0은 통상적으로 아무것도 존재하지 않는 상황을 표현한다고 지도하고, 바로 정수, 그리고 유리수로 지도한다. 만약 절차적 지식이 아니라 창의성을 함양하려는 교육과정을 염두에 둔다면, 범자연수로 확장하거나 묶어 세기로서의 덧셈을 지도하기 전에 학습자가 0 개념에 의해 만들어지는 새로운 잠재적 공간을 경험하는 기회를 제공할 수 있다. 여기서 0 개념의 잠재성을 일깨운다는 것은 무슨 뜻인가라는 질문이 생긴다. 현행 교육과정에서는 0 개념의 잠재성을 어떤 식으로 간과할까? 대체로 교과서에서는 1을 반복적으로 빼는 것, 즉 거꾸로 세는 과정에 의해 0을 도입한다. 다시 말해, 먼저 5개의 대상이 있다고 상상하라고 한 후 순차적으로 4개, 3개, 2개, 1개, 0개가 된다는 것을 확인하라고 한다. 이렇게 순차적으로 제거한 후 마지막 대상을 제거한 상황을 0으로 제시한다. 그런 다음 교사가, '마지막 남은 과자를 먹는 것 혹은 마지막 티슈를 이용하는 것과 같아요.'라고 말한다. 그러나 이 활동에서 0은 결여와 부재를 나타낼 뿐, 무언가를 발명하는 의미를 담지 못한다.

순차적으로 빼서 아무것도 없는 상태에 도달하는 것이 아니라, 움직임을 가능하게 하는 방식으로 0의 상황을 설정할 수 있다. 마치 0이 모터와 같이 잠재성의 원천이 되는 것으로 보면 이후 전개는 매우 달라진다. 가령, 집게손가락 또는 연필 끝으로 종이의 한 지점을 가리키며, '여기가 시작점 0이다.'라고 해보자. 그 점은 단순히 0을 재현하는 것에 그치지 않고 나중에 절댓값을 고려하여 범자연수를 정수로 확장하도록 하는 출발점이 된다. 샤틀레는 0을 이렇게 개념화하면 단방향 경로가 아니라 양의 방향과 음의 방향으로 절댓값이 같은 수, 곧 대칭을 이루는 두 수를 그리게 된다고 주장했다. 이제 양 방향으로 펼쳐지는 강도를 고려하면 대칭을 이루는 많은 수들을 찾을 수 있다. 이러한 의미에서 0은, "사고실험을 통해 만들어진 것으로 볼 수 있으며, 최소한의 수단으로 절댓값이 같은 두 수를 찾게 하는 수이기도 하다."[50] 또, "0은 '중앙(middle)'으로 볼 수도 있고,

49) 같은 책, p.105 참고
50) 같은 책, p.82 참고

+A와 -A가 서로 상쇄되어 만들어진 것으로도 볼 수 있다. 이렇게 보면 0에서 두 방향으로의 흐름을 생각할 수 있고, 반복에 의한 계산이라는 틀에 박힌 접근도 극복할 수 있는 잠재성[51]을 열어 두게 된다."[52] 손가락 2개의 접합 또는 시소 중앙의 받침대로 0을 생각할 수도 있다. 이것은 마지막 과자를 먹어 버린다는 클리셰와 다르다. 마지막 과자를 먹는 것으로 0 개념을 발명하면 음의 과자라는 새로운 수학적 대상을 만들어낼 수 있는 새로운 공간을 만들어야 한다. 그러나 이 공간에서는 0이 무언가를 생성해내는 힘을 가지고 있다는 것을 생각하지 못하고, 0이 그림 2.3a의 수직선에서처럼 중앙에 위치하는 것으로만 생각하여 0의 유동성을 억누를 위험이 있다. 아르강의 연구에서 제시한 그림 2.3b에서는 0이 단일 받침대로 운동이 시작되는 지점이다.[53] 그림의 오른쪽에서는 먼저 0이 눈에 띄고 나머지 수들은 시야 밖으로 사라진다. 아르강의 다이어그램에서 가장 흥미로운 부분은, 0이 어떻게 새로우면서도 즉흥적인 방식으로 수직선의 방향을 고려하게 하는가 하는 것이다. 그렇게 즉흥적으로 방향을 고려하게 되면 새로운 운동성을 가지게 하고 결국 대안적인 선택을 할 수 있게 한다.

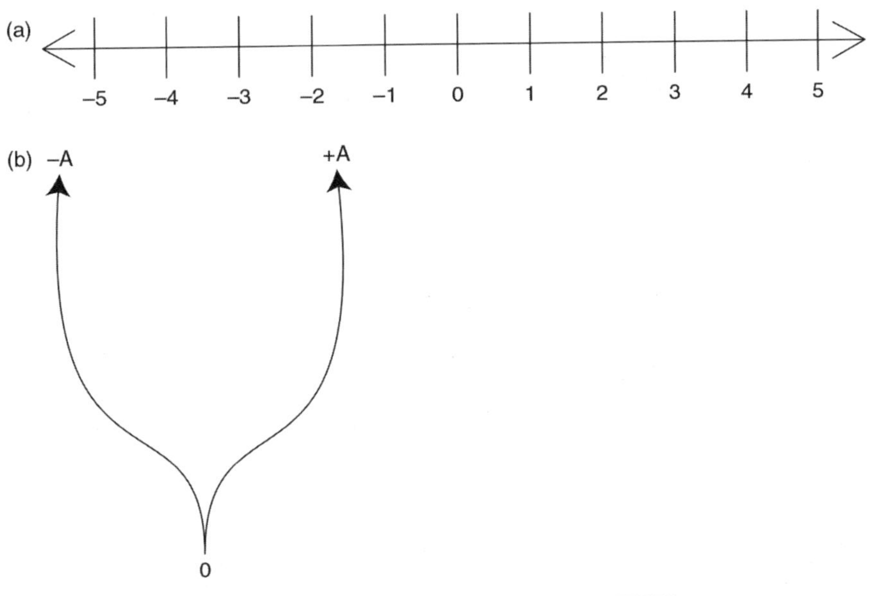

그림 2.3 • (a) 수직선 (b) 0의 역할을 강조하기

51) 샤틀레는 '반복'이라는 용어를, 덧셈과 뺄셈, 그리고 일부 곱셈을 특징짓는, 기계적으로 수를 반복하여 셈하는 행위를 의미하는 것으로 사용한다.

52) 같은 책, p.82 참고

53) 같은 책, p.83 참고

지금까지 제시한 0 개념은, 많은 수학교육자들이 옹호해왔고 레이코프와 누네즈[54]가 제안했던 수직선 모델인, 경로를 따라 운동하는 산술 은유를 현실화한 것과 어느 정도 관련된다.[55] 많은 초등학교에서 교실의 벽이나 책상 위에 1부터 10까지 있는 선분을 제시하는데, 이와 달리 앞서 논의한 바와 같이 0 개념을 촉진하는 방식으로 수직선을 도입하면, 수직선은 무한한 방향과 수직선의 조밀성을 촉진할 수 있는 강력한 다이어그램이 된다.

지금까지 샤틀레에 기초하여 바라드의 관계적 존재론을 수학의 맥락에서 해석할 수 있는 몇 가지 방법을 제시했다. 이어지는 장에서는 개념에 대한 이러한 접근에 따라 어떻게 수학교육과정과 지도방식을 재고할 수 있는지 살펴볼 것이다. 바라드가 물리학의 개념들에 대해 논의했기 때문에 우리는 이로부터 유추하여 부분적으로 개념에 초점을 두고 논의해왔다. 수학 교수·학습과 수학에서 개념이 워낙 중요하기 때문에 개념에 주목한 면도 있다. 앞으로 경계-형성의 실천에 의해 창발한 개념이라는 생각을 유지할 것이며, 개념이 수학자, 학습자, 교사, 그림 등을 포함하는 배치 내에서 고정될 수 없고, 바로 이 점에서 개념이 임시적인 결정이라고 생각할 것이다.

수학적 배치는 어떻게 물질이 되는가?

바라드[56]는 정육면체나 개념과 같은 비인간이 변화를 일으키는 행위자라는 데서 더 나아갔다. 행위성을 고려할 때 비인간을 배제하는 식으로 경계-형성을 실천하는 것이 문제이며, 이렇게 하면 포괄성을 확대할 수 없다고 보았다.

> '비인간'에서 분화하여 '인간'을, '무생물'에서 분화하여 '생물'을, '자연물'에서 분화하여 '문화물'을 구성하는 바로 그 실천에 의해, 이미 경계가 만들어진 후 분석해서는 알 수 없었던, 의미 있는 물질화가 이루어진다는 점이 핵심이다.[57]

인간과 비인간 사이의 차이를 언급하는 것은 분명히 중요하고 여기서 그 점을 부정하지도 않는다. 하지만 인간이라는 범주를 재고하면 이러한 차이와 경계를 어떻게 유지하고 특정한 종류의 활동을 통해 어떻게 재배열하게 되는지 탐구하는 데 도움이 된다. 이

54) Lakoff & Núñes(2000) 참고
55) Saxe, Shaughnessy, Shannon, Langer-Osuna, Chinn, & Gearhart(2007) 참고
56) Barad(2011) 참고
57) 같은 책, p.124 참고

책에서 우리는 인간으로 되는 복잡한 과정에 수학적 활동이 어떻게 연루되는지에 관심을 둔다. 특히, 마지막 절에서는, 규칙에 한정된 행동이 아니라 개념의 물질적 힘에 어떻게 의존할 수 있는지를 개념의 존재론적 역량에 기반을 두고 분석한다. 그러나 개념의 존재론적 역량만으로는 인간으로 되는 과정에 어떻게 참여할 수 있는지에 대해 논의할 수 없다. 이 문제는 너무 광범위한 것이어서 완전한 답을 찾기 어렵지만, 앞에서 논의한 내용을 인간을 넘어 더 넓은 의미에서의 배치를 물질화하는 내용으로 확장하기 위한 대략적인 아이디어를 제시하고 다음 장에서 다시 이에 대해 논의하고자 한다. 앞서 언급했듯이, 포괄적 유물론에 의해 수학적 활동의 미시-감정적 움직임 그리고 물질적 배치를 통해 작용하는 지속적이고 정치적인 힘에 주목하기 위해 체화에 대한 현상학적 연구에 기반을 두고자 한다. 바라건대, 이와 같은 접근에 의해 미시적인 것과 거시적인 것을 모두 다룸으로써 수학적 신체에 대해 더 활발한 연구가 이루어지면 좋겠다. 이 장에서는 수학적 개념에 초점을 두고 논의했지만, 다른 장에서는 정동이 신체들을 통해 그리고 신체들을 횡단하며 순환하는 방식을 보여주기 위해 교실에서 얻은 비디오 자료도 분석할 것이다. 이와 같은 개념들이 어떻게 거대한 담론 형성과 관련되는지 그리고 문화적이고 정치적인 발달에서 개념들이 어떻게 작용하는지를 연구하는 것은 훨씬 어려울 것이다. 수학의 역사 연구자들은 수학에서의 변화와 여타 사회적 변화가 어떻게 연결되는지를 고려하지 않고 수학의 변화에만 주목하여 설명하고 주장하는 경향이 있다. 수학교육을 연구할 때 수학적 논의에만 의존하는 것은 일종의 사치이고 그렇게 해서도 안 된다. 학교 수학이라는 모종의 배치가 이미 이루어져 있고 강력한 사회적 영향 아래 놓여 있으며 수학적 개념들을 횡단하며 흐르는 정치적 힘이 존재하기 때문에 이에 대해 논의할 필요가 있다. 이렇게 개념에 포괄적으로 접근함으로써 과거에는 그 가치나 지위를 부정했던 다양한 종류의 행위성에 주목하여 사회-정치적 연구를 상호보완 하는 입장을 제안한다. 이와 같은 입장에 따르면 앞 절에서 시도한 바와 같이, 개념을 재고하여 행위성을 잠재 공간에 재분배함으로써 개념의 삶이 정치적으로 어떻게 배치되는지도 논의할 수 있다.

개념의 교육학에 의해 개념의 삶에 대해 역사적으로 설명할 수 있다. 예를 들어, 매우 추상적이고 비물질적인 실체로 생각했고 수학사에서 믿을 수 없을 정도의 논쟁과 토론의 대상이 되었던, 사영기하의 무한원점에 대해 기존과는 다르게 생각해볼 수 있다. 그동안 수학교육에서 했던 경계-형성 실천에 의하면, 무한원점은 '실제로 존재하지 않지만' '마치 존재하는 것처럼 생각했던' 실체이다. 그러나 개념의 교육학에 따라 해석하면, 무한원점의 경계-형성 실천은 달라질 수 있다. 무한원점을 사영에 의해 만들어지는 선의 자취와 수평선이 만나 만들어진, 평면의 한 절단으로 볼 수 있다. 이에 대해서는 3장에서 논의한다. 보어가 공간과 시간에 대한 고전적 가정과 완전히 다른 접근에 의해 원자를 설명했듯이, 무한원점도 평면에 사영시켜 만들어진 선들의 교점으로 존재함으로써 물질성을 가진다. 종이 또는 화면에 표시한 무한원점을 만지고 움직이고 가리키고 늘리거나 빼내는 제스처를 할 때, 무한원점과 제스처하는 손을 분리할 수 없다. 이에 대해서도 역시 3장에서 논의한다. 이와 관련해서는 그림의 생성적인 본성에 대한 샤틀레의 논의를 참고할 수 있다. 바라드가 제시한 경계-형성 실천이라는 개념과 어떻게 그 실천이 수학과 관련될 수 있는지에 대해서는 예를 들어 살펴볼 예정이고, 6장과 7장에서는 이러한 수학적 행위의 물질성과 지각 이론 사이의 정치적 교차점에 대해 논의한다. 이때 무한원점의 물질성을 주장하는 것이 사회적 배치의 일부를 형성하는 정치적 행위가 될 수 있는지에 대해 주목할 것이다. 이 무한원점의 물질화는 단지 원근법을 이용한 예술품의 발명만이 아니라 광범위하게 효과를 발휘했다는 점도 논의할 것이다.

이 예는 시간이 흐르면서 관측 기술이 어떻게 발달했는지 그리고 이 발달이 수학의 발달에 어떤 영향을 미쳤는지를 보여주며, 양자 존재론의 귀결에 주목하는 이 책의 논의와 연결되는 면이 있어서 제시했다. 미술사가이며 문화 비평가인 크레리[58]는 관측 기술의 변화에 의해 "인간 주체의 생산 능력, 인지 능력, 욕망하는 능력"도 수없이 변화했기 때문에, "지식과 사회적 실천의 광범위한 재조직화"와 관측 기술의 변화를 분리할 수 없다고 보았다. 무한원점은 새로운 관측 주체로서, "역사적인 산물이면서 동시에 주체화를 실천하고, 주체화의 기술, 제도, 절차가 발생하는 장소"[59]가 된다. 크레리는 관측을 뜻하는 observe의 어원인 observare가 '행위에 순응하며 행위를 따르다'라는 뜻이라며, 이를 고려하면 관측을 통해 어떻게 '규칙, 코드, 규정 그리고 실천을 따르는지'를 잘 이해할 수 있다고 보았다. 무한원점은 일종의 관측 도구이며, 이 도구에 의해 관측 주체의 위치도 바뀌고 수학에 대해 철학적이고 미학적이고 제도적인 관심을 둘 수도 있게 된다. 무한원점을 도입하면서 가시 가능성을 재정의 할 뿐더러, 기하와 눈의 관계, 신체와 그 기관들을 재배치하게 된다.

무한원점에서는 촉각과 시각 사이의 관계도 새롭게 배열될 수 있으며, 이를 바탕으로 통합된 지각에 대한 새로운 이론을 구성하여 새로운 잠재적 차원을 탄생시킬 수도 있다. 실제로 데카르트, 버클리, 디드로의 시각 이론은 촉각으로부터의 유추에 기반을 두고 있으며, 18세기 내내 촉각 이론은 고전적인 시각 이론의 핵심적인 부분이었다. 무한원점을

58) Crary(1990) 참고

59) 같은 책, p.5 참고

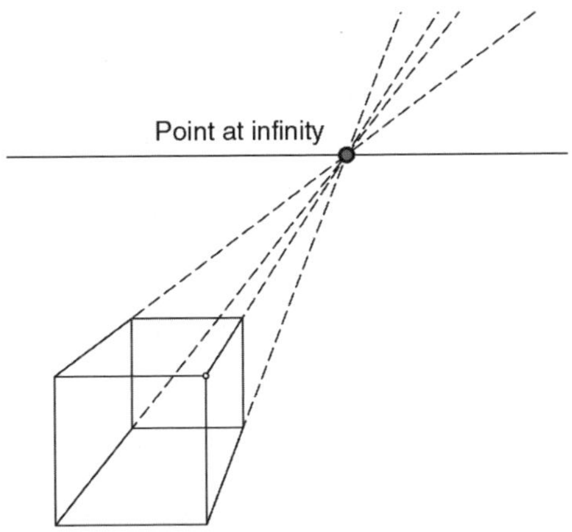

그림 2.4 • 정육면체의 투시도에 있는 무한원점

가정하는 것이 유클리드의 평행성 공준과 모순되긴 하지만, 이는 신체의 재배열 및 그와 동시에 일어나는 세계 내 신체의 지각적 조정의 재배열을 통해 일어나는 일이다. 이빈스[60]는 다른 역사가들의 설명과는 반대로, 평행선 공준이 시각적인 것보다 촉각적인 것에 더 가치를 두었던 고대 그리스의 상황을 반영하고 있다고 보았다.

> 평행선 공준에서 유클리드 기하의 바탕에 있는 촉각적인 전제를 확인할 수 있다. 만약 손가락들을 움직이면서 촉각에 의해 두 선의 평행 여부를 파악한다면 평행한 두 선이 만나지 않는다는 것을 감각적으로 의심하지 않고 받아들일 수 있다. 그러나 긴 가로수를 바라보듯이 시각에 의해 두 선의 평행 여부를 판단한다면, 의심의 여지없이 평행한 두 선이 수렴해서 결국 만나게 된다는 감각적인 결론을 얻게 된다.[61]

위와 같은 이빈스의 주장에 동의할 수도 동의하지 않을 수도 있지만, 촉각과 시각에 의한 서로 다른 관계를 반영한 서로 다른 기하가 있다는 점은 분명하다. 무한원점과 여러 종류의 사영기하들에 대해 19세기의 많은 수학자들은 '위험하고 불합리하다'고 생각했다.[62] 수학자들은 사영기하에서 촉각과 시각을 같이 사용하면서 다이어그램적 추론에 지나치게 의존하게 되기 때문에 엄밀하지 않은 접근이라고 보았던 것이다.[63] 지금까지 간략하지만 무한원점에 관련된 역사적 사례에서 신체의 특수한 배열에 의해 어떻게 특정

60) Ivins(1938/1975). 참고
61) 같은 책, p.8 참고
62) Smith(2006) 참고
63) de Freitas(2012) 참고

한 수학적 실천이 이루어지는지를 살펴보았다. 크레리[64]는 카메라와 같은 새로운 시각 장치의 발달에 따라 산업의 재배치가 이루어지면서 인간의 감각을 분리하게 되었다고 주장했다. 6장과 7장에서는 감각 기관이 시대에 따라 서로 다른 방식으로 배열되는 방식에 대해 다시 논의하면서 이것이 수학과 수학교육의 발달에 어떻게 관련되는지 살펴볼 것이다.

이제 다른 수 개념과 그것이 시대에 따라 존재론적으로 어떻게 변화되었는지 살펴보자. 바디우[65]는 수의 역사를 조사한 후 음수와 무리수처럼 새로운 수를 발견하게 되었을 때 수체계를 어떻게 정의했고, 특별히 0, 1, 무한대의 위상이 어떻게 변화하는지에 주목했다. 특히, 데데킨트의 수론과 프레게의 수론을 비교했는데, 데데킨트와 프레게 모두 이 특수한 수들에 대해 다른 방식으로 정교화를 시도했고, 각각은 서로 다른 물질화에 이르렀다. 바디우에 따르면, 데데킨트는 먼저 수 전체를 하나의 연쇄로 봄으로써 무한대로부터 출발하고 다음으로 1을 전체 연쇄의 첫 번째 수로 해석했다. 이어서 2, 3, 4 등 다른 모든 수들은 전체 연쇄의 특정한 위치에서 이루어진 '절단'에 의해 만들어지는 것으로 보았다.[66] 이렇게 보면 무한이 유한보다 먼저 오고 수의 기본적인 의미를 설명함에 있어 0을 배제하거나 중요하지 않은 대상으로 다루게 된다. 물론 데데킨트가 0을 완전히 무시했다는 뜻은 아니며, 수체계를 구성함에 있어 0을 2차적인 대상으로 다루었다는 것이다.[67]

데데킨트가 무한을 먼저 받아들이고 0은 배제한 반면, 프레게는 다음과 같이 이와 다른 존재론적 접근을 취했다. 먼저 수체계 전체의 기초가 0이라고 보았고, 1은 0에 뒤따라오는, 2차적인 것으로 생각했다. 무한대의 경우, 수직선에 활력을 불어넣는 힘이라기보다는 수의 연장과 반복 덧셈 행위의 산물로 보았다. 바디우는 데데킨트가 무한대로부터 출발하여 다른 수들을 조각한 반면, 프레게는 빈 페이지 위에 수를 색칠하듯이 더한 것

64) Crary(1990) 참고

65) Badiou(2008) 참고

66) 일부 교재에서는 수직선을 '직관적으로' 어떻게 절단하여 실수를 구성할 수 있는지 설명한다. 이는 유리수 그리고 다음으로 무리수가 원래 비물질적인 것인데 인식론적 편의를 위해 수직선 위의 기하적 위치에 '표상'으로 수를 제시하는 입장에 따라 경계-형성을 실천하는 것이다. 이와 달리 신유물론적 접근에서는 절단을 표상으로서가 아니라 주름으로서 다루고자 하며, 여기서 주름은 수직선이라는 연속체가 새롭고 역설적인 잠재력을 왜곡하면서 비틀고, 동시에 생기를 부여하기도 하는 방식으로 경계를 형성하는 실천을 가리킨다.

67) 바디우에 의하면, 데데킨트는 "공집합과 공집합 표기를 싫어했고, '몇 가지 이유에서 원소가 없는 공집합 체계를 완전히 배제한다.'라고 분명하게 말했다."(p.14) 니럼버그와 니럼버그(2011)는 바디우가 데데킨트의 0에 대한 생각을 잘못 해석했다고 비판하면서, 데데킨트가 이어서 쓴 다음 문구를 비판의 근거로 제시했다. "… 다른 연구를 위해서는 공집합 체계를 상상하는 것이 적절할 것이다."(p.590)

으로 표현했다. 여기서 바라드가 사용한 조각과 색칠이라는 은유를 단순하게 생각해서는 그의 논의를 이해할 수 없을 것이다. 사실 조각과 색칠의 두 방식으로 수를 만들어가는 과정은, 서로 다른 수 개념의 존재론에 의해 수를 구성하는 서로 다른 물질적 행위이다.

위에서 수에 대해 논의할 때 통상적으로 수학의 역사를 분석했던 방식, 곧 수학적 개념이 시간과 장소에 따라 성장하고 변화한다는 것을 제시했던 것과는 다른 것에 주목했다. 어느 시점이든 특정한 방식으로 수를 결정하면 학습자에게는 특정한 방식으로 물질화가 일어나며, 우리가 제안했던 물질적이고 문화적인 얽힘의 일부가 된다. 위 사례에서 데데킨트와 프레게는 연속체와 연속체의 잠재적 역설을 고려하면서 간절히 수를 공간 개념으로부터 분리하고자 했고, 이 시도는 어떤 심리학적 모델과도 다른 방식이었다. 프레게의 경우 더 강했으나 둘 다 이산적인 수 개념을 고수하고자 했던 것으로 볼 수 있다. 둘 다 이산적으로 수를 접근하는 것에 기초하여 수학의 논리적 기반을 마련하려 했다. 이러한 노력을 통해 수학의 핵심이라고 할 수 있는 논리주의 또는 공리적 접근에 의한 수체계가 어떻게 정립되었고, 이 새로운 수체계 덕분에 계산적 증명이 어떻게 강력한 힘을 얻게 되었으며, 20세기에 집합론에 근거하여 어떻게 수학교육과정을 개발하게 되었고, 이로 인해 혹독한 경험을 안겨준 새 수학 운동이 어떻게 일어났는지 알 수 있다. 개념의 교육학에 의해 이렇게 개념과 신체 사이에 이루어진 문화적 연결을 반드시 역사적으로 파악할 필요가 있다. 다음으로 3장과 4장에서는 샤틀레의 역사적 통찰을 확장하여 교실에서 이루어지는 수학적 활동을 어떻게 분석할지에 주목할 것이다.

3 다이어그램, 제스처, 움직임

수학교육 연구 문헌들에서 학생이나 교사가 수학적인 아이디어에 대해 의사소통하는 방식에 대한 서술과 함께 그들의 제스처를 찍은 스크린샷을 발견하는 일은 이제 점차 보편화되어 가고 있다. 학생이나 교사의 발언과 함께 제시할 때도 있지만 대부분 발언 이전에 제스처를 제시한다. 일부 연구자들은 교사와 학생의 비-명제적이고 신체중심적인 사고방식을 보다 잘 이해하기 위해 교실 내의 제스처를 묘사하고 분류하며 나아가 촉진시키기 위해 노력했다. 샤틀레 역시 제스처에 관심을 두었지만 수학자들의 제스처 대신 그들의 다이어그램을 분석했다. 샤틀레는 제스처와 다이어그램을 구분하기보다는 서로 상호작용하여 '고정된 수학'이 물질성을 가지도록 한다고 보았다. 샤틀레는 바라드의 여러 아이디어들을 수학에 적용함으로써, 신체가 수학에 참여하는 방식에 대한 설득력 있는 근거들을 제시했다.

그림 3.1은 원의 움직임을 나타내는 그림을 그려 보라는 말에 한 기하학 수강생이 그린 다이어그램이다. 앞으로 계속 논의하겠지만, 샤틀레는 다이어그램을 그리는 사람이 수학과 뒤얽히는 방식, 종이의 표면을 사용하여 유동성을 포착하거나 차원을 만들어내는 방식을 다음 질문들에 의해 살펴보았다. 이 다이어그램 내에서 점선은 어떤 역할을 하고 있는가? 이 점선들은 지평선으로부터 멀어지는 방향으로 움직이는 원호(arc) 제스처의 자취인가? 샤틀레는 다이어그램을 이 예에서의 동심 원호와 같은 수학적인 대상의 표상으로만 보거나 단지 주어진 문제를 해결하기 위한 보조 도구로 보지 않았다. 그는 제스처와 다이어그램 사이의 상호작용으로부터 수학이 창발하는 그 창의적인 순간에 관해 집중적으로 살펴보고자 했다.

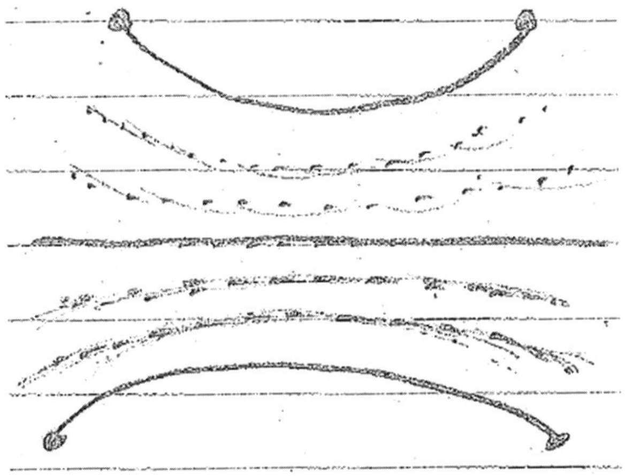

그림 3.1 • 점선과 실선으로 된 원호 다이어그램

먼저 샤틀레가 제스처와 다이어그램, 그리고 그들 사이의 상호작용에 대해 설명하는 특별한 방식에 대해 논의할 텐데, 이는 수학교육 연구에서 제스처와 다이어그램을 연구해온 방식과는 상당히 다르다. 이어서 샤틀레가 연구했던 창의적인 순간들의 몇 가지 예 그리고 그가 상정한 유물론적인 가정의 존재론적 함의에 초점을 둔 추가적인 다이어그램들을 통해 샤틀레의 연구 방식을 살펴본다. 마지막으로 샤틀레의 방법론을 학교 수학의 맥락에 어떻게 적용할 수 있을지 알아보기 위해 교실에서 관찰했던 다이어그램들을 살펴본다. 학생들이 그린 다이어그램에 대한 분석을 통해 학교 수학 내에서 작동하는 바라드 관점에서의 유물론을 확인한다.

제스처와 다이어그램

샤틀레는 수학과 물리학의 역사 속에서 특정한 에피소드들을 택하여 그가 '절단(cutting-out) 제스처'라고 명명한 특정한 다이어그램이 창의적인 사고 실험 중에 쏟아져 나왔던 방식을 보이고, 수학적인 행위성과 존재론 양쪽 모두를 부각시켰다. 이와 같은 에피소드들을 통해 수학을 한다는 것이 무슨 뜻인가 라는 심리학적인 질문 그리고 수학적인 것과 물리적인 것 사이의 관계에 대한 존재론적인 질문에 관해 탐구했다. 이로부터 샤틀레는 움직이는 물질과 움직일 수 없는 수학 사이의 아리스토텔레스적인 구분에 따른 난감한 결론들을 무효화할 수 있다고 주장했다.[1] 공간상의 점의 움직임에 관한 아이디어

1) 이와 같은 구분이 가진 난점에 대해서는 샤틀레가 중요하게 고려했던 잠재성에 주목하는 8장에

에 대해 러셀이 보인 두려움과 혐오는 이와 같은 전통을 분명하게 보여주는 사례이다.[2] 샤틀레는 움직이는 물질과 움직일 수 없는 수학을 구분하는 시도를 "합리적인 환상"[3]일 뿐이라고 생각했다. 달리 말하면, 수학과 물질은 함께 얽혀 있는데 이성적이고 오점 없는 수학 세계를 향한 열망을 가지고 있어서 수학의 물질성을 부정하게 되는 것이라고 보았다.

샤틀레는 다이어그램이 본질적으로 절대 완전하지 않으며 제스처는 결코 의도한 것만을 실행한 것이 아니라고 주장했다. 다이어그램과 제스처는 서로의 존재성을 잠재적으로 지닌다. 제스처와 다이어그램에 관한 최근 연구들과는 대조적으로, 샤틀레는 둘 중 하나를 다른 하나로부터 추출하는 것이 이상하고 부적절하다고 주장했다. 또한 그는 제스처적이고 다이어그램적인 것이 필수적인 원천이 되어 수학적인 의미를 형성하며, 둘 모두가 각각 다른 것을 전제로 하면서 동시에 유사한 유동성과 잠재성을 공유한다고 주장했다. 이 장의 마지막 세 개의 절에서 그림 3.1과 같은 다이어그램이 어떻게 유동성과 잠재성을 가지는지에 대해 논의한다. 결론적으로, 샤틀레는 제스처가 다이어그램을 그릴만한 가능성을 야기하고, 다이어그램은 제스처를 취할 가능성을 불러일으킨다고 하면서 다음과 같이 주장했다.[4]

> 다이어그램은 제스처가 기호로 응축되기 훨씬 전에, 움직이는 제스처를 붙잡아 놓는다. 현대 기하학자들이나 우주학자들은 그 절대적인 환기(evocation)의 힘 때문에 다이어그램을 선호한다. 다이어그램은 제스처를 날아가고 있는 도중에 포착한다. 거기에 주의를 기울일 수 있는 이들에게 있어 다이어그램은 존재가 희미하게 미소 짓는 순간이다.

샤틀레는 다이어그램이 제스처를 '가두거나' 또는 '포착한다'고 보았다. 여기서 '포착한다'는 말은 다이어그램을 사건으로 보면서 제스처는 '그 사건을 표현하는' 것일 뿐이라고 구분하는 관점과는 대조적이다.[5]

> 다이어그램은 은유와 같이 도약하여 어떤 공간을 만들어내고 간극을 줄인다. 점선들로 피어나면서 실선으로 제시되었던 고정된 이미지를 넘어선다. 그러나 은유와 달리, 다이어

서 자세히 다룬다.

2) 역주. 러셀은 공간상의 한 점이 하나의 위치로서 물질 대상처럼 움직이는 것이 아니기 때문에, 그 움직임을 고려한다는 것 자체가 동일률에 어긋난다고 생각했다(Russell, 1903). 8장에서 이에 대해 자세히 다룬다.

3) Châtelet(1993/2000), p.14 참고

4) 같은 책, p.10 참고

5) 같은 책, p.10 참고

그램은 결코 소진되지 않는다. 모종의 조치를 할 수 있는 제스처를 하게 되더라도 다시 다른 절단으로 이어지는 제스처를 또 그리게 되기 때문이다.

샤틀레는 다이어그램과 은유가 모두 환기성을 가지는데 다이어그램은 은유보다 "좀 더 관련성을 가진다"고 보았다. 그 이유는 "다이어그램의 실선을 점선으로 계속 세속화하여 위로하는 것이 가능하기 때문"이라고 설명했다. 또, "다이어그램이 있으면 계속 어떤 조작을 할 수 있어서 다른 다이어그램으로 이어진다"[6]는 점에서 보다 믿을 만하다고 주장했다. 다이어그램은 묘사나 사진 또는 은유를 넘어서기 때문에, 존재하는 지식의 표현도 넘어선다. 달리 말하면, 다이어그램은 공간을 잘라내고 새로운 차원과 새로운 구조를 암시하는 표본을 추출하는 역동적인 의미 포착 도구이다. 요컨대, 종이에 점선을 그려 넣음으로써, 새로운 차원이 존재하게 되었다는 것이다. 여기서 화살표는 대상들 간에 새로운 일시적 관계성을 구축한다. 이와 같은 관계성 발굴을 통해 잠재적인 것과 현실적인 것 사이의 새로운 결합이 가능해진다.

제스처가 강력한 이유는 사전에 예상하지 못한 정확한 '타격'이 가능하다는 데에 있다. 제스처는 완벽하게 포착할 수도 없고 알고리즘에 의해 결정할 수도 없다. 다시 말해, 제스처를 반복 가능한 일련의 움직임으로 명확히 분해하는 규칙은 존재하지 않는다.[7] 제스처는 암묵적이고 우화적이며 "문제들의 왕조"[8]로 이어진다. 단지 어떤 의도를 공간에 옮겨놓은 것이 아니라 "의식되기 전에 주입되는" 모종의 의미가 제스처에 담기기 때문이다."[9] 코드화되고 사전에 존재하는 '해석적 장치(interpretive apparatus)'를 불러일으키는 것이 기호라면, 창의적인 제스처는 기호와 기호화를 넘어서는 것으로 볼 수 있다.[10] 제스처를 이런 식으로 생각한다면 신체를 "침묵하고, 우둔하며, 비이성적이고, 감정적인" 대상을 넘어서는 것으로 볼 수 있다.[11] 칸트 관점에서 언어에 부여했던 신비로운 내재성(interiority)의 가치를 정면으로 논박할 수 있게 된 것이다. 신체의 침묵이 더 이상 언어적인 것, 말할 수 있는 것의 지배를 받지 않아도 된다. 로트먼은 제스처가 언제나 텍스트

6) 같은 책, p.10 참고

7) 샤틀레는 맥닐과 여러 면에서 다른 방식으로 제스처에 대해 논의한다(McNeil, 2003). 샤틀레는 제스처를 분류하거나 설명하기보다는 다이어그램에 대한 제스처의 의미 함축에 관심을 두며, 제스처가 신체로부터 다이어그램에 이르는 과정을 중재한다고 본다. 제스처가 암묵적이고, 환기적이며, 내밀하다고 보기 때문에, 관련 명제를 만들거나 분류하지도 않는다.

8) 같은 책, p.9 참고 ('로트먼의 서문' 역주 7 참고)

9) 같은 책, p.10 참고

10) Rotman(2008), p.36 참고

11) 같은 책, p.48 참고

성, 의미작용, 독해 등 해석학적 관점을 넘어선다고 신중하게 주장했다. 이와 같이 체화된 제스처 관점은 제스처를 축소하여 이해하는 학문적 접근을 넘어설 수 있다. 제스처를 참조, 기표 또는 예시화의 측면에서만 보는 것은 이미 생기를 잃고 길들여진 제스처만 다루는 것이다. 이와 다르게 샤틀레는 제스처를 수학과 과학을 앞으로 나아가도록 하는 일종의 매개 또는 중재로 본다. 수학적인 사건으로부터 분리된 기호로 제스처를 보는 대신, 감각적인 물질 내에서 감각가능성을 환기시키는 역동적인 의미 발굴로 제스처를 이해한다.[12)]

이와 같이 제스처하는 손, 말하는 입, 그리고 어떤 상호작용에 걸쳐 순환하는 정동 등에 개념 그 자체가 수반된다. 분배된 행위자들과 임시적인 기관(organ)들이 복합적으로 배치됨으로써 모종의 생성이 이루어지는데, 이 생성의 과정은 모종의 결정되지 않은 개체화 과정이며 이 과정에서 언어 코드는 모호성과 신체적인 힘을 유발한다. 수학이 이러한 얽힘을 통해 창발하는 일이 빈번하기 때문에 수학적 개념이 유동적이라는 점을 강조하는 것이다. 예를 들어, 어떤 지시나 안내 없이 그리고 미리 규정된 언어적이거나 조작적인 프로그램 없이 원을 그린다면, 특정한 배치와 신체에 의해 제스처를 하게 된다. 이와 같은 제스처가 아직 수학적인 것이 아니며, 형식적인 수학적 용어로 '수학화' 해야 한다고 보는 수학자들이 많다. 하지만 제스처가 아직 완전하지 않다고 하는 것은 제스처 자체가 공리적 접근에 비추어 무언가 부족하다고 보는 것이지 실제로 잠재력이 있다는 것에 주목하지 않는다는 점에서 문제가 있다. 유클리드 기하, 데카르트 기하, 위상 기하 등 여러 기호 체계에서는 이와 같이 생성과정에 있는 제스처를 해당 체계의 입장에만 비추어 판단한다. 시라쿠사의 약탈 와중에 한 병사에 의해 생을 마감할 때 아르키메데스가 그린 다이어그램은 그에게 완벽한 원이었기 때문에 병사가 그 원을 훼손하는 것을 한탄했던 것이다.[13)] 그리하여 원을 그리는 제스처는 '상식(common sense)'에 안주하는 대신 그것을 거부함으로써 그 어떤 기호체계에 비추어 해석한 것보다 오래 지속될 것이다.

후설이 '원시-기하학'을 상상했던 방식과 유사하지만 비-체화된 관념을 고려하지 않고 제스처의 비결정성을 어떻게 유지했는지를 파악하여 다른 수학적 개념도 살펴볼 수 있다.[14)] 메를로-퐁티는 이와 유사한 방법에 의해 삼각형 다이어그램을 논의하면서, 다이어그램을 그리는 행위에 의해 유도된 비결정성과 잠재성에 대해 다음과 같이 주장했다.[15)] "내가 종이 위에 삼각형의 윤곽을 가진 그림을 그리면서 이미 결정되고 생기 없는 생각

12) 기호 표기법도 다이어그램에 포함될 수 있으며 이에 대해서는 8장에서 논의한다. 샤틀레는 기호 표기 방식이 과제를 선형적으로 읽는 대신 새로운 관계와 은유를 떠올릴 수 있도록 한다고 보았다.

13) Doxiadis & Mazur(2011) 참고

을 하지 않았다. 내 생각을 가로지르는 힘을 가진 선들을 그렸으며, 모든 곳에서 미처 생각하지 못했던 새로운 방향들이 드러났다. 실제로 내가 그렸던 삼각형은 무한한 가능성 중 하나일 뿐이었다."[16] 여기서 중요한 것은, 수학적 개념들을 표현 체계상의 한 요소가 아니라 존재-생성적인 힘을 가진 것으로 살펴볼 수 있다는 점이다.

제스처와 마찬가지로 다이어그램은 일종의 잠재성이며 결코 완전하게 현실화되지 않고 어떤 식으로든 의미작용 바깥에 놓여있으며 제스처가 취하는 것을 붙잡아 놓고 있다. "다이어그램은 지우기, 다시 그리기, '재형상화(refiguring)'를 유발한다."[17] 모든 다이어그램은 개입을 통해 다시 활성화될 수 있다. 새로운 수학적 아이디어의 역사적인 출현에 대한 샤틀레의 연구에서 제스처가 아닌 다이어그램에 초점을 두었다는 점이 중요하다. 예를 들어, 샤틀레는 14세기 물리-수학자인 오렘[18]이 어떻게 새로운 다이어그램 기법을 만들어냄으로써 운동에 대한 연구에 혁명을 일으켰는지를 논의했다. 오렘은 이 다이어그램을 '배열(configurationes)'이라 부르면서 다양한 물리적, 수학적 개념에 대한 공간적, 다이어그램적 표현을 연구할 수 있었다.[19] 그림 3.2와 같이 오렘이 제시한 새로운 배열은, 등속 운동을 표현하는 직사각형과 등가속 운동을 나타내는 직각삼각형을 겹쳐 놓고,

---

14) 역주. 후설이 말하는 원시-기하(proto-geometry)는, 특정한 경험 기반의 형식에 따라 측정하고 그것을 사용하여 다른 신체적 형식과의 관계성을 분명하게 결정지을 만한 가능성을 발견하는 측정 기술을 가리킨다(Roth, 2011). 저자들은 기하학의 기원에 대한 후설의 관점에서 직관적으로 주어진 세계에 대한 경험으로부터 주어졌다는 역사적인 설명에 대해서는 받아들이고 있지만, 기하 개념을 "명백하게 보편적인 내용, 즉 시공간적 형태들로 생각할 수 있는 모든 변화에도 불변하는 내용으로 관념화되어"(Husserl, 1939; Roth 2011, p.241에서 재인용) 발생한 것으로 보는 관점에 대해서는 받아들이지 않고 있다.

15) Merleau-Ponty(1962/2004), p.185 참고

16) 역주. 메를로-퐁티는 삼각형에 평행선을 그려서 삼각형의 세 내각의 크기의 합이 180도임을 증명하는 과정을 성찰해보면, 평행선과 엇각의 관계에 대한 정리를 도입할 때 삼각형의 형식적 본질이라고 생각하는 이데아가 아니라 종이나 칠판, 또는 상상 속에 있는 구체적인 삼각형의 형상을 그린다는 것에 주목했다. 본문의 인용은 그가 삼각형과 특정한 방향의 직선들을 의도하여 구성해낸 1차적인 구조를 어떻게 '평행선과 평행선을 가로지르는 선'이라는 2차적인 구조로 바꿀 수 있었는지 설명하는 대목이다(Merleau-Ponty, 1962/2004).

17) Knospel(2000), p.xvi 참고

18) 역주. 오렘은 시간에 따른 속도 변화와 같은 다양한 양의 변화를, 균질적인 변화와 그렇지 않은 변화로 구분하여 기하적인 도형으로 나타냈다. 오렘이 창안한 기하학적 표현은 데카르트가 해석기하학을 정립하는 데 큰 영향을 미쳤다(Kirschner, 2010). 오렘은 새롭게 시도한 여러 기하학적 형상을 'configurationes'라고 불렀으며, 이에 대한 영어단어 'configuration'의 의미를 고려하여 우리말로는 '배열'로 번역했다.

19) Clagett(1968) 참고

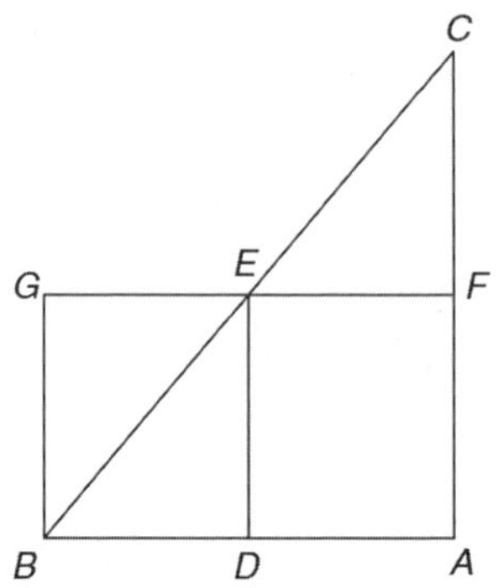

그림 3.2 • 오렘이 수평에 시간이라는 외연적인 양 그리고 수직에 내포적인 양인 속도라는 각각 선형적인 속성을 가진 두 양을 중첩시키는 배열을 함으로써, 넓이를 구해 거리를 계산할 수 있게 되었다. 삼각형 ABC의 넓이는 사각형 BAFG의 넓이와 같으며, 이는 시간 B로부터 A까지 이동한 거리가 된다.

순간속도와 순간가속도가 일치하는 시점에서 닮음과 비율에 대한 기하적 성질에 의해 두 도형의 넓이가 같다는 것을 보였다는 점에서 역사적인 의미를 가진다.

하지만 샤틀레는 다이어그램을 수학적 관계가 관념화 된 것이라기보다 감각적인 물질의 잠재성을 환기시키는 역동적인 발굴의 과정으로 개념화했다. 예를 들어, 오렘이 제시한 다이어그램에 포함된 넓이는 가속 운동을 하는 모종의 물질이 가진 잠재성을 환기시킨다. 그러므로 창의적인 다이어그램이란, 기존에 이미 결정되어 있었던 물질의 감각가능성과 이해가능성을 말 그대로 파괴하고, 새롭고 즉흥적인 방식으로 잘라내는 모종의 행위성을 가진 것이다. 샤틀레의 관점에 따르면 다이어그램은 탄력성과 유동성을 지닌 물질-수학적 실체로서, 새로운 차원을 '절단'하여 새로운 공간을 창안할 수 있는 것이다. "마치 원래 그러했던 것처럼 새로운 공간이 살(flesh)이 되는 것이다."[20] 여기서 다이어그램이 물질-수학적이라는 뜻은, 물질과 수학을 구분했던 아리스토텔레스의 관점으로부터 벗어나서, 현실적인 것과 잠재적인 것을 하나의 실체에 통합했다는 것을 가리킨다. 이런 의미에서 다이어그램과 제스처 모두 물질-수학적이다.

샤틀레는 코시와 푸아송이 했던 특이점 관련 연구들에 대해서도 논의했다. 그림 3.3의 다이어그램은 $f(x)=\dfrac{1}{x-x_0}$ 의 특이점을 2차원 복소평면에 나타내는 전형적인 표현방법이다. 이 다이어그램은 19세기에 특이점 근방의 적분에 대한 코시의 유수(residue) 계산법과 관련하여 만들어진 것이다. 점 주위의 작은 원은 실-평면을 떠나 복소평면 내로

20) Châtelet(1993/2000), p.34 참고

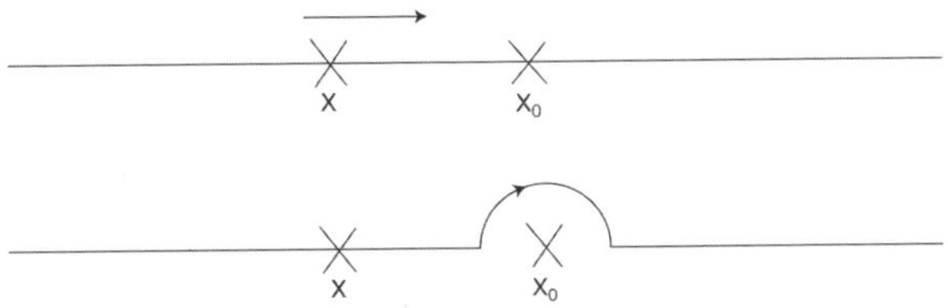

그림 3.3 • 샤틀레의 '절단' 다이어그램

잘라내어 지는 것을 표현하며, 마치 감각 가능한 물질에 뚫린 잠재적인 구멍처럼 나타낸 것이다. 샤틀레는 이 다이어그램에서 점을 종이 표면에 있는 혹처럼 간주하고 있다고 보았다. 물질적이고 물리적인 관점에서 점 x_0 주위에 있는 복소평면의 '절단'을 통해, 점을 마치 살을 가진 물질처럼 해석했다는 것이다. 이와 같은 다이어그램은 종이 위의 무언가를 일시적으로 지시하는 것이 아니라, 실제적이고 물리적으로 구기거나 절단하는 제스처에 의해 만들 수 있는 잠재적인 주름[21]을 환기시킨다. 샤틀레가 이 다이어그램의 의미를 새롭게 해석함으로써, 이 다이어그램이 가진 복소해석학 내에서의 역사적인 의미를 잘 부각시켰고 창의적인 다이어그램의 존재론적인 의미 또한 강조했다고 생각한다. 요컨대, 샤틀레는 '물리-수학적 존재'로서의 다이어그램에 대한 집중 분석을 통해 감각가능하고 움직임과 깊이를 갖는 점의 세계를 상상했던 것으로 보인다.

존재론적 함의

제스처와 다이어그램을 새롭게 해석하는 데에 있어서 신체 안에 잠재된 또는 준비된 무언가를 나타내는 **잠재성**이 핵심적인 역할을 한다. 다이어그램에서는 애초에 다이어그램을 만드는 데 핵심적이었으나 형상으로 일반화되어 고정된 유동성이 곧 잠재성이다. 그러므로 다이어그램의 잠재성 또는 잠재력은 어떤 식으로든 다이어그램에 '포함되어' 있는 제스처와 그 변형가능성으로 이루어진다.[22] 예를 들어, 고정된 점 주위를 일정한 속도로 회전하는 직선을 따라 일정한 속도로 고정점으로부터 멀어지는 점의 궤적에 따라 만들어진 곡선인 아르키메데스의 나선에 대해 살펴보자. 그림 **3.4a**는 대부분의 교과서에

21) 역주. 주름은 이전 장의 역주에서 언급한 바와 같이 들뢰즈가 라이프니츠로부터 가져온 용어이며, 이 책의 저자들은 절단 제스처와 절단 다이어그램이 단지 무언가를 재현하는 표상이 아니라 새로운 잠재성이 펼쳐지고 접히며 주체와 주체성이 끊임없이 변화하는 생성 과정이라는 것을 주름의 의미와 이미지에 기초하여 설명하고 있다.

22) 8장에서 잠재성을 잠재력과 밀접하게 관련되는 것으로 다룬 샤틀레의 논의, 특히 모든 잠재성은 잠재력으로부터 나온다는 논의에 대해 살펴본다.

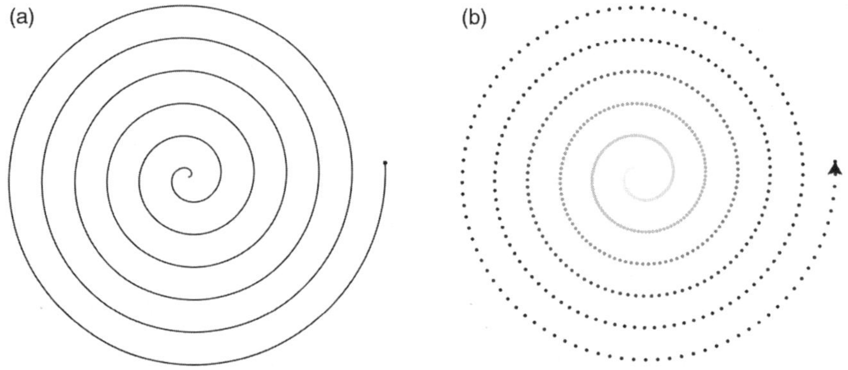

그림 3.4 • 아르키메데스 나선 (a) 정적인 형태와 (b) 역동적인 형태

서 그렇듯이 정적인 형태로 다이어그램을 제시한 것이다. 그림 3.4b는 점이 이동한 경로가 점차 희미해지는 방식으로 궤적을 나타낸, 시간적이고 역동적인 느낌을 주는 다이어그램이다.

그림 3.4a는 나선을 이루는 움직임과 제스처를 모두 포함하고 있음에도 정적인 이미지로 지각된다. 이 다이어그램에는 잠재성이 '정적으로' 들어 있는데, 적절하게 다이어그램을 절단하여 펼치면 잠재성을 드러낼 수 있다. 아르키메데스 나선이라는 추상적인 개념은 감각적인 물질로서의 나선과 분리될 수 없다. 특정한 방식으로 선이 감기도록 하여 나선을 구현하는 동시에, 종이나 컴퓨터 화면과 같은 특정한 공간에 나선을 그릴 수 있다. 이렇게 구현한 나선은 어떤 나선을 있는 그대로 표상한 것이라기보다는 물질세계를 포착하여 압축하는 일련의 과정을 표현한 것이다.

그림 3.5는 한 평행사변형의 네 변을 한 변으로 해서 만들어진 정사각형들의 중심을 이웃한 것들끼리 이으면 언제나 정사각형이 된다는 증명을 시각적으로 나타낸 것이다. 이 다이어그램은 다음과 같은 적어도 세 가지의 지각 층으로 이루어져 역동적으로 보인다. 먼저 점선으로 이루어진 층은 수학적인 관계성을 환기시키는 잠재성을 가진다. 다음으로 음영 처리된 도형들이 실제로 존재하는 층이 있으며, 마지막으로 세 번째 층은 사선과 예각으로 이루어져 마치 기울이거나 경첩을 접는 것과 같은 역동적인 잠재성을 가진다.

샤틀레는 이 다이어그램이 증명의 한 표상 또는 증명의 유일한 표상이 아니라고 보았다. 다이어그램을 표상으로 축소하면 그 물질성은 사라진다. 이와 관련하여 로트먼은 다음과 같이 지적한다.[23)]

---

23) Rotman(2008), p.37 참고

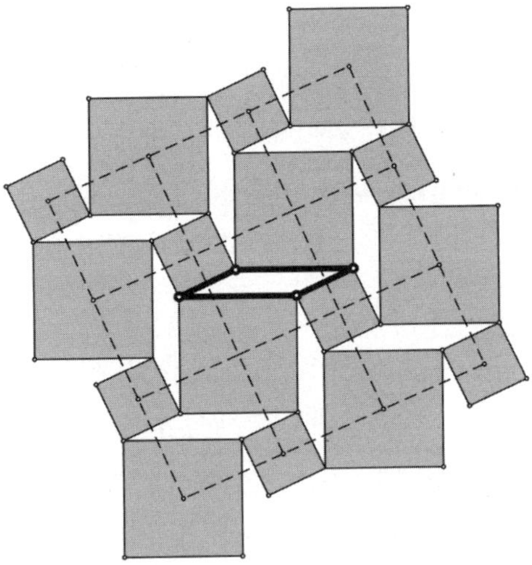

그림 3.5 • 시각적 증명 사례

> [다이어그램을 표상으로 축소하면] 수학적 활동의 깊은 사고와 직관의 양 극단뿐 아니라 육체성, 더 나아가 기호적이며 수행적인 물리적 물질성을 배제하게 된다. 그렇게 보면 다이어그램은 지각적인 도움을 주지만 수학적인 내용에 대해 실체적으로 아무런 기여를 하지 못하는, 단지 심리학적인 기반을 제공하는 보조물에 그친다.[24]

샤틀레는 잠재적인 것과 현실적인 것 사이의 관계뿐만 아니라 물질 그 자체를 근본적으로 재고하고자 시도한 것이라 할 수 있다. 들뢰즈는 특정 수학 내용에 대한 연구가 잠재적인 것과 현실적인 것 사이의 관계성에 대해 재개념화하도록 한다는 점에서, 실제적인 것 또는 물리적인 것 너머에 존재할 수 있는 것에 대해 논의하는 형이상학을 고려하는 데에 유용하다고 보았다.[25] 예를 들어, 대수적 위상, 함수해석학 및 미분기하학과 같은 영역에서 갈루아, 리만 등의 수학자들이 했던 연구가 그러하다는 것이다. 샤틀레와 들뢰즈는 공통적으로 라이프니츠와 '바로크 수학'이 움직일 수 없는 수학과 움직이는 물질 사이의 관계에 대해 재고하는 대안적인 접근의 출발점을 제공한다고 주장했다. 라이프니츠는 운동이 연장이라기보다 명확한 실체를 가지는 신체 그리고 견해와 관점으로 이루어

24) 매우 다른 철학적 관점을 바탕에 두고 있긴 하지만 네츠 역시 고대 그리스 수학에서 다이어그램이 심리적인 역할 이상을 수행했다는 점에 주목했다(Netz, 1999). 그는 최근의 연구(2009)에서 고대 그리스 수학자들이 심리적인 역할 이상을 수행하는 방식으로 다이어그램을 사용했다는 점을 논의하면서 오랫동안 정적인 것으로 생각했던 내재적인 도상들이 실제로는 유동적일 수 있음을 부각시켰다.

25) Deleuze(1993) 참고

진다고 보았다. 또한, 세계는 무한한 수의 단자들로 구성되며, 각각의 단자는 나름의 명확한 관점을 가지고 '공존', 즉 모든 단자들이 다른 단자의 존재를 가정한다고 보았다. 이와 같은 단자의 존재성에 기초하여 라이프니츠는 관계와 차이로 이루어진 상대적인 시공간 연속체 또는 공간(spatium)에 대한 이론을 정립했다. 단자론은 데카르트가 자연을 수동적으로만 보았던 것이나 뉴턴이 시공간을 절대적인 것으로 보았던 것과 형이상학적으로 정반대의 입장에 해당한다.[26)]

이러한 관계와 차이의 유동적인 세계 안에서는 모든 행위를 공간 내의 주름으로 간주한다. 물질을 주름잡고 구기며, 깊이와 내부를 생성하는 절단 제스처로 공간에 새로운 주름을 만들어 낼 수 있다.[27)] 절단 제스처는 공간에 개입하여 물질과 잠재적인 것 사이의 관계를 결정한다. 샤틀레는 사고실험과 유사하게 제스처와 다이어그램으로 "분리하고 연결하여, 외부와 내부를 구분"하는 것에 대해 논의했다.[28)] 가령, 앞서 살펴본 다이어그램의 점선으로 공간을 새롭게 접어서 새로운 방식으로 내부와 외부를 구분할 수 있었다. 샤틀레는 이와 같이 새롭게 만든 '절단'으로 새롭게 내부와 외부를 구분한 것이 결코 공간과의 분리를 뜻하는 것은 아니라고 보았다. 절단에 의해 생각하지 못했던 것을 주어진 공간 내부에 포함시키고 물질과 정신을 접으며, 주름잡고, 분할하는 것뿐이라는 것이다.

그림 3.6과 같이 세 잎 모양의 매듭과 원 다이어그램이 있다. 매듭 다이어그램에서는 데카르트 평면기하의 교차점을 떠올릴 수 있으며, 절단에 의해 겹침을 시각화했다. 이와 같은 위상적인 다이어그램에 의해 2차원 평면에 마치 3차원 공간의 매듭을 겹쳐놓은 것처럼 그리고 마치 평면에 모종의 깊이가 새로운 차원으로 잠재되어 있는 것처럼 나타낸 것이다.

샤틀레는 19세기 과학자들이 매듭 다이어그램에 대해 성찰하면서 이미 이 다이어그램이 "단순한 삽화"가 아니며 교차점의 사건-구조(event-structure)를 담고 있고 "문자와 이

---

26) 역주. 라이프니츠는 데카르트로 대표되는 근대 철학의 세계관이 세계를 수동적인 기계로 취급하고 인간의 영혼과 신만을 별도로 취급하는 점을 비판하며, 이러한 "과학적 탈사물화에 저항하고 세계의 충만한 역동성을 구제"(이정우, 1999, p.268)하고자 했다. 그는 세계를 이루는 물질적 실체를 연장으로 본 데카르트에 반하여, 연장이란 실체의 양태일 뿐이며 실체를 이루고 있는 것은 더 이상 분할할 수 없는 '질적 하나'로서의 단순 실체, 즉 '단자'로 보고, 실체에 내재된 '힘'을 복권시켰다. 이에 따라 뉴턴의 관점과 달리 절대적인 공간이 사물들에 앞서 선재하는 것이 아니라 사물들이 먼저 있고 그들 사이의 공존의 질서로서 공간이 성립하는 것이며, 물체의 운동이란 절대 공간 내에서의 위치 변화가 아니라 물체 안에 내재된 힘에 상관적으로 발생하는 일로 보았다(이정우, 1999).

27) Deleuze(1993) 참고

28) Châtelet(1993/2000), p.32 참고

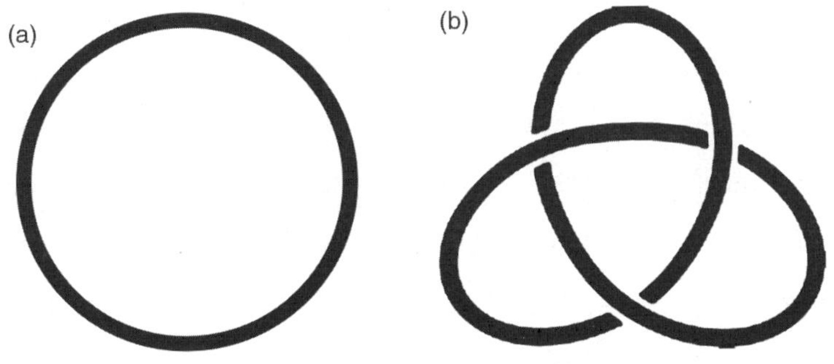

그림 3.6 • 위상적인 다이어그램

미지 사이의 고전적인 관계성을 파괴"한다는 것도 알고 있었음에 주목했다.[29)]

> 기하적 존재는 모든 개체성을 무시할 때 남아 있는 무언가가 아니라, 보다 풍부한 물리-수학적 존재의 일부로 인식되어야 한다. 이는 우리로 하여금 논리적 함의와 실제적 함의 사이의 관계성을 재고하게 한다.[30)]

샤틀레는 **경첩–지평**(hinge-horizon)이라고 명명한 개념에 대해 논의했는데, 나선이나 매듭의 특이점 관련 예에서 평면이 끝나는 지점을 가리킨다.[31)] 지평을 결정하기 위해서는 공간을 코드화하여 신체의 유동성을 교화시키는 측정지표를 결정해야 한다. 경첩-지평은 유한한 것을 무한한 것으로 보도록 평면에 표시한 선이다. 예를 들어, 회화의 소실점은 경첩-지평으로 평면에 공간의 무한함을 감각하도록 한 것이다(그림 3.7 참고). 회화에서는 수직과 수평의 사선들을 결합하여 공간의 무한성을 환기시킨다. "무한은 마침내 유한과 결합할 수 있는 장소를 지평에서 찾아내는 것이다."[32)] 원근 화법을 따르는 그림에서 닮은 도형들을 연쇄하여 무한과 유한을 결합시킬 수 있다는 점을 고려하면 샤틀레

---

29) Châtelet(1993/2000), p.184 참고
30) 같은 책, p.32 참고
31) 역주. 샤틀레는 다이어그램에서 차원이 확장되는 감각을 주는 잠재적인 경계를 가리켜, 차원이 접혀 들어가는 또는 주름이 잡히는 의미를 담아 경첩-지평이라는 비유적인 표현을 창안했다. 여기서 지평이라는 용어는 후설이 사용하여 널리 알려진 현상학적 개념의 하나이다. 현상학에서는 지평선이나 수평선처럼 일반적으로 가시 범위의 한계를 나타내는 것에서 더 나아가, 의식의 구조 안에 있는 잠재적인 경계를 뜻하는 용어로 사용한다. 즉, 눈앞의 어떤 대상을 지향하는 의식을 말할 때, 지금 주어져 있는 것을 넘어서서 "좀 더 많은 것"이 잠재적으로 환기될 수 있으며, 이때 아직 현실화되지 않은 유동하는 의미들의 열린 공간이라는 뜻에서 지평 너머라고 표현한다(木田元, 野家, 啓一, 村田, 純一, 鷲田, 清一. 2011).
32) 같은 책, p.50 참고

의 생각을 이해할 수 있다.

그림 3.7의 다이어그램에서 우리가 볼 수 있는 것은 무엇일까? 반복적으로 확대되는 닮은 도형들일까 아니면 우리 쪽을 향해 또는 우리와 반대쪽을 향해 움직이는 하나의 도형일까? 눈을 훈련하면 둘 다 볼 수 있을까? 샤틀레는 맨 앞에 있는 도형과 희미하지만 종이 뒷면의 잠재적인 차원까지 연속되는 닮은 도형들로 이동하는 것을 감각할 수 있다고 보았다. 움직임의 움직임, 즉 모종의 가속 또는 반복적인 확장, 그리하여 깊은 곳으로부터 나와 점차 다가오는 도형들을 감각할 수 있다는 것이다. 이와 같은 관계와 차이의 유동적인 세계에서 움직임의 결과로 연장이 이루어지고, 길이는 소실선을 따라 움직이는 신체와 더불어 인식하게 된다. 샤틀레는 "움직이는 속도가 있기에 길이도 있다!"고 주장했다.[33] 그러므로 어떤 것도 지평 내에 본래부터 내재되어있을 수 없으며, 도형들은 하나를 다른 하나와 연관 짓는 유동성을 통해 그 지위가 부여된다. 이러한 의미에서 운동은 원시적이거나 구성적이며 지평은 모종의 암시이다.

지평에는 매우 많은 것이 내재되어 있으며, 다른 잠재성과 마찬가지로 그것이 일단 현실화되더라도 여전히 남아 있다.[34]

> 지평을 일단 한번 결정하고 나면 그 지평에 의해 세계를 본다. 그러나 지평은 시각적인 것처럼 변질되기 쉽고, 후각처럼 오래 지속되며, 촉각과 같이 의심스럽고, 특별한 형식을 갖지 않으며, 이해하려는 모든 것을 품고 있기 때문에 매우 주의해야 한다.

의심스러운 면이 없지 않지만 확장과 압축, 주름과 왜곡이 가능한 탄력성도 가지는 것이 바로 경첩-지평이다. 누군가 지평의 접합부에서 그 잠재된 성질을 즉각적으로 인식하

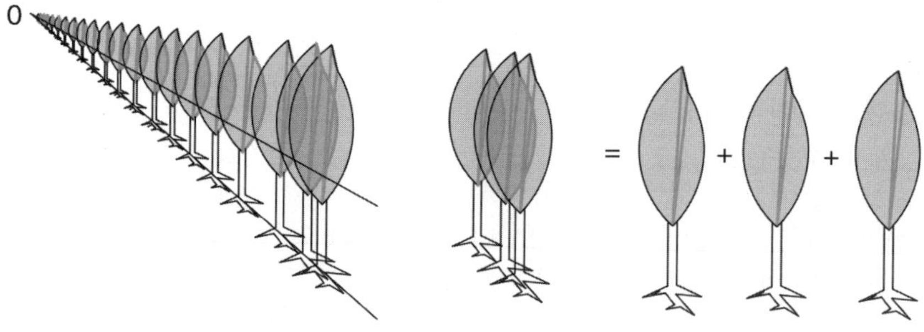

그림 3.7 · 다가오는 가로수

33) 같은 책, p.49 참고
34) 같은 책, p.54 참고

면 안정되었던 지평에 문제를 제기할 수 있다. 샤틀레는 드브로이와 아인슈타인의 예를 들어, 상대성 이론, 빛의 파동설, 각운동량에 따른 질량의 정의 등에서 신체의 개념에 문제를 제기한 경우에 대해 설명했다.

샤틀레는 이른바 "다이어그램적-실험"[35]에 의해 안정된 경첩-지평 또는 그 경계에 문제를 제기할 수 있다고 보았다. 그렇다면 주름을 잡는 것, 이미 폐쇄적으로 닫혀버린 시각에 저항하는 변곡점과 특이점을 만드는 장치를 개발하는 것은 어떻게 가능할까? 어떻게 하면 확고하게 눈의 감시 아래 있던 지평에 급격하게 창의적인 제스처, 즉 설명하지 않았던 새로운 방식을 사용하여 정밀하게 딱 들어맞는 손의 움직임을 만들 수 있을까? 어떻게 손은 경계 가득한 눈의 감시를 벗어날 수 있을까? 다음 절에서 학생들이 창의적인 다이어그램을 만들기 위해 노력했던 교수실험 그리고 이 실험에서 학생들이 만들어낸 다이어그램과 창의적인 제스처에 관해 샤틀레의 관점을 적용하여 논의한다.

다이어그램 실험

학생들이 다이어그램을 활용하도록 이끄는 한 가지 방법은 샤틀레가 인용한 수학자들의 사례에서와 같이 물질적인 유동성을 증가시키기 위해 역동적인 이미지로 체계적인 탐구를 하는 것이라고 생각한다. 샤틀레는 수학자들의 다이어그램에 대한 혁신적인 연구에 기초하여 신체의 유동성으로부터 제스처, 다이어그램에 이르는 방향으로의 진행 그리고 다이어그램으로부터 새로운 제스처, 즉 새로운 형태의 신체 유동성 방향으로의 진행도 가능하다고 주장했다. 그러나 샤틀레가 연구했던 다이어그램은 완성된 도상적인 상징이 아니라 스케치나 낙서에 가까운 반면, 교과서의 다이어그램은 환기와 시간적인 표현을 가능하게 하는 고유한 방법을 사용하지 않는 경향이 있다. 샤틀레가 제시했던 예에서와 달리 화살표, 점선, 절단이 전혀 없는 교과서의 다이어그램으로 어떻게 새로운 제스처나 새로운 유동성을 발생시킬 수 있을까? 시간적인 표현은 없지만 시간에 따른 동역학적인 다이어그램의 경우는 아마도 생성적인 특질을 만들어낼 수 있을 것이라고 생각한다.

이와 같은 경우에 해당하는 예로 타타의 연구를 들 수 있다. 타타는 교양 기하학 강좌에 등록한 28명의 수학을 전공하지 않는 대학생들을 대상으로 한 실험에서 '니콜레 영상'을 활용하여 연구했다.[36][37] 20세기 중반 한 수학 교사가 만든 이 정지 촬영 기법의 영상은 소리나 대사 또는 손으로 장면을 묘사하지 않고 단지 검은 화면 위에 다양한 기하학적 대상이 움직이는 모습을 담고 있다. 이 중 '평면 위의 원들'이라는 제목의 영상이

35) 같은 책, p.63 참고

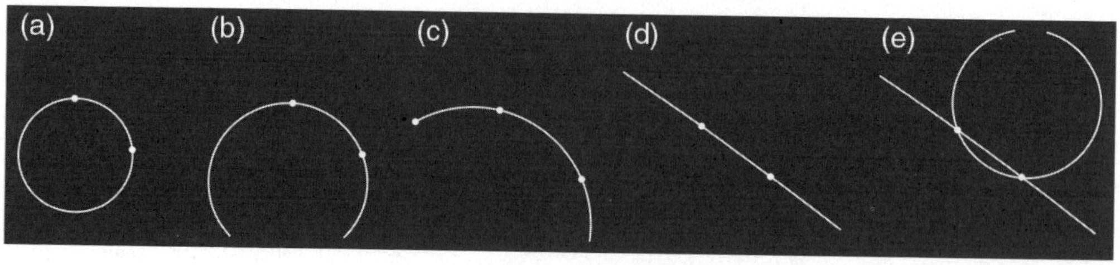

그림 3.8 • 원에 대한 니콜레 영상의 정지화면

원의 다양한 성질과 사용에 초점을 둔 3차시 수업에 관련되기 때문에 선택하여 활용했다. 영상에서는 검은 배경에 원 하나가 움직이면서 위치와 크기가 달라지는 모습이 나온다. 그러고 나서 원 위에 점 하나가 나타나고 그 고정점을 지나면서 원이 계속해서 움직인다. 그 후 그림 3.8(a)와 같이 두 번째 점이 나타나고, 그림 3.8(b)와 3.8(c)처럼 원이 점점 커지며, 보이지는 않지만 마치 그 중심이 두 점의 수직이등분선을 따라 화면의 왼쪽 아래로 멀어지는 것과 같이 움직인다. 그림 3.8(d)와 같이 직선이 보이면서 움직임이 잠시 정지한 후, 그림 3.8(e)과 같이 두 고정점을 통과하는 호가 나타났다가 점차 작아진다.

이 영상은 사영기하 내용 중 무한원점 개념을 환기시키는 것으로 보이기 때문에 선택했다. 다시 말해서, 원을 연속적으로 변환할 때 직선으로 보이고, 그때 원의 중심은 마치 원근 화법에 따른 그림의 소실점처럼 무한히 멀리 떨어져 있는 것으로 생각할 수 있는 것이다. 이 역동적인 다이어그램은 무한원점 개념, 또는 원의 곡률이 반대로 바뀌는 아이디어를 암시하므로, 학생들로 하여금 잠재적으로 그리고 기하학적으로 생소한 아이디어를 탐구하도록 한다. 또한 무한원점 지평은 샤틀레가 말한 경첩-지평으로 관련된 제스처에 초점을 둘 수 있다. 3차원에서 상황을 보는 것으로 생각하면 원이 두 고정점을 연결한 직선 주위를 회전하는 것으로 볼 수 있고, 그 직선은 원이 포함된 평면에 수직인 시점에서 바라보았을 때 보이는 원의 부분이 되기 때문에 회전 사이의 연결성도 고려하게 한다. 역동적으로 변형되는 원을 제시하기 때문에 학생들이 단지 반지름, 지름, 원주를 확인하는 정도로 익숙하게 다루던 원이 아니라, 공간적이고 시간적으로 특수한 어떤 유동적인 대상으로 원을 생각해보도록 한다. 더욱이 조용히 펼쳐지는 화면이 활기찬 수학적인 환경과 배치를 만들어 학생들에게 도전 의식을 불러일으킬 것으로 기대했다.

이 책의 저자 싱클레어가 교사로서 이 실험을 진행했다. 학생들은 먼저 위 영상을 세

36) 역주. 타타는 학생들에게 영상을 직접 보여주는 대신, '어떤 선분이 한 끝점을 중심으로 회전한다.'와 같이 구두로 상황을 전달하여 역동적인 이미지를 상상하도록 하고, 그 이미지를 종이 위에 묘사해보도록 했다.

37) Tahta(1980) 참고

번 보고, 매번 구두로 파악한 내용을 설명했다.[38] 대부분의 학생들은 그림 3.8d와 같이 원의 곡률이 바뀌는 지점에서 원이 직선으로 보인다는 점을 잘 인식하지 못했다. 일부 학생들은 앞서 설명한 바와 같이 3차원의 맥락을 상상했다. 그런데 어떤 시점에서 보는가에 따라 해석을 달리 할 수 있다는 점에는 주목하지 못했다. 만약 3차원 맥락에서 원들이 회전하는 것으로 본다면 타원형으로 보인다는 것을 생각하지 못했던 것이다. 결국 교사가 2주차 수업시간에 '어떻게 원이 위로 오목한 상태로부터 아래로 오목한 상태로 움직이는지를 다이어그램으로 나타내어라'라고 구체적으로 지시하고 다시 다이어그램을 그려보도록 했다. 보다 구체적으로 그림 3.8a와 같은 초기 단계에서 그림 3.8e의 최종 단계까지 원이 어떤 식으로 변하는지를 그려보도록 한 것이다. 이 수업이 3차시여서 학생들은 이미 다이어그램을 그리는 활동에 익숙했다. 여기서 다이어그램을 그리는 활동은 다른 연구들에서 문제 해결의 수단으로 도입한 것과 달리 그 자체로 의미를 가지는 학습 활동이라는 점이 중요하다.[39]

이하에서는 학생들이 그린 다이어그램들을 범주화하여 그 대표적인 다섯 가지 사례를 살펴본다. 이 다이어그램들 중 일부에서 샤틀레가 수학의 중요한 역사적 발달 과정에서 발견했던 특징, 즉 공간의 기본 가정을 바꾸어 문제를 제기하는 창의적인 '절단'과 점선 제스처 등을 찾아볼 수 있다. 이는 탐구하는 평면에 새로운 주름을 형성하여, 마치 "그곳에서 분출하는" 복수의 분산된 행위성이 작동하는 배치로서의 다이어그램으로 해석할 수 있다.

그림 3.9 • 연쇄적으로 표현하는 다이어그램

38) 구두로 파악한 내용을 설명하면 말하고 듣는 과정이 생겨 학습에 영향을 준다. 만약 구두로 파악한 내용을 설명하는 대신 먼저 다이어그램을 그리도록 하면 다른 흥미로운 결과를 얻을 수 있을 것이다.

39) Nunokawa(2004, 2006) 참고

그림 3.9는 첫 번째 사례로, 영상기법 중 하나인 정지화면 연쇄와 비슷하게 원의 변화를 연쇄 그림으로 나타낸 경우이다. 화살표로 시간의 흐름을 나타내고 위에서는 직선으로 보였다가 점차 원의 곡률이 커지는 것으로 아래에서는 원이 점차 평평해져서 직선으로 보이는 단계로 영원히 움직이는 것처럼 그린 것이다. 원을 완전하게 그렸다기보다는 직선으로 보이는 단계 전후로 납작한 원의 곡률을 가지는 부분에 초점을 맞추고 있다. 샤틀레는 이와 같은 다이어그램을 고정된 지평을 따르는 것으로 설명했다. 잠재적인 공간을 잘라내어 주름을 형성함으로써 3차원 공간으로 확장하지 않았다는 것이다. 다이어그램에서 위의 맨 끝 그림과 아래 시작 부분에 있는 수평선으로 중추적인 역할을 하는 지평이 있다는 것을 나타내고 여기서 무언가가 끝나고 또 시작한다는 것을 표현하고 있다. 원은 수직적으로 움직이고 화살표는 수평의 이동을 나타낸다. 대개의 노트에 이미 그어져 있는 줄에 의한 물질적인 효과 때문에 좌우 방향의 움직임을 따르는 것일 수도 있다. 이렇게 생각하면 수평선은 아마도 연속적인 두 단계의 변화 중간에 잠시 멈추는 지점을 나타낸 것일 수 있다. 오목에서 볼록으로 바뀌는 것이 불연속이라고 생각하여 모종의 단절이 이루어지는 지점을 표현한 것일 수도 있다. 페이지 왼쪽에서 오른쪽으로 손을 이동하며 그리다가 마주하는 단절을 수평선으로 표현하고 새롭게 그리기 시작한 것으로 생각할 수 있는 것이다. 이와 같이 다이어그램을 그리는 학생, 종이, 영상 사이의 네트워크를 자세하게 해석해보았다.

그림 3.10의 다이어그램 역시 여러 도형들을 연결하여 시간에 따른 변화를 연쇄적으로 표현한 것으로 볼 수 있다. 앞서의 사례와 달리 두 줄이 아니라 한 줄이며, 아래로 오목한 반원에서 시작하여 점차 평평하게 그려서 직선으로 보이는 단계 그리고 다시 위로 오목한 반원으로 변화하는 형태이다. 초기 절반의 변화는 영상과 마찬가지로 원 위의 고정된 점들을 나타내고 후반부에는 고정 점들을 위로 움직이며 변화를 나타냈다. 그림 3.8에서는 호만 있고 전혀 드러나지 않았던 원의 존재를 연쇄적인 그림의 양 끝에 표현했다.

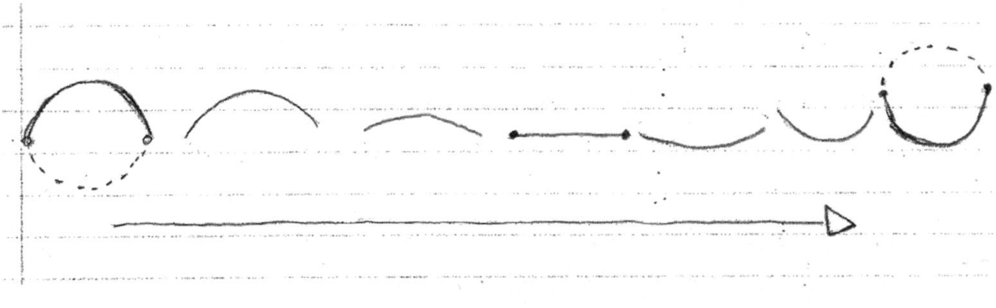

그림 3.10 • 불연속점이 없이 연쇄적으로 표현하는 다이어그램

샤틀레가 점선으로 잠재적인 것과 현실적인 것을 새롭게 결합한다고 말한 것을 고려하면, 첫 번째와 마지막 반원에 연결하여 그린 점선도 같은 역할을 한다고 볼 수 있다. 반원을 점선으로 그린 부분은 다른 요소들과 함께 더 복잡한 네트워크 또는 배치를 이룬다. 점선은 미래의 행동을 암시 또는 환기시키므로 보는 이의 손을 다이어그램이 그려지는 점선을 따라 움직여보도록 이끈다. 처음과 마지막 원에만 점선을 사용한 것은 다이어그램을 그린 학생이 가지고 있는 현실적인 것과 잠재적인 것 사이의 미묘한 감각의 변화를 드러낸다. 이와 같이 실선과 달리 점선은 체화된 독해를 이끌어낸다. 이를 단지 주관적이거나 시간적인 것으로 치부하는 대신 다이어그램의 잠재적인 측면에 대한 물질적인 궤적으로 보고 체화를 강조하는 것으로 볼 필요가 있다. 이와 같은 과정에 의해 당연하게 여겼던 상태를 흔들고 무언가 새롭게 튀어 나오거나 잘리거나 접혀지는 것을 창안할 수 있다.[40]

앞서 살펴본 두 가지 예에서 직선 아이디어는 매우 강력하며, 여러 단계로 구분하여 시간의 흐름과 관계의 유동성을 표현했다. 두 사례에서는 인쇄된 책을 읽는 것처럼 왼쪽에서 오른쪽으로 이동하며 다이어그램이 그려졌다. 이와 대조적으로 그림 3.11의 세 번째 경우는 시간적인 흐름을 나타내지 않고도 다이어그램의 강력한 힘을 보여준다. 이 그림은 같은 지면에 두 개의 다이어그램을 그린 것으로, 움직이는 원을 충실하게 복제하기보다 상황을 수학적으로 탐구하여 다이어그램으로 나타낸 것이다. 원의 여러 호들을 동시에 표현하여 점차 직선에 가까워지는데 직선으로 다가가는 호를 점선으로 나타낸 것이 첫 번째 다이어그램이다. 시간의 제약을 넘어서는 방식으로 그린 것이다. 실선으로 시작과 끝을 그리고 점선으로 원의 움직임을 나타냈다. 실선으로 수평선을 그려서 반대로 구부러진 선들 사이의 전환이 이루어지는 지평의 존재를 표현했다. 실제로 학생들에게 보여준 영상에서 원이 일정한 속도로 커지다가 직선으로 보일 때 잠시 멈추었다가 다시 작아진다. 이 학생에게 직선과 양 끝의 두 원은 현실성을 가지나, 그 사이의 움직임은 잠재성으로 남아 있다.

그림 3.10에 있었던 두 개의 고정점을 세 번째 다이어그램에 표시하지 않았다는 점이 흥미롭다. 사실 원의 변화 과정에서 고정점은 존재하지 않는다. 그림 3.11a와 3.11b를 보면 모든 호들이 마치 동심원의 일부처럼 그려져 있다. 그러나 원래 보여준 영상에서는 동심원이 아니라 중심이 움직인다. 그림 3.12의 오른쪽 다이어그램에서 이와 같이 중심이 움직이는 것을 볼 수 있다.

40) de Freitas(2010) 참고

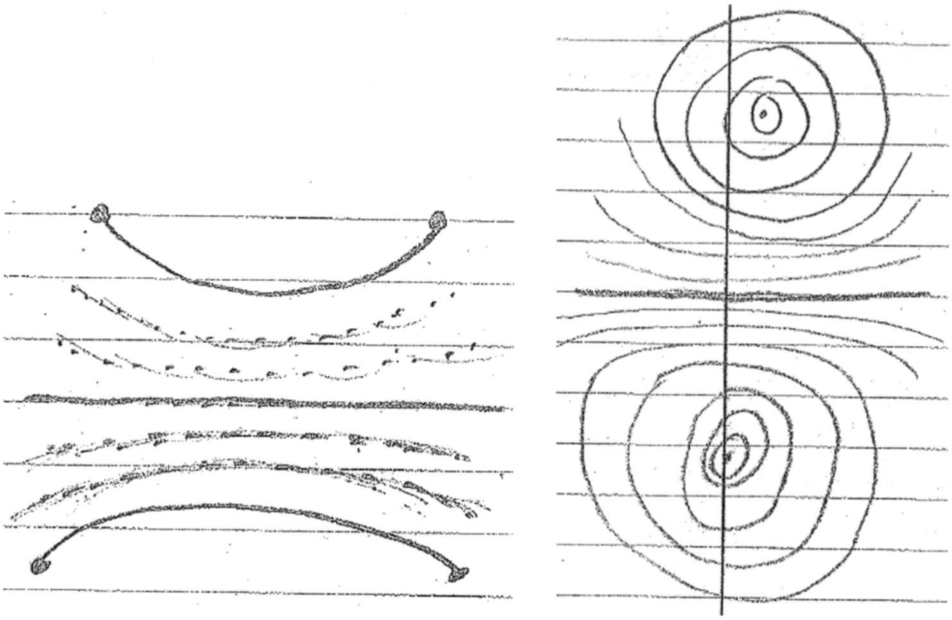

(a) (b)

그림 3.11 • 시간 제약을 초월하는 다이어그램

그림 3.11의 두 번째 다이어그램에서는 점선 없이 원 전체를 보여준다. 현실적인 것과 잠재적인 것을 구분하지 않고 있는 것이다. 두 경우 모두 중심을 표시하지는 않았지만 동일한 것으로 가정하고 있으며 수평선에 다가가며 원이 커진다. 원의 중심이 같은 것으로 다이어그램을 그림으로써 원을 깊이 들여다보는 감각을 가지게 하고 원을 배경으로 물러나는 것으로 감각하게 한다. 동심원을 그림으로써 모든 원을 수평선에 대해 같은 방향으로 유지할 수 있고, 직선으로 보이는 교차 지점, 즉 일종의 경첩-지평도 유지할 수 있다. 그러므로 위와 아래의 대칭적인 변화와 더불어 경계가 형성된다.

그림 3.11의 다이어그램을 글을 읽거나 쓸 때처럼 왼쪽에서 오른쪽으로 그린 것이라면 왼쪽 다이어그램을 먼저 그렸다고 추측할 수 있다. 왼쪽 다이어그램은 잠재적인 움직임을 탐구한 결과를 그리고 오른쪽 다이어그램은 그 움직임을 현실화하여 원을 호로, 직선으로, 다시 호로 그리고 결국 다시 원으로 바뀌는 상황을 포착하여 공간화한 것이다.

그림 3.13에 제시한 네 번째 다이어그램에서도 앞의 사례와 마찬가지로 여러 그림을 중첩하여 하나의 다이어그램을 제시했다. 왼쪽 다이어그램은 앞서 살펴본 세 번째 사례와 동일한 전략을 사용하지만 고정된 점이 아니라 고정된 수평의 접선을 사용한 것이다. 수직의 점선은 원이 점차 작아지거나 커지면서 그 중심이 이동하는 잠재적인 선을 환기시킨다. 여기서 점선을 이용하여 다이어그램을 그림으로써 수평선과 더불어 새롭고 흥미

그림 3.12 • 두 가지 방식으로 나타낸 원의 크기 변화

로운 차원을 고려하게 한다. 오른쪽 위의 다이어그램은 영상을 3차원으로 해석하여 측면에서 본 상태를 표현한 것으로, 원이 종이에 수직인 평면의 바닥에서 출발하여 180도 회전하는 것을 나타냈다. 오른쪽의 두 다이어그램에서는 크기가 같은 원의 움직임을 표현했으며, 영상에서 직선으로 보이는 시점은 원이 평면과 정확히 90°를 이룰 때로 보았다. 그러므로 오른쪽 다이어그램에서는 원이 점점 커지면서 중심이 멀어지는 2차원 상황과는 매우 다른 상황을 나타냈다. 마치 CD 상자를 뒤집는 것을 바라보면서 측면에서 원을 보이는 대로 그린 것으로 보인다. 지금까지 살펴본 다이어그램들은 xz 평면 시점에서 xy 평면 시점으로, 그리고 xyz 공간 시점으로 전환했고, 각각의 시점 전환마다 감각도 전환되는 것을 표현했다. 각각의 시점 전환에 따라 배치도 달라지는데, 그림 3.13의 xyz 공간 시점은 그림 3.11의 평면 시점에 비해 더 많이 분산된 배치를 이루고 있다. 이 두 사례는 고정점보다 점근선에 더 초점을 두었으며, 시점의 전환과 차원의 절단을 통해 "충분히 접근하여 세계를 보는" 배치를 다루었다. 이 두 사례에서 "네트워크에 스며들어가면서 결정하는" 몰입 주체의 의미를 확인할 수 있다.[41]

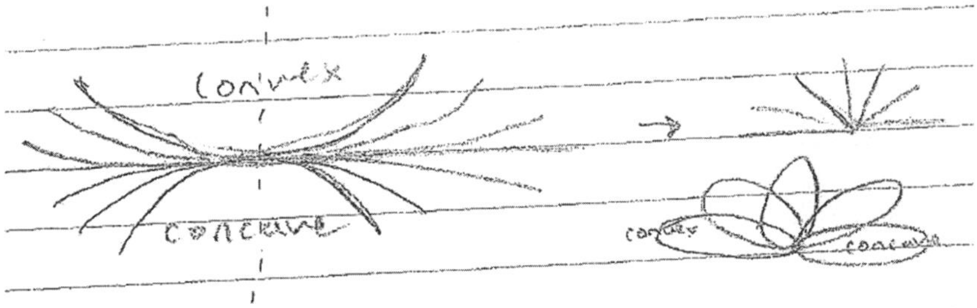

그림 3.13 • 중심의 경로를 환기시키기

41) Rotman(2008), p.8 참고

그림 3.14는 다섯 번째 사례로, 네 번째 사례와 공통되는 부분이 많으며 네 번째 사례보다 체계적으로 다이어그램을 탐구하고 화살표 등 새로운 다이어그램 능력을 보여주었다. 순서 또는 방향, 함의 관계를 나타내기 위해 화살표를 사용할 수 있다. 이 예에서는 새로운 시간·공간적 차원을 환기시키기 위해 화살표를 사용했다. 문어처럼 보이는 오른쪽 상단 다이어그램42)에서 원호의 끝에 위치하여 존재하지만 보이지는 않는 원의 일부분을 화살표로 나타냈다. '부서진다(breaks apart)'라고 서술한 것이 특이한데, 이것은 원이 직선을 통과하여 오목한 방향이 반대로 되려면 반드시 원이 분해되어야 한다는 것을 표현한 것이다. 이전 사례에서는 보이지 않는 원의 일부를 분명하지 않은 존재로 다루었으나 이 다이어그램에서는 화살표로 원의 일부를 잠재적인 것으로 표현하여 오히려 그 존재성을 가정한 점도 주목할 만하다. 두 번째 행의 다이어그램에서는 3차원의 회전 운동

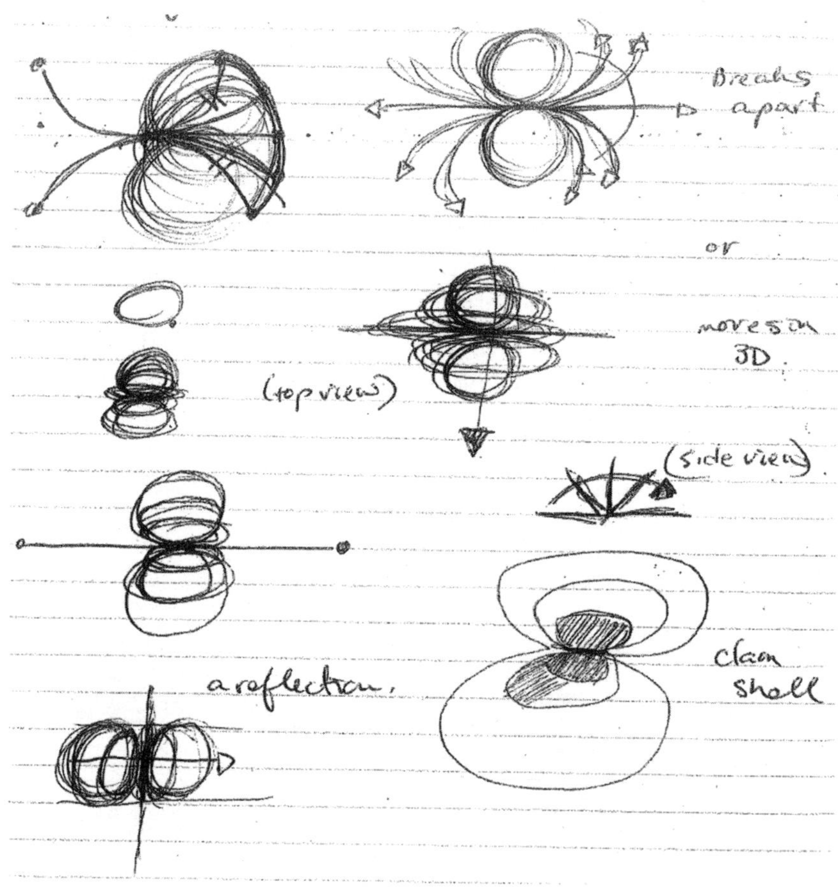

그림 3.14 • 시간성과 원근법의 출현

---

42) 논의의 편의를 위해 그림 3.14의 다이어그램을 네 개의 행과 두 개의 열로 구분할 것이다.

을 상상할 때 화살표가 그 움직임의 방향을 나타내는 것으로 보인다. 이렇게 기존의 평면으로부터 새로운 차원을 끄집어내어 원이 종이에서 회전하는 것을 나타낸 것이다. 세 번째 행의 '측면(side view)' 다이어그램에서도 화살표로 비슷한 회전 운동을 표현했지만, 여기서는 공간적인 움직임이 아니라 시간적인 차원을 나타냈다. 마지막 행의 다이어그램에서는 원을 대칭으로 변환하는 방향을 화살표로 표현했으며, 이로써 원 이미지와 대칭 이미지를 연결하는 보이지 않는 수직선을 환기시키고 있다.

마지막 행의 '조개껍데기 모양(clam shell)' 다이어그램은 이전 경우들과 상당히 다르다. 시간적인 묘사가 없으며, 영상에서 보았던 대칭적인 원들을 한 번에 그렸다. 음영 처리한 원은 투시도에 따라 그린 것으로 더 멀리 떨어져 있어서 더 작게 보이는 것 아닐까 생각한다. 투시도는 시선과 그림 사이의 공간 관계를 설정하여 경계를 그린 것이기 때문이다. 이 학생은 언어를 다이어그램에 포함시켜 서로 구분되는 시점들에 이름을 붙이고 범주화도 했다는 점에 주목할 필요가 있다. 언어적 표현 덕분에 무엇을 표현하고자 하는지 분명하게 알 수 있고 언어적인 범주에 비추어 이해할 수 있다. 이렇게 다중표현을 활용하면 다이어그램의 부분들이 어떤 의미인지를 명확하게 전달할 수 있다. 이 사례에서는 제스처적인 다이어그램이 그 옆에 글로 이름을 붙인 것을 넘어서는 것으로 보인다. 달리 말하면, 현재의 언어적인 표현에 그치기보다 체화된 손이 여전히 존재하여 무언가 더 말할 수 있는 것으로 보인다. 마치 다이어그램이 함께 제시한 이름에 종속되기보다, 종이에서 빠져나와 그 이름을 뒷전으로 밀어버리는 것처럼 보인다.

수업에서 창의적인 다이어그램 그리기

지금까지 학생들의 다이어그램 활동을 다섯 사례로 구분하여 살펴보았다. 비록 그 수업을 녹화하지는 않았지만, 다이어그램을 그리기 위해 준비하거나 그림을 그리는 과정에서 학생들이 팔을 사용하는 것을 관찰할 수 있었다. 먼저 두 팔을 머리 위로 들어올리고, 손가락 끝을 접촉시켰다가, 손을 떼고 팔을 둥글게 펼치다가 수평으로 곧게 뻗고 다시 서로 구부리며, 마침내 복부 높이에서 서로를 접촉시켰다. 이와 같은 일련의 제스처는 두 고정점이 없고 접선이 변화하지 않는다는 점에서 마지막으로 살펴본 두 가지 사례와 매우 유사하다고 할 수 있다. 우리는 다이어그램을 제스처와 다이어그램이 얽혀 있는 핵심적인 대상으로 생각하여 관찰한 제스처 대신 다이어그램에 초점을 맞추기로 했다. 방금 묘사한 팔의 움직임은 보았던 영상을 비슷하게 재현하지만, 더 궁금했던 것은 학생들이 어떻게 이와 같이 가시적이고 운동적인 경험을 2차원 종이 위에 표현하는지 하는 것이었다. 특히, 다섯 번째 사례에서는 처음 영상에 의해 연상되는 것과 현저하게 다른 새로운 제스처를 발생시키는 방식을 엿볼 수 있었다.

이 다이어그램들에 초점을 맞추는 다른 이유는 단지 영상에서 실제로 본 것을 재현하는 식으로가 아니라 그것을 넘어서는 방식으로 다이어그램을 그리는 것에 대해 연구하기에 적합하기 때문이다. 수업에서 "어떻게 원이 위로 오목한 상태에서 아래로 오목한 상태로 변화하는가?"와 같은 지시문 대신 '영상에서 본 것을 나타내어라'라는 지시문을 택한 것도 같은 맥락에서였다. 학생들은 위에서 논의한 바와 같이 영상의 시간성과 유동적인 차원을 나타내기 위해 연쇄적으로 표현하기, 점선 활용하기, 투시도, 화살표, 음영 등 다섯 가지 기법을 창안했다. 연쇄적으로 표현하는 기법에 의해서는 이산적인 그림으로 제시했기 때문에 시간 변화에 따른 원의 연속적인 변환을 그다지 성공적으로 표현하지는 못했다. 첫 번째와 두 번째 사례에서 연쇄적으로 표현하는 기법을 사용했는데, 첫 번째 사례는 변화를 두 줄로 분리하여 나타낸 반면, 두 번째 사례에서는 공간적인 배열과 화살표를 이용하여 하나의 이야기로 변화를 배치했다. 두 번째 사례에서는 직선을 오목한 방향이 모종의 단절에 의해서가 아니라 연속적인 변화 중 거치는 한 과정으로서 반대 방향으로 바뀌어 나타나는 현상으로 보았다.

세 번째 사례에서는 점선을 사용하여 단일한 정지화면에 여러 시간이 겹치도록 표현했다. 점선으로 나타낸 호들은 변화의 시작과 끝으로서 현실적이고 정적인 원들과 다르게 잠재적인 것으로 나타냈다. 영상을 보는 것과 같은 연속성은 아니지만 나름대로 모종의 연속성이 존재하는 것으로 볼 수 있다. 네 번째 사례에서는 연속성이 명확하게 표현되었고, 모든 호가 다 차별 없이 현실적으로 존재하는 것이었다. 다만 시점을 달리하면서 원들이 보이지 않는 수평선 주위를 회전하는 3차원 후프처럼 나타냈다. 다섯 번째 사례에서는 화살표를 사용하여 시간과 공간 제스처를 새롭게 시도했다. 조개껍데기 다이어그램에서는 음영 처리를 하여 원근을 구분했고 마치 3차원 내부로 멀어지는 것과 같은 움직임을 환기시켰다.

학생들이 그린 다이어그램들에서 샤틀레가 수학의 중요한 역사적인 발달 속에서 발견했던 바를 확인할 수 있다. 이미 가정했던 공간 특성에 문제를 제기하는 창의적인 '절단' 제스처와 새롭고 급진적인 '대칭성', 그리고 주어진 평면에 새로운 시점을 도입하여 균형을 깬 것 등이 그것들이다. 특히, 네 번째와 다섯 번째 다이어그램은 네트워크-신체의 행위성 분산 관점에서의 체화에 대한 로트먼의 재해석과, "물질의 육체성 개념"에 대한 샤틀레의 설명에 비추어보면 매우 놀랍다. 시점을 3차원으로 바꿈으로써 분명하지 않고 잠재적으로만 존재했던 원을 표현하고, 공간 축과 막대 주위를 직접 회전하거나 화살표에 의해 회전을 나타내는 공이나 후프 같은 물질로 재해석할 수 있었기 때문이다. 휴즈의 연구에서 정육면체 그림과 더불어 아동의 손을 제시한 다이어그램,[43] 바톨리니-뷔시와 보니[44]의 연구에서 주판알을 모으거나 흐트러뜨리는 손을 제시한 다이어그램과 마찬가지로, 위에서 논의한 네 번째와 다섯 번째 사례에서 학생들은 함께 새로운 수학적인 배치를 향해 움직이며 새로운 존재로 되어가는 모습을 보여주었다. 샤틀레의 연구에서도 아동의 모습을 다이어그램에 포함시켜 관찰자의 시점을 대신했다. 이와 같이 다중적으로 체화된 시점을 도입한 사례들에서는 공통적으로 다루는 평면에 새로운 배치와 새로운 주름을 형성하여 행위성의 분산이 이루어지고 이로부터 '나(I)'의 네트워크를 기술할 수 있었다.

그런데 셈 구슬, 블록, 주판과 다르게 앞서 논의했던 영상은 본질적으로 잠재적이고 형체가 없기 때문에 상상하여 만들어내는 정신적 이미지와 비슷하다는 점에서 흥미롭다. 샤틀레는 아인슈타인이 빛의 궤적을 신체-동조적(body-syntonic)으로 살펴보기 위해 직접 잠재적으로 존재하는 상상 속의 광자가 되었다고 가정한 사례를 제시했는데, 앞서 살펴본 교수실험에 참여한 학생들도 원이 움직이는 상상 속의 상황으로 스스로 들어가서, 그 움직임과 더불어 존재하고, 원이 구부러지다가 펼쳐져서 직선이 될 때 손에서부터 떨어져 나가는 것처럼 느끼기까지 하는 것으로 보였다.

다이어그램과 사고의 외재성

샤틀레의 연구에 비추어 앞서 논의한 학생들의 다이어그램 활동을 해석함으로써, 수학적인 행위성의 본질을 새롭고 혁신적으로 실천하는 교육적인 방안을 모색할 수 있다. 이는 공간적인 경험을 결정하는 물질로서의 평면 안에 그리고 평면 위에 제스처를 통한 지도방법으로서 다이어그램 활동을 도입하도록 한다는 점에서 철학적인 전환점을 제공한다. 그렇다고 수학에서 효과적으로 의사소통하기 위해 필요한 표준적인 다이어그램 기법을 개발하지 않아도 된다거나 그러한 기법을 개발하는 방법을 찾는 연구가 중요하지 않다는 뜻이 아니다. 지금까지 제시한 다이어그램 사례들에서 점선, 화살표, 회전 제스처, 다중 원근법 또는 시점, 주어진 표면을 뚫거나 접는 잘라내기 제스처 등의 특정한 전략들은 사실 중요한 다이어그램 기법이라고 할 수 있다. 그러나 이러한 기법들은 특정 사건과 별개로 의미를 가지는 것이 아니라, 물질적인 표면과 마주치고 뒤얽히며 주름 잡히면서 고도로 물질적인 과정을 거치게 된다고 생각한다. 이와 같은 마주침에 의해 체화된

43) Hughes(1986) 참고

44) Bartolini-Bussi & Boni(2003) 참고

수학적인 배치를 정확하게 현실화하게 되는 것이라고 생각한다.

앞서 제시한 교수실험 연구에서는 학생들의 손, 얼굴, 목소리 등의 녹화 자료는 제외하고 다이어그램에만 초점을 두어 그 안에 잠재된 제스처를 추적하면서 새롭게 정립한 나름의 체화 이론이 얼마나 적용가능한가를 시험해보고자 했다. 다시 말해, 다이어그램이 환기적인 제스처로 해석될 수 있는 여지가 어느 정도인지를 살펴보는 데 초점을 두었다. 논의 결과, 다이어그램 내의 특정한 측면들을 정확히 식별할 수 있었고, 그로부터 경첩-지평을 생각할 수 있었다. 또한, 다이어그램에서 행위성의 분산에 대해 논의할 수 있었으며, 칸트 기반 사고 이론에서 했던 사고의 내부와 외부의 구분에서 벗어나서 "사고의 외재성"을 드러내고자 했다.[45] 특히, 수학적인 주체가 물질적이고 사회적인 마주침의 배치로서 존재가 되는, 생성적인 관점을 취했다. 여기서 배치는 칸트의 관점에서처럼 개별적인 신체 안에 갇혀 있거나, 통일된 구조적인 역량을 지닌 것에 국한되는 것이 아니라, 차별화되고 이질적이며 여러 측면들에 걸쳐 분산된 것으로 보았다. 이러한 의미에서 "사고의 외재성"이라는 개념을 제안한다.

45) Roth(2010) 참고

4 수학 수업에서의 창의성

이 장에서는 포괄적 유물론에 따른 학습 관점을 설명하기 위해 2장에서 소개했던 '개념의 교육학'에 대해 다시 논의한다. 포괄적 유물론에서는 학습을 새로운 것의 창출로 보며 이는 단지 학습자가 새로운 개념을 획득하는 것을 의미하지 않는다. 학습에 대한 획득 은유는 사람과 개념을 경계 짓는데 이는 포괄적 유물론의 존재론적 관점에 어긋나기 때문이다. 또한 포괄적 유물론에 따른 학습 관점은 개념과 개념의 유동성 및 잠재성을 포함하는 물질적인 본질을 무시하는 경향이 있는 교수실제나 담론에의 참여와도 다르다. 샤틀레가 수학의 역사를 분석하여 새로운 것이 창출되는 과정을 설명하기 위한 예로 해밀턴의 사원수나 코시의 나머지 정리를 제시한 경우와 마찬가지로, 이 장에서도 예를 중심으로 학습을 새로운 것의 창출 과정으로 설명하면서 수학 수업에서의 창의성에 대해 논의한다.

포괄적 유물론의 관점에 기초하여, 창의성은 개별적으로 소유하는 무언가라는 전통적인 입장에서 벗어나고자 한다. 이하에서 논의하는 창의성은, 개인이 대안적인 가능한 경로들 중에서 선택하거나 식별하는 것에 한정된 것이 아니다. 유연성이나 유창성을 측정하는 방법에 대한 연구들에서는 창의성을 학습자의 특성이나 역량으로 고려해 온 경향이 있다. 그러나 포괄적 유물론의 관점에서는 창의성이 활동과 독립적으로 존재하는 것이 아니다. 다시 말해, 개개인이 창의적이거나 창의적이지 않다고 말하는 대신, 물질적인 행동들과 협력하여 행동하는 것으로 창의성을 설명한다. 특히, 데이비스와 림[1]은 산출물로서의 창의성이 아니라 과정으로서의 창의성에 초점을 두었는데, 이하에서 창의성을 논의

1) Davis & Rimm(2004) 참고

함에 있어서도 유사한 관점을 취하고자 한다. 또한, 플러커와 베게토[2]가 강조했던 창의성의 두 요인 가운데 하나인 새로움이 우리 연구에서도 초점 중 하나이다. 이하에서는 창의성을 독창성, 참신함, 독특함을 결합하여 만들어낸 새로운 산출물로 설명하거나, 창의성을 유창하고, 유연하며, 독창적인 개인의 특성으로 설명하는 연구들과는 다소 다른 입장을 취한다. 이 장에서는 개인이라는 창의성의 행위자보다 창의성을 산출하는 행위로 초점을 옮길 것이며, 마음의 성찰 대상으로서만 행위를 보는 기존의 설명에서 벗어나 수학 수업에서의 창의성에 대한 새로운 설명을 제시하고자 한다.

수학 수업에서의 창의성에 대해 새롭게 생각하는 것에 덧붙여, 이 장에서는 이미 논의했던 이론적인 용어들 가운데 배치, 물질의 물질화, 비결정성 등에 대해 샤틀레의 관점을 적용하여, 제스처와 다이어그램의 상호작용 및 잠재성, 잠재성의 현실화와 가능성의 실재화에 대해 논의할 것이다. 8장에서 다시 교수·학습 상황과 더불어 이에 대해 더욱 심도 있게 살펴본다. 이 장에서는 기술 공학을 활용한 환경에서 제스처나 다이어그램을 사용하고, 제스처와 다이어그램 사이의 상호작용이 흥미롭게 촉진되는 수업 사례를 살펴본다. 기술 공학은 1장에서 논의한 배치로서의 신체 개념 그리고 잠재성의 개념과 밀접하게 관련된다.

창의적인 행동과 물질성

샤틀레가 그러했듯이, 수학의 역사에서 기존의 아이디어, 방법, 결과들을 뒤집는 새로운 개념이 창안되는 순간을 비교적 분명하게 포착할 수 있다. 수학 수업에서도 수학의 역사와 마찬가지로 새로운 개념의 산출 순간을 포착할 수 있지만 수학 수업에서는 상대적인 의미에서의 창의성을 고려해야 하며, 포괄적 유물론의 관점에서 창의성을 어떻게 보아야 할 것인가에 대해서도 생각해볼 필요가 있다.

샤틀레[3]는 수학자의 손에 담긴 생명을 섬세하게 추적함으로써 수학적 창조가 물질적이라는 것을 강조했다. 이를테면, 수학자가 그린 다이어그램은 물질적인 과정으로서 수학적 형식에 선행하며, 암묵적이고, 직관적이며, 비합리적인 사고를 낳기도 했다는 점에 주목했다. 또한, 수학자 베유[4]가 언급했던, 모호한 유추, 흐릿한 이미지, 설명하기 어려운 불쾌함 등도 수학적 활동에 생기를 불어넣었다는 점도 같은 맥락에서 이해할 수 있다. 수학자들은 제스처를 바탕으로 '발화'하는 다이어그램을 창안한다. 3장에서도 논의한 바

2) Plucker & Beghetto(2004) 참고
3) Châtelet(1993/2000) 참고
4) Weil(1992) 참고

와 같이, 다이어그램은 근본적으로 몸짓, 그중에서도 특히 손의 움직임에 토대를 둔다. 샤틀레는 책에 새겨져서 고정된 다이어그램이 아니라, 수학자가 손으로 새로운 차원의 공간, 새로운 종류의 평면을 스케치한 것들에 주목했다. 이 스케치들은 추상적인 대상을 지시하지 않기 때문에 물리-수학적 존재들이라고 할 수 있다. 이러한 관점에 따르면, 수학적 창의성은 모종의 제스처와 이 제스처를 위해 손을 역동적으로 움직이는 순간 새롭고 독창적인 무언가를 포착하여 다이어그램에 담아낸 것이라고 할 수 있다.

기존에는 새로운 개념을 발명하려면 추상화나 일반화가 필요하다고 보았다. 그러나 1장에서 체화 이론에 대해 논의한 바와 같이 샤틀레는 바로 이와 같은 가정 때문에, 기존의 이론에서 수학적 개념을 정신적인 것 또는 플라톤주의적인 것 또는 담론의 배열로 그리고 수학적 개념을 비-물질적인 것으로만 보게 되었다고 분석했다. 더욱이 샤틀레는 수학적인 필요와 물리적인 필요를 별개로 구분했던 아리스토텔레스의 해석 역시 탈피해야 한다고 보고, 잠재성 개념을 활용하여 수학적 필요와 물리적인 필요가 완전히 다르지 않음을 주장했다. 요컨대 물질세계의 잠재성이 현실화하여 수학적 개념들이 된다는 것이다. 이하에서 두 사례를 중심으로 이에 대해 살펴볼 것이다. 샤틀레가 제시한 잠재성 개념은 수학에서 '구체'와 '추상'의 문제가 매우 복잡하다는 것을 논의한 끝에 도출한 것으로 적용 범위가 매우 넓다.[5] 수학 수업 내내 잠재성과 현실화의 경계가 물질적인 상호작용에 의해 끊임없이 이동하고 다시 만들어진다. 이러한 점에서, 창의적인 행동을 통해 세계의 존재론적인 재배치와 재배열이 일어나고 이로부터 계속적으로 새로운 것이 생겨나고 잠재성과 현실화 관계도 변한다.

행동력의 측면에서 자유에 대해 연구한 그로즈를 참고할 때, 수학적 창의성을 이루는 네 가지 본질적인 특성을 다음과 같이 도출할 수 있다.[6] 이들 네 가지 특성은 창의적인 과정을 촉진하며 포괄적 유물론의 관점에서 존재론의 핵심적인 특성인 비결정성과도 관련된다. 그러나 통상적인 수학적 창의성 관련 논의와는 다소간 차이가 있다. 수학에서 창의적인 행동은 다음과 같은 특성을 가진다.

---

5) 윌렌스키는 피아제가 제시한 구체와 추상의 구분에 이의를 제기하고, '대상과 신체 사이의 관계'가 어떠한지에 의존하여 주관적으로 판단할 수 있다고 주장했다(Wilensky, 1991). 또한, 기술 공학에 의해 지금까지 추상적인 개념이라고 간주했던 것들을 매우 구체적인 것으로 느낄 수 있다는 점에 대해 논의했다.

6) 그로즈는 주로 앙리 베르그송의 입장을 수용하여 자유와 행위성 문제를 논의했다. 핌과 싱클레어는 오버(Ober, 2007)가 민주주의 관련 논의에서 제시한 '무언가를 수행하는 능력'이라는 개념을 활용하여 수학을 한다는 것, 다시 말해, 수학의 기초를 다지고, 수학적 주장을 하며, 수학을 수행하는 능력의 문제에 대해 논의했다(Pimm & Sinclair, 2009).

1. 창의적으로 행동함으로써, 문자 그대로, 새롭고 지금까지 존재하지 않았던 것을 생성하거나 보여줄 수 있다.
2. 창의적인 행동은 통상적이지 않고, 기존 관습이나 행위에 대한 규범을 따르지 않는다.
3. 창의적인 행동은 사전에 확인할 수도 없고 직접적인 원인을 알 수 없으며, 예상을 벗어나거나 즉흥적인 특성을 가진다.
4. 창의적인 행동은 기존의 지식을 사용하지 않고 기존의 의미들로 환원되는 의미를 가질 수도 없다.

첫 번째 특성은 잠재성의 현실화 과정에 대한 샤틀레의 논의, 즉 새로움에 대한 존재론적인 설명과 관련된다. 잠재성의 현실화는, 특정 행동 이전에는 존재하지 않았던 대상을 생성하는 창의적인 행동에 의해 이루어진다. 창의적인 행동의 두 번째 특성은 그 행동이 일어나는 사회적 맥락에 섬세하게 관련되며, 창의적인 행동을 규범이라는 특정한 관행과 관련시켜 규정한다. 창의적인 행동은 지배적인 규범에 비추어 창의성 여부, 다시 말해, 창의적인 정도를 인식하게 되며 그 행동이 일어난 맥락의 영향을 받는다. 세 번째 특성은 창의적 행동의 창발적인 본성을 가리키는 것으로, 개개인의 의도에 따라 직접적으로 혹은 형식적으로 창의성 여부가 결정되지 않는다는 것이다. 마지막으로 네 번째 특성은 창의적인 행동에 의해 언어나 기호 사용 방식이 달라지며, 주어진 상황에서의 의미 순환 역시 바뀐다는 것이다. 새로운 방식으로 언어를 사용하고 통상적인 기호 사용 규칙도 거부함으로써 친숙한 것과 구분되는 새로운 것을 생성하게 된다. 이 네 가지 특성은 심리적 성향이 아니라 신체가 중심적인 역할을 하고 역동적으로 행동하는 것과 관련된다.

교실 상황에서도 수학적 창의성은 학습자와 교사, 물질세계 사이에 특별한 관계가 생성되면서 일어난다. 학습은 개별적인 신체가 아니라 집단적인 사회적 결합 그리고 물질적 결합의 분포에 의해 가능하다. 1장에서 신체를 배치로 보았던 것처럼 이 장에서도 신체를 끊임없이 변하는, 내부-작용 네트워크 전체에 분산되어 있는 행위성으로 바라본다. 기술 공학을 기반으로 교실에서 빠르게 배치가 변화하고 행위성은 분산됨으로써 로트먼이 말한 네트워크 '나(I)'에 참여하도록 할 수 있다. 배치에 내재되어 있는 잠재적인 다양성을 제스처와 다이어그램 등 물질적인 행동에 의해 깨워 현실화함으로써 창의적인 순간들을 맞이할 수 있다. 이하에서는 먼저 기술 공학 기반의 수학 수업에서 행위성의 분산과 변화가 어떤 특성을 가지는지 그리고 어떤 환경을 제공하여 창의적 행동을 자극할 수 있는지에 대해 살펴본다.

기술 공학, 수학, 자극

샤틀레는 디지털 기술 공학이 발달하지 않았던 시대에 잠재성이라는 단어를 사용했는데, 사실 잠재성은 컴퓨터와 깊이 관련된다. 다시 말해, 특정한 디지털 기술 공학이 창의적인 행동을 자극하는 면이 있다. 페퍼트[7]가 흥미로운 거북 기하를 창시한 때로부터 새로운 디지털 기술 공학이 학생들이 사고하고 학습하는 방식을 근본적으로 바꾸어놓을 수 있다는 주장이 제기되어 왔다. 학생들로 하여금 수학적 대상을 만들고 이들 사이의 관계를 탐구할 수 있게 하는 데 기술 공학이 상당한 기여를 했다. 예를 들어, 로고(Logo) 프로그램을 활용한 수학 학습 연구에서 신체의 동조(syntonicity)가 중요한 역할을 했고, 이에 따라 연구자들은 학습자가 수학의 중심이자 또한 수학 그 자체가 된다는 새로운 의미의 주체성을 확인할 수 있게 되었다. 사각형을 특정한 시각적인 배열 또는 특정한 성질을 사용한 정의에 따라 다루는 것과, 신체 활동을 통해 직접 걷고 회전함으로써 만들 수 있는 수학적인 대상으로 고려하는 것은 완전히 다르다. 로고 환경과 같이 사각형을 신체 활동에 의해 만들고 탐구하는 방식으로 인간-공학 배치를 이룬다면 사각형에 대해 새롭게 생각할 수 있는 순간들을 미리 예상하고 준비할 수 있다. 유사하게 MBL(microcomputer-based-laboratories)과 같은 미세 동작 탐지 환경에서 운동 자료를 수집하거나 산출하는 장치를 활용하여 모의실험과 실제 현상을 연결하여 탐구하면서 수학을 지도하는 다른 사례에 대한 연구도 이루어져 왔다. 이들 연구에서는 대수 영역을 중심으로 논의한 수학적 모델링 접근을, 기술 공학을 활용하여 운동학적인 방식으로 수학을 학습하도록 함으로써 다른 영역으로 확대하는 것에 대해 논의해왔다.[8]

이 장에서는 운동학적으로 수학을 학습하도록 하는 대표적인 기술 공학 도구인 동적 기하 소프트웨어와 동작 탐지기를 활용한 사례를 중점적으로 살펴본다. 로고 프로그램과 달리 동적 기하 소프트웨어와 동작 탐지기는 정적인 상태가 아니라 계속 움직이는 순간들을 대상으로 한다. 예를 들어, 동적 기하 소프트웨어를 활용하여 삼각형을 탐구할 때 추상적인 삼각형 또는 특정한 삼각형이 아니라 계속 변화하는 삼각형을 다루게 된다. 다시 말해, 꼭짓점을 드래그하면서 모든 그리고 임의의 삼각형들을 그릴 수 있으며, 그렇기 때문에 가능한 모든 삼각형, 연속적으로 변하는 삼각형을 탐구할 수 있다. 재키브[9]는 증명을 글로 작성하거나 명령어로 도형을 작도하는 체제로부터 벗어나 마우스를 움직이며

---

7) Papert(1980) 참고
8) Ferrara, Pratt, & Robutti(2006) 참고
9) Jackiw(2006) 참고

드래깅하는 기하로 바꾸면, '잠정적인 대상을 탐구적으로 다루게 된다.'고 주장했다. 동작 조절 도구를 활용하면 손과 신체를 자유롭게 움직일 수 있어서 다른 수학적 대상들과 더불어 모종의 수학적 대상이 '즉흥적인 안무'를 펼칠 수 있다. 그리하여 '수학은 한정 없이 무대를 가로지르며 가능한 여러 퍼포먼스 중 하나를 펼쳐 보이게 된다.' 재키브의 말은 제스처와 다이어그램 사이의 상호작용, 특히 처음에는 주저하면서 어설프게 손을 움직여 탐구하면서 학습하는 방식에 대해 중요한 시사점을 제공한다.

동작 탐지기를 활용하는 경우, 탐지한 동작의 그래프가 화면상에 실시간으로 나타나므로 신체나 물체의 움직임을 역동적이고 즉각적으로 예측하여 실행하게 된다. 여기서 감각 운동적인 사고를 하게 되는데, 예를 들어, 가파른 모양의 그래프를 예측하면서 손을 빠르게 움직이거나, 새로운 동작을 하여 새로운 다이어그램을 그리고 제스처를 생성한다. 페라라 등[10]이 수행한 연구에서는, 동작 탐지기를 활용할 때 학생들의 물리적 행동과 실시간으로 화면에 나타나는 그래프 사이의 상호작용이 학습에 중요한 영향을 미쳤다고 분석했다. 학생들은 물리적으로 움직이며 동시에 그 움직임을 나타낸 그래프를 보기 때문에 화면에 나타난 그래프가 학생들이 움직이는 방식에 영향을 미친다. 학생들은 동작 탐지 실험 상황을 조절하면서 동시에 그 실험 상황에 의해 조절된다. 네미로프스키와 페라라[11]는 한 학생이 두 레이저 광선을 따라 움직이는 제스처를 통해 삼각형 모양의 그래프가 나타나도록 한 사례에 대해 기술하면서, 제스처와 다이어그램 사이 상호작용에 의해 특정 움직임을 실현할 수 있었다고 주장했다.

앞서 언급한 환경에서는 손이나 신체가 이끄는 탐구를 통해 끊임없이 이상화되고 추상적인 수학에 우리 자신을 되새김으로써 잠재성을 현실화하게 된다. 재키브는 동적 기하 탐구 환경에서는 "날것 그대로의 수학적 아이디어를 접할 수 있고, 신체와 무관하게 추상적이었던 수학에 자유의지와 신체적 활동을 통해 큰 변화를 줄 수 있다."고 했으며,[12] 이는 다른 동적 탐구 환경에도 적용할 수 있는 생각으로 보인다. 여기서 중요한 것은 '실제로 접하는' 수학적 대상의 물질성 그리고 그것을 통해 부분의 합을 넘어서는 무언가를 창조할 수 있다는 점이다. 다음 절에서 기술 공학을 활용한 수학 학습 환경에서 보이는 아동들의 행동에 대한 두 가지 사례 연구를 제시한다. 이를 통해 수학 학습에 물질적인 얽힘이 어떻게 관련되는지와 더불어 발현되는 창의성의 특성에 대해 살펴본다.

---

10) Ferrara et al.(2006) 참고

11) Nemirovsky & Ferrara(2009) 참고

12) Jackiw(2006) 참고

사례 1: 언제 두 직선이 만나는가?

이 사례는 큰 화면 앞 카펫에 둘러앉은 초등학교 1학년 학생들의 수학 학습 장면이다. 그 학급의 담임교사도 아동들과 함께 카펫에 앉아있고, 수업은 이 책의 저자인 싱클레어가 진행했다. 책상 위에 컴퓨터를 놓았고 화면에 기하 스케치패드(Geometer's Sketchpad)라는 동적 기하 소프트웨어를 띄우고 함께 보았다. 수업에서 다룬 주된 내용은 직선에 대한 것, 특히 두 직선의 위치관계에 대한 것이었다. 학생들은 직선의 기하학적인 의미를 정식으로 배운 적이 없었고, 교선 개념도 사전에 접한 적이 없었다.

교선 탐구

싱클레어는 두꺼운 직선 그림을 따라 두 쌍의 점이 이동하는 모습을 보여주는 것으로 수업을 시작하였으며, 그림 4.1과 같이 교차하는 직선을 살펴보았다. 학생들은 직선이 교차하는 것을 '만난다'고 표현했다. 학생들이 만나는 직선들과 그렇지 않은 직선들을 성공적으로 확인한 후에, 싱클레어는 더 전문적인 용어인 교점을 사용하여 설명하게 했다. 학생들은 즉각적으로 교차로나 자동차 사고 등과 연결하여 교점이라는 용어를 이해했다.

싱클레어는 스케치패드의 직선 도구를 이용하여 두 직선을 하나는 붉은 색으로 다른 하나는 푸른색으로 그렸다. 그림 4.2와 같이 두 직선은 서로 평행하지는 않지만 교점이 보이지 않는다. '다음 두 직선이 서로 만나나요?'라고 질문했고 학생들은 '아니요'라고 답했다. 한 학생은 '하지만 아래로 계속 가면 만날 수도 있어요.'라고 했다. 싱클레어가

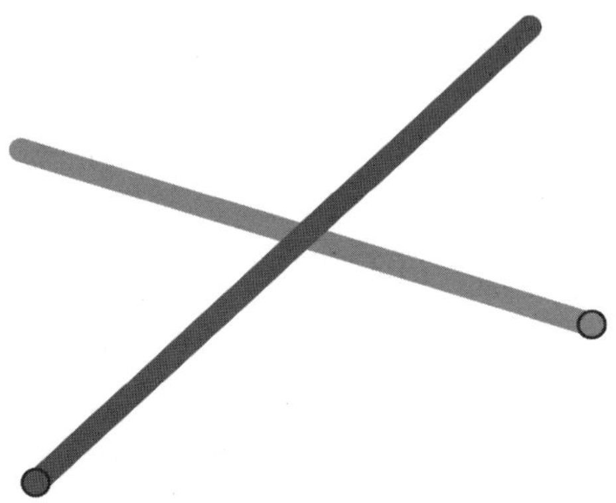

그림 4.1 • 교선 위를 이동하는 두 점

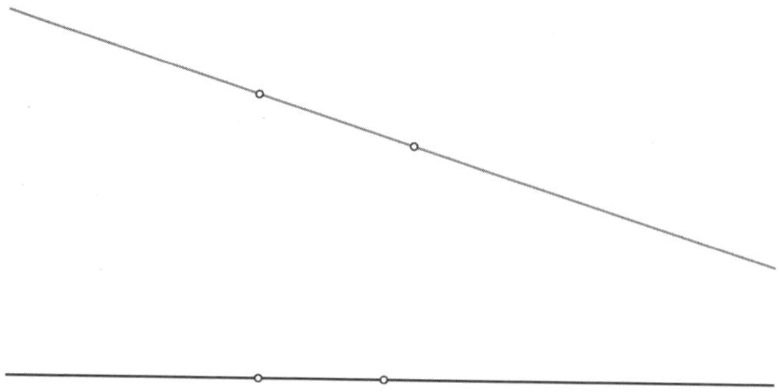

그림 4.2 • 교점이 보이지 않는 교선

위의 직선을 아래로 드래그하자 교점이 보였고, 그 학생은 '이제는 교점이 있어요.'라고 했다. 이전에 없었던 교점이 이제 만들어졌다는 시간의 흐름이 이 학생의 답에 들어 있다. 한 학생은 '아주 작은 교점'이라고 덧붙였다. 싱클레어는 직선을 원래의 자리로 다시 드래그한 후, '이때는 두 직선이 교점을 가지나요?'라고 질문했다. 학생들은 '아니요'라고 답했다. 몇 초 후에 한 학생이 '오, 맞아요, 교점이 있어요, 교점을 가져요.'라고 했다. 몇몇 학생들이 동시에 웅성거렸고, 그중 한 학생이 '직선이 화면 밖으로 나가기 때문에.'라고 했다. 싱클레어는 화면 오른쪽 구석을 드래그하여 화면을 확대해 교점이 보이게 했다.

싱클레어는 직선을 더 멀리 드래그했고, 다시 두 직선의 교점은 보이지 않게 되었으므로 '상상 속에서' 두 직선이 교점을 갖는지 결정하라고 했다. 이 시점에서 대부분의 학생들은 '교점을 가져요.'라고 했다. 그리고 몇몇 학생들은 그렇지 않다고 했으며, '이 직선들은 너무 멀어서' 그렇다고 설명하는 학생도 있었다. 다른 학생은 '아마도'라고 말하면서 얼버무렸다.

싱클레어: 이 직선들이 왜 만나는지를 설명할 수 있을까?
나타샤: (위의 붉은 색 직선을 가리키면서) 기울어져 있기 때문이죠.

싱클레어는 다른 학생들도 어떻게 추론했는지 설명하게 했다.

로버트: 직선들이, 음, (왼손을 들어 검지와 엄지로 C 형태를 만들면서) 너무 멀리 떨어져 있어서 현재 화면에서는 만날 수 없어요. (검지와 엄지가 만나도록 움직이면서) 아래로 향할 때 갑자기 만나지는 않지만 만나요(그림 4.3a).
제이미: (두 손으로 직선을 그리면서) 직선들이 이렇게 움직이니까요(그림 4.3b).

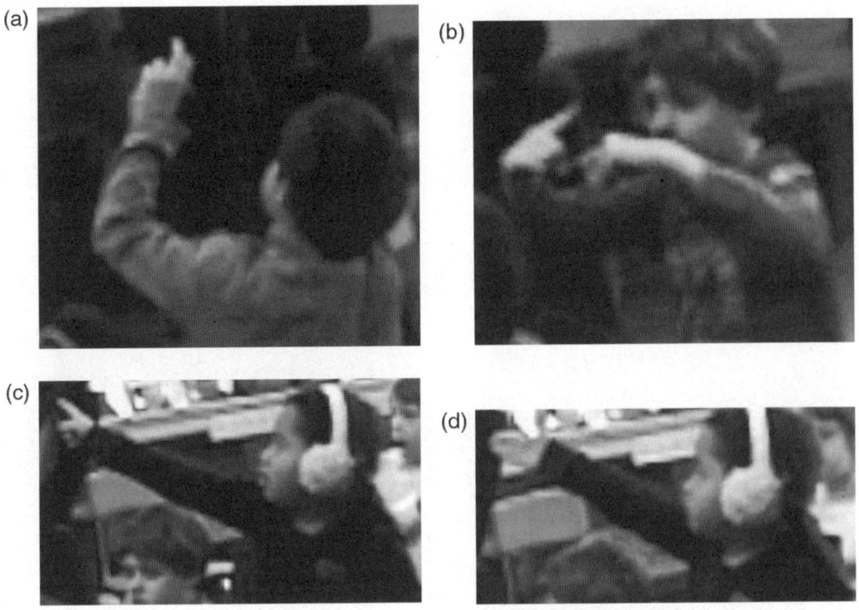

그림 4.3 · 직선의 움직임에 대한 제스처

싱클레어: 두 직선이 결국 만날 것이라고 생각하나요?

로버트: 네, 왜냐하면 두 직선이 모두 기울어져 있고, 빨간 선이 파란 선 쪽으로 더 기울어져 있기 때문입니다.

싱클레어의 질문은 로버트가 다시 한 번 생각하도록 하려는 것이었다.

나타샤: 어딘가에서 항상 만날 거예요. (검지로 직선을 따라가며(그림 4.3c)) (손을 화면 끝에 놓고 수직으로 돌려서 위아래로 움직이며) 여기를 지나 어딘가에서 연결될 거예요(그림 4.3d).

싱클레어: 우리가 볼 수는 없더라도 연결될 것이라는 뜻이군요. 어딘가 여기 너머에서 연결될 것이라고 생각하나요?

제이미: 제 생각에는 절대로 만나지 않을 것 같아요.

싱클레어: 왜요?

제이미: 그냥 그럴 것 같아요.

싱클레어: (빨간 선을 가리키며) 이 직선이 파란 선 쪽으로 더 많이 기울어져 있다면 어떨 것 같아요?

제이미: (일어서서 손과 팔을 사용하여 두 직선이 기울어진 것을 표현하면서) 하지만 파란 선도 이렇게 움직여요(그림 4.4a).

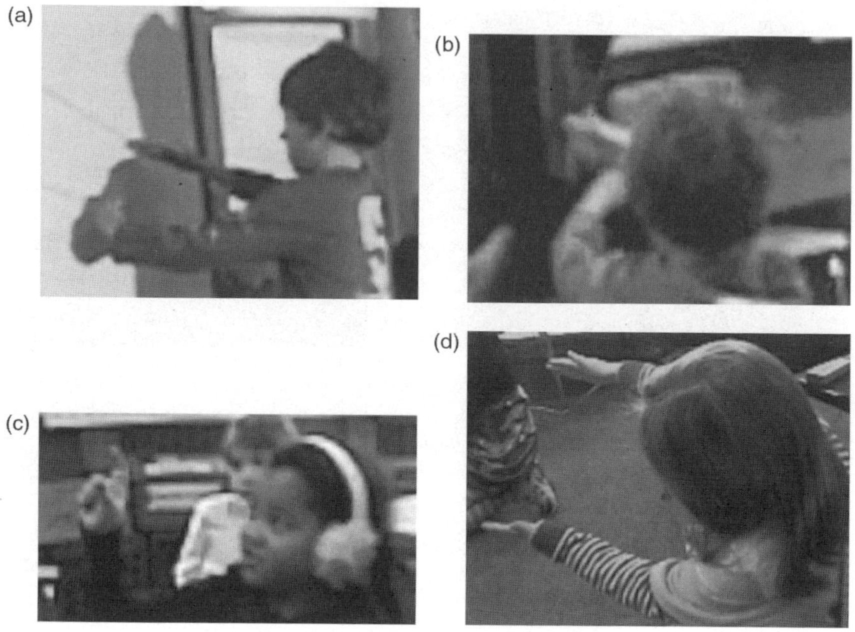

그림 4.4 • 새로운 대상을 환기시키는 제스처

싱클레어: 그렇군요. 재미있네요. 파란 선도 마찬가지로 기울어지는군요.

제이미: 빨간 선이 내려가고 파란 선도 그 옆으로 내려가면, (위의 직선이 곡선으로 휘어지면서 아래 직선과 만나는 모습을 연출하며) 직선이 이렇게 갈 수는 없을 것 같고(그림 4.4b), 그렇다면 교차해요.

싱클레어: 흥미롭네요. (두 직선을 드래그 해서 교점이 화면에 보이게 하면서) 확실히 교점을 볼 수 있는 상황을 살펴봅시다. 제이미가 말했듯이 두 직선 모두 기울어졌어요.

나타샤: 항상 기울어져요. (화면의 왼쪽에 있는 두 직선을 가리키며) 저 두꺼운 부분이 있어서 항상 기울어질 거예요.

싱클레어: 그렇게 항상 기울어지는군요.

사스키아: 교차할 거예요.

로버트: 한 점에서 교차할 텐데, 아마도, 아마도 어딘가 멀리서 교차할 거예요.

싱클레어: 화면에 직접 볼 수 없어도 언제 직선들이 교차하는지를 알 수 있는 방법을 찾아야겠네요. 제이미는 빨간 선이 파란 선 쪽으로 기울어졌기 때문에 만날 거라고 했죠.

나타샤: 아뇨, (검지와 엄지로 일정한 간격을 만들면서(그림 4.4c) 저 부분이 똑같은 두께[13]가 아니라서 더 좁아지게 되니까 항상 만날 거예요.

---

13) 역주. 원문에서 아동이 thickness로 표현했기 때문에 그 느낌을 살리기 위해 두께로 번역했다. 이 아동은 두 직선이 벌어진 정도, 곧 두 직선 사이의 거리를 표현하기 위해 이 용어를 사용했다.

무엇이 점점 좁아지는가에 대해 묻자 나타샤는 앞으로 나와 화면의 빨간 선을 검지로, 파란 선을 엄지로 짚은 후, 엄지와 검지 사이의 간격을 좁히면서 이동하여 교점에 도달했다. 싱클레어는 교점을 볼 수 없을 때는 다르게 보일 것이라고 말했다. 로버트는 빨간 선을 드래그한 후, 직선들이 '충분히 기울어져서' 만날 것이라고 주장했다. 싱클레어는 교점이 보이지 않는 다른 상황에 대해 생각해 보도록 했다. 제이미는 '두 직선이 교차하는지 교차하지 않는지 보여주실 수 있나요?'라고 물었다. 싱클레어가 화면을 확대했는데 교점이 나타나자 아무도 놀라지 않았다. 제이미는 일어나서 손가락으로 교점을 지나면서 움직여보았다. 마지막으로 싱클레어는 빨간 선을 드래그 하여 평행한 두 직선을 나타내고 두 직선이 교차할 지를 질문했다. 모든 학생들이 '아니요'라고 답했다. 카밀은 나타샤가 했던 두 직선 사이의 간격을 재는 제스처를 따라했다. 제이미는 양 팔을 벌리며 '두 직선은 서로에게서 멀어질 거예요'라고 말했다. 싱클레어는 아직까지 발언하지 않은 학생에게 덧붙여 의견을 내라고 했다.

샬롯: 두 직선이 같이 움직이기 때문이에요. 둘 다 완전히 기울어지지 않고 약간 기울어졌는데 만나지 않을 거예요. (한 팔을 곧게 뻗은 후 직선 방향을 가리키면서) 하나가 다른 하나에 기울어진 것이 아니라 (다른 쪽 팔을 나란히 놓으면서) 같이 움직이기 때문에 (오른손을 왼손이 마주 보게 하면서(그림 4.4d) 만나지 않을 거예요.

싱클레어는 절대로 교차하지 않는 두 직선을 '평행'이라고 말했다.

잠재적인 교점을 위한 새로운 공간 만들기

지금까지 논의한 바와 같이 학생들은 서로 협력하여 두 직선이 만나는지 여부를 결정하는 다음 두 가지 기준을 만들었다: (1) 한 직선이 다른 직선보다 더 많이 충분히 기울어졌을 때, (2) 두 직선 사이의 간격이 변할 때. 두 기준을 도출하는 과정에서 학생들은 많은 제스처를 사용했다. 첫 번째 제스처는 로버트가 보여주었는데, 두 직선이 '너무 멀리 있어서' 화면 가장자리에서 '만날' 수 없음을 제스처로 보여주었다. '두 직선 사이의 두께'를 표현한 나타샤의 제스처는 직선 사이의 거리와 관련이 있고 시간에 따라 그 두께가 변한다는 것을 흥미롭게 설명했다. 그 전에 제이미는 손으로 그리고 나타샤는 손가락으로 직선의 현재 시점과 미래 시점에 대해 언급했다. 제이미의 경우, 직선이 왼쪽부터 오른쪽으로 일정하게 움직이는 것을 팔을 뻗고 손으로 제스처했다. 나타샤의 경우, 화면에 있는 직선을 직접 손가락으로 가리켰다. 샬롯은 두 직선이 만나지 않는 이유에 대해 설명할 때 제이미가 했던 제스처인 팔로 직선을 나타낸 방법을 사용했다. 이렇게 학생들은 시간의 흐름도 있고 역동적인 직선을 관찰하고 움직이면서 제스처할 수 있었다. 정적인 형태로 두 직선이 표현되지 않았기 때문에 팔로 특정한 각을 표현하지 않았다. 학생들이 역동적으로 직선을 제스처 함에 따라 화면 위에 있는 대상들을 넘어설 수 있었고, 화면에는 보이지 않는 잠재적인 교점을 생성할 수 있었던 것으로 보인다. 교점을 구체적으로 볼 수 있는 상태에서 볼 수 없는 상태로 옮겨감에 따라 상상에 의해 두 직선의 기울기 차이를 잠재적으로 제스처할 수 있었고 교점의 존재에 대해서도 잠재성을 확보할 수 있게 되었다.

직선의 확장 가능성을 나타낸 제스처가 보이지 않는 교점의 잠재성을 얻게 했다면, '두께'를 나타냈던 제스처는 두 직선 사이의 새로운 관계인 '거리'를 환기시켰다. 로버트가 왜 화면 상으로는 두 직선이 만나지 않는가에 대해 설명할 때 두 직선 사이의 간격에 처음 주목했다. 이후 나타샤가 화면을 조정하여 두 직선의 교점이 보이게 했다. 화면을 조정할 때, 두 직선 자체는 정적인 상태로 있었지만 두 직선 사이의 '두께'가 변했고, 나타샤는 두께가 변화하는 양이라는 것을 인식했던 것으로 보인다. 나중에 카밀은 두 직선 사이의 간격이 변하지 않는다는 제스처로 두 직선이 만나지 않음을 설명했다. 두께 제스처는 직선이 확장되는 '이미지'와 직선에 주어진 물질성을 동시에 고려한 것이다. 지각의 근저에 있는 감각을 통해 우리는, 대상의 이미지와 대상 자체를 동시에 보는, 이중적이고 또 역설적인 미시-지각을 인식한다. 감각과 미시 지각은 특정한 학습 배치를 완성하는 접착제와도 같은데, 이에 대해 6장과 7장에서 자세히 논의할 것이다. 두 직선의 사이 공간, 직선과는 다른 방식으로 화면에 나타나는 바로 그 흰 공간과 창발되는 개념 사이에 모종의 물질적인 얽힘이 형성되면서 아동은 두 직선 사이의 두께에 주목하게 되었다. 다시 말해서, 이러한 두께를 생각해 냄으로써 학생들은, 두 직선과 두 직선 사이에 잠재적으로 존재하는 빈 공간에 어떻게 생명력을 불어넣는지를 보여주었다.

지금까지 살펴본 바를 요약하면 다음과 같다. 학생들은 일련의 제스처와 언어로 사고실험하면서 잠재적인 교점을 환기시켰다. 화면에 제시된 것을 넘어서서 두 직선을 확장하는 것을 상상함으로써 화면에는 없었던 두 직선의 교차를 볼 수 있는 공간으로 나아가는 식으로 창의적인 행동을 했던 것이다. 화면 또는 소프트웨어 환경에서 교점을 보여줄 때도 보여주지 않을 때도 아이들 사이의 상호작용 그리고 화면 또는 소프트웨어와의 상호작용을 통해, 완벽하게 곧은 직선과 무한히 그 기울기가 변화하는 직선을 다룰 수 있었다. 여기서 초점은 모든 아동의 창의성 발현이 아니라 물질과 인간 사이의 예상치 않은 상호작용이었다. 이제 앞서 제시한 창의성의 네 가지 특성과 관련하여 다음과 같은 결론을 제시한다.

1. 이 수업에서 발견한 창의적인 행동은 다음과 같다. 첫째, 화면에 보이지 않는 평면으로 확장함으로써 이전까지는 보이지 않았던 잠재적인 교점을 고려했다. 이는 물질적인 창의성 발현으로 볼 수 있으며 여기서 테크놀로지가 핵심적인 역할을 했다. 다음으로 두 직선이 가까이 다가가서 교차하는 제스처가 창의적 행동이었다. 제스처를 통해 교점이 보이지 않는 두 직선이 언제 교차하는가에 대해 두 가지 방식으로 설명할 수 있었다.
2. 이 수업에서는 직선, 평면, 등 구체적으로 보이는 대상들을 다루는 규범을 가지고 출발했으며, 보이지 않았던 잠재적인 대상을 고려하면서 평면의 확장과 관련된 행동, 담론 등의 집단적인 행동까지 확대되었다. 학생들은 기존에 하지 않았던 특정한 제스처를 통해 기존의 학습 행동 규범을 벗어날 수 있었던 것으로 보이는데 이와 관련해서는 추가 자료를 확보하여 논의할 필요가 있다. 한 가지 분명한 것은, 싱클레어가 수업을 진행하면서 학생들의 표정이나 표현, 제스처를 반복하도록 했기 때문에, 제이미도 완전히 새로운 방식으로 제스처를 만들고 수행했다는 점이다.
3. 새로운 테크놀로지를 활용하여 초등학교 1학년 교육과정에서는 통상적으로 다루지 않는 내용을 지도했다는 점을 감안하면, 학생들이 보여준 행동은 예상을 뛰어넘었고 즉흥적이었으며 창의적이었다. 학생들의 창의적 행동들은 수업에 참여한 학생들에게도 예상 밖이었으며, 다른 학생들에게 적용해도 유사한 창의적 행동을 불러일으킬 수 있을 것으로 보인다. 학생들이 보인 창의적 행동들은 소프트웨어에 직접 영향을 받은 것이 아니었다는 점도 예상 밖이었다.
4. 학생들이 이전에 가지고 있었던 직선과 교점의 의미는 구체적이고 보이는 것과 관련된 것이었다. 그런데 제스처를 통해 감추어진 교점을 '드러냈고' 화면에서 직선의 움직임이 무한히 연장되어 보이지 않았던 교점을 현실화할 수 있었다. 화면에 이미 있는 대상들로부터 화면에 나타나지 않았던 잠재적인 대상들로 '직선'과 '교점'을 옮겨간 것은, 그 본성을 근본적으로 달리 생각했다는 점에서 기존의 의미와 완전히 다른, 새로운 의미로 이어졌다.

지금까지의 분석 과정에서 의도적으로 개별적인 의미에서의 창의성에는 주목하지 않았다. 이보다는 수업을 진행한 교사와 테크놀로지 그리고 교실에 퍼져나가는 단어들과 제스처들을 통해 보이지 않았던 교점을 다루는 잠재적인 공간을 고려하게 되고, 이로부터 함께 창의적인 행동을 하여 새로운 제스처와 의미를 촉진하고 역동적으로 다이어그램을 생성하여 해석한 과정에 주로 초점을 두었다.

사례 2: 동작에 의해 수직선 만들기

이 절에서는 초등학교 2학년부터 5학년까지의 학생들이 동작 탐지기를 사용하여 함수의 그래프를 이해할 때 관여했던 잠재성에 대한 한 연구 프로젝트에 대해 살펴본다.[14] 연구 내용 중에서도 특히 4학년 교실에서 다양한 동작 모델에 주목했던 사례를 주로 논의한다. 이 연구에서는 동작 탐지 결과를 시각화해주는 소프트웨어인 Motion Visu alizer (이하 MV)를 사용하여 이전 학년에서 배운 세 가지 문제를 질문의 형태로 제시하면서 수업을 시작했다. 컴퓨터와 웹 카메라를 연결하여 자료를 입력하면 MV가 실시간으로 대상의 움직임을 탐지하여 나타낸다. 살펴보는 사례에서는 오렌지색 장갑으로 손의

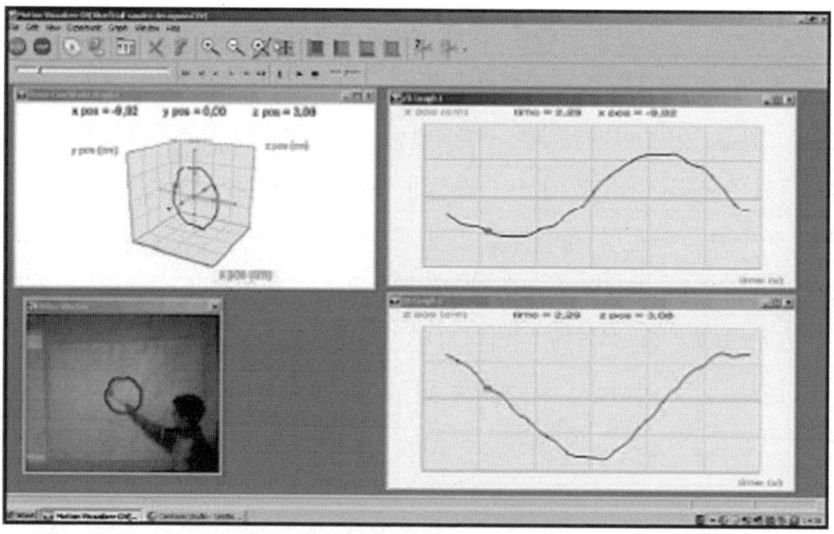

그림 4.5 · MV로 나타낸 동작 그래프

14) Ferrara & Savioli(2009) 참고

움직임을 나타내고 탐구하도록 했다. 그림 4.5와 같이 학생이 웹 카메라 앞에서 모종의 동작을 하면 MV가 오른쪽 화면에 2개의 평면 그래프를 보여주고 동시에 왼쪽 화면에 3차원 공간에서 학생이 움직이는 경로와 물체의 이동 경로를 실시간으로 보여준다.

수업을 진행한 교사는 웹카메라 앞에서 직접 움직이는 공간을 '영화 세계'로 그리고 대상의 동작을 감지하여 만든 그래프 화면을 '좌표 세계'라고 불렀고, 학생들도 같은 단어를 사용했다. MV는 손의 움직임 탐지 결과를 수평과 수직의 두 차원에 따라 그래프로 나타냈다. 학생들은 3학년 때 '영화 세계'에서 수평, 수직, 사선을 따라 장갑을 움직여 보는 활동을 했으며, 각각의 움직임에 대응되는 그래프 그리고 장갑을 움직이지 않았을 때 생성된 그래프를 살펴본 경험이 있다. 학생들은 각각의 경우에서 위치와 시간 사이의 관계에 대해 탐구했다.

전시 학습 상기: 움직임의 자취

수업은 3학년 때 했던 MV에 의한 다양한 움직임의 자취에 대한 학습에 대해 상기하는 것으로 시작했다. 교사는 3학년 수업에서 MV를 사용하여 어떤 활동들을 했는지 특히, 영화 세계에서 동작으로 나타냈던 '형태', 즉 움직임의 자취를 상기하도록 했다. 이 단계에서는 소프트웨어를 사용하지 않았다. 영화 세계에서 몇 개의 '모양'을 다루었는지를 생각해보도록 했을 때 학생들은 직선 형태의 자취였음을 기억했고, 한 학생이 '사선, 수직, 수평'인 직선 3가지라고 답했다. 교사는 학생들이 영화 세계와 좌표 세계를 혼동하고 있음을 감지했고, 사선에 대해 함께 논의했다.

교사: 사선이 어떻게 나타났나요?
아리아나: (왼손으로 사선 모양을 그리며) 이렇게 대각선을 그리면 되는데요, 영화 세계에서, 좌표 세계에서 움직일 때, 음… 영화 세계에서 직선으로 움직이면, 수직선, 수평선, 사선이 좌표 세계에 나타나요.
엘리자벳: 그건 움직이는 방식이지.

마르코가 좌표 세계에는 수직선이 나올 수 없다는 점을 '수직선은 불가능해.'라고 속삭이며 말했다. 교사는 아리아나가 말한 것을 '좌표 세계에 수직선, 수평선, 사선이 나타난다.'와 같이 반복해서 말했다. 마르코는 그렇지 않다는 것을 거듭해서 말했고, 영화 세계와 좌표 세계에서 일어날 수 있는 것들을 다음과 같이 구분했다.

그림 4.6 · 오른손을 수평으로 움직이며 수직선을 현실화하는 가이아

마르코: 아니에요. 좌표 세계에서는 수직선이 절대로 생길 수 없어요.

교사: 수직선은 절대로 나타날 수 없나요?

마르코: 영화 세계에서는 수직으로 움직일 수 있지만, (좌표 세계를 의도했으나 실수로 잘못 말하면서) 영화 세계에서는 수직선이 절대로 나타나지 않아요.

엘리사: 대각선 방향, 음… 수평 방향.

교사는 학생들에게 좌표 세계에 수직선이 나타날 수 없는 이유를 설명하도록 했다. 가이아, 엘리사, 베냐미노가 다음과 같이 각각 다른 방식으로 좌표 세계에서 어떤 것이 나타났고, 어떤 것이 가능한가에 대해 설명했다.

교사: 왜 수직선은 나타날 수 없나요?

가이아: 왜냐하면 장갑을, 음… 움직일 때, (오른손을 공중에 들어 움직이면서) 움직일 때, (오른손 주먹으로 특정한 위치를 가리키며), 그러니까, 음… 좌표 세계에서는, (특정한 위치를 가리키며) 장갑이 항상 바닥에 있어서, (오른손으로 왼쪽에서 오른쪽으로

수평선을 그리며) 직선을 이런 식으로 만들기 때문에(그림 4.6a, 그림 4.6b), 이런 방식으로, 음… (수직 방향으로 두 번 움직이며) 수직선은 생기지 않아요(그림 4.6c, 그림 4.6d).

교사: 누가 더 설명해볼 수 있을까요, 엘리사?

엘리사: 제가 생각하기에는, (왼손은 공중에 가만히 두고, 오른손으로 축을 표현하며) 좌표 세계인 테이블[15]에서, 음… 수직이려면, (오른손을 펴고 왼쪽에서 오른쪽으로 수평을 그리며, 그림 4.7a, 그림 4.7b) 테이블 끝에 가지 않은 것과 (오른손을 다시 수평으로 반복하여 움직이며, 그림 4.7c, 그림 4.7d) 테이블 끝에 가는 것이어야 해요.

그림 4.7 • 오른손을 수평으로 두 번 움직이는 엘리사

15) 역주. 학생들은 아직 좌표 평면과 축, 눈금 체계 등 그래프에 대한 지식을 갖추지 못했기 때문에 그래프를 테이블로 불렀다. 이하 발췌문에서 학생들이 말하는 테이블은 좌표 평면에 나타낸 그래프를 뜻한다. 이하 발췌문에서 알 수 있듯이 교사는 학생들의 용어 사용 오류를 지적하거나 수정하기보다 그 의도와 발전 가능성을 고려함으로써 새로운 의미 창조와 자발적인 개념 형성을 유도한 것으로 보인다.

그림 4.8 • 오른손으로 시간의 흐름을, 왼손으로 시간을 고려하지 않은 동작을 현실화하는 베냐미노

교사: 베냐미노는 어떻게 생각하나요?

베냐미노: 엘리사가 말한 것처럼, (왼쪽 팔을 수직으로 올리면서) 테이블이 있는데 (오른손을 왼쪽에서 오른쪽의 수평 방향으로 두 번 움직이며) 여기 시간이 있고, (왼손을 위에서 아래의 수직 방향으로 두 번 움직이며) 여기는 움직임이 있는데, 음… 하지만 불가능해요, 예를 들어, (왼손으로 수직선을 나타내며) 잠시 동안, 가령, 10초, 몇 초 동안, (왼손을 수직으로 고정하고 오른손을 왼쪽에서 오른쪽의 수평으로 움직이며, 그림 4.8a, 그림 4.8b) 이런 움직임이 있을 수 있는데, (왼손으로 특정한 위치를 가리키며, 그림 4.8c) 플랫폼처럼, 마치 어떤 장소에서 시간이 멈춘 것처럼, (왼손을 위아래로 두 번 점프하면서, 그림 4.8d) 움직일 수는 없기 때문이에요.

교사는 여기서 '마치 ~처럼'이라는 조건에 따른 움직임을 그래프와 변수 사이의 관계로 생각해보도록 토론을 이끌었다.

교사: 시간이 멈춘 것처럼 되었을 때, 무엇이 바뀔까?

베냐미노: 음… 움직임.

교사: 움직임?

데이비드: 위치.

교사: 테이블에서 수직선에 나타냈던 것이 무엇이었죠?

학생들: 위치!

교사: 그래서, (오른손으로 수직선을 나타내며) 수직선이 나오려면, 음… 시간을 고정해야 하죠, 하지만 어떻게 되었죠?

데이비드: 위치가 바뀌어요.

학생들: 예~ (웃음).

엘리사: (강조하는 목소리로) 그래서 불가능해요!

시간이 멈추었을 때의 움직임

앞서 살펴본 사례에서 학생들은 수직으로 움직이는 대상을 수직선 모델로 나타낼 수 있다고 생각했다. 학생들은 손과 팔로 제스처를 만들면서 논의했고, 이때 아리아나와 엘리자벳은 좌표 세계에서 일어날 수 있는 일에 대해 혼동하고 있음을 드러냈다. 이를 파악하고 마르코는 '수직으로 나타날 수 없음'을 주장했고, 엘리사와 가이아가 그 이유를 설명하고자 했다. 가이아는 좌표 세계에서는 모든 움직임이 왼쪽, 즉 시간이 0인 곳에서 시작한다는 것을 설명했고, 엘리사는 수평 축의 오른쪽, 즉 적당한 끝 값을 가진다는 것을 설명했다. 가이아와 엘리사는 시간의 흐름 또는 시간의 지속을 왼쪽에서 오른쪽, 수평 방향으로 움직이는 직선에 의해 나타낼 수 있다고 보았다. 좌표 세계에서 수직선을 그래프 형태로 나타낼 수 있을 것이라고 하면서 오른손을 위아래로 움직였다. 하지만 손을 움직여 보다가 '움직임을 시작하면 수직선이 나오지 않기 때문에' 좌표 세계에서는 수직선 형태의 그래프를 그릴 수 없음을 깨달았다. 이 사례는 제스처가 수학적으로 존재하지 않던 대상을 생성 또는 창조하는 힘을 가지고 있음을 시사한다.

엘리사는 가이아가 새롭게 생성한 실재인 '수직으로 나타나는 것'과 그때 '테이블 끝'에서 어떤 일이 일어나는지에 관심을 주었다. 엘리사는 좌표 세계의 그래프를 테이블이라고 부르면서 그래프의 가로축이 시간을, 세로축이 위치를 나타낸다는 것을 포착했고, 베냐미노가 이러한 의도를 파악하면서 대화에 참여했다. 베냐미노는 '플랫폼처럼, 마치 어떤 장소에서 시간이 멈춘 것처럼, 움직일 수는 없기 때문이에요.' 베냐미노는 좌표 세계에서 수직선으로 나타낼 수 있는 움직임을 영화 세계에서 실제로 구현할 수 없다고 주장했다. 하나의 장갑을 같은 시간에 다른 장소에 놓을 수는 없기 때문이라는 추론에 따른 것이었다. 이렇게 영화 세계에서는 일어날 수 없는 동작임에도 불구하고 베냐미노는 왼손으로 특정한 위치를 가리키면서 '시간을 멈추면'이라는 가정을 했고, 왼쪽에서 오른쪽으로 움직이는 것과 '시간이 정지했을 때 움직인 것처럼'과 같은 생각을 제스처로 현실화했다. 가이아나 엘리사가 좌표 세계의 그래프로 나타낼 수 있는 고유한 특성에 주목했다면, 베냐미노는 시간의 흐름이 화살이 움직이는 것처럼 방향성을 가진다는 경험에 기초하여 시간의 흐름이 멈춘다면 움직일 수 없음을 지적했다는 점에서 매우 다른 설명을 제시했다. 이 설명을 위해 사실과 다른 것을 가정했으며, '마치 ~처럼' 그리고 2인칭 주어를 사용했다는 점이 특이할 만하다.

이 사례에서 실제로는 불가능한 그래프를 제스처로 나타낼 수 있었고, 이로부터 가능한 것과 잠재적인 것을 구분했다는 것이 매우 흥미로운 집단 창의성의 발현으로 볼 수 있다. 다시 말해, 좌표 세계에서의 수직선은 실제로 존재하는 수학적인 대상은 아니었지만 그것이 논리적으로 가능한가 아니면 가능하지 않은가를 탐구했다는 점이 창의적이었다. 좌표 세계에 직접 수직선을 나타낼 수 없지만, 상상과 조작에 의해 제스처로 표현할 수 있고 그 잠재성을 파악할 수 있었다. 제스처에 의해서는 수직선의 잠재성을 활용할 수도 있었고 수학적 논리를 넘어서는 방식으로 조작할 수도 있었다. 가이아, 엘리사, 베냐미노가 했던 의미 있는 활동은, 수직선을 제스처와 언어로는 잠재적인 그래프로 고려하면서 사고실험을 수행했다는 것으로 요약할 수 있다. 공간-시간 관계를 재배열하여 현실적으로는 불가능한 상황, 즉 한 장갑이 한 순간에 서로 다른 위치에 놓일 수 있음을 가정함으로써 불가능한 움직임을 현실화하는 매우 창의적인 시도를 했다. MV로 했던 이전 경험들에 대한 상기, 실제로 실험했던 경험, MV가 생성한 그래프들에 대한 논의, 가능한 모델을 찾고 그 잠재성을 파악한 시도 등이 모두 복합적으로 실행되면서 이와 같은 창의적인 학습이 이루어졌다.

지금까지 살펴본 사례에 나타난 창의성의 네 가지 특성은 다음과 같다.

1. 제스처로 시간이 멈춘 상태에서의 움직임을 현실화함으로써 가능하지 않은 경우를 고려하여 탐구했다는 점에서 창의성이 발현되었다. 학생들은 잠재성과 현실성 사이를 오가며, 관련되지만 다른, 가능성과 실재성 사이도 오가는 경험을 했다. 요컨대, 제스처를 통해 창의적으로 잠재성을 현실화했고, 가능성을 논리적 추론에 의해 실재화했다. 창의적인 행동에서 불합리한 경우를 고려하는 것이 어떤 역할을 하는지를 알 수 있었다.

2. 본래 구체적이고 보이는 것들에 대해 행동이 가능하다는 기존의 관점과 비교하면, MV 환경에서는 제스처를 포함한 배치에 의해 불가능하고 존재하지 않는 실체를 환기시킨 점이 특이할 만하다. 통상적인 행동 범위를 벗어나서 수학적으로 가능한 것에 대해 탐구하는 배치를 달리하면서 집단적으로 활동한 점 역시 주목해야 한다. 이 사례는 불가능성에 대해 논리적으로 추론하면서 학습한 경우인데 이보다 더 중요한 것은, 제스처를 통해 어떻게 가능한 경우를 고려할 수 있는지를 다시 생각해 보게 했다는 것이다. 이 사례에서 학생들의 제스처는 균형을 깸으로써 잠재성으로 가능성에 생기를 불어 넣었으며, 추론 규칙에 따라 발산적이고 창의적인 활동에 대한 논의를 할 수 있게 했다.
3. 이 사례에서는 4학년 교육과정을 벗어나는 내용을 다루었을 뿐만 아니라 새로운 기술 공학을 사용했다는 점에서 예상하기 어렵고 즉흥적인 방식으로 수업이 진행되었다. 참여한 학생들 역시 예상 밖의 상황에서 창의적인 행동을 했다는 점이 중요하다. 다른 학생들에게도 같은 이유에서 창의적인 행동을 기대할 수 있다는 점 역시 의미 있다. 더욱이 소프트웨어, 교사, 개별 학생이 제각각 개별적으로 창의적인 행동을 하게 된 것이 아니라는 점에 주목해야 한다. 이전에 MV를 사용하여 학습했던 경험을 상기하고, 교사와 학생들이 상호작용하면서 제스처를 통해 수직선을 생성하게 된 것은 개별적이라기보다는 집단적인 창의적 행동이다. 수직선 자체에 대한 논의와 이에 대한 아리아나와 마르코의 추론에 의해 제기된 모순을 해결하기 위해 수직선의 잠재성이 발생했기 때문이다.
4. 선수학습에서 다룬 '직선'을 상기하고 그 의미를 MV 실험에 비추어 해석하는 과정에서 시간과 시간의 흐름이라는 새로운 아이디어가 부각되었다. 이로부터 학생들은 처음으로 직선을 물질적으로 생성되는 경로의 의미로 탐구하게 되었다. 직선을 시간과 공간에서 물질적으로 생성되는 것으로 보는 학생들의 관점은 이전에 했던 MV 실험에서 학생들이 암암리에 형성했던 것으로 보인다. 수직선의 경우는 시간의 흐름이 없는 상태에서 그래프가 생성되는 것을 뜻하기 때문에 수학적으로 불가능하다는 생각을 하게 된 것으로 보인다. 제스처가 이 모든 것을 가능하게 했으며, 존재하지 않는 수직선과 그 의미를 시간에 따른 움직임이라는 모델로 현실화할 수 있게 했다. 여기서 어떻게 존재론과 논리가 완벽하게 얽히는지 알 수 있는데, 수직선 그래프의 본질적인 의미를 예상 밖의 방식으로 탐구함으로써 화면에 실제로 나타나는 그래프에서 벗어나 상상할 수 있는 움직임에 의한 새로운 잠재적인 그래프를 생성할 수 있게 되었다.

학생들은 물리적으로는 가능하지 않지만 수학적으로 현실화 가능한 새로운 공간을 생성하여 수직선 그래프에 대해 추론했다. 가이아와 엘리사의 경우는 시간의 흐름이나 지속 등 좌표 세계에서의 그래프에 관련된 기존의 관례와 성질들을 유지했지만, 베냐미노는 시간이 '정지된' 상태에서의 움직임을 고려함으로써 잠재성으로 초점을 이동시켰다. 당장 움직일 수는 없으나 움직일 가능성을 고려하는 베냐미노의 창의적인 아이디어를 수업에서 공유함으로써 새로운 아이디어로 나아갈 수 있었던 것이다. 여기서 조건을 고려하는 언어를 사용하여 논의했던 것이 잠재성의 잠재적인 공간을 생성하는 데 도움이 되었다.

유동성과 잠재성

이제 지금까지 살펴본 두 수업 사례에서 창의성 발현을 가능하게 한 조건 그리고 기술 공학의 역할에 대해 살펴보자. 기술 공학의 역할을 논의함에 있어, 동적 기하 소프트웨어, MBL 등 기술 공학을 반드시 사용해야 창의적 행동을 유발할 수 있다거나, 기술 공학의 사용이 창의적 행동 유발에 충분조건이라고 주장하는 것은 아님을 밝혀둔다. 이보다는 기술 공학을 특정한 방식으로 사용하여 특정한 과제, 특정한 수학적 상황, 학생과 교사의 특정한 상호작용에 의해 행위성의 분산이 이루어졌다는 점에 초점을 둘 것이다. 이러한 관점의 연장선상에서 기술 공학을 어떻게 사용하는 것이 잠재성의 현실화를 가능하게 할 수 있을지의 문제를 생각해볼 것이다. 중요한 것은 기술 공학을 사용하여 다이어그램을 만지거나 역동적으로 잠재성을 환기시키는 방식으로 수학과 물질을 결합함으로써 수학을 운동적으로 만드는 것이 창의적 행동의 기회를 제공할지 여부이다. 버블스[16]는 기술 공학을 사용하여 잠재성에 초점을 두었던 연구에서 유사한 문제에 대해 논의했다. 그는 우리와 다소 다른 관점에서 기술 공학이 잠재적인 경험을 생성하는 데 기여한 바를 유동성, 체험적 환경, 관찰 시점에서의 행동, 촉각 민감성, 수행 정체성의 다섯 가지로 제시했다. 다음과 같은 이유에서 이 다섯 가지 모두 기본적으로 잠재성과 관련된다. 먼저 유동성의 경우, 직선, 점, 참여자 모두 기존의 물리 법칙을 초월하는 새로운 공간에서 유동적임을 뜻한다. 체험적 환경은, 공간과 시간의 확장 혹은 변환, 그리고 그 공간과 시간에 대한 신체적인 점유가 가능한 환경을 가리킨다. 관찰 시점에서의 행동은, 모종의 움직임을 한 발 떨어져서 관찰하면서 시간을 바꾸어 고려하는 능력을 가리킨다. 촉각 민감성은 '마치 ~인 것처럼' 보고, 만지고, 느끼는 방식으로 목하 탐구 중인 잠재적인 공간

16) Burbules(2006) 참고

을 신체가 몰입하여 탐험하는 것을 뜻한다. 수행 정체성은 가상의 공간에서 수행적 역할을 할 수 있는 범위를 확장하고 변환하는 능력을 가리킨다.

유동성은 본래 기술 공학이 가지는 가장 중요한 특성이다. 그런데 시간성을 벗어나서 움직임을 다루는 것이 형식 수학이고 대부분의 수학적 대상의 유동성을 다루기 어렵다는 점을 감안하면, 수학적 맥락에서 기술 공학의 유동성은 매우 강력한 특성이다. 교선 관련 수업 사례에서 기술 공학의 유동성은, 점과 직선은 마찰이 없으며 무한히 연장 가능한 2차원 공간에서 다룰 수 있도록 했다. 학생들은 기술 공학 환경에서 팔, 손과 같은 자신의 신체를 사용하여 더 많은 직선을 생각하고 관찰함으로써 구체적인 것들을 넘어 공간을 확장하고 변환하는 새로운 세계에 참여했다. 학생들이 직접 마우스, 점, 직선과 직접 상호작용하지 않더라도 교사가 '드래깅'하는 모습을 관찰함으로써 신체적인 참여를 할 수 있으며, 이를 샤틀레의 언어로 표현하면 '제스처의 왕조들'에 해당한다. 화면을 있는 그대로가 아니라 옮겨서 교점을 보이게 할 수 있다는 것을 깨닫는 것이 매우 중요했다. 마우스를 학생들이 아니라 교사가 작동했기 때문에 학생들은 제스처를 만들었고, 이로써 교점의 잠재성을 인식하게 되었다. 두 번째 수업 사례에서 그래프와 관련된 탐구를 할 때 학생들은, 동작 탐지기가 움직임을 탐지하여 화면 속의 아바타가 그래프로 나타낸다는 점을 학습했다. 여기서 유동성은 신체적인 움직임을 화면에 나타냄에 있어서 탐지기와의 거리 변화와 관련된다. 학생들은 자신의 신체로 직선을 나타냈고, 탐지기를 직접 다루는 상황이 아닌, 상상 속의 상황에서 신체를 사용하여 직선을 상상할 수 있었다. 실제로 동작 탐지기를 사용했던 경험을 바탕으로 탐지기와의 거리의 변화와 화면에 나타난 그래프 사이에 상호작용이 일어나면서 움직일 수 있는 범위와 그래프의 형태에 대한 가능성을 통찰했으며 결국 시간이 멈춘 상태에서의 움직임이라는 새로운 잠재성을 생성할 수 있었다.

버블스가 수행 정체성으로 표현했던 특성은 기술 공학이 수행 네트워크 속에서 잠재적인 실재를 고려하게 하는 능력과 관련된다. 초반에는 위에서 다룬 두 수업 사례들에서 기술 공학의 수행 정체성을 파악하지 못했다. 그런데 수학적 활동의 본성이 공동의 참여라는 로트먼의 입장에 입각하면[17], 참여자와 물질세계가 공동으로 수학을 창출하면서 동시에 새로운 물질세계에서 새로운 수행 정체성을 산출하는 측면을 확인할 수 있다. 바라드가 제시한 포스트휴머니즘적인 입장에서 보아도 교사와 학생만이 아니라 개념을 포함한 물질세계가 수행 정체성을 가진다고 해석할 수 있다.

지금까지 2장에 소개한 '개념의 교육학'이라는 아이디어를 두 수업 사례를 중심으로

---

17) Rotman(2008) 참고

살펴보았다. 두 수업에서는 교선과 시간을 멈춘 상태에서의 움직임이라는 개념을 각각 다른 특성의 유동성에 의해 다루었다. 두 개념은 각각 기술 공학 환경에서 물질적이고 존재론적인 생성에 의해 새롭게 창안되었으며 정적인 지식으로는 다루어지기 어려운 것이었다. 이전에는 상상하지 못했고, 불가능하며, 통상적이지도 않고, 예상할 수도 없는 상황에서 새로운 개념의 생성으로서의 학습 장면이 발생했다. 집단적으로 창의적인 행동에 의해 새로운 공간을 생성했고 이로부터 새로운 논증의 형식도 따라 발생했다. 이때 학생들은 다이어그램과 제스처 사이의 상호작용을 거쳐 잠재성으로 나아갈 수 있었다. 제스처를 통해 연역이나 귀납이 아니라 감각의 창출에 의한 새로운 수학적 대상의 생성이 이루어졌다.

샤틀레의 견해에 비추어 두 수업 사례를 분석한 결과, 제스처와 다이어그램 사이의 상호작용에 의한 새로운 방식의 사고, 움직임, 상상의 흐름 그리고 창의성의 발현 과정을 확인할 수 있었다. 샤틀레의 견해는 실재화로부터 현실화의 과정을 그리고 가능성과 잠재성을 분리하여 파악하는 데 도움을 주었으며, 수학적 대상을 단지 논리적 연역만이 아니라 물질적 창조와 관련지어 탐구할 수 있게 했다. 잠재성에 의해 추상화되고 이상화되며 생명이 없는 수학을 생기 있고, 살과 유동성을 가진 것으로 바꿀 수 있었으며, 이에 대해서는 8장에서 다시 자세히 다룰 예정이다.

5 유물론적 관점에 따른 수업에서의 담론 분석

샤틀레의 수학 철학은 수학 자체가 가진 물질성을 통찰하여 제스처와 다이어그램이 가지는 핵심적인 역할에 주목하게 한다. 샤틀레는 언어의 역할에 명시적으로 주목하지 않았다. 그러나 언어는 신체가 사회문화적으로 중요한 존재가 되는 과정에서 그리고 수학 학습에서도 중요한 역할을 하므로 이에 대해 논의하고자 한다. 이하에서는 수업에서의 담론, 특히 담화가 다른 물질성 혹은 정동의 힘과 결합하는 방식을 탐구하면서 언어를 포괄적 유물론의 입장에서 살펴본다. 이 책에서는 담화를 사고의 번역이나 상징적인 의미작용에 대한 기호학적인 행위로 간주하기보다, 담화와 음성이 수학 교실에서 학습 배치의 일부가 되는 방식에 주목할 것이다. 이러한 배치는 시간이 흐르면서 끊임없이 형성되고 해체되며, 안정화 또는 불안정화된다. 담화를 물질로 해석하면, 의미의 원천으로 여겨지던 합리적 사고의 주체에서 벗어나게 되고, 담론의 미시적인 역학관계에 의해 의미가 생성되는 방식을 통찰할 수 있게 된다. 또, 언어가 다른 물질성과 경계를 이루거나 연합되는 방식이 드러나고, 수업에 작동하는 정동의 힘에 다가가 그것이 수업에서 흘러가는 방식을 볼 수 있게 된다. 먼저 수학 수업에서의 담론의 역학관계를 일반적으로 논의하면서 유물론적 접근을 이러한 작업과 연결하여 보완하는 방식을 보일 것이다. 그리고 일련의 사례들을 분석하여 수학 수업에서의 담론이 부분적으로, 신체의 움직임과 운율을 통해 발전되는 방식을 설명하고자 한다.

언어의 물질성

기존의 수학교육 연구에서는 언어가 작동하는 구체적인 방식을 '언어적 전회' linguistic turn)를 통해 설명해왔다. 특히, 최근의 연구들에서 수학은 명사화, 강한 법성,[1] 그리고 밀도 높은 명사구와 같은 특정 문법적 측면에 비추어 객관적이고 영원불변한 이미지로 그려졌다.[2] 기존의 수학 담론 연구들은 비판적 담론 분석이나 그 외의 담론 프레임에 기초하여 교실에서 발견되는 담론의 패턴이나 형성물, 그리고 다양한 종류의 텍스트에 의해 수학 교수와 학습이 어떻게 제한되고 작동하는지 강조해왔다.

또한, 수학적 성취나 참여를 사회-경제적 계층화와 인종 불평등 문제로 풀어내는 기존의 연구들은 학교 수학을 정치적으로 프레이밍 했는데, 이것은 언어에 초점을 두었기에 가능했던 것이다. 예를 들어, 워커딘[3]은 수학적 추론이 문화의 형태로 생산된다고 주장하면서, 초등학교 수학의 담론 패턴이 평가되는 방식과 비형식적인 수학적 담론이 수용되는 방식을 연구했다. 이에 비해 모르간은 수학 텍스트를 행위성[4]에 기초하여 분석함으로써 텍스트가 독자들에게 어떤 영향을 미치는지를 연구했다.[5]

이 연구들에서는 '담론의 규칙'에 의해 주체성, 권한 그리고 행위성이 규제되고, 텍스트와 발화의 '언어적 특징'이 어떻게 관련되는지를 논의했다.[6] 예를 들어, 렘케는 교실에서 서로 다른 종류의 언어가 상호 텍스트적 관계를 구성하도록 하면 '공동체의 사회적 관계를 재구성'[7]할 수 있다고 주장했다. 그는 '언어가 어떤 집단이 다른 집단에 대한 지배를 유지하기 위한 의미를 구성하고, 지배에 도전하는 방식은 제공하지 않으며 다만 관념적으로 기능'하는 것으로 보았다.[8] 이러한 입장에 따라 수업을 분석했던 연구자들은

---

1) 역주. 언어는 정보교환의 수단으로 쓰일 뿐만 아니라 능력, 의도, 소망을 나타내는 수단이다. 우리는 진술내용의 개연성을 언어의 형식으로 드러내거나 재치 있게 혹은 정중하게 언어를 표현하기도 한다(김한창, 1993). 이와 같이 진술하는 명제에 대해 화자가 가지는 견해나 심리적 태도를 반영하는 요소를 법성(modality)이라고 하며, 동사나 형용사, 명사, 부사, 또는 서법조동사가 이러한 법성 기능을 한다(이경남, 1994).

2) Morgan(2005), O'Halloran(2005) 참고

3) Walkidine(1988, 1990) 참고

4) Atweh, Bleicher, & Cooper(1998), Chistensen, Stentoft & Valero(2008), de Freitas(2008a), de Freitas & Zolkower(2009), Herbel-Eisenmann(2007), Herbel-Eisenmann & Wagner 2010), Morgan(2005), Walshaw(2004), Zevenbergen(2003) 참고

5) Morgan(2005) 참고

6) Fairclough(2003), p.29 참고

7) Lemke(2002), p.39 참고

8) 같은 책, p.40 참고

수업 전사 자료를 한 줄 한 줄 세부적으로 분석하면서 특정한 언어 교환에 잠정적으로 반영되어 있는 힘의 관계를 파악하고자 했다.

이 연구들은 수학 교실에서 소수만 이해하는 텍스트가 '재맥락화'되고,[9] 특정한 교육적 목적을 위해 지식이 '재-생산되는' 되는 방식을 다루는 연구들과 관련된다. 빌, 오 할로란, 그리고 크리스티와 마틴 등의 언어학자들은 체계기능 언어학(systemic functional linguistics)과 번스타인의 사회학 이론을 문자와 발화를 포함한 학교 수학 텍스트에 적용하여 '교육 담론'이 통제적 담론의 일종인 '사회적 계층 담론'[10]에 포함된다고 주장해왔다.[11] 학교 수학의 개념과 문법은 일상 언어와 무관한 다양한 기술적인 규칙과 위계적인 배열로 이루어져 있다. 마틴[12]은 학교 수학의 거대한 '종적 담론' 체계가 '상식'을 무시하고 과정과 행위를 명사로 바꾸는 명사화를 남용하는 방식을 따른다고 보았다. 학교 수학의 언어와 다른 언어 사이에 존재하는 긴장은 말로 나타낸 수학과 글로 나타낸 수학의 차이에서도 잘 드러난다. 학습자가 말로 수학을 할 때는 다양한 방식으로, 때로는 모순적이고 물질적이며 물리적인 동사를 사용하지만, 문자로 표현할 때는 그렇게 하는 일이 드물다. 예를 들면, 우리는 $20-3x=46$과 같은 대수 방정식을 '3과 어떤 수의 곱과 20의 차가 46'과 같이 밀도 높은 명사구로 '번역'하여 다룬다. 마틴[13]은 이러한 명사화로 인해 문자 수학과 구두 수학 사이에 극단적인 괴리가 발생하며, 그 괴리가 게이트키핑 역할을 한다고 주장했다.

언어학자 할러데이의 독창적인 연구, 특히 특정한 상황에서 사용하는 언어에 관한 광범위한 연구가 수학 수업의 담론 연구에 큰 영향을 미쳐왔다. 할러데이[14]는, 언어를 상황에 따라 제정되는 사회적 관계일 뿐만 아니라 문화를 모델화하고 반영하는 체계로 보았다. 이와 같은 언어관에서는, 물질은 생명이 없고, 수동적이며, 단지 상징적인 의미를 보관하는 위치나 장소에 불과하다. 문법이 환경과 상황에 반응하여 발전한다고 보고 이에 초점을 두었음에도 불구하고 할러데이의 '기능적' 언어학에서는 그 반응의 근원이 합리적인 개인 내부에 있다는 점에서 한계가 있다. 할러데이는 다음과 같이 주로 '학습자'를 '자원을 구성하고 연출'하며 언어학적이고 기호학적인 선택을 하는 주체로 보고 학습을 설명했다.

---

9) Bernstein(1996) 참고
10) 같은 책, p.49 참고
11) Veel(1999), O'Halloran(2005), Christie & Martin(2007) 참고
12) Martin(2007) 참고
13) 같은 책 참고
14) Halliday(2007) 참고

> 학습자는 언어학적 체계를 해석하여 마음속에서 구성한다. 언어가 '하나의 체계'라는 의미는 언어에 에너지가 축적되어 있다는 것이다. 이는 과학의 언어와 마찬가지로, 언어 혹은 언어의 어떤 구체적인 측면이 잠재적인 형태로 존재함을 뜻한다. 언어는 인간이 읽고, 말하고, 듣기 위해 이용하는 자원이며, 학습하기 위해 활용하는 자원이다. 그렇다면 인간이 어떻게 이러한 잠재성을 이해하고, 그것을 얻어서 활용할 수 있을까? 인간은 텍스트의 형태로 잠재성을 창조하고 연출한다. '텍스트'는 인간이 듣고 읽는 언어를 통칭하며, 말하고 쓰면서 스스로를 창조하는 언어의 예이다.[15)]

엄격하게 말하면, 할러데이는 언어의 '체계'라는 것이 어떤 고정된 것으로서의 이상적인 구조가 아니라, 오히려 '모든 다양한 실례들 뒤에 놓여있는 잠재성'이라는 점을 조심스럽게 지적하고 있다.[16)] 실제로 모든 텍스트들의 '의미 잠재성'이 무한하다는 점에서 본다면 '예시화' 행위는 한정된 선택들 중에서 하나를 선택하는 것은 아니다. 하지만 그는 상황과 텍스트 사이의 관계가 '실재화'의 하나이고 그 관계를 순수하게 '기호학적'[17)]으로 간주했기 때문에, 의미를 물질성으로 끌어넣는 방식을 충분히 인지하지 못했다. 물질에서 기호학을 분리하면서 할러데이는 신체를 언어학적 자원을 옮기는 단순한 그릇이나 관으로 강등시킨다. 즉, 행위성은 오직 인간의 언어 사용과 기호학적 의미를 통해서 획득되는 것인 반면, 물질성은 맥락을 감금하고 있는 구조의 일부가 되는 것이다. 워샘은 언어학적 상호작용을 연구한 많은 연구자들이 상징적 의미에 대한 '창의적인 행위'와는 대조적으로 물질을 '제한하는 구조'의 일부로 묘사할 때, 구조와 행위성 사이의 감금된 이원체를 받아들이는 데 부담을 느낀다고 지적한다.[18)] 워샘이 제안한 물질·담론적 상호작용의 복잡한 과정들은 구조와 행위 사이의 이원적 구분을 와해시켜, 행위와 구조를 제한적이면서도 창의적인 것으로 들여다보기를 요구한다.

2장에서 논의한 것처럼, 바라드[19)]는 장치와 대상, 더욱 일반적으로는 물질화와 의미화를 구분하기 위해 내부 작용이라는 용어를 사용했다. 이 용어를 통해 바라드는 단어와 사물이라는 두 개의 구별되는 영역이 상호작용한다는 관점에서 벗어나, 같은 영역 내에 서로 겹쳐있는 두 주름 사이에서 어떤 사건이 발생하고 있는지 이해하고자 하였다. 그는 언어를 특정 상황이 가지는 물질의 층으로 보게 되면서 상호작용에서 **내부 작용**으로 관

---

15) Halliday(2007), p.274 참고
16) 같은 책, p.275 참고
17) 같은 책, p.282 참고
18) Wortham(2006), p.279 참고
19) Barad(2008) 참고

심을 옮기게 된 것이다. 단어가 언어 게임 내에서 기능한다거나 그저 사회문화적 힘을 통해 구성되는 것으로만 본다면 유물론적이고 존재론적인 관점에 이를 수 없다. 그러나 단어의 의미에는 모종의 **물질에 대한 사실** 그리고 그 '사실'이 물질과 분리될 수 없다는 사실이 담겨 있다. 이렇게 보면, 실천 내에서 모래알 같은 물질성을 담론이 포착했다고 이해할 수 있고 단지 언어가 세상을 재현한다고 보는 입장에서도 벗어날 수 있다. 사실 바라드는 언어나 기호가 단순히 물질세계에 **대응**된다거나 그것을 지시하는 것이 아니라, 그것들이 물질의 배열이라는 점에 주목하였다. 우리는 경계가 끊임없이 변형되고 규정되는 과정에 연루되어 있으며, 그러한 점에서 단어와 사물은 **임시적으로만** 서로 구별되어 해석되는 것이다. 요컨대, 언어는 물질적 실재의 외부에서 그것을 모사하고, 모델링하거나 코드화 함으로써 기능하기 보다는 세계를 물질적으로 재배열함으로써 기능하는 것이다. 이와 관련하여 2장에서 언급했던 바라드의 논의, 특히 신유물론에서 의미를 어떻게 고려하는지 상기하기를 바란다.

> 물질성은 세계의 담론적 수행이지만 담론에 대한 실천은 인간-기반의 행위들로 환원되지 않는다. 물질은 그저 담론의 지원물이거나, 인간이 인용하며 실천하여 만드는 최종 산출물도 아니다. 오히려, 담론은 특정한 물질을 (재)배열하면서 경계, 성질, 의미를 다르게 규정하는 실천이다. 즉, 담론은 행위성의 내적 작용이 계속 진행 중인 실천인 것이다.[20]

물질과 의미는 분리되지 않으며, 서로의 외부에 놓여 있지도 않다. 수업에서의 담론을 분석할 때, 이러한 존재론적 입장은 조작적이지도 않고, 근거가 없어서 연구자를 곤란하게 만든다고 생각할 수 있다. 그러나 수학 교실에서의 언어 사용을 이와 같은 관계적 존재론에 입각하여 분석하는 것은 언어를 연구하는 새로운 방식이라 볼 수 있다.

상호작용에 초점을 둔 기존의 담론 분석에서는 언어가 의미를 확정적으로 결정한다고 보기 때문에 물질과 의미를 이분법적으로 구분해왔다. 물론, 언어를 사용하면서 의미가 구성되는 건 사실이지만 때로는 언어의 효능에 사로잡혀, 언어의 힘에 영향을 미치는 다른 요인에 주목하지 못한다. 이분법적인 구분에서 벗어나기 어려운 또 다른 이유는 말하는 주체를 정치적 행위의 상징으로 가정하는 경향 때문이다. 그러므로 담론의 미시적 역학관계를 연구하기 위해서는 인간을 자기를 지배하는 입법자나 자기를 저작하는 주체로 보는 것을 거부하고, 대신 '흐릿하게 생성되는 주체에 대한 확신'[21]을 가지는 것이 필요

20) Barad(2008), p.173 참고
21) Colebrook(2008) 참고

하다. '우연성이 가득 차 있는 관계적 과정'으로 주체가 생성되는 것은 이 과정이 인식-경험적 주체에서 시작하거나 끝나지 않도록 하는 하나의 실험을 하는 것이다. 학습 과정에서는 분명히 명사, 신체, 개념과 창조적으로 마주치게 된다. 그러한 조우에 의해 **새로운 방식으로** 관계를 단절시키거나 재배치하는 것이라면, 언어를 의사소통보다는 창조 또는 개입으로 간주해야 하며 이하에서도 이렇게 보고자 한다. 콜브룩은 이러한 이유에서 들뢰즈와 가타리가 **현재의** 시스템을 통제하는 엔진의 힘보다, **새로운** 시스템을 생성하는 엔진으로서의 정동을 연구해야 한다는 주장에 동의했다. 우리도 같은 입장에서 수학적 활동이 '어떤 유기체와는 별개로 관계, 연결, 창조 그리고 종합 내에 존재하는' '신체' 내에서 그리고 '신체'를 통해서 나타난다는 것을 논의하고자 한다.[22] 한편, 미시역학은 힘을 통해 생산되는 정치적인 구조나 사회적 배치의 출현을 연구하는 하나의 방식이 되며, 이러한 힘은 의도성과 의지를 가지고 행동하는 정치적 행위자와 함께 작동한다.

언어와 물질이 나란히 발전한다고 보는 입장은 광대하고 지질학적인 관점이라고 할 수 있다. 이 입장에 따라 언어와 물질을 재고하면 둘 사이의 얽힘에 관한 후기-인문주의자들의 해석을 적용하는 데 도움이 된다.[23] 이를테면, 언어는 시간적이고 공간적인 관계에서 전개되고 확장되면서, 표현성의 한 유형으로 그리고 생명을 가진 것으로 출현한다고 볼 수 있다. 이때 언어는 '색, 음, 질감, 움직임, 기하학적 형태 그리고 지질학적 혹은 기상학적 실체를 매우 극적으로 표현할 수 있는 다른 특성들'[24]과 마찬가지로, 물질 관계의 특정한 배열을 가지는 하나의 '표현'에 불과한 것이 된다. 이는 의사소통과 표상 이론의 밖에서 언어 사용을 연구하는 관점이라는 점에서 상당히 흥미롭다. 이렇게 언어를 의미에 대한 선험적인 부호화로 보는 대신, 물질적 표현 혹은 창조 혹은 개입으로 보고 언어가 하는 물질적 작업을 이해하는 것을 제안하고자 한다. 우리가 창조 혹은 개입이라고 표현한 이유는 이 용어에 이중적인 의미를 담고 싶었기 때문이다. 또한 언어 사용에 의해 물질적 배치에 개입하는 동시에 물질적 배치를 창조하는 두 가지 언어 작동방식을 효과적으로 강조하고자 했다. 3장에서 다이어그래밍과 제스처가 그랬던 것처럼, 창조 혹은 개입이라는 표현에 의해 형상을 만들어내고 개체를 발생시키는 언어의 본질을 포착하고자 했다. 교실을 가로질러 흐르는 다른 정동의 힘과 마찬가지로, 언어는 새로운 것을 낳는 힘이나 엔진으로 표현되기 때문에 창조 혹은 개입하기는 세계를 재현한다는 입장과는 다르다. 문제는 담화와 의미의 물질적 결합을 조사함으로써 언어가 어떻게 영향을 주고 또

22) 같은 책, p.127 참고
23) Delanda(2008) 참고
24) 같은 책, p.163 참고

영향을 받는지 살펴보는 것이 상당히 도전적이라는 점이다. '명령하고, 의문을 던지고, 약속하거나 단언하는 것은 누군가에게 명령, 의문, 계약, 혹은 주장에 대해 알려주는 것이 아니라, 구체적이고, 주관적이며, 암시적인 이러한 행위들을 유발하는 것이다'.[25] 즉, 이 장에서는 담화와 다른 언어적 행위들이 어떻게 그 외의 물질성과 결합하고, 어떻게 의사소통 모델의 밖에서 작동할 수 있는지 살펴볼 것이다.

단어 배치

의사소통 모델에서 담화는 사적 영역과 공적 영역 사이의 정보 전송 행위로 간주되었다. 이 관점의 연구자들은 인간의 내면이 존재하고, 의도를 가지며, 그리고 합리적이라는 점에 주목해왔다.[26] 단어를 체화되지 않은 의미의 운반선[27]으로 보는 입장에서 담화는 그저 내용과 정보를 표현하고, 기술하고, 주고받거나 이에 반응하는 것일 뿐이다. 이러한 관점의 바탕에는 의미와 물질 사이의 존재론적 구분에 대한 뿌리 깊은 확신이 깔려있다. 여기서 확신은 담화가 내용과 표현 사이의 일차적인 인과관계가 되기를 바라는 마음에서 비롯되는 것이며, 비-의미와 어형이 변화된 담화에 대한 우리의 불안이 반영된 것이다. 만약 담화의 잠재성이 비-의미, 우연 혹은 특이성과 연결된다면 어떨까? 여기서 **특이성**이라는 용어는 보편적인 사례가 아니라, 불규칙적인 발생이나 분열된 상태를 의미하는 말이다. 요컨대 분열시키는 힘에 의해 담화의 잠재성이 발생하여 주변을 맴돌며 다른 것을 구조화하고 자석처럼 작용한다면 어떤 일이 생길까? 마치 미분체계에서 특이점이 그러한 것처럼 말이다. 이렇게 생각해보면 언어 행위는 언어학적으로 체계화된 사례라기보다 잠재적으로 특이성을 가진 창조 혹은 개입의 행위로 볼 수 있다.

이 계보를 따라가면, 담화가 실제로 상황과 봉합되는 방식을 볼 수 있지만, 우리가 이러한 봉합을 제어할 수 있는 것은 아니다. 담화 내의 어떤 것은 물질의 네트워크를 가로질러 이동하고 제스처, 대상, 패턴들과 재결합하면서 번뜩임이나 특이성처럼 분열한다. 그래서 물질과 의미는 결합된 과정으로 볼 수 있다. 이미 표현된 언어가 중개물이 되어 의미와 물질 사이의 미숙한 경계사이를 쉼 없이 날아다니면서 담화가 영향력을 미치는 것이다. 언어를 정교하게 사용하면서 부호와 체계가 의미에 종속되는 만큼, 담화의 이러

25) Deleuze & Guattari(1987), p.77 참고

26) Massumi(2002) 참고

27) 스파드는 이에 대한 예외로 볼 수 있다(Sfard, 2008). 의사소통이 곧 사고임을 강조하는 'commognition'이라는 단어는 이와는 다른 관점에서 만들어진 것으로 보인다.

한 불확정성 또한 지속되는 것으로 보인다. 이에 주목하려면 단어의 발화가 의미를 상징할 뿐만 아니라 표현의 '비의미화 입자'(asignifying particles)가 된다는 것을 고려할 필요가 있다. 지금까지 관련 연구자들은 학생이 개념을 이해했는지 오개념을 가지지 않았는지 증거를 찾기 위해 전사자료를 분석하거나, 학생과 교사의 정체성을 살펴보기 위해 단어를 사용하는 방식에 몰두해왔다. 그러나 이제는 담화가 의미작용의 체제 밖에서 어떻게 작동하는지, 참조 능력, 심지어 의사소통과 함께 혹은 그 밖에서 어떻게 작동하는지 관찰할 필요가 있다. 담화를 물질적인 표현으로 바라보면 때로는 비전형적이거나 더듬거리는 말이 담화가 될 수 있고, '언어를 탈영역화하는 최전선'[28]이 될 수 있기도 하다.

포착될 수 없는 잠재적인 힘이나 흐름에 대한 증거를 찾다보면, 담화가 의미작용 '명제의 그물망' 사이로 빠지는 것은 아닌가라는 생각에 도달하게 된다.[29] 문제를 해결하는 학생이 순조롭고 선형적인 플롯부여(emplotment)[30]로 말하는 것은 매우 드물기 때문이다. 롤런드[31]에 의하면, 학생들은 '안돼, 음, 뭐랄까… 글쎄요'와 같이 애매하게 말하거나, 때로, 항상, 아마도, 분명히, 그렇게 되어 있고, 그럴지도 모르며, 해야 하고, 원하고 등 인식론적이고 존재론적으로 흐릿하게 발화한다. 다음 일화에서 볼 수 있듯이, 학생은 포괄적이고 비선형적으로 말하면서 수학 문제를 탐구한다. 학생이 탐구한 문제는 다음과 같다. 주어진 정사각형 모양의 점 배열에서 모든 점을 연결하기 위해 필요한 선분은 적어도 몇 개인가? 이 문제를 읽을 때 학생이 혀를 입 내부 공간에서 어떻게 움직일지 상상해보자. 입의 내부 공간은 장차 추측이 될 발화가 잠정적으로 형성되는 장소이다. 또, 학생이 문제의 각 부분과 단어를 얼버무리면서 어떻게 변조[32]해낼지 상상해보자. 이 일화에서는 담화가 무작위적인 힘을 가지며, 그 방식은 때때로 의사소통이라는 과업과 상충되는 것을 볼 수 있다.

교사: 좋아요. 그럼, 이제 무엇을 해야 할까요?

---

28) Deleuze & Guattari(1987), p.99 참고

29) Massumi(2002), p.24 참고

30) 역주. 사료를 편찬할 때 연보나 연대기에 있는 일련의 사건들을 개괄하는 아이디어를 구상하고 그것에 '플롯'을 부여함으로써 일관성 있고 이해 가능한 이야기로 구성하는 경우가 있다. 이를 '플롯부여'라고 하는데 이는 역사를 쉽게 설명하기 위한 방법이자, 개별 사건이나 사실이 가지는 역사적 의미를 추론하기 위한 방법이다(송상헌, 2012). 여기서는 학생이 이와 같은 방식으로 자신의 문제 해결과정에 대해 말하는 경우가 거의 없음을 지적하기 위해 이 용어를 사용했다.

31) Rowland(1995) 참고

32) 역주. 음성 기관이 어떤 음성을 내기 위해 필요한 위치를 취하고 일정한 운동을 하는 것을 말한다(김정오 외, 2007).

학생: 저는… 음… 4 곱하기 4 격자를 해볼 거예요.
교사: 그렇죠. 먼저 어떻게 될지 예상해볼까요?

약간 망설이다가, 학생이 다음과 같이 답했다.

학생: 최대는 아마, 저… 최소는 아마 약 15쯤이요.
교사: 왜 15라고 예상했죠?
학생: 음… 저 사이에 어떤 패턴이 있을 거라고 생각했기 때문에요. 만약 음, 어떤 양이, 음... 만약 3 곱하기 3이라면…
교사: 그래요.
학생: 만약 저게… 4… 3 곱하기 3은 실제로 9인데…
교사: 그래요.
학생: 하지만 만약 모든 점들의 둘레를 돌아가면, 그것은 단지 약… 만약 한번만 돌아가면 그것은 하나가 될 거예요. 음, 9보다 작아요. 음… 왜냐하면… 왜냐하면 단… 단지 가지고 있기 때문에, 선분하나를 빠뜨릴 수도 있기 때문에, 왜냐하면 틈을 빠뜨릴 수도 있기 때문에, 음… 왜냐하면, 음… 모든 점들을 돌아야 해서요.
교사: 좋아요… 그러니까 왜 15라고 말했죠?
학생: 왜냐하면, 음, 가… 같은 이유로, 왜냐하면 만약… 모든 점들을 돌아간다면 16이 되지만 만약 점들을 둘러싸는 모든 길을 한번만 지난다면 차를 빼야 하지만, 음.. 기본적으로 하나를 빼요. 그리고…
교사: 그러면 다른 사각형에서는 어떻게 될까요?
학생: 아마 하나를 뺀다면… 만약 사각형을 만들면 아마 실제로 그 수를 알게 될 거예요, 만약 답이라고 생각하는 수에서 하나를 뺀다면 그것이 정답이 될 거예요…[33)]

15로 예상한 이유가 무엇이냐고 물었을 때 학생은 자신의 추론을 더듬거리면서도 논리적으로 말하고 있다. 이 학생은 '왜냐하면' 그리고 '만약-그렇다면'과 같은 조건적인 언어를 사용한다. 이를 학생의 주저함이나 불확실한 생각의 표현으로 보는 대신, 여기서는 리듬, 강세, 억양과 같은 담화의 운율적 양상을 단어-음성의 측면으로 파악하고자 한다. 담화의 운율적 양상은 화자가 단어들을 말하고 그 윤곽을 바꾸며, 단어에 효력을 부여하거나 박탈하고, 문제의 표면에서 단어들이 뻗어 나오도록 한다. 이 학생은 낯선 경험을 자신의 언어에 포섭하면서, 느리지만 확실하게 자신이 말한 단어들과 점의 배열 그리고

33) Rowland(2000), p.185 참고

다른 감각들을 접합하고 있으며, 이것이 바로 과제와 담화가 연결되는 방식이라고 할 수 있다. 이런 식으로 단어들이 문제의 신체와 학생의 신체를 연결하는 수단이 된다고 볼 수 있지 않을까? 독자들도 같이 생각해보자. 만약 단어-음성들이 이러한 방식으로 기능하지 못했다면, 그 담화가 해야 하는 일을 하지 않은 것이라고 생각한다. 완전하고 명료한 의사소통을 추구한다면 위와 같이 더듬거리는 담화는 결함이 있다고 볼 수 있지만, 바꾸어 생각하면, 위 학생의 담화는 문제와 접합하여 재배열 되면서 새로운 리듬이나 일시성이 가능해지는 접합 지점으로 볼 수 있다.

위의 일화에서 담화는 쓰기와 완전히 다른 방식으로 작동한다는 것을 알 수 있다. 학생들이 흔히 그렇듯이 글자를 휘 갈겨쓰거나 무언가를 기술하는 것을 쓰는 행위로 볼 때, 쓰는 것은 어느 정도 '수학적 사고에 대한 상징적 생태계'[34]로 기능한다. 이와 달리 담화는 수학 교수·학습에서 매우 이례적인 역할을 수행한다. 그동안 의사소통에 초점을 두었던 연구들에서 주로 참고했던 모델은 이른바 '복사'로, 담화가 완성된 사고를 번역하여 보여주는 것으로 그리고 학생들은 사전에 이미 존재하는 사고들을 담화에 의해 공유하는 것이었다.[35] [36] 흔히 '생각을 말하시오' 혹은 '생각을 설명하시오'와 같이 학생들이 생각하고 있는 것을 발표할 수 있어야 한다고 보았다. 특히 이러한 표현들은 학생들의 참여를 독려할 때 권장되어 왔다. 그러나 이러한 말을 자세히 살펴보면, 사고와 언어의 관계에 암묵적으로 존재하는 가정이 있고, 그것이 작동하는 방식이 있음을 알 수 있다. 사실 교사가 학생들의 말을 수학적인 용어로 바꾸어 재진술하거나 재-목소리화하는 것은 일상적인 일이다. 또한 문제를 풀거나 추측을 검사할 때 '소리 내어 말하기' 전략은 수학에 '목소리를 제공'한다. 하지만 이와 같은 실천들에서 담화는 여전히 사고를 복사한 것이라고 간주하는 일종의 번역 모델을 전제하고 있다. 학생의 사고를 '공론화'하는 것은 보치치오와 동료들[37]이 성공적인 의사소통을 위한 핵심 요소로 상정한 것이며, 여기에서도 같은 가정을 하고 있음을 알 수 있다. 이와 같은 번역 모델에서 담화는 사고를 즉흥적으로 창조하거나 혹은 개입하는 실제적인 장소가 아니라, 단지 완성된 사고가 발화된 것일 뿐이다.

번역 모델에 따른 접근은 많은 수학 수업 사례에서 찾아볼 수 있다. 캘리포니아의 7학년 수학 교실을 담은 수업 사례도 마찬가지이다. 이 수업의 목표는 산술 과제를 일반화

34) Rotman(2008), p.1 참고
35) Stockero & van Zoest(2011)는 교사가 이러한 '복사' 모델을 넘어서야 한다고 주장한다.
36) Kastberg, Norton, & Klerlein(2009) 참고
37) Bochicchio et al.(2009) 참고

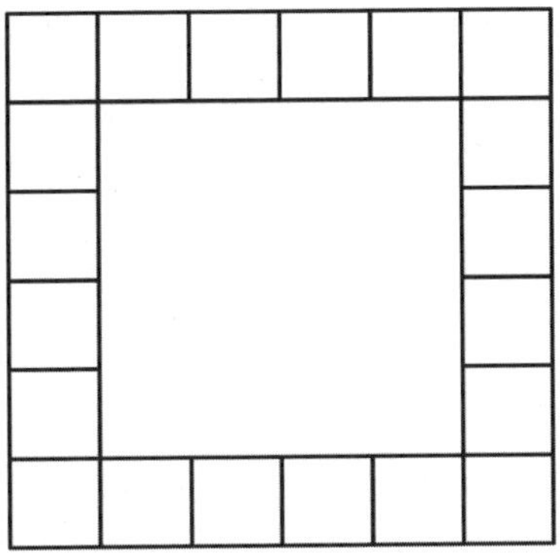

그림 5.1 • 교실 벽에 투영된 이미지

하여 학생들의 대수적 사고를 발전시키는 것이다.38) 영상에서 주로 초점이 되는 것은 의사소통과 교실 전체 대화이다. 카메라는 소그룹 토론에서 일부 학생들의 의견을 기록하고 있지만, 초점은 주로 교실 전체의 장면들이다. 저자가 서론에서 언급했던 것처럼, "학생들이 새로운 아이디어와 수학, 그리고 궁극적으로 수학의 세계에 담긴 개념들을 이해하려고 애쓰고 있기 때문에, 각 사례에서 중심이 되는 것은 학생의 사고와 이해하기이다."39) 교사는 학생의 반응을 '재-목소리화'하고 다른 학생들에게 재-표현하도록 요청할 뿐만 아니라, 동시에 화이트 보드에 재-표현들을 기록했고 학생들은 프로젝터를 보고 설명하면서 다이어그램을 사용했다.

의사소통과 복합적인 표상에 초점을 두는 수업 방법은 물론 훌륭한 교수법이라 할 수 있을 것이다. 실제로, 교사는 학생들이 질문에 답을 찾는 것을 '대수적으로' 생각할 수 있도록 절차에서부터 절차를 일반화하도록 인상적으로 이끌었다. '소리 내어 생각하기'가 좋은 교수 실천이 될 수 있지만 사고를 언어화하는 것을 강조한다는 점은 문제의 소지가 있다. 수업 시작 단계에 그림 5.1과 같이 10×10 사각형을 가장자리에 배치한 다이어그램을 프로젝터에 제시했고, 학생들은 책상에 모둠으로 앉아 있었으며, 교사는 학생들에게 가장자리에 몇 개의 단위 사각형이 있는지 '마음속으로' 구해보라고 요청했다.

교사는 학생들에게 '말하거나 쓰지 말고, 하나씩 세지도 말고' 사각형의 개수를 생각해 보라고 했다. 많은 학생들이 손을 들었지만 교사는 '자신이 알게 된 것에 대해 서로 이야기해보세요.'라고 했다. 논의가 어느 정도 이루어진 후, '누가 답을 말해볼까요?'라고 질문했고, 학생들은 '36'이라고 답했다. 교사는 일부 학생들에게 처음에 답을 38이나 40이

38) 이 영상은 Connecting mathematical ideas: Middle school video cases to support teaching and learning(Boaler & Humphreys, 2005)라는 제목의 교사 교육 자료에서 찾을 수 있다.

39) Boaler & Humphreys(2005), p.4 참고

라고 생각했는지 질문했고, 그 학생들에게 '어떻게 생각했어요?'라고 질문하며 과정을 설명하도록 했다. 그 다음에 몇몇 학생들에게 어떻게 정답을 얻었는지 설명하라고 했다. 여러 학생들이 서로 다른 방법들을 제시했고, '사고를 언어화'하는 실천에 익숙해졌다. 영상을 여러 번 확인하고, '어떻게 생각했어요?'와 같은 발화가 발생하는 방식을 지도로 나타내자, 교사가 학생들 사이를 이동할 때 다소간 강압적으로 그리고 반복적으로 말하는 목소리를 들을 수 있었다. '어떻게 생각했어요?'라는 질문이 가능한 발화 공간을 구성하면서 동시에 학생들이 생각을 **하는 동안** 그 질문이 가진 강력한 효과를 알아채기 시작했다. 다음과 같이 다른 일화에서 샤이민이 했던 담화를 살펴보자. 교사는 샤이민이 충실하고 능숙하게 말할 수 있으니 표현이 서툰 학생들을 도와주라고 했다. 샤이민의 언어는 너무 충실하고 능숙해서 교사가 듣고 싶어 하는 말을 이미 알고 있는 것은 아닌지 의심스러울 정도였다. 샤이민은 교사가 원하는 말을 정확하고 부드러운 말투로, 주저함과 반복 없이, 시간 연결사 '그 다음에'와 '나는 이것을 했어요, 그리고 이것을, 그 다음에 저것을'과 같은 과거시제, '왜냐하면', '그래서'와 같은 추론 문법을 사용하면서 선형적인 이야기 구조를 흔들림 없이 전달했다.

어떻게 생각했나요?

1 교사: 38이라고 추측한 사람 있나요? 두세 명 정도. 좋아요. 여러분들이 서로 이야기를 나눌 때 40이라고 예측한 사람도 있었어요, 어떻게 생각하나요? 좋아요, 스테파니, 어떻게 생각했죠?

2 스테파니: 음, 저는 한 변에 10개가 있고 4개의 변이 있고, 4에 10을 곱하니까 40이 된다고 생각했어요.

3 교사: 네. 스테파니처럼 생각한 사람은 얼마나 있죠? 좋아요, 38이라고 생각한 사람들은 어떻게 생각했죠? 음, 민디?

4 민디: 저는 두 변에 10개가 있으니까 10 더하기 10은 20이고, 다른 두 변에서 각각 9개씩 얻을 수 있으니까 18이 되고, 20 더하기 18은 38이라고 생각했어요.

5 교사: 네, 좋아요. 이제 다른 방법들에 대해 살펴봅시다. 36을 얻게 된 다른 방법들을 알아봅시다. 샤이민이 한번 해봅시다. 샤이민, 어떤 방법을 사용했나요?

6 샤이민: 음, 크리스타가 40[4]에 10을 곱해서 40으로 생각했어요. 그다음에 저는 거기서 4를 뺐어요. 왜냐하면 4개의 사각형이 겹쳐있을 거라고 생각했기 때문이에요. 그래서 36을 얻었어요.

7 교사: 샤이민이 한 방법을 이해한 사람 있으면 손을 들어보세요. 여기 4는?

8 샤이민: 겹쳐있는 사각형
9 교사: 좋아요. 그리고 이 4는요?
10 샤이민: 4개의 변이요
11 교사: 그리고 이 10은?
12 샤이민: 각 변에 10개의 사각형이 있어요.

콜린이 질문을 받았을 때 특이성에 해당하는 중요한 순간이 왔다. 학생들은 대답을 하는 동안 자리에 앉아있었지만, 콜린의 담화가 상호작용을 재배치하는 동요를 일으켰다. 다른 학생들처럼 콜린도 먼저 오른쪽 가장자리가 10개인 것을 확인하고, 그 다음에 인접한 변으로 이동하여 '이 변은 겹쳐있기 때문에' 9개의 사각형이 있다고 말했다. 그 다음에 왼쪽으로 이동했고 같은 이유로 9개의 사각형이 남아있을 것이라고 생각했다. 마지막 가장자리에는 8개의 사각형만 있을 것이라고 생각했다. 하지만 그는 언어를 의사소통보다 다이어그램과 그가 찾은 다른 장치들을 이용해 물질적인 배치를 만드는 방식으로 사용했다. 이때 가장 중요한 것은, 교사가 자신의 언어적 개입을 통해 이러한 새로운 배치에 영향을 미쳤다는 점이다.

새로운 물질 환경에서 콜린은 '한 변', '바닥', '그것은' 10'이에요', '저것은'과 같은 지표적 언어를 사용하여 자신의 담화를 프로젝터 위 실제 다이어그램에 묶이도록 했다. 이러한 지표적 언어는 사실을 제정하고 설명의 수단으로 기능하기보다 담화와 다이어그램을 물질적으로 관여시켰다. 또한 화자의 신체를 실행 가능한 위치와 시간에 위치시키면서 신체를 다이어그램과 결합하고 다른 이들을 문제로 초대했다. 여기서 수학적 대상을 시각적인 차원과 분리하는 명명의 언어와 달리 지표적 언어는 대상에 직접 관련시켜 다룸으로써 공적인 차원으로 상황을 위치하게 했다. 콜린은 지표적 언어를 단지 물질을 지시하기 위해 사용하지 않았기 때문에 언어를 단지 지시대상을 참조하는 것으로 강등시키지 않았다. 이때 언어는 의미를 규정하는 대신 물질의 배치에 흡수되었다고 할 수 있다. 교사가 설명을 요청했을 때 콜린은 교사의 '포인터-사물'을 사용하여 다이어그램을 다루었고, 콜린-'포인터-사물'-다이어그램이라는 새로운 물질 배치를 형성했다. 이와 같이 언어는 단지 의사소통이나 표상의 도구에 머무는 것이 아니라 다른 요소들과 물질적으로 결합했고, '도움이 될 수도 있어요.'라고 초대의 의사를 공유함으로써 교사, 콜린, 동료 학생들 모두를 포함한 새로운 물질적 배치를 생성할 수 있었다. 콜린의 동료 학생들은 콜린이 손으로 프로젝터 화면 위와 벽에 투영된 그림자를 가리키고 그림을 움직이거나 다이어그램에 모종의 제스처를 취하는 것을 관찰했다. 이 예에서 프로젝터에 손, 화면에 비친 그림자 등이 서로 얽힘으로써 다른 부분도 다시 얽히고, 계속해서 체화에 변화가 일어나 다른 차원을 만들 수 있다. 콜린의 신체는 움직이고, 진동하고, 불안정하게 축적되고 그의 담화와 제스처는 이러한 축적 내에서 묶이고, 지속된다. 18행에서 콜린은 자신의 담화를 다이어그램에 삽입하여 단어가 새로운 배치의 물질적 부속물이 되도록 하는 장면을 볼 수 있다. 지표적 언어를 반복적으로 사용함으로써 언어는 사실의 제정 그리고 설명의 도구로부터 벗어났고, 콜린이 전략적으로 움직였던 장치인 '포인터-사물'도 그의 손과 그의 손이 시도한 것에 대해 언어적인 힘을 부여한 것으로 보였다. 영상의 이 순간들은 앉아있고 말하는 주체와 단절하고 대신, 방을 가로질러 이동하고 다이어그램과 상호작용하는 주체가 되어 의미와 물질사이의 연결이 끊어지고 재배치되는 장면을 암시하고 있다.

이 장면을 자세히 들여다보면 담론적 실천이 가지는 물질성을 확인할 수 있다. 다음 수업 일화에서는 특히 시시각각 재배치되는 담화, 대상, 제스처 장치들을 볼 수 있다. 대개는 단어-발화 이후에 제스처를 하지만, 어떤 순간에는 대상을 가리키는 제스처를 한 후에 지표적 단어를 발화하기도 한다. 이렇게 동시다발적으로 일어나는 복잡한 활동들의 내막을 파악하기는 어렵지만 그 어떤 해석에 의해서도 감지하기 어려운 전-지각적인 힘이 있다는 것은 분명하므로 이를 의사소통으로만 지나치게 단순화하면 안 된다는 것을 알 수 있다. 수업 일화는 영상을 정지하고 상황을 파악하는 대신 사건을 언어적으로 기술했다. 이 방식도 새로운 시각을 제공할 수 있으나, 이 장에서는 일화의 언어만 분석하는 것에서 벗어나기 위해 언어로 기록한 수업을 어떻게 해석할 수 있는지에 초점을 두고자 한다. 담화가 다른 물질 활동을 가로질러 뻗어나가는 방식과 다른 신체의 참여와 리듬감 있게 결합되는 방식을 보여주기 위해 일반적인 기록과는 반대로 참여자의 행동이 아니라 발화된 언어를 괄호 안에 넣어 보았다. 또한 교사와 학생들은 콜린이 프로젝터에서 전략적으로 포인터-사물을 움직이는 것과 그 움직임에 의해 다이어그램에 만들어지는 이미지도 동시에 지각한다는 점을 강조하고자 한다. 전자의 경우는 콜린에 의해 물질의 행위성이 발생하지만, 다이어그램에 만들어지는 이미지에 초점을 두면 물질의 행위성은 움직이고 있는 포인터-사물에 의해 발생한다. 콜린은 어떤 변들이 어떤 사각형을 '사용'한다는 언어에 의해 다이어그램의 경계에 있는 변들에 행위성을 부여하기도 했다. 그러므로 인간에게만 행위성을 부여하던 과거의 수업 일화 기록에 대해서도 다르게 생각할 수 있음을 알 수 있다.

서랍에서 포인터가 나타난다. [어쨌든, 좋아]

화면의 다이어그램 가장자리에 손 그림자가 나타난다. [음, 알겠다]

포인터가 오른쪽 가장자리를 따라 아래로 움직인다. [이 변에 10개가 있어]

콜린의 머리가 다이어그램 쪽으로 기울여졌고, 손과 포인터는 그대로 있다. [그리고 나는]

오른쪽 가장자리를 따라 포인터의 움직임이 빨라진다. [10개야]

콜린의 손은 가장자리를 따라 움직이다가 모서리를 넘어가는 제스처를 한다.

콜린의 손 그림자가 다이어그램을 가로질러 움직이고, 포인터는 왼쪽 모서리 아래쪽을 두드린다. [그 다음에 이것]

포인터가 오른쪽 모서리에서 느려지고, 오른쪽 모서리를 두드린다. [이것은]

[겹치는 것이고] 프로젝터의 유리를 두드리는 포인터의 소리 [그러고 나서]

포인터는 아래쪽에서 시작하여 왼쪽 모서리를 향해 빠르게 나아간다. [이쪽은 9개일 거야]

손을 아래쪽 가장자리에서 오른쪽으로 움직인다. [그리고 이쪽은]

손을 왼쪽 가장자리를 따라 움직이고, 왼쪽 모서리 아래쪽에 머무른다. [여기도 9개일 거야]

왼쪽 모서리 아래에서 포인터가 튀어 오른다. [왜냐하면]

다이어그램의 왼쪽 모서리 주변에서 포인터-사물을 회전시키기 위해 콜린의 손목이 휜다. [이쪽은]

[겹치고] 먼 곳에서 칠판을 긁는 분필 소리가 들린다. [그 다음에는]

신체와 이미지는 잠잠해진다. [그건 8개가 될 거야]

포인터는 상단 가장자리의 각 모서리에 닿기 위해 비선형의 뱀 모양을 이루며 움직인다. [왜냐하면] [이 두 개는]

[이것은] 왼쪽 가장자리를 두드리며 [이것에 의해 사용되고] 오른쪽 모서리를 두드리며

칠판에서 분필 소리 [그리고 이것은]

똑똑(두드리는 소리) [이것을 사용한다]

이렇게 대안적인 방식으로 수업 일화를 기록하면, 포인터의 움직임이 추론 언어인 '그 다음에'와 '왜냐하면'에 어떤 의미를 주는지 알 수 있다. 콜린의 제스처가 그가 말하고 있는 '왜냐하면'이 의미하는 것에 대한 정보를 준다거나, 포인터의 움직임이 말로 표현하기에는 모호하고 어색한 어떤 것을 공간적으로 그리고 효과적으로 표현한다고 말하기에는 아직 충분하지 않다. 어떤 해석이든 음성 언어가 가진 물질성, 움직이고 있는 포인터, 그리고 투영된 이미지, 그리고 그것들이 어떻게 서로 배치되는지를 제대로 다루는 데 실패할 것이다. '왜냐하면'이라는 단어는 모서리 사각형을 가리키는 것, 즉 하단 가장자리와 왼쪽의 가장자리를 따라 포인터가 두 번 터치하여 두 번 세는 것과 동일한 흐름을 구성한다. 콜린이 기존의 다이어그램에서 추출한 '이쪽' 가장자리와 '하나'의 단위 사각형이 만드는 물질의 배열로부터 '왜냐하면'이라는 단어의 의미가 나타나고, 어떤 사각형들

이 비록 겹친 부분이 실제로 보이지 않아도 '겹칠' 수 있다는 판단을 창조하게 된 것이다. '겹침'이라는 바로 그 단어를 사용함으로써 수를 세는 제스처와 그 물질성이 강력해진다. '왜냐하면'이라는 단어는 모서리 사각형이 마치 두 개의 서로 다른 앙상블에 참여하는 것처럼 복합적인 기능을 가진 것으로 단지 단순한, 논리적 연결사가 아니었다. 바라드의 표현을 빌리자면, 추론의 단어들은 다이어그램을 물질적으로 재배열하기의 일부이자 경계를 형성하는 실천의 일부가 되면서 의미가 배치를 지각하는 우발적인 사건과 결합된다. 하지만 포인터의 움직임은 단어의 의미를 공동생산하면서, 그리고 설명에 타당성을 부여하면서 동일한 힘으로 행위한다.

콜린의 사례에서, 단어들이 어떻게 단어-소리-다이어그램-포인터 연결들을 재조립하고 비의미화 입자가 될 수 있는지, 또는 손, 프로젝터, 다이어그램, 그리고 다양한 물질-정동의 영향력과 함께 새로운 수학적 배치를 중재하는지 알게 되었다. 담화가 이런 방식으로 다른 물질성들과 결합할 때 수학교실에서 가장 효과적으로 기능할 것이다. 수학 수업에서의 담화에 대한 언어학적 접근들은 학생들의 참여를 적법화하는 문법적 패턴들을 보여주지만,[40] 그 접근들은 언어활동에서 일어나는 우연을 실수나 오개념으로 설명하면서 상호작용을 얼마간 통제한다는 점에서 문제가 있다. 그러므로 언어에 대해 다양하게 접근하면, 수학을 말해야 수학이 되는 혼란스러운 세계를 연구하는 데 도움이 될 수 있다. '어떻게 생각했나요?'라는 구절로 다시 돌아가서 실제로 이 표현이 창조를 매개했다기보다 기록을 강요하는 측면도 있음을 알 수 있다. 구두 설명을 통해 수학을 공유하도록 하지만 동시에 '의미작용의 아우라(aura of signification)'[41]에 종속되도록 할 수도 있다. 마치 언어에 의해 '의미작용이라는 것은 담요를 덮어씌워 새로운 표현을 하지 못하도록 질식시키는 것'[42]과 마찬가지이다. 사고가 살 속에 있거나 혹은 언어가 넓게 배치되어 있다면, 의사소통을 사고의 복사로 보는 것만으로 학습의 복잡성을 설명할 수는 없다. 철학자 세르[43]는 말하기를 중심에 두는 입장에서 벗어나 촉각과 다른 감각적 법성이 삶에서 어떻게 기능하는지를 살펴보고자 했다. 그는 '단어들이 살을 채우고 때로는 마비시킨다.'고 주장하면서, 말하기가 마치 '담론의 갑옷'처럼 마주침에 대한 감각을 못 느끼게 할 수도 있다고 주장했다.[44] 황과 로스[45] 역시 신체를 학습의 장소로 보고 제스처, 억양, 외

40) Whitin & Whitin(2002) 참고
41) Lecercle(2002), p.249 참고
42) 같은 책, p.6 참고
43) Serres(2008) 참고
44) 같은 책, p.59 참고
45) Hwang & Roth(2011) 참고

양, 냄새 등의 모든 감각적 법성을 포함하는 개념으로 의사소통을 확장했다. 이에 입각하여 '사고가 어떻게 의사소통 전반에 역동적으로 관여하는지'를 논의했다.[46] '살아있는 신체는 단지 사고를 표현하는 도구가 아니라 의사소통의 핵심적인 매개자이며 존재를 표현한다.'[47]는 것이다.

인간의 목소리

고대 그리스인들은 소리의 비물질성이 순수하고 이상적인 영역에 연결된다고 생각했기 때문에 청각을 가장 중요한 감각으로 보았다.[48] 예를 들어, 아리스토텔레스는, 청각이 인격과 도덕의 개념에 각별히 연결된다고 생각했다. 청각을 높이 평가했으므로 노래나 시 낭독과 같은 예술에는 특별한 권한을 부여하기도 했다. "인간의 목소리는 영혼의 자기 성찰을 표현하여 주체성을 '대상화'하는 데 가장 완벽한 도구였다."[49] 그런데 목소리는 내면에서부터 흠 없는 상태로 발현하는 것이 아니며 지속되지도 않고 '바깥' 세계를 정밀하고 충실하게 반영하지도 않는다는 점에서 존재론적으로 모호하다. 이와 관련하여 레는 다음과 같이 설명한다.

> 보는 것보다 듣는 것은 '외부성'이 덜하다고 보기 쉬우며, 이 때문에 청각 오류와 시각 오류는 근본적으로 다르게 설명된다. 들을 때는 볼 때와 달리 무언가를 가정하지 않는다. 시각은 물질세계에 분명하게 관련되어 지속되는 무언가와 결합되지만, 청각은 그렇지 않다.[50]

사실, 고대 그리스인들과 여러 철학자들이 청각에 특별한 지위를 부여했던 것은 담화의 본질이 외견상으로 비물질적으로 보였기 때문이다. 잉골드에 따르면, 고대 그리스인들은 단어와 그 소리를 단일체로 보았기 때문에 노래의 가사는 그 노래의 선율과 본질적으로 묶여있다고 보았다. 그러나 현대에 와서 악보가 가사와 구분되면서 이 단일체는 허물어졌고 목소리는 의미의 생산자와 소리의 생산자라는 이중적인 본질을 가지게 되었다.[51]

---

46) 같은 책, p.28 참고
47) 같은 책, p.29 참고
48) Ong(1982) 참고
49) Rée(1999), p.60 참고
50) 같은 책, p.46 참고
51) Ingold(2007) 참고

레는 자신의 저서, 《목소리를 보다》에서 감각의 본질과 문화 발전에 대한 함의를 세밀하게 논의했다. 그는 "목소리보다 개인적인 것은 없다"[52]고 말하면서, 시각에 기초한 문자에 주목하여 서서히 인간의 목소리를 상실해온 것이 감각의 역사라고 주장했다. 옹 역시 《구어 역량과 문해 역량: 단어의 기술화》라는 저서에서 동일한 입장을 제시했다. 데리다는 인간의 목소리와 체화된 존재를 중심에 두는 서구적 경향을 비판했지만, 레는 목소리가 "표현과 의사소통, 정동과 지성, 신체와 정신, 본성과 문화에서 아주 흥미로운 인간의 긴장, 심지어 모순"[53]을 드러낸다는 조금 다른 해석을 제시했다. 그는 목소리의 복잡한 운동 감각과 발화뿐만 아니라 목소리가 가지는 친밀함, 질감, 음의 높이, 리듬, 음량, 그리고 역학에 대해 논의했다. 그렇다면 왜 목소리가 매우 개인적이고, 은밀하고, 육감적이라는 것을 간과하게 될까? 왜 목소리의 물질성을 신중하게 다루는 것이 중요할까? 왜 폐와 인후 그리고 입 근육의 뒤틀림, 의미가 거의 없이 꿀꺽하는 소리와 한숨, 더듬거리는 소리를 다루는 것이 중요할까? 문자가 등장하면서 꿀꺽하는 소리, 한숨과 더듬거리는 음성과 같은 인간의 목소리는 의심스럽고 비합리적인 힘으로 여겨지게 되었다.

인쇄기의 등장과 더불어 문자가 체계화되어 감에 따라, 담화는 "철자를 부르고, 신호를 보내며, 취임 선서이거나, 아브라카다브라,[54] 멈보-점보,[55] 간교한 말장난"[56]에 불과한 것이었다. 또한 어둡고 침울하게 잠깐 나타났다 사라지는 풍부한 목소리는 신뢰성과 타당성이 부족한 것으로 여겨졌다. 레는 데카르트가 "담화를 고대 감옥과 일차원적인 시간성에서 구조하여 글쓰기나 문자 생산의 다차원적인 공간으로 해방"[57]시키고자 했다고 보았다. 데카르트는 담화가 순간에 그리고 입 속에 갇혀있고, 인간의 합리성은 이러한 특수성을 넘어서야 한다고 생각했다는 것이다. 레는 담화를 법정이나 라디오에서 중요하게 여기고, 말을 그대로 옮기거나 '실제로 말한 것'만 신뢰하는 경향이 있다면, 현대의 삶은 "개인적인 것이 개입되지 않는 시각 문명의 승리"[58]로 이어지고, 합리성은 문자 언어를 중심으로 진행될 것이라고 주장했다. 시각은 인간 목소리를 감추고 글자와 숫자만 사용함으로써 두드러진다는 것이다.

알파벳 문자는 궁극적으로 소리를 생산하고 인식하는 기관에서 이탈하여 상징적인 표

52) Rée(1999), p.1 참고
53) 같은 책, p.6 참고
54) 역주. 주문을 외울 때 쓰는 말
55) 역주. 뜻을 알 수 없는 주문
56) Rée(1999), p.3 참고
57) 같은 책, pp.6-7 참고
58) 같은 책, p.4 참고

기 시스템으로서 작동하면서, 신체에서 분리된 담화와 몸싸움을 벌이고 어떤 흔적을 지우는 것 같다. 8장에서 이와 관련된 샤틀레의 논의를 살펴볼 예정이다. 특히, 이러한 흔적을 유지하는 문자로 수학을 표기하는 방식에 대해 상세하게 논의할 것이다. 이 책의 대부분에서는 다양한 수학의 인스크립션들이 어떻게 신체들 사이에서 물질적 조우를 수반하는지 논의한다. 그러나 이 절에서는 담화가 관여하는 방식들에 초점을 두고 있다. 문자는 발화가 음악성을 통해 설득력을 가지게 되는 이러한 운율의 효과를 환기시키지 못한다. 이 효과들은 담화 내에서 다차원적인 공간을 주장하는 제스처이며, “어조, 리듬, 강세의 변화, 소리의 세기, 음높이의 변화, 비난의 방식, 중단, 반복, 간극, 발음 생략, 그리고 노래를 가능하게 하는 일종의 음악성”[59]과 같은 것이다. 담화는 완전히 다른 물질성을 통해, 잠재력의 서로 다른 조합을 통해, 신체의 살과 맺는 다른 관계들을 통해 작동한다. 담화가 서로 다를 때 나타나는 차이는 담화 그 자체가 창의적인 물질적 힘을 가지고 있다는 증거이다. 다시 말해, 담화는 더 많은 물질을 추가하고, 다른 물질과 결합하고, 독특한 방식으로 주변의 다른 주파수와 연결됨으로써 학습의 배치를 증대시킨다.

출간 준비 중인 책 《Greiffenhagen》에서 다음과 같은 흥미로운 사례를 찾아볼 수 있다. 사례 속의 수학 강사는 강의 중 설명한 내용을 칠판에 모두 기록하는 대신 요약한 후 리듬감 있는 방식으로 기록한다. 그림 5.2에서 알 수 있듯이, 수학 강사는 칠판의 상단에 증명의 첫 줄을 쓰고, 하단에 증명의 마지막 줄을 썼다. 그는 이 두 줄을 작성하면서 ‘여

1. 그래서요. ((정리를 지운다))
2. ((상단에 첫 줄을 쓴다))
3. 여기서는 가정을 한 거죠.
4. 증명을 할 수가, 할 수가 없죠.
5. 감마로부터 세타는. 그리고 여기 어디쯤.
6. 하단에.
7. ((하단에 마지막 줄을 쓴다))
8. 이제 보여주어야 할 것은.
9. 감마이면 논리적으로.
10. 쎄타가 아니다.
11. ((쓰기를 마친다))

그림 5.2 • 칠판에 기록하고 있는 강사

59) Rotman(2008), p.3 참고

기 어디쯤'이라는 공간적인 은유를 사용하여 귀류법 증명의 경로를 보여주고자 하였다. 주어진 공간에 증명을 제시하는 대신, 공간적이고 시간적으로 증명 전체를 상상하도록 했다. 증명의 시작과 끝이라는 구조와 도식을 행동으로 나타내면서, 공간, 시간, 그리고 논리를 연결한 것이다.

이 강사는 주어진 명제의 대우명제에 해당하는 가정과 결론을 쓰고 말하는 내용과 쓰는 내용이 실처럼 꿰어지면서 연역이 이루어지도록 했다. 이로써 학생들이 목적지를 모르고 헤매거나 산만하게 이말 저말을 하는 것을 미연에 방지한 것으로 보인다. 이 과정에서 연역의 각 단계들이 가진 리듬과 박자에 대해 학습하는 것은 바로 인간의 목소리를 통해서였다. 간과하기 쉬운 바로 이 순간을 자세히 살펴보자. 문자로 제시된 명제나 증명의 경우, 각 명제가 성립하는 것을 얼마나 친숙하게 파악하는가에 따라 눈을 빠르게 움직여 가로지를 수 있다.

$$p \to q$$
$$q \to r$$
$$p$$
$$\therefore\ r$$

만약 추론을 모종의 사건처럼 생각해보면, 문자는 그 사건이 발생하는 속도를 명기할 수 없다. 그렇기 때문에 많은 수학자들과 철학자들이 논리적인 추론을 시간과 무관한 것으로 보고 있다. 수학에 대해 유물론적으로 해석함에 있어, 수학에 내재되어 있는 이동과 움직임의 방식, 시간성이 다양한 수단을 통해 작동하는 방식, 그리고 인간의 목소리가 그 수단 중의 하나인 경우에 초점을 둘 수 있다. 앞에서 살펴본 사례에서 강사가 자신의 목소리를 이용하여 연역적 추론의 일부분은 느리게 말하면서 학생들이 증명을 서로 다른 속도로 탐구하도록 했다. 증명의 각 '단계들'은 수반되는 형식적, 물질적인 것이 무엇인가에 따라 서로 다른 속도로 다루어질 수 있다. 얼마나 어려운 부분인가에 따라 서로 다른 속도로 다루어지는 면이 있지만 더 깊이 들여다 볼 필요가 있다. 어려운 부분을 어떻게 표현할 수 있을까? 보통 교수자는 쉽거나 어려울 것으로 예상되는 부분을 '이것은 어려울 거예요.' 혹은 '이 부분은 쉬울 거예요.'라고 말하는 식으로 문제와 증명에 대한 모종의 틀을 제시한다. 그런데 위의 사례를 자세히 살펴보면, 강사의 목소리가 논리적 추론의 필수 조건에 결합되어 있으며, 증명의 필수 조건과 우발적인 목소리가 공존하고 있다고 볼 수 있다.

강사가 강의 중에 판서를 할 때, 담화와 문자는 복잡하게 얽힌다. 강사의 담화는 단지 문자를 나타내는 것만이 아니라 억양이나 강세와 같은 미시적인-제스처를 가지고 있다. 그러므로 미시적인 단계마다 소리와 의미의 결합이 이루어지면서 다양한 효과와 리듬을 가진 목소리가 울려퍼지면서 의미를 생산하는 것을 알 수 있다. 담화의 제스처 혹은 이른바 **운율**이 시각적인 제스처와 함께 이루어진다. 운율은 신체가 움직이는 것, 즉 혀가 감기고, 얼굴과 신체가 미세하게 떨리면서 어떻게 담화의 핵심을 구성하게 되는지를 보여준다. 로트먼[60]은 진화 신경학자인 디컨이 인간은 다른 사람이 말하는 것을 이해하기 위해 이러한 신체의 움직임에 주목한다고 했던 점을 언급하면서 신체의 움직임은 의미를 만드는 데 필수라고 주장했다. 여기서 중요한 것은 낱낱의 음파나 소리가 아니라, 멈춤이나 가속, 하락, 그리고 소리를 만들어내는 신체적 움직임들이다. 우리는 교실 담화를 단지 언어학적으로만 분석하는 것보다 외관상 준언어적으로 보이는 신체의 움직임들에 주목하여 분석하는 것이 훨씬 중요하다고 생각한다.

음성의 운율은 상징적 참조와 제스처의 비결정성을 지표적으로 연결한, 다시 말해, 의미와 물질을 결합한 것이다. 기호와 다이어그램에는 수학이 깊이 감추어져 있으며 그 의미는 텍스트에 부호화되어 담긴다. 담화에는 문자화되지 않은 운율이 있어서 수학적 의미를 구성하는 데 지대한 영향을 미친다. 그렇다면 수업에서 운율을 통해 어떻게 수학의 의미를 구성할까? 운율이 규정되는 방식에 따라 수학 교실 담화는 어떻게 달라질까? 로스[61]는 이 질문들을 중심으로 2학년 기하학 수업을 분석하였다.

새로운 물질적 배치

13 교사: 그래요. 다른 방법이 있을까요? 콜린?

14 콜린: 제가 한 방법은요… 저는 그냥 한 쪽이 10개가 될 거라고 생각했어요… 그래서 10개이고, 그리고 아래쪽 변도 똑같이 생각했고, 그것은…

15 교사: 일어나서 우리에게 보여줄 수 있을까요? 그렇게 하면 도움이 될 것 같아요.

16 콜린: 제가 포인터를 사용해도 될까요?

17 교사: 포인터는 서랍 위쪽에 있어요… 위쪽… 중앙에서 오른쪽… 거기 있어요.

18 콜린: 찾았어요. 어쨌든, 그래서 저는, 음… 이쪽 변이 10개인 걸 알았어요. 그래서 10개라고 했고 그 다음에 이 변, 이 변은 겹쳐있어요, 그래서 9개가 될 거예요. 그 다음에 이 변도 역시 9개가 될 거예요. 왜냐하면 이 변도 겹쳐있어요. 그리고 그 다음에 이 변은, 그

60) 같은 책 참고

61) Roth(2011) 참고

것은 8개예요. 왜냐하면 여기 두 개, 이 변은 이 변에 의해 사용되고, 이 변은 저 변에 의해 사용되니까요.

로스는 담화에서 발화의 교환이 이루어지는 리듬이 "의사소통을 어떻게 구조화하는지"[62]를 논의했다. 그는 화자의 음높이를 측정하고, 학생과 교사 사이에 일치나 연대가 나타날 때 리듬이 정렬되는 방식이나, 갈등이 나타날 때 높이가 변하는 방식을 살펴보았다. 또한 시간에 따른 음높이 그래프를 사용하여 학생이 교사의 발화에서 나타나는 음높이의 변화를 어떻게 재생산하는지 기술했다. 위에 제시한 사례에서 발화 차례의 변화는 수직선으로 그리고 음높이의 변화를 같은 방식으로 그림 5.3과 같이 나타내면 교사와 콜린이 '포인터-사물'에 대해 대화할 때 발화 17과 18 사이에 음높이가 완전히 일치되는 것을 확인할 수 있다.

로스가 주장했듯이, 그림 5.3의 그래프는 교사와 콜린의 상호작용을 리듬감 있는 현상으로 볼 수 있음을 입증한다. "소리와 감각은 함께 얽히고 서로 공명하며 서로를 관통한다."[63]는 낸시[64]의 주장과 마찬가지로, 로스도 소리의 리듬을 감각의 기본적인 구성요소로 보았다. 로스는 대화의 리듬을 공명에 비추어 분석하면서 주로 의견이 일치하는 경우에 주목했다. 하지만 음높이와 변조가 미시적인 수준에서 공명을 이루는 경우 못지않게,

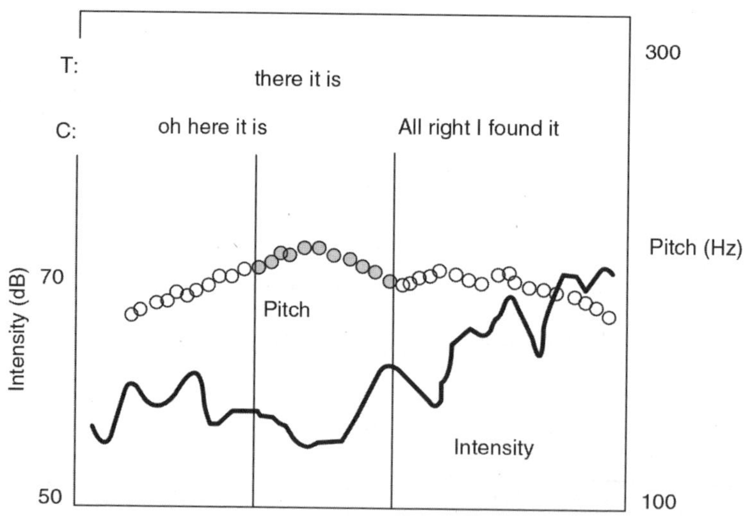

그림 5.3 · 음높이의 조화를 보여주는 시간에 따른 음높이 그래프

62) 같은 책, p.160 참고

63) 같은 책, p.7 참고

64) Nancy(2007) 참고

창의적인 탈주선들과 발산적인 사고가 대위법이라고 부를 만한 방식으로 합해지면서 의견의 불화를 일으키는 과정도 연구할 필요가 있다.

수학적 활동에서 비-의미가 가지는 생성적 힘에 대해서는 7장에서 다시 논의하겠지만 여기서 다음과 같이 생각해볼 수 있다. 비-의미는 역설과 괴상한 소리뿐만 아니라 지각할 수 없는 감각에 의해 작동한다. 이 절에서 논의한 바와 관련시켜보면 비-의미는 여러 소리 중 어떤 것이 소음인지 아닌지를 결정하는 것과 연결된다. 로스는 소리 내에 구성되는 감각이 의사소통 과정에서는 드러나지 않았지만 담화가 창발시키는 모종의 성질들이라고 보면서 이에 주목하지 않은 듯하다. 하지만 우리는 일부 연구자들과 마찬가지로[65] 수업 일화의 운율을 나타내더라도, 운율적인 것과 구문론적인 것이 어떻게 서로 다른 리듬을 따르고, 항상 공명하지는 않는 경우가 있음을 확인하고, 그때 만들어진 여러 소리와 불협화음을 간과하지 않고 살펴보고자 한다. 그런데 어려운 점은 음높이, 억양 혹은 강세를 파악하는 단위를 어떻게 분명하게 설정할 것인지 라는 것이다. 운율은 단위로 분절하여 다루기 어렵게 펼쳐지기 때문이다. 문자와 숫자로 단위를 분절하여 운율로 파악할 수 있다고 주장하는 연구자들이 있었다. 하지만 담화의 운율 차원은 계속적으로 변화하며 차이를 만들어내며 단일한 것으로 파악하기 어렵게 한다. 이 절에서 수업에서의 담론을 분석할 때, 중재 대신 **변조**라는 용어를 사용하는 이유도 바로 이것이다. 이 때문에 앞에서는 의무의 정도를 나타내는 언어들인 'have to', 'must', 'would like'를 언어학 측면에서 분석했지만, 여기서는 음악 이론 중 하나의 조나 조성을 다른 것으로 바꾸거나 음조의 변화를 통해 음높이, 음색, 혹은 음량 변화를 논의하는 변조 이론을 적용한 것도 같은 이유 때문이다. 변조는 교실 담화에서 집단적으로 강화되고 있는 감각의 블록을 포착하고, 발화 내에서 소리-단어들이 가지고 있는 정동의 음색을 포착할 수 있게 한다. 매닝[66]이 제안했듯이, 변조는 '생성적-환경적'인 소리라고 할 수 있다.[67]

매닝[68]은 자폐증 환자인 백스가 출현한 영상 《In my language》를 언어의 본질에 대한 대안적 접근으로 새롭게 해석하여 제시했다. 영상에서 백스는 팔을 위아래로 움직이거나 문의 손잡이를 리듬감 있게 때리거나 자신의 얼굴을 책장에 누른다. 백스는 비-언어적인 존재인데[69] 여러 촉각이 만나면서 만들어지는 소리를 감각 경험의 핵심으로 받아

65) Jefferson(2004) 참고
66) Manning(2009) 참고
67) 같은 책, p.213 참고
68) 같은 책 참고
69) 자폐증과 관련하여 '비-언어적'이라는 용어를 사용하는 것에 대해서는 의견이 분분하기 때문에 여기서는 백스가 말을 하지 않는다는 의미로만 이 용어를 사용한다.

들였다. 유형화된 '언어'가 사운드 트랙에 디지털화된 소리로 '번역'되고,[70] 백스는 물질적인 대상과 마주치는 느낌을 깊이 생각하면서 일종의 의사소통을 하게 되었다.

> 말로 하는 의사소통은 백스의 감각 경험에 불충분하게 남아있다. 백스에게는 말이 표현의 최종적인 형태가 아니라 경험을 추가적으로 구성하는 요소이다. 말로는 경험의 복잡성을 완전히 표현할 수 없으므로 백스는 일종의 '번역'에 의해 단어를 넘어서는 무언가를 환기시킨다. 언어적 사건을 감각에-의해-생성되는 무언가로 바꾸고 정동의 계층을 이루는 과정이다.[71]

이 영상에서 언어와 의사소통이 어떻게 정동의 공명과 움직임에 연결되는지를 알 수 있다. 먼저 촉각, 시각 그리고 음파로 충만한 세계에서 시작하여, 정동의 음조로 텍스트에 생기를 불어넣는 세계로 나아가며 의미를 결합시키게 된다. 말은 인간이 의미를 부여해주기를 기다리지 않는다. 인간을 감싸고 인간의 참여를 지속시키며 마주치며 흐르는 에너지의 강약이 말에 존재한다. 백스의 영상에서 신체의 마주침은 단지 하나의 의미화 작용에 그치는 것이 아니라 서로 다른 물질성과 직접적으로 마주치고 얽힌다. 여기서 신체적 활동을 친숙한 언어학의 용어로 다루는 것에 그치지 않도록 다음과 같은 질문들에 대해 고민할 필요가 있다. 구두 언어를 정동의 음조에 초점을 두어 연구한다는 것의 의미는 무엇일까? 어떻게 학습 배치를 가로질러 정동의 움직임에 초점을 둘 수 있을까? 그동안 의사소통을 학습의 목표로 간주하면서 시각적인 표상을 적절히 사용하여 의사소통을 해독하는 것에 익숙해서 수업에서의 상호작용을 정동의 음조에 비추어 연구하기가 쉽지 않을 것이다. 연구자들은 음조를 **느끼는** 것을 목표로 하는 것이 아니라 관찰할 수 있어야 하며, 매닝이 백스의 예를 통해 주장했듯이, 실제로 물질의 얽힘 그리고 참여를 미시-지각적으로 '포착'할 수 있어야 한다. '정동의 음색'을 연구하면 교실에서 정서나 정동의 역동성과 리듬, 본질을 강조할 수 있다는 장점이 있다.

앞서 논의했던 수업 영상에서 정동과 운율이 상호작용에 어떤 영향을 미치는지 살펴보자. 구두 언어의 측면에서 소리, 목소리 그리고 청각 제스처와 같은 교실의 음악적 파노라마에 주목한다면 알 수 있는 것은 무엇일까? 언뜻 들으면 더듬거리거나 음조의 변화가 거의 없는 남성의 목소리만 있지만, 특정한 수행에 초점을 두고 영상을 자세히 살펴보면 다양한 소리들을 들 수 있다. 연구자들은 음악적 파노라마의 역동적인 힘과 다른 물질성

70) http:/www.youtube.com/watch?v=JnylM1hI2jc 참고

71) Manning(2009), p.215 참고

의 연결을 따라가면서 소리 패턴을 살펴보았고, 이미 필터링을 거쳐 기록한 소리를 중심으로 일화를 분석했다. 특히, 소리의 조합, 음높이 수준의 변화와 강약, 그리고 침묵의 힘, 공시성과 불협화음에 주목했다. 지[72]를 비롯한 담론 연구자들에 의하면 다양한 상징적 표기를 통해 담론 실천의 비-언어적 차원을 해독할 수 있다. 여기서도 빗금, 이중 빗금, 밑줄, 이중 괄호 등 메타-부호를 이용하여 잠시 멈춤과 음높이 고조나 음량 증가와 같은 담화의 다양한 양상들을 부호화할 수 있다. 이러한 부호화가 수업 기록의 가독성을 떨어뜨릴 수 있지만 이와 같은 도식화를 통해 담화와 문자의 서로 다른 시간성 사이의 긴장이 드러나고, 선율과 리듬 등의 담화의 변조도 뚜렷해진다. 이러한 것들은 언어적인 기록을 대략 살펴볼 때 드러나지 않는다. 이렇게 수업을 기록하면 기존에 표준적으로 했던 기록 방식에 문제점이 있음을 드러냄으로써 수업 기록 방식에 혼란을 일으킬 수도 있다. 그러나 예술 연구에서 다양한 '시적 기록'이라는 대안적인 담화 연구 방식을 제공했고,[73] 이로부터 강력한 통찰을 얻었다는 점을 고려할 필요가 있다. 이 방식의 '안면 타당도'는 더 높지만,[74] 교육 연구의 주요 흐름에서는 이 방식의 신뢰성을 낮은 것으로 본다. 그럼에도 불구하고 이 절에서는 기호적 개념의 도움 없이 선율과 리듬에 주목하고 분석하고자 한다.

콜린이 다이어그램을 사용하여 설명하던 장면으로 돌아가보자. 콜린이 설명을 시작한 지 18초 후, 콜린의 목소리와 칠판 위에서 분필을 빠르게 두드리는 소리의 강약이 함께 변했다. 이전에 불규칙했던 콜린의 목소리 선율에 더 크고, 빠르고, 일정한 박자로 분필을 긁는 소리가 겹쳐지고, 교사의 존재와 경청이 미묘하게 드러나면서 콜린이 앞으로 나아가도록 했다. 두드리는 것과 말하는 것이 동시에 멈추고, 즉 교사-콜린-분필 배치는 동시에 중단되고, 2초간 침묵이 이어졌다. 이윽고 교사의 목소리가 들리고 콜린을 칭찬하는 새로운 소리의 강약이 창조되었다. 교사가 '정말 좋아요'라고 말하면서 음량이 증가하고, '시각적으로'라는 단어를 일시 정지 상태에서 강한 어조로 전달했다. 이 수식어를 처음으로 사용하면서, 일시 정지된 순간에, 단호하게 말했다는 점은 매우 놀랍다. 교사가 콜린을 칭찬하면서 몇 명이나 콜린의 방법을 이해했는지 질문할 때 박자는 흐트러짐이 없었다. 짧은 멈춤 이후, 그녀는 손을 든 학생들을 둘러보고, '와, 멋져요, 좋아요'라고 말하면서 고개를 끄덕이고, 그에 이어 다른 방법에 대해 질문했다. 교사는 잠시 침묵하면서 어떤 학생에게 질문할지 고민했고 마침내 조에게 질문했다.

---

72) Gee(2005) 참고

73) Gee(1991), Staats(2008), Staats & Batteen(2010) 참고

74) Lather(1985) 참고

이 전사에서 나타나는 특정한 리듬은 '10개', '9개', '역시 9개', '8개'와 같은 각 열을 세는 수와 각각의 가장자리에 겹친 '1개'를 세는 소리에 의해 간간이 중단되었다. 다시 말해, 마지막 두 라인을 제외하고, 겹쳐지는 증거를 제시하기 위해 리듬을 사용했고, 다이어그램의 4개의 변들을 차례로 살펴보면서 체계적이고 반복적으로 사용할 수 있는 단어들을 분명히 강조했다. 초기에는 '그래요. 좋아요, 음.'이나 '제가 한 방법은요'와 같이 얼버무렸으나 제스처의 리듬이 생기면서 달라졌다. 대화 교대가 일어날 때의 법성에 화자의 자신감이나 확실성이 드러나기도 하지만, 이 사례에서는 불시에 나타나는 소리의 리듬이 목소리보다 두드러졌다. '하지만 그러면'이라는 목소리에 의해 리듬이 약간 깨지기는 했는데, 이것은 마지막 변에 대해 논증할 때 구조가 변화한다는 것을 드러내기 위한 것이었다.

이 상황은 교사와 콜린 사이의 상호작용 구간의 측면에서도 분석할 수 있다. 교사와 콜린 사이의 상호작용 구간은 교사가 다른 학생을 불렀을 때 끝나며, 이런 식으로 개별 학생들의 사고 그리고 특정한 수학적 방법에 교사가 어떤 식으로 초점을 두는지를 분석할 수 있다. 만약 소리에만 초점을 두어 구간을 표시한다면, 교사가 콜린과의 대화에서 조의 대화로 이동할 때까지 콜린이 말했던 22초 동안의 블록과 교사의 두드리는 소리로 시작하는 새로운 블록을 확인할 수 있다. 첫 번째 블록은 2초간의 짧은 침묵으로 바뀌었다가 격렬해지면서 두드리기-말하기가 결합된 배치로 끝이 났다. 여기서 인간의 목소리와 분필 두드리기, 또한 다이어그램, 화면에서 움직이는 손 그리고 그 그림자, 뿐만 아니라 영상에서 포착되지 않는 많은 다른 측면들이 의미의 배치를 이루는 본질적인 것으로 볼 수 있다. 분필을 두드리는 소리는 대화와 제스처를 칠판에 기록하면서 교사가 '학생의 방법'을 번역하거나 적법화하는 새로운 물질적 배열의 창조를 암시하는 것이었다. 교사의 목소리가 콜린의 의견을 단호하게 결론짓는 부분에서 새로운 블록이 시작되면서 같은 음높이로, 교사의 침착하고 긍정적인 목소리가 학급으로 향했다. 이어서 교사는 '다'에 강세를 둔 '다른 방법이 있을까요?'라는 제안을 했다. 콜린의 대화와 행위를 칭찬하면서 동시에 새로운 목소리를 요청하기 위해서였다. 이 블록은 확실하고 짧은 침묵으로 다음 예측을 요청하는 것과 더불어 끝났다. 영상 속에서 콜린, 교사, 그리고 나머지 학생들의 위치를 구분하면서 어떤 위치에서 소리가 나오는지를 분석할 수도 있다. 그렇게 소리의 연쇄와 관계를 따라가다 보면 개별 주체가 아니라 소리 자체에 초점을 두게 된다. 콜린과 화면의 다이어그램 사이에 목소리가 어떻게 이동하는지, 교사와 칠판 사이에 두드리는 소리가 어떻게 만나거나 **맞물리는지** 등 서로 멀리 떨어져 있는 물질성이 소리 속에서 함께 여행하는 것을 포착할 수 있다. 교사가 콜린을 향해 냈던 부드러운 목소리가 교실을 가로질러 다른 사람들에게 이동하는 것도 확인할 수 있다.

이제 몇 분 앞으로 돌아가보자. 이 지점에서 우리는 개인들이 사적인 리듬과 공적인 리듬의 배치에 휩쓸리는 또 다른 역동성을 볼 수 있다. 특히, 이전 수업에는 참여했지만 현재 분석하고 있는 수업에는 결석한 자크가 비-언어적인 학습 배치의 일부로 되어가는 방식이 매우 흥미롭다. 교사가 자크를 언급한 후, 몇몇 학생들이 자크에 대해 이야기하는 목소리가 나오면서 자크가 주름에 끼어들었다. 교사는 자크가 했던 방법을 칠판에 썼고 자크에 대한 이야기가 다양한 목소리로 퍼져나갔다. 목소리와 분필 두드리는 소리가 함께 들리고 리듬이 바뀌었으며, 교사는 학생들에게 주목하라고 했고 학생들은 침묵했다. 교사는 칠판에서 돌아서서 학생들이 이제 자크의 방법을 설명할 것이라고 말했다. 한 여학생이 다른 방법을 알고 있다고 말했지만 교사는 칠판에 자크의 방법을 끝까지 썼다. 칠판에 분필로 쓰는 소리만 들렸다. 학생들은 분필 소리만 귀 기울여 들었고 칠판 위에 쓰인 내용에 주목했다. 교사는 쓰던 것을 마무리하고 몇 분을 기다린 후 '4 곱하기 8 더하기 4'라고 크게 말하면서 그 표현이 왜 타당한지 질문했다. 학생들이 서로 다른 박자로 손을 들었고, 집단적인 소리가 감탄사에 의해 간간이 중단되었으며, 웅성거리던 목소리가 점차 통합된 음파로 모였고 너울거리는 파도처럼 넘실댔다. 계속해서 여러 목소리가 조화를 이루는 것이 이 시점의 특징이다. 조화를 이룬 여러 목소리가 존재하는 동시에 교사와 교사로부터 설명을 요청받은 학생이 목소리를 냈고 그 학생의 방법을 이해한 각각의 '나'가 존재했다. 강도가 증가하여 정점에 이르렀을 때 작은 웃음소리가 들렸고, 교사는 카일라에게 왜 그 방법이 타당한지 설명해 달라고 요청했다. 개별화된 목소리를 모았다가 다시 단독 연주를 하도록 한 것이다. 카일라가 망설이자 교사는 중간에 끼어들어 카일라에게 칠판 앞으로 나오라고 요청했다. 카일라는 계속 머뭇거리다가 앞으로 나가 포인터를 손에 쥐고 설명을 시작했고 모두 조용히 경청했다.

우리는 담화를 체화된 존재로서 맹목적으로 숭배하는 대신, 담화와 사고를 새롭고 물질적인 방식으로 재결합하고 교실에서 이러한 재결합된 논리가 어떻게 작동하는지 보여주고자 했다. 리듬이나 음의 탈락과 같은 담화의 청각적인 제스처를 독립적으로 공론화할 수 있는 분절된 지각 표상이 아니라 정동의 힘으로 신체에 흡수되는 것으로 보고자 했다. 이 힘은 심사숙고하지 않아도 학습 배치의 표면을 가로질러 움직이고, 흡수되고, 굴절되고, 복제된다. 담화의 운율은 학습의 사건에 내재된 본성을 지지하는 물질성과 담화를 연결시키면서 불변으로 간주되었던 문법과 어휘 목록을 와해시킬 수 있음을 확인했다. 이때 운율은 정동이 신체를 관통하는 하나의 양상으로, 다른 운동학적 본성과 마찬가지로, 신체가 가볍게 떨리고, 신이 나서 뛰어다니는 등, 신체를 가로지르는 강약의 흐름이 될 수 있다는 점도 알 수 있었다. 이로써 운율을 통해 제스처가 담화 내에서 작동하는 방식을 이해할 수 있게 되었다.

다음 장에서는 감각을 수학적인 것으로 고려하는 여러 이론에서 택한 전제에 의문을 제기하면서, 수학이 신체 감각을 형성하는 방식과 신체 감각에 의해 수학이 형성되는 방식에 대해 논의할 것이다. 최근 들어 관심을 얻고 있는 체화 이론이 수학적으로 창의적일 수 있는 신체를 지나치게 고정된 것으로 물화할지도 모른다는 우려 때문에 이와 같은 논의를 하게 되었다.

6 수학적 신체의 감각 정치

그동안 수학교육 분야에서 논의된 체화 이론이 대부분의 경우, 인간 신체를 전형적인, 심지어는 '자연적인' 것으로 가정하는 것에 이의를 제기하는 것이 이 장의 주요 목표이다. '마음'이나 '직관'이 수학적 성취의 주역이었던 것과는 달리, 이제 신체가 사고와 학습에 있어 중심적 역할을 하게 된다면, 신체에 장애가 있는 이들에게는 체화 이론의 의의가 무엇일까? 체화에 관한 새로운 이론들에는 인식론적/존재론적 차원뿐 아니라 정치학적, 미학적 차원에 대한 논의가 이루어져 왔다. 이 장에서는 수학과 감각에 초점을 두고자 한다. 여기서 '감각'이라 함은, 청각, 시각, 촉각, 후각, 미각과 같이 외부 세계에 대해 우리가 느끼는 것과 눈, 귀, 피부, 코, 혀와 같은 감각 기관을 통합한 것을 뜻한다. 사실 수학에서의 성공을 다양한 감각 또는 어떤 직관 능력과 연계된 감각 기관과 결합시키는 것이 오랜 전통이었다. 이 전통을 탐색하면 수학적 (無)능력의 개념이 수학의 특정 이미지와 밀접하게 결합되는 방식을, 그리고 사고, 신체, 학습 사이의 관계를 더 배울 수 있게 된다. 포괄적 유물론은 다양한 감각들과 수학의 얽힘에 관련한 논의에 기초하여 감각의 본성을 재고하게 한다. 이하에서는 특히 다음 두 가지 목표에 주목할 것이다. 하나는 지각에 관한 현 체제의 경계를 벗어나 신체를 생각하는 것이다. 다른 하나는 현재의 교실에서도 장애가 있는 신체 혹은 분열된 신체보다는 다른 능력을 가진 신체, 달리 조직화된 신체로 볼 수 있는 그 모든 잠재성 속에서 인간 신체를 인식하는 것이다. 포스트휴머니즘을 견지하면서, 일시적이고 우발적인 접촉에서 발생하는 학습 배치에 분포된 지각을 이해하기 위해 고정된 감각 형식과 규정된 패턴, 함축된 능력과 (無)능력으로 규정된 인간 기관과 능력을 분산시킴으로써 이러한 목표를 달성하고자 한다.

먼저 감각 기관, 특히 눈과 귀가 수학적 감각에 관한 논의에서 어떻게 다루어졌는지를 알아보고자 한다. 미각과 후각에 대한 논의는 거의 없었지만 촉각의 경우는 터치스크린의 등장으로 수학적 감각 관련 논의에서 상당히 많이 다루어졌다.[1] 예를 들어, 아동이 터치스크린 장치를 활용할 때 사용하거나 사용하지 않는 감각 기관 자체보다는 감각 리듬을 어떻게 조절하는지에 초점을 두어 아동의 수학적 활동을 기술하고 분석할 수 있었다. 이에 근거하여 기존의 연구들에서 체화인지 관련 논의를 위해 감각, 지각과 같은 개념들을 칸트 철학의 관점에서 개인의 고정된 능력의 측면에서만 다루었음을 지적하고자 한다. 이로부터 벗어나서 들뢰즈의 감각과 감각기능에 대한 접근에 기초하여, 감각의 잠정적이고 비결정적 얽힘 그리고 감각 기관을 분산시키는 지각에 대해 재고할 필요가 있음을 제안할 것이다.

감각, 그리고 감각이 수학적 직관과 맺는 관계에 대한 탐색에 이어, 교육적 담론 내에서의 (무)능력에 대한 현행 개념으로 주의를 돌려 계산 곤란, 자폐와 같은 조건들이 수학과 학습의 본성에 대한 복잡한 가정에 특정한 형태로 반영되어 있음을 논의할 것이다. 특히, 장애가 능력 내에, 반대로 능력이 장애 내에 각인되는 방식이 있음을 확인하고, 그것을 바꾸는 문화적 변동성에 주목하기 위해 (무)능력[2]이라는 용어를 제안할 것이다. 다음으로는 (무)능력에 대한 보다 광범위한 연구를 바탕으로 능력과 (무)능력을 구분하는 경계에 관한 질문을 포함하여, (무)능력의 본성을 재고하는 정치적 움직임에 대해 탐색할 것이다. 이로부터 인간 신체의 잠재성에 보다 주목하는 포스트휴머니즘 교육학을 제안하고자 한다.

수학, 감각, 그리고 직관

역사적으로 수학은 감각과 복잡한 관련성을 맺어 왔으며, 감각을 지식, 도덕성, 시민성, 영성과 관련짓는 방식에 따라 다른 입장들이 형성되어 왔다. 감각 문제는 이전 수세기 동안 과학 및 철학에서 매우 중요했으며, 특히 앎이란 무엇이며, 지식과 정서 및 가치와의 관련성을 어떻게 파악할 것인지에 대한 논의가 주로 이루어져 왔다.[3]

---

1) 재키브와 싱클레어는 디지털 기술 공학에서 미각과 후각을 발생시키거나 인식하는 하드웨어를 아직 개발하지 못했지만 소리는 이 두 감각보다 활발하게 다룰 수 있다고 보고했다. 소리를 생성하고 인식하는 하드웨어가 개발되었을 뿐만 아니라, 전통적으로도 이미 피타고라스의 진동하는 현처럼 수학과 소리가 오래전부터 결합되어 있다는 점도 논의했다(Jackiw & Sinclair, 2009).

2) 역주. 저자들이 (dis)ability라고 표기한 경우는 (무)능력으로, disability라고 표기한 경우는 맥락에 따라 장애 또는 무능력으로 번역했다.

아이디어의 감각적 기원에 대한 논쟁에서 시각 장애가 중요한 역할을 했다. 1688년에 제기된 '몰리뉴 문제'[4]는 시각 장애를 가지고 태어난 사람이 갑자기 시력을 갖게 되었을 때 사물을 시각적으로 인식할 수 있는지에 관한 것이다. 이 문제는 감각의 역할에 대한 큰 논쟁을 촉발시켰고, 로크의 경험적 인식론이 발달하고 확산되는 데 중심적인 역할을 했다. 이 문제의 핵심은 하나의 감각에 의해 알게 된 것을 다른 감각으로 알게 되는지 그리고 두 감각 사이의 관련성이 어느 정도인지인데, 일부 학자들은 이에 대해 긍정적으로, 또 다른 일부 학자들은 부정적으로 답했다. 과연 시각 장애인이 촉각에 의해 정육면체를 알게 되었을 때 시각적으로도 알게 될까?

버클리는 모든 감각에 공통되는 아이디어를 추상할 수 있다는 주장을 단호히 거부하며, **공통 감각**을 믿을 이유가 없다고 주장했다. 여기서 공통 감각은 '보통의', '특별할 것 없는', 또는 '공유된' 감각이 **아니라**, 한 개인의 서로 다른 감각 해석에 걸친 통일체를 의미한다. 버클리는 "시각적으로 인식한 도형은 촉각적으로 인식한 도형과 분명히 다르다"고 주장했다. 버클리는 시각과 촉각을 비교할 수 없다고 보았으며, 따라서 하나의 감각을 잃었을 때 다른 감각으로 조정하거나 교정할 수 없다고 주장했다.[5] 같은 입장에서 가시 세계를 믿을 수 없으며 개별 감각들 모두 중요하다고 주장했다.

18세기 중반 백내장 수술 방법이 발달하면서, 로크, 버클리, 뉴턴 등이 제시했던 추측을 실험에 의해 확인할 수 있게 되었다. 실험 결과 몰리뉴의 문제에 대해 부정적으로 답했던 입장이 옳았다는 결론에 이르렀다. 이전에 보지 못하다가 갑자기 볼 수 있게 된 환자들은 가시 세계에 당황하며, 어디를 봐야 할지, 자신이 무엇을 보고 있는지 몰랐다. 더욱이 본 것을 눈에 닿은 것이라고 생각했으나 즉각적으로 촉각 이미지와 관련시키지는 못했다. 시각과 촉각을 통합하는 공통 감각이 없기 때문이다. 이 사례를 보면 다음과 같은 새로운 질문들을 생각해볼 수 있다. 과연 이 환자들이 추론에 의해 시각을 거쳐 촉각으로 갈 수 있을까? 아니면 한 가지 감각만으로 외부 세계를 '보는' 것이 가능할까? 이와 관련하여 많은 사고 실험이 이루어졌고, 콘딜락의 실험은 그중 한 예이다. 콘딜락은 조각상을 상상하고, 이 조각상이 점차 감각을 가지게 된다고 가정할 때 어느 시점에 감각 능

3) Riskin(2002) 참고

4) 역주. 1688년 몰리뉴가 로크에게 보낸 다음 문제를 가리킨다. 시각 장애를 갖고 태어난 사람에게 크기가 비슷한 구와 정육면체를 손에 쥐어 준 다음, 무엇이 구이고 무엇이 정육면체인지 알려주면 이 사람은 촉각에 의해 둘을 구분할 수 있다. 이 사람이 만약 시력을 회복했다면 촉각을 통하지 않고 시각에 의해 구와 정육면체를 구분할 수 있겠는가?(Nichols, 2005)

5) Berkeley(1709), Riskin(2002), p.28에서 재인용. 다중 양식 기호학자인 렘케의 연구와 과학교실에서의 다양한 기호학적 양상들에 대해 이러한 접근을 취한 흥미로운 연구들이 있다.

력을 가지게 되었다고 할 수 있는지를 생각해보았다. 그는 조각상이 촉각 없이도 감각을 가질 수는 있지만 촉각적인 접촉을 하지 않는다면 조각상 자체의 경계와 그 너머의 세계를 발견할 수 없기 때문에 촉각적 접촉에 의해 조각상의 존재가 결정된다고 보았다. 감각에 대한 논의에서 수학은 중요한 역할을 했다. 디드로에 따르면, 수학자들은 내면의 세계에 집중하는 합리주의자다. 이로 인해 수학자들은 결국 외부 세계에 무감각해졌으며, 그들의 유아론적, 데카르트적 기질로 인해 시각 장애인과 마찬가지였다. 사실, 수학자는 시각적 기교에 따른 기만을 피하기 위해 오히려 시각 장애인처럼 사고하는 것이 더 유리할 수도 있다.[6] 디드로는 케임브리지 대학의 시각 장애를 가진 수학 교수인 사운더슨의 회고록과 인터뷰를 읽고 부분적으로 이러한 결론을 도출했다. 이 결론은 도덕적 능력의 발달이 외부로부터 얼마나 정서적인 영향을 받는지에 따라 좌우된다는 그의 신념에서 비롯된 것이기도 하다. 그는 주로 정서적인 영향이 감각에서 비롯되므로, 감각을 간과하는 합리주의자들은 덜 도덕적이라고 생각했다. 마찬가지로 수학자들은 무감각해서 정서적인 영향을 받지 않으므로 본성적으로 그리고 실천적으로 합리주의자이고, 그렇기 때문에 완전한 인간 주체가 될 수 없다고 보았다. 이와 같은 사고 실험에 근거한 논의에서 완전한 인간 주체는 정서적이고 도덕적인 개방성과 더불어 물리적인 감각 수용 능력을 갖춘 존재로 다루어졌다. 리스킨에 의하면, 로크는 아이디어가 감각으로 구성된다는 철학적 입장을 취했고, 이로부터 '지식은 감각과 정서의 결합에 의해 가능하다는 추측'을 도출할 수 있다.[7] 앎이란 외부 사물이 존재한다는 것 그리고 그 사물이 외적인 것임을 알아야 하며, 이를 외부 사물의 존재를 감각하면서 동시에 느낄 수 있어야 한다고 말할 수 있다. 이와 같은 방식으로 도덕과 물질을 하나로 묶는 인식론적 입장을 구축할 수 있었다.

그런데 감각 기관에 대한 18세기의 논의보다 더 오래 전부터 수학과 정서적 지각, 수학과 물리적 지각 사이의 관련성에 대해 논의가 이루어졌다. 가령, 13세기에 헨리는 물질에 내재된 구조와 형식에 대한 강박에 기인한 '수학적 정신의 우울한 성향'을 언급했다. 헨리는 수학자들이 '기하학적인 점처럼 외부 어떤 공간에 실제로 존재하는' 사물을 다룸으로써 수학적 활동을 한다고 보았다. 이와 같이 수학자들은 '수학이 토대를 두고 있는 공간을 넘어서서 생각할 수 없기 때문에' 최악의 형이상학자가 된다.[8] 이와 같은 우울함과 수학의 결합은 16세기까지 지속되었다. 뒤러의 유명한 판화 **'멜랑콜리아** I(Melencolia

---

6) 시점을 왜곡하는 장치로 만든 그림을 뜻하는 왜상(歪像)은 18세기에 이루어진 시각에 대한 의심 관련 논의에서 중요한 역할을 했다.

7) Riskin(2002), p.20 참고

8) Klibansky, Panofsky, & Saxl(1964), p.338 참고

I)'은 마방진, 3차원 입체도형들, 자와 컴퍼스 등 많은 수학적 요소를 담고 있으며, 제목에서 알 수 있듯이 수학과 우울함을 결합한 사례이다. 그런데, 19세기 낭만주의에서 했던 '우울함의 예찬'은 헨리가 제시한 것과는 사뭇 다른 우울함 개념을 담고 있다. 예이츠에 따르면,[9] 낭만주의 관점에서는 정신의 본질로 우울함을 논했다. 이 우울함은 신체적 감각의 결여와 종종 창의적 행위 또는 직관의 경험과 연결되는 '강력한 내적 시각'을 수반한다. 헨리가 감각 세계에 관여하여 얻는 우울함을 논했다면, 낭만주의에서는 감각 세계에서 후퇴함으로써 얻는 우울함을 논했다.[10]

수학과 감각 사이의 관계에 대해 헨리, 디드로 등이 다양하고 독특한 관점을 정립했지만, 여전히 칸트의 오랜 영향에서 벗어나지 못했다. 칸트는 직관의 측면에서 수학 지식, 수학 지식과 감각의 관계에 대해 논의하는 방식을 제공했다. 칸트의 구분에 따르면, 직관은 '특정한 대상에 대한 단일한 정신적 표상'이며, 개념은 '대상을 분류하고 정렬하는데

그림 6.1 • 멜랑콜리아 I(1514)

9) Yates(1979) 참고

10) Sinclair & Pimm(2009) 참고

사용되는 일반적 관념'이다.[11] 칸트의 직관에는 두 종류가 있는데, 하나는 감각을 통해 즉각적 지식을 제공하는 직관이며, 다른 하나는 필연적 진리에 대한 선험적 지식을 제공하는 직관이다. 수학적 진리를 제공하고 가능한 경험적 직관의 형식을 표명하는 것은 바로 이 순수 직관이다. 선험적 종합 판단에서, 칸트는 수학적 진리를 평가하기 위해 인간의 마음과 마음의 능력에 중심을 둔 새로운 수학 철학을 창안했다.[12]

수학이 지각의 형식을 이해하기 위한 마음의 경향 또는 능력이라는 믿음이 바로 칸트의 유산이다. 이 유산 속에 수학적 직관이 정신적 능력 또는 인간 마음의 선천적 능력에서 비롯된다는 항구적 믿음이 담겨 있다. 물론 수학하는 활동에 있어 선천적 정신 능력을 제시한 것이 칸트가 처음은 아니다. 데카르트 역시 다른 모든 지식들과 달리 수학이 절대적으로 확실한 존재이며, 그래서 수학의 진리는 물리적 세계의 진리가 될 수 없고 지각적 경험에도 좌우되지 않는다고 믿었다. 그러나 칸트의 프로젝트가 지각 또는 수학적 진리의 종합적 측면을 대하는 방식에 있어 가장 강력했다.[13] 직관주의 수학 철학자 브라우어르도 수학은 선험적 종합이며, 수학적 진리는 감각을 통해서도, 관련된 개념에 대한 분석을 통해서도 알 수 없고, 수학적 진릿값을 결정하기 위해서는 개념을 초월하는 직관이 필요하다고 믿었다. 칸트 전통을 따르는 다른 많은 사람들과 마찬가지로 브라우

11) Bostock(2008), p.46 참고

12) 칸트는 수학적 진리만이 유일한 선험적 종합이라 주장했다. 수학적 진리는 필연성과 보편성 모두에 있어 선험적으로 존재하며, 물질적 함의를 수반한다는 점에서 분석적이기 보다는 종합적이다. 예를 들어, '모든 신체는 연장이다'와 같은 분석적 명제는 신체에 대한 데카르트의 사고 이상의 어떤 것도 전해주지 않지만, '모든 신체는 무게를 가진다.'와 같은 종합적 명제는 주어진 개념을 넘어서는 진리를 표명한다. '술어 B는 개념 A에 암묵적으로 또는 명시적으로 포함된 어떤 것으로, 주어 A에 속하거나, 또는 B가 비록 개념 A와 연결되어 있다 하더라도 그 외부에 존재한다. 전자의 경우를 분석적 판단이라 하고, 후자의 경우를 종합적 판단이라고 한다.'(Kant, A6/B10, Bostock, 2009, p.46에서 인용). 칸트에 따르면, '두 점을 이은 직선이 두 점 사이의 선 중 가장 짧다'는 '곧다는 개념에 양에 관한 것이 포함되어 있지 않고 오직 질적인 것만 담겨 있기 때문에' 종합적이다(Kant, B16, Bostock, 2009, p.49에서 인용). 칸트는 위 명제의 진리성이 어떤 감각 경험에도 의존할 수 없기 때문에, 이를 선험적인 것으로 간주한다. 예를 들어, 기하학적 진리에 대한 어떤 선험적 지식도 공간 그 자체가 인간이 경험의 원초적 감각 자료에 부과하는 '형식'인, 인간의 창작물이라는 사실로부터 나온다. 칸트의 인식론은 지식의 두 가지 구별되는 원천인 감각과 이성을 융합하고 그에 따라 앎에 관한 합리주의적 방식과 경험주의적 방식을 연결하려는 시도라 할 수 있다.

13) 데카르트에 따르면, 수학적 진리는 선천적이며 명확하고 구별되는 아이디어에 기초한다. 철학사학자들은 이 입장을 합리주의로 보고 경험주의자인 로크, 흄과 데카르트를 대비시킨다. 하지만, 보스톡은 이들이 아이디어 또는 정신적 실체로서의 수학적 대상들의 존재론적 상태에 대해 동일한 믿음을 공유하고 있으며, 다만 그것들을 어떻게 획득하는지에 대해서만 입장이 다르다고 주장했다(Bostock, 2009).

어르도 비유클리드 기하의 존재를 논의하기 위해 수정된 후기 칸트주의자로서 수학적 진리를 결정하는 것은 감각이 아니라 인간의 직관 능력이라고 생각했다.14) 브라우어르에 따르면, 직관주의의 첫 번째 강령은 다음과 같다.

> 수학을 수학적 언어로부터, 특히 이론적 논리로 기술되는 언어 현상으로부터 완전히 분리하고, 직관주의 수학이 본질적으로 시간 이동, 즉 삶의 순간을 두 개별 사물로 분리하고, 이 중 하나가 다른 것에 길을 내주며, 기억에 간직되는 것에 대한 지각에 기원을 둔 마음의 비언어적 활동이라는 것을 인식하는 것이다. 이렇게 태어난 이중성이 모든 질(質)을 없앤다면, 모든 이중성의 공통 기층에는 빈 형식이 남게 된다. 이 공통 기층, 빈 형식이 바로 수학의 기초 직관이다.15)

직관은 수학적 재능을 타고난 것처럼 보이는 학생들의 자질을 기술하기 위해 흔히 사용되는 애매한 용어들 중 하나이다. 수학적 직관의 역사는 인간 주체의 선천적 인지 능력에 대한 신념, 그리고 이에 상응하는 수학적 지식의 원천으로서의 감각에 대한 불신과 강하게 연결되어 있다. 지금까지 직관의 개념이 수학 철학에서 어떻게 칸트의 유산에 묶여 있는지, 그리고 그것이 시각 장애 또는 우울함을 통해 (무)능한 수학자의 신체가 수학자로 하여금 이 직관에 대한 순수한 통찰에 더 강하게 접근하도록 했다는 18세기의 믿음을 따라 어떻게 역사적으로 발현되었는지, 그리고 물질세계에 영향을 받는 수학자의 능력에 대해서도 기술했다.

위와 같은 수학적 (무)능력의 개념에서의 감각의 역할에 대한 짧은 역사 속에서, 칸트에게서처럼 감각과 이성을 어떻게든 연결시킴에 있어, 그리고(또는), 브라우어르, 아다마르, 푸앵카레 등이 수학적 발명과 창의성을 설명함에 있어, 직관이 수행하는 상당히 신화적인 역할 뿐만 아니라, 수학적 기관으로서의 시각의 중요성을 고려했는지 알 수 있다. 그런데, 직관은 그 자체로 기관이 없지만, 마치 감각 기관처럼, 완전한 충족에서 완전한 부재까지 변화 가능하다고 가정하는 경우가 많다. 흥미롭게도, 직관은 수학교육에서 매우 드물게 논의되었으며, 부족 또는 결핍의 맥락에서는 거의 논의되지 않았을 뿐 아니라, 학생들의 직관을 키우지 못하는 현행 교육의 결핍이라는 맥락에서만 논의가 이루어졌다.16)

---

14) 그런 관점은 직관에 초점을 두고 수학적 발명의 심리학에 관해 저술한 아다마르의 입장에도 명백히 반영되어 있다(Hadamard, 1945). 아다마르는 직관을 엄밀하게 정당화하고자 했고, '수학적 엄밀함은 직관의 정복을 승인하고 합법화하는 것 외에 다른 어떠한 목적도 갖지 않는다.'고 보았으며, 직관을 야생 상태 또는 전의식 단계에 해당하는 것으로 생각했다(Polya, 1981, p.127).

15) Brouwer(1952), pp.141-42, Brown(2008), p.121 참고

16) Burton(1999) 참고

이제 학교 수학에 대해 논의하고자 하며 눈, 귀, 손가락에 초점을 두고 감각 기관이 하는 역할을 알아본다. 다음 절에서는 이런 감각들이 미리 주어진 규정된 것이기 보다는, 새로운 신체적 배치가 구성되는 때와 조우하는 순간 형성되는 잠정적인 것으로 간주되어야 함을 논의할 것이다. 특히, 아이패드를 다루며 활동하는 다섯 살 아동과 교사가 등장하는 비디오 자료에서 여러 장면을 어떻게 설명할 수 있는지 살펴볼 것이다.[17]

수학교육과 감각 기관

힐리와 파월은 비고츠키의 입장에서 눈, 귀, 피부와 같은 기관을 도구로 보고, 이 기관이 물질적 도구, 언어, 또는 여타의 기호적 자원의 기능과 상당 부분 동일한 기능을 한다고 주장했다.[18] 청각에 문제가 없는 아동은 10까지의 수를 외우거나 일상에서 양화에 관련된 여러 소리를 무심결에 들으면서 수를 배운다. 하지만 들을 수 없는 아동들은 눈을 도구로 하여 같은 개념을 배울 수 있다. 포괄적 유물론의 입장에서 눈, 귀, 피부는 내부로 듣고, 보고, 만지는 것은 외부가 된다는 점에서 감각 기관과 감각 은유는 과거에 구분했던 내부와 외부 개념을 재정립한다. 이때 외부와 내부 사이의 도관 또는 중재자를 수단으로 개념을 구성하며 종국에는 보편적인 개념을 얻는 것으로 가정할 수 있다. 감각 기관은 현상에 선행하는 것도 아니고, 전적으로 인간의 통제에 종속되지도 않는, 특정 시간에 발현되는 배치의 일부로 볼 수 있다. 이와 같은 방식으로 감각 기관을 봄으로써, 감각이 기저 또는 감각 사이를 가로질러 지각되는 데에 어떻게 작용하는지 보이고자 한다. 이하에서는 짤막한 비디오의 장면을 분석하고 후속 절에서 다시 다룰 학습과 감각에 관한 몇 가지 논의를 소개한다.

앞서 언급한 감각에 대한 새로운 접근을 설명하기 위해 아동, 성인, 터치스크린 장치가 수 개념과 마주하는 예를 살펴보자. 터치 기술 공학은 특별한 지원이 필요한 학습자를 지원할 수 있어서 각광받고 있으며, 많은 수학용, 교육용 프로그램들이 터치스크린 기반으로 개발되었다. 이제 신체에 대한 예기치 않은 미래를 배제하지 않고 수를 배우는 과정에 대한 대안적인 해석을 제시하는 것을 목표로 비디오 장면을 살펴볼 것이다. 다시 말해, 특정 감각 기관을 중재 도구로 사용할 수 있거나 없는 문제 자체보다는, 선결 기능과 시공간적 특성에 대한 경계를 느슨하게 함으로써 해당 기관에 대한 판단을 유보하고

---

17) 매우 중요함에도 불구하고 지면의 제약 때문에 수업에서의 감각과 감각작용을 연구함에 있어 비디오 자료가 가지는 가능성과 한계에 대해 충분히 논의하지 못했다.

18) Healy & Powell(2013) 참고

논의하고자 한다. 이로부터 다양한 강도의 감각 작용이 학습 배치를 따라 이동하는 방식, 교사-학생-화면의 만남이 참여의 복잡한 리듬을 수반하는 방식을 탐색하고자 한다.

목하 논의할 예시는 아이패드와 같은 새로운 매체가 새로운 감각 양식, 그리고 감각 기관과 수학적 개념의 새로운 배열을 수반한다고 판단했기 때문에 선택한 것이기도 하다. 현재 체화에 관한 수학교육 연구 분야에서 촉각이 상당히 중심적인 주제로 부상하고 있다. 로스가 기술한 바에 따르면, 아리스토텔레스에게 있어서도, 촉각은 "인간과 동물을 구별하는 감각"이었다.[19] 아리스토텔레스는 인간의 지능에 대해 다음과 같이 설명했다.

> 여타의 감각들에 있어서는 그렇지 않지만, 촉각의 경우 인간은 동물들을 훨씬 능가하는 정확도를 구사한다. 이런 이유로 인간이 동물 중에서 가장 지적이며, 좋게 혹은 나쁘게 타고나긴 해도, 다른 것과 달리 인종에 무관하게, 자연에 부합하는 동일한 감각 기관을 가진다.[20]

1장에서 논의한 것처럼, 로스 또한 촉각에 초점을 두었으며, 촉각을 학습의 중핵으로 여겼다. 로스는 정육면체를 잡은 아동이 정육면체를 만지기도 하고, 정육면체에 의해 접촉되기도 하는 것처럼, 촉각이 직접 영향을 주고, 촉각이 표면에 의해 영향을 받는 방식에 관심을 갖고 있다. 촉각은 필연적으로 움직임을 수반한다. 메를로-퐁티가 기술한 것처럼, '그것은 표면이 우리 손의 움직임을 조절하기 위해 우리의 촉각을 이용한 탐색의 시간을 사용하는 방식'이다.[21] 촉각은 시각 장애 학생들이 수학적 입체와 모서리의 기울기, 모서리의 단단함, 꼭짓점의 뾰족함을 연결하는 중요한 방식이기도 하다.[22] 그러나 대부분의 수학적 대상이 촉각에 의해 접근 가능한 존재로 생각되지 않는다는 점을 감안한다면, 촉각은 다소 제한적으로 보이기도 한다.[23] 그런데 점차 터치스크린 기술을 사용하면서 제스처에 초점을 두게 되어 상황은 변하고 있다. 이제는 화면 위에서 함수, 수, 기하

---

19) Roth(2011), p.51 참고
20) Aristotle(1986), p.180 참고
21) Merleau-Ponty(1945), p.364 참고
22) Healy & Fernandes(2011) 참고
23) 사실 이빈스는 그리스 기하학이 촉각적, 동적 본성을 지니고 있음을 주장했다(Ivins, 1945/1964). 그리스 기하학의 두 가지 원칙적 가정(합동과 평행)은 모두 당면한 사물(가령 분필선, 곧은 자, 한 삼각형을 다른 삼각형에 포개기, 한 직사각형의 대변을 따라 손가락을 움직이기 등)에 대한 '직관'을 포함한다. 사실, 평행선이 만나지 않는다는 생각의 경우, 투시도법이 적용되는 세계에서는 평행선이 수평선에서 만난다는 점에서, 시각적이라기보다는 촉각적, 동적(눈을 감고 스크린이나 책의 대변을 따라 손가락을 움직여 보라.)이다.

학적 대상 등 다양한 수학적 대상을 만질 수 있으며, 손 또는 손가락을 움직여 공중에서 곡선의 자취를 만드는 것처럼, 가상의 촉각을 만들어 내기도 한다. 이런 기술 공학은 시각의 시대를 대체하는 21세기의 촉각 시대를 예고한다.

오랫동안 초등학교 수학 수업에서 학습 지원을 위해 다양한 물질적 자원들을 활용해왔다. '구체물'은 흔히 상호작용의 구체적 형식을 제공했으며, 학생들은 3차원 도형을 만지거나, 블록, 주판, 기하판을 가지고 물리적, 시각적으로 활동할 수 있었다. 1980년대 초 출현한 컴퓨터 화면은 고학년 학습자들이 마우스와 키보드 조작으로 새로운 시각화 습관을 가질 수 있게 했다. 최근에는 쌍방향 전자칠판, 아이패드, 태블릿, 기타 유사 장치 등을 도입하여 화면과의 접촉을 통한 상호작용이 가능해졌고, 손가락과 손을 접촉하고 제스처를 하면서 직접 수학적 대상을 만들고 변환시킬 수 있게 되었다. 화면을 직접 접촉하게 된 것은 화면 시뮬레이션과 달리 실제로 수학을 만지고 있다는 감각을 제공함으로써 수학교육에서 당연하게 생각했던 대표적인 인식론을 바꿀 수 있게 했다. 따라서 다음과 같은 질문을 할 수 있게 되었다. 이른바 **스크린 문화**에서 두드리기, 문지르기, 손가락 떼기와 같은 행위들이 만남의 주요 형태가 될 때, 촉각은 어떤 변화를 겪을까? 이러한 활동 특성을 고려할 때 수학적 개념은 어떻게 변할까? 아래의 짤막한 비디오 분석을 통해 학습 배치가 모든 종류의 감각과 느낌의 리듬이 있는 중첩을 수반하는 방식에 주목하면서 이에 대해 생각해보자. 여기서 수 개념의 발현이 어떻게 감각 블록의 한 부분이 되는지, 감각 내에 학습자, 인간, 비인간 신체의 생성을 이끄는 강도와 힘이 어떤지 살펴볼 것이다. 수와 도형은 전형적으로 비인간 존재라고 생각했으나 리듬이 있는 감각에 의해 특징지을 수 있다. 스미스가 수학적 맥락에서 "사람은 개념 아래 항상 시공간 복합체의 리듬이 있는 블록을 찾는다."[24]고 말한 의미도 탐색한다. 리듬은 원형적이며 전-개인적이다.[25] 리듬은 "형상이 되고, 형상은 리듬 그 자체에 의해 구성된다."[26]

이제부터 교사와 5세의 유치원 아동이 촉각적으로 상호작용하면서 시각과 언어-생성 능력을 중점적으로 사용하여 수 감각을 발달시키는 **터치 카운트**(Touch Counts)라는 아이패드용 프로그램을 도입한 활동 사례에 대해 살펴보자. 여기서는 학습자가 화면을 손가락으로 두드려 수를 나타내거나 혹은 수가 표시된 대상을 호출하는, 한 가지 **터치 카운**

---

24) Smith(2003), p.xix 참고

25) 리듬 개념은 흥미롭게도 다음과 같이 패턴 개념과 대비되는 면이 있다. 패턴은 도형 또는 글자와 숫자로 된 표현을 시각적으로 인식함으로써 구축한 것으로 일부 논리적 관계를 숨기고 있지만, 리듬은 시간에 불가피하게 얽히며 청각을 자극한다. 7장에서 패턴과 수학적 직관에 관해 논의할 때 패턴 개념에 초점을 두어 살펴볼 것이다.

26) Deleuze(2003), p.60 참고

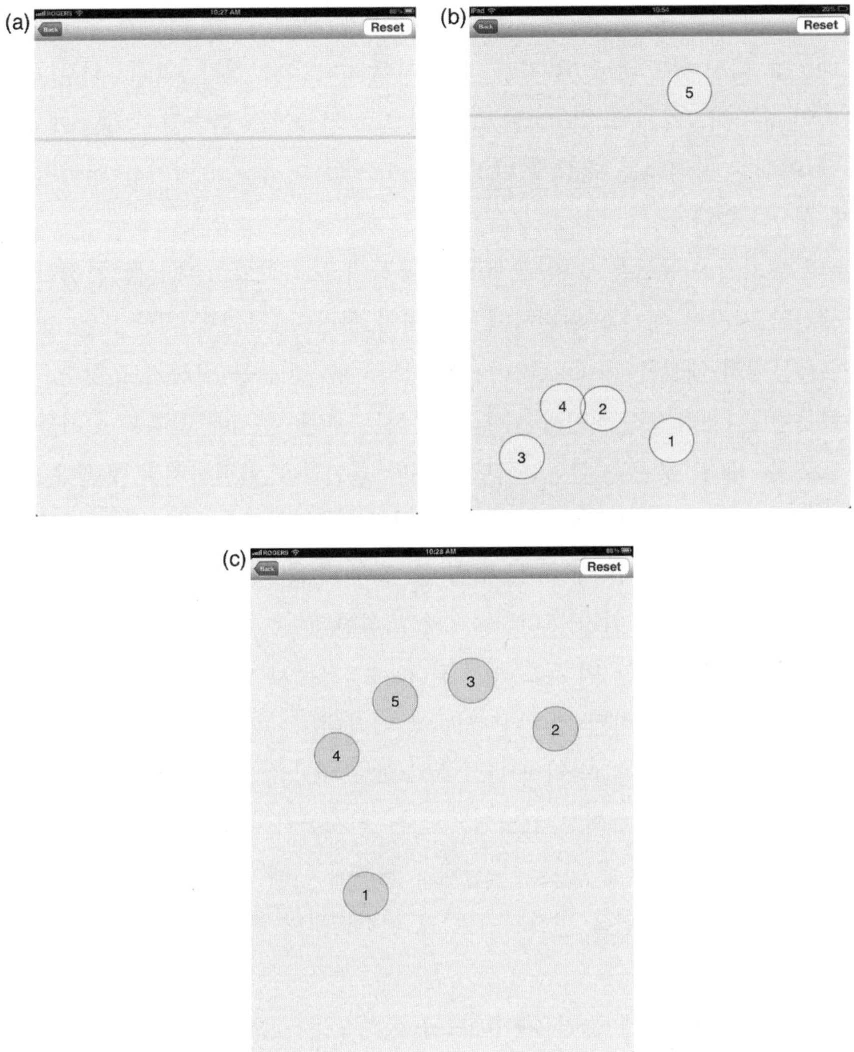

그림 6.2 · (a) 수 세기 세상 (b) 선반 위에 5가 있는 경우 (c) 선반이 없는 경우

트 활동에만 초점을 둘 것이다. 화면을 처음 두드리면 숫자 '1'이 쓰인 노란색 원이 나타난다. 이어서 계속 두드리면 차례대로 높은 수를 나타내는 대상들이 만들어진다. 한 번씩 두드릴 때마다 새로운 수를 나타내는 대상이 등장하고, 그 대상을 터치하면 '일', '이'와 같이 그 수를 읽는 소리를 들려준다. 학습자가 손가락을 화면 위에 두는 동안에는 그 수를 나타내는 대상이 잡혀 있다가, 손가락을 떼면 그 대상은 가상의 중력에 이끌려 화면 아래로 떨어져 사라진다. 학습자가 수를 나타내는 대상을 선반 위에 놓거나, 그 위에 놓고 '탁' 두드리면 그 자리에 또는 선반 위에 계속 남아있다. 그림 6.2b는 네 번을 두드린 후 그 대상들이 모두 떨어져 사라진 다음, '5'가 선반 위에 놓인 모습이다. 손가락을 화

면 위에 놓을 때마다 새로운 수를 나타내는 대상이 만들어지기 때문에, 기존의 수를 나타내는 대상을 다시 두드려서 '잡거나' 재배치할 수 없다. 청각, 촉각, 시각, 명령 등의 감각 블록이 손가락으로 두드리고, 끌고, 안팎으로 기울이는 학습자의 행동에 또는 화면 위나 화면 아래로 움직이는 대상에 반영된다. 교사는 머리를 끄덕여서 떨어지는 대상을 확인하게 할 수 있다.

대부분의 유치원 아동들은 손가락 등을 이용하여 물리적으로 대상들의 집합을 세면서 언어적 세기와 지시적 세기를 완전하게 조절하지 못하며, 물리적 대상 또는 명명된 수를 빠뜨리거나 물리적 대상을 제대로 가리키지 않고 수의 이름을 말하기도 한다.[27] 마치 노래를 부르듯이 '기계적으로 세면서' 수를 암송하는 루틴, 순서에 맞추어 숫자를 식별하는 '손가락으로 수 세기' 루틴을 실행하기도 하지만 루틴들을 연결하지는 못한다. 이런 식으로 **터치 카운트** 프로그램에서는 손가락 두드리기에 의해 수를 나타내는 대상과 더불어 수의 이름을 들려주고, '선반'에 특정 수열 중 일부 수를 다른 수들과 구분해서 놓을 수 있도록 해준다. 만약 선반 위에 '5만' 놓으라고 하면 선반 아래를 네 번 두드린 다음 손을 선반 위쪽으로 옮겨서 한 번 두드리면 된다. 수 '5'는 4 다음에 오는 대상이라는 특정한 성질을 가진 것으로 구현된 것이다. 선반을 나타내는 수평선으로 화면을 두 영역으로 나누게 되는데, 아래 영역은 일시적으로 수가 오고 가는, 잠정적이고 가상적인 것으로, 위의 영역은 선반 위에 지속되고 고정되는 수를 현실화하여 제시한 것으로 구분되어 있다. 이 사례에서 감각 기관-중심으로만 신체와 지각에 대해 논의했던 기존의 입장에서 벗어나 학습자 스스로 수 개념을 변화시키고 그 변화로부터 영향을 받는 과정을 확인할 수 있기에 여기서 제시한다.

교사와 아동이 책상 위에 놓인 아이패드를 살펴보는 것으로 영상은 시작되었다. 조용한 방에서 아무런 지시가 없었지만, 아동은 자연스럽게 손을 화면에 가져갔고, 손가락을 화면 상단에 대었다가 아래쪽까지 미끄러지듯이 이동했다. 화면에 숫자 '1'이 표시된 노란색 원이 나타났고, 아이패드가 '1'이라고 소리를 냈다. 아동은 검지를 화면 상단에 댔다가 서서히 아래쪽으로 이동했다. 아동과 아이패드 모두 '2'라고 소리를 냈다. 그림 6.3a와 같이 가끔씩 아동은 소리를 내지 않고 입술만 움직였고, 아이패드는 계속 새로운 수를 소리로 들려주었다. 열 번째 노란색 원에 두 자리 수인 '10'이 나타나자 아동은 고개를 숙이고 자세히 살펴보았다. 그림 6.3b와 같이 아이패드만 수를 소리로 들려주었다. '17' 다음 아동이 몇 개의 손가락을 동시에 화면 위에 놓았을 때, '21'이 소리로 들렸다.

27) Fuson(1988) 참고

그림 6.3 • (a) 검지로 화면 터치하기 (b) 10에 주목하기 (c) 화면을 안 보고 화면 터치하기

잠시 아동은 동작을 멈추고 미소를 띠었다. 수를 나타내는 소리와 리듬이 있는 아동의 화면 두드리기가 계속 되었고 이제 아동은 검지를 제외한 모든 손가락을 화면에 댔다. 그림 6.3c는 아동이 화면을 보지 않고 고개를 들고 있으면서 '27'이라는 소리가 들린 순간을 포착한 것이다. 이제 아이패드 소리와 손가락을 화면에 대는 것에 익숙해진 모습이었고, 실수로 초기화 버튼을 누르는 경우를 제외하고는 같은 동작을 반복했다.

접촉하여 수를 만들고, 노란색 원에 있는 수를 보고, 각각의 수를 말해주는 소리를 들으면서 개별 감각 형식에 따라 피드백을 받는 식으로 아동과 **터치 카운트** 사이에 이루어진 첫 번째 상호작용을 분석해보자. 칸트가 제시한 관점에 비추어 보면, 아동은 감각을 지각으로 바꾸어, 개별 감각의 차원을 이해하고, 개개의 감각들을 수 개념으로 통합 또는 종합했다. 그런데 손가락, 귀, 입, 눈뿐만 아니라 아이패드, 수, 교사와의 조우 속에서 비-감각과 감각이 생산적인 방식으로 함께 묶여 훨씬 더 복잡하게 얽히는 과정이 이루어졌다. 감각 기관에 의해 감각이 지각으로 바뀐다는 고정된 관점 대신, 리듬에 의해 개념-생성 여부를 판단할 수 있다고 생각해보면 미시적 수준에서 일어난 관계적 반응을 분석할 수 있다. 여기서 개인의 감각 기관에 따라 미시적 수준과 거시적 수준이 달라진다면 다른 연구에서는 이 연구에서 고려한 것과 다른 방식으로 분석할 필요가 있다. 여기서는 촉각-소리-시각의 조우가 다양한 박자와 리듬에 의해 이루어졌기 때문에 이에 주목하고자 한다. 위에서 아동은 한 손가락 혹은 다른 손가락으로 반복하여 두드렸고, 소리가 들렸고, 시각과 촉각의 다양한 재조합이 이루어지는 가운데 지연과 가속이 일어났다. 아동은 분명한 리듬을 가지고 반복해서 화면을 두드렸다. 어느 시점에는 딴청을 부리는 것처럼 보이기도 했지만 점차 큰 수를 다루면서 손가락을 빠르게 혹은 느리게 두드리고 소리를 들었다. 이와 같은 리듬은 부분적으로 아이패드가 내는 소리와 교사의 개입에 따라 만들어지기 때문에 아동만 리듬을 만들었다고 할 수 없다. 실제로 교사도 두드리는 행동에 따라 몸을 앞뒤로 흔들면서 아동과 함께 리듬을 만들어냈다.

위 사례에서 손가락으로 두드리는 행동, 두드리기와 보기, 두드리기와 듣기, 두드리기와 말하기 사이에 일어난 상호작용에 의해 수 개념이 발생했고 아동은 이전보다 발달을 이루었다. 그런데 수학 학습에서는 수와 관련하여 사고하고, 말하고, 행동하는 것을 지속하는 것에 목표를 두기 때문에 수 개념 발현 양상도 더 향상될 필요가 있다. 그러므로 리듬이 있는 감각 블록의 변화가 필요하다. 이때 다음과 같은 질문을 생각해야 한다. 어떤 리듬이 있는 감각 블록에 의해 특정한 수 개념이 발현될 수 있을까? 손가락-화면-소리-수의 배치를 어떻게 바꾸어야 과정으로부터 대상으로의 전환에 의해 수 개념 발현이 가능할까? 포스트휴머니즘에 비추어 인간과 기계의 상호작용뿐만 아니라, 그 상호작용 속에서의 새로운 개념의 생성에 대해 어떻게 기술할 수 있을까? 이하에서는 손가락-화면-소리-수의 배치, '다른 수 말고 5만 보고 싶어요.'라는 교사의 요청이 가지는 의미를 보다 자세히 논의하면서 이들 질문에 대해 다룬다.

아동이 검지로 선반 위를 두드릴 때, 교사는 '1은 보고 싶지 않아요.'라고 호기심 어린 표정으로 말했다. 아동이 미소를 띠며 선반 위를 두드렸다. 교사는 '2'도 보고 싶지 않다고 말했고, 아동은 다시 미소를 지었다. 아동은 선반 위에 '3', '4', '5'가 나오도록 두드린 다음, 초기화 버튼을 눌렀다. 그리고는 다시 웃었다. 이렇게 미소를 지은 것과 초기화 버튼을 누른 것이 새로운 리듬의 변조였다. 마치 큰 베이스 드럼을 연주하듯이 여러 가지 방식으로 시간을 바꾸어가며 초기화 버튼을 눌러 화면을 바꾸었고, 이런 식으로 박자를 바꾸어가며 활동했다. 아동은 아이패드 쪽으로 고개를 숙여 검지로 선반 위를 한 번 두드린 다음, 선반 아래를 세 번 두드렸다. 다섯 번째로 다시 선반 위를 두드렸고, 돌아보며 미소를 지었다. 교사는 '음, 1과 5가 보이는데, 5만 보고 싶어요.'라고 말했다. 아동이 검지로 '1'을 없애려고 눌렀을 때 '6', '7', '8'이 나타났다. 아동은 초기화 버튼을 눌렀다. 여기서 촉각 기관인 손가락이 이 상황에서 능력으로 재배치되었다는 것에 주목해야 한다. 노란색 원을 움직이거나 끌기를 할 수 있는 촉각 기관을 넘어 화면을 초기화할 수 있게 된 것이다. 위에서 언급했듯이, 이 마주침에서 박자와 리듬을 재설정하는 초기화 버튼의 기능과 힘은 이제 손가락 배치의 부분이 되었으며, 이에 따라 촉각으로부터 얻게 되는 피드백도 재정의되었다. 초기화 버튼을 눌러서 갑자기 화면을 완전히 삭제하는 것이 아동을 웃게 만들었고, 촉각의 잠재성을 근본적으로 변화시켰다. 흔적을 한꺼번에 모두 삭제하는 힘 때문에, 아동은 화면을 만지고 수를 세는 행동을 바꾸었다. 이제 아동은 초기화 버튼을 누른 후 검지로 선반 아래에 '1', '2', '3', '4'를 만들며 이들을 소리로도 냈다. 잠시 멈췄다가 다시 선반 위를 두드렸다. 교사가 선반 위에 '5'와 '10'을 놓을 수 있는지 묻자 아동은 초기화 버튼을 눌렀다. 이어서 선반 위를 한 번 두드렸다가, 다시 초기화 버튼을 눌렀다. 다음으로 선반 아래를 빠르게 네 번 두드린 다음 잠시 멈췄다. 아동은 교사를 잠시 바라보고 선반 아래를 한 번 더 두드렸다. 이때 '5'가 아래로 떨어졌고, 아동이 '아!'하고 말했으며, 교사는 '이런 잃어버렸네.'라고 말했다. 아동이 다시 초기화 버튼을 눌렀고, 선반 아래를 빨리 네 번 두드렸으며, 아이패드에서 들려주는 소리를 따라 수들을 말한 후, 선반 위로 손가락을 옮겼다.

아동이 초기에는 5가 수의 순서에서 어디에 나올지 확실하게 예측할 수 없었는데, 화면을 터치하면서 5와 4의 관계를 알 수 있었고 이로부터 아동의 수 개념이 변했음을 분명히 알 수 있는 사례였다. 화면을 네 번 두드리고 소리를 확인한 후, 다섯 번째 두드리기와 선반 위에 5를 남겨두는 등, 손가락-화면-소리-5의 배치가 만들어짐으로써 수 개념이 발달한 것이다. 이 예에서 수 개념이 고정된 것이 아니라 학습의 배치가 발전하면서 함께 변한다는 뜻에서 살아 움직인다고 할 수 있다. 화면에서 마치 중력처럼 수가 아래로 사라지는 것으로 인해 수의 기수적 측면과 더불어 서수적 측면 역시 깨닫게 된 것으로 보인다. 아이패드가 시각적으로 그리고 청각적으로 피드백을 주었기 때문에 5가 4 다음에 오는 수라는 것을 알게 되었다고 단정하기는 어렵다. 다만 아동이 제스처, 소리, 촉각, 움직이는 노란색 원들의 특정 배치에 리듬을 가지고 반응하면서 참여했다는 것을 영상에서 분명히 확인할 수 있었다. 이와 같은 특정한 배치가 잠정적인 물질성 그리고 사건의 물질성을 낳았다. 감각 기관의 잠재성이 이러한 배치에 의해 바뀌면서, 촉각-청각-시각적 결합이 특정한 방식으로 이루어졌다. 학습에 관한 새로운 기술 공학의 영향 그리고 감각이 단지 감각 기관에 의해서만 조절되는 것이 아니었다. 이로부터 감각은 유동적이고 구조화되지 않으며 대안적인 재결합 가능성을 가지고 있음을 알 수 있었다.

지각과 감각에 대한 재고

칸트의 지각 이론에 의하면 다음 세 가지 행위의 **종합**이 이루어져야 지각이 가능하다. 먼저 부분을 전체로서 **파악**할 수 있어야 하고, 선행한 것을 **재생산** 또는 축약할 수 있어야 하며, 마지막으로 현재 파악하고 재생산한 시공간의 감각적 복합을 **대상으로서 인지**할 수 있어야 한다.[28] 여기서 세 번째 행위가 완료되어야 지각적 종합이 완성된다. 다시 말해서, 하나의 대상은 시공간적으로 파악한 다양성을 종합했을 때 구체적으로 결정된다. 그 다양성이 무엇으로 이루어진 다양성인가라는 질문도 제기된다. 지각 과정의 출발점이

28) Smith(2003) 참고

되는 '부분'은 무엇일까? 전체로 종합되기 전에 부분이 어떻게 인식되기 시작할까? 칸트는 이 질문들에 대해 《순수이성 비판》에서는 다루지 않았고 《판단력 비판》에서 논의했다. 칸트는 지각 이전에 '부분'을 어떻게 이해가 아닌 상상에 의해 식별하게 되는지를 감각적, 질적 측정 단위를 사용하여 설명했다. 설명이 충분하지는 않았지만, 생생한 체험으로서 미학적 이해를 상정하는 일종의 현상학적 입장과 관련되는 것으로 보인다. 스미스는 칸트의 관점을 인간 중심적인 것으로 보았는데, 그 예로 인간이 부분을 파악하는 순간에 자신의 신체적 측도를 참조하기 때문에 측정 단위도 주로 인간 신체에서 발견되는 것이라고 본 것을 제시했다. 이 아이디어는 후대에 신체에 관한 현상학적 논의와 연결되어 발전했다. 예를 들어, 현상학자 스트라우스(1935/1963)가 감각을 원 자료로 그리고 지각을 원 자료에 대한 이차적인 이성적 조직으로 구분했다.[29] 스트라우스는 형태 또는 공간적 배열이 없어도 시각적 감지가 가능하지만, 시각적 지각은 행위자가 신체적으로 생성하고 종합함으로써만 감지된다고 보았다. 스트라우스는 감각과 지각이 동일한 시공간에 존재하면서 전자는 '의도적이거나' 또는 자발적인 것으로, 후자는 외부의 공간적 제약과 관련하여 조정되는 것으로 보았다.

들뢰즈는 감각과 지각을 다른 방식으로 구분했다. 그는 칸트의 선험적-종합 판단 행위가 부분이 부분으로 간주되는, 외관상 즉각적인 감각적 조우의 극미한 수준에서조차도 작동하는 것으로 보인다는 사실에 주목했다. 들뢰즈는 그의 미시-수준에서의 감각적 판단에 대한 제안이 순수 직관의 오점 없는 행위를 제안한 칸트의 해석과 어떻게 상반되는지 보여주고자 했다. 들뢰즈는 그런 미시-수준에서의 판단 행위가 관계적이고 고도로 민감하여 측정 단위 그 자체로 지속적인 변동에 있으며, 무한히 분할될 수 있다고 제안했다.[30] 들뢰즈는 판단에 따른 개념 아래 리듬이 작동함으로써 변동과 재보정이 이루어진다고 보았다. 지속적인 재보정은 이산적인 부분들을 인간이 종합하는 것이 아니라 체계를 관통하는 리듬으로 강도를 동기화함으로써 이루어진 것이다. 여기서 동기화는 다음 이유에서 종합과 근본적으로 다르다. 지각은 감각의 종합, 특히 이성적 판단에 따라 감각을 종합함으로써가 아니라, 불안정한 물질적 배열 속에서 새로운 주름과 굴절이 발현되는, 다각적인 변조 과정이다.

측정과 그 단위의 연속적 변동을 감안하면, '부분'이 개별적인 존재가 아니라 주름에 더 가깝다는 것을 알 수 있으며, 들뢰즈는 이와 관련하여 감각을 진동으로, 리듬은 지각의 근간으로 설명했다. 들뢰즈는 지각에 대해 칸트보다는 라이프니츠의 관점을 따랐으며,

29) 같은 책 참고

30) 같은 책 참고

'부분들'을 개별화된 것이 아니라 파동 또는 리듬의 진폭으로 보고 주파수가 순간적으로 같은 위상 또는 공명을 갖는 것으로 해석했다. 여기서 리듬은 인접한 분자들의 파문(波紋), 압력 또는 강도에서의 변화와 같이 공명하는 힘 사이의 **관계** 속에서 측정할 수 있다. 이는 감각과 지각 모두 인간의 능력이라는 칸트의 설명과 다르며, 물질세계의 한 측면으로서 분자 수준의 신체적 조정을 통해 발현되는 것으로 볼 수 있다. 따라서 인간, 비인간의 지각적 종합은 동기화된 선율인 리듬에 바탕을 두고 이해해야 하는 일종의 미학이다. 5장에서 수학 수업 내의 언어 사용에 담긴 리듬에 대해 논의한 바 있는데, 여기서는 보다 일반적으로 인간 지각에 담긴 리듬을 연구하기 위해 포스트휴머니즘을 도입한다.

포스트휴머니즘에 따라 지각을 바라보면 신체에 대해 2장에 기술한 슈뢰딩거의 고양이 사고 실험에 대한 바라드의 입장과 마찬가지로, 개체를 변화시키는 보이지 않는 다원적인 힘에 의해 '생명'을 온갖 새로운 방향으로 뻗어나가도록 할 수 있다. 신체는 더 이상 결정된 기관에 제한되지 않으며, 비결정적 기관의 잠정적, 일시적 현존에 따라 정의될 뿐이다.

> 파동이 가변 진폭을 가지면서 기관이 없는 신체를 따라 흐르고, 진폭의 변동에 따라 신체의 영역과 수준이 결정된다. 이 파동이 특정 수준에서 외부의 힘과 마주칠 때 감각이 나타난다. 이 마주침에 의해 한 감각 기관이 결정되지만 파동의 통과와 힘의 작용 내에서만 감각이 지속될 뿐, 감각 기관의 변위는 언제나 가능한 잠정적인 기관일 뿐이다.[31]

감각은 공간을 따라 흐르는 신축적이고 변조되는 강도의 파동이며, 신체는 감각과 기관의 잠정적 응결을 유지한다.[32] 따라서 신체는 전환 또는 공명의 정도에 의해 구성되며, 감각은 탈구되어 잠정적으로만 지각된다.

바로 이렇게 현재 평범하게 간주했던 신체가 그 너머로 다른 지각 능력을 발휘하게 된다. 듣기, 만지기, 맛보기, 보기 등은 지속되는 것처럼 보이지만 실제로는 일시적인 지각이며, 앞에서 서술했던 아동과 아이패드 활동 사례에서처럼 완전히 다른 감각을 조정함으로써 새로운 미래를 마주하기도 한다. 따라서 '신체가 무엇을 할 수 있는가?'라는 질문

---

31) Deleuze(2003), p.41 참고

32) 베이컨과 같은 예술가는 인간 신체에서 감각의 확산과 왜곡을 포착했다. 그렇게 그는 고전적 초상화의 형상적 본성이라고 할 수 있는, 회화에 대한 광학적인 코드에서 벗어났다. 들뢰즈는 형상 또는 묘사적 상황보다 감각 그 자체를 그리려고 시도했다는 점에서 베이컨을 세잔느에 비유했다. 두 예술가 모두, 감각을 탈-신체화된 빛의 자유로운 놀이 대신, 문자 그대로, 신체가 되도록 자극하는 힘으로 보았다. 들뢰즈는 베이컨이 "신체를 대상화하여 표현하기보다 감각에 기초한 경험 자체로 캔버스에 그렸다."(Deleuze, 2003, p.32)라고 했다.

은 현재의 신체적 배치에서는 그 답이 주어지지 않는다. 들뢰즈의 견해에 따르면, 신체는 항상 지각적으로 다르게 활성화되거나 혹은 잠재적으로만 생성되는 과정에 있다. 신체의 미래는 즉흥적이며, 감각 기관은 미완성이고 재배열과 분해도 가능하다. 가령, 귀가 현재와 같은 감각 기관이 되기까지 오랜 진화의 과정을 거친 것처럼, 또 미스트리가 개발한 여섯 번째 감각(SixthSense)[33]과 같이 새로운 감각을 상상할 수 있고 새로운 종류의 감각 기관 배치를 고려하게 될 수도 있다.[34] 포스트휴머니즘의 입장에서 신체는 이와 같은 새로운 장치처럼 현재의 지각적 감각 기관에 속하지 않는 것까지 확장하여 고려할 수 있다. 앞으로 수학 수업에서도 신체가 (무)능력하거나 능력이 부족한 것이 아니라 잠재력을 갖추고 있어서 다른 방식으로 활성화되거나 다르게 기관화될 수 있다는 점을 고려해야 한다.

칸트의 입장에서는 능력을 일종의 내적 직관 또는 정신적 능력으로 보고 있으며 지배적인 인지심리학 패러다임 역시 이 입장에 따르기 때문에 수학과 학습 (무)능력을 이로부터 벗어나서 논의하기 어렵다. 이런 입장에서는 손, 눈, 종이, 개념의 물질적 배치라는 것에 대해 의혹의 눈길을 보낼 것이기 때문이다. 하지만 감각의 의미와 가치는 시간의 흐름에 따라 상당히 달라졌다. 이제 수학적 감각은 무엇이며, 무엇이 되어야 하는지에 대해, 그동안의 역사에 등장한 다양한 형식에 영향을 받지만 동시에 감각 정치에도 영향을 받게 되었다. 감각 정치는 어떤 감각이 보다 이상적인지, 보다 민감한지, 보다 주관적인지 또는 객관적인지에 대한 다양한 주장을 내어 놓았다.

감각 정치는 수학이라는 학문 자체에도 새로운 해석을 낳았다. 7장에서 네츠의 연구에 대해 논의한 바와 같이, 고대 그리스 수학의 구술 전통은 현대 수학의 지필 전통과 근본적으로 다르다. 과거에는 수학자들이 자신이 쓴 책의 초고를 읽어주었는데, 20세기 초반에서 중반까지 수학계를 주도했던 부르바키 학파는 수학을 초월적인 구조, 문자와 숫자로만 이루어진 구조로 엄밀하게 하고자 했다. 이로 인해 시각의 역할은 문자와 숫자로 좁혀졌고, 이미지는 무력화되었다.[35]

그런데 로트먼이 말한 것처럼, 앞으로 수학에서 문자와 숫자의 힘은 줄고 시각적이고 동적인 수학적 표현의 힘은 커진다면 새로운 종류의 감각 정치가 펼쳐질 것이다. 이때 수학과 새로운 매체 사이의 얽힘에 대해 그리고 새로운 감각 정치가 낳을 결과에 대해

---

33) http://www.pranavmistry.com/projects/sixthsense/ 참고

34) 역주. 미스트리(Pranav Mistry)는 컴퓨터 과학자이자 발명가이며 삼성 연구원으로, 몸에 장착할 수 있는 다양한 기능의 전자기기를 개발하는 데 참여해왔다.

35) Pimm(2006) 참고

연구할 필요가 있다. 예를 들어, 수학자 혹은 학습자가 시각 장애라면 수학을 함에 있어 유리할까 혹은 불리할까? 앞으로 펼쳐질 움직이는 신체의 세계에서 새롭게 요청되는 바는 무엇일까? (무)능력을 어떻게 해석하는가에 따라 이 질문들에 대한 답도 좌우될 것이다.

다음 절에서, 새로운 감각 정치를 수학 학습 및 (무)능력에 관한 문제와 관련지어 논의한다. 다시 한 번 수학적 감각 개념에 의문을 제기하고 신체에 대한 기관-중심적 관점에 대해서도 자세히 살펴본다. 핵심적인 질문은, 이와 같은 '내적' 능력과 장애를 달리 해석함으로써 수학적 감지(感知)와 관련된 기존의 입장이었던 고정된 신체의 특성을 넘어설 수 있을까 하는 것이다.

수학에서 (무)능력의 감각 정치

20세기 후반 30년 동안 장애의 존재, 정의, 식별에 관한 중요한 논쟁이 이루어졌다.[36] 보르기올리[37]는 장애의 근원을 모더니즘적 설명과 포스트모더니즘적 설명으로 구분했다. 모더니즘적 설명은 의학에서 개인의 의학적 문제로 보는 것이며, 포스트모더니즘적 설명은 "차별에 관한 부정확하고 부도덕한 가정에 기초하여 사회적으로 만들어진 문제로 보는 것이다."[38] 모더니즘적 설명은 미국의 **장애인법**[39]에서도 제시하는, 지배적인 입장이다. 포스트모더니즘적 설명은 뇌의 가소성에 초점을 둔 신경생리학 연구에 기초한 것이다. 보르기올리는 포스트모더니즘적 설명에 따라 수학 학습에서의 장애를 새롭게 해석했는데, 이전에는 수학 학습 장애가 너무 협소해서 정해진 범위의 수학이 있고 그것을 능숙하게 해야 한다는 생각에 기초하여 가령, 계산을 못하면 장애가 있다는 식으로 본 것이 문제라고 지적했다.[40] 실제로 수학 학습 장애 판정을 받은 많은 학생들에게 기초 기능과 계산 절차를 단계별로 배우도록 하는 방식의 교육이 이루어지고 있다.[41] 이와 같은 해석에 의해 장애가 있다고 판정된 학생들은 특수교실에서 별도로 교육을 받거나 정규 교실에서 차별적인 교육을 받았다.[42] 이는 마치 유사한 문제끼리 모아놓고 같은 색상으로 코드를 부여하는 방식을 사용하여 관리를 쉽게 하는 것과 마찬가지로, 학습 장애 학

---

36) Brantlinger(2001, 2004), Woodword(2004) 참고
37) Borgioli(2008) 참고
38) Hallahan & Mock(2006), p.27 참고
39) IDEA(2004) 참고
40) Borgioli(2008) 참고
41) Baxter, Woodward, Voorhies, & Wong(2002), Fuchs, Fuchs, Hamlett, & Appleton(2002) 참고
42) Hehir(2005), Woodward & Montague(2002) 참고

생들을 별도로 범주화하여 별도로 관리하는 식으로 운영하는 것이 수학에서의 기본적인 교수학적 가정이라는 것을 말해준다. 이 방식에 의해 학생들은 절차를 숙달하거나 알고리즘을 기억하는 것에는 도움을 얻을지 모르지만, 수학 학습에서 중요한 모험이나 열정을 배우지 못하게 된다.

학생들의 '계산 능력 결여'를 사회적-정치적-기술 공학적 문제가 복합된 것에 기인하지 않고 개인의 문제일 뿐이라고 보는 기존의 관점을 흥미롭게 다룬 연구가 있다. 문과 리즌에 따르면, 계산 능력 결여는 객관적인 신경과학적 개념이며, 특정한 학습자가 학교 수학에 참여하지 못하고 낮은 성취를 보이는 현상을 '설명'할 때 사용했다.[43] 이에 대해 힐리와 파월은, 대다수 관련 연구에서 전체적이고 맥락적인 전략이 아니라 두 자릿수의 세로 덧셈과 같이 계산 절차를 중심으로 하는 산술 전략 사용 능력을 지필로 확인했음을 지적했다.[44] 이와 같은 분석 관점을 그대로 수학교육의 담론으로 가져와서 마치 수 연산에 대한 '오류의 원인'으로 절차적 추론의 결여를 객관적으로 기술하고 분석할 수 있다는 가정을 해왔다는 것이다. 그런데 기포드는 이와 같은 분석에서 특정한 인지적 결함에 의해 계산 능력 부족을 설명했던 것에 의문을 제기했다.[45] 수와 관련된 사실들을 제대로 기억하는 능력이 부족하다는 것을 제외하면, 계산 능력 부족이 무엇을 뜻하는가에 대해 합의한 바가 없기 때문이라는 점을 그 이유로 제시했다. 수를 다루는 처리방식의 개인차를 신경학적 차이로 볼 수도 있지만 대안적인 신경심리학적 접근을 고려하면 다른 각도에서 설명할 수 있을 것이다.

지난 세기에 이루어진 연구들에서 보고한 바 있는, 청각 장애와 시각 장애를 가진 학생들이 수학 학습에 지속적으로 어려움을 겪고 있다는 연구결과를, 감각 (무)능력에 대한 새로운 관점에 입각하여 분석해볼 필요가 있다. 기존의 관점에서는 학교 수학의 물질성을 무시했으며, 수학적 개념과 표현, 소통, 설명, 이해 방식을 독립적인 것처럼 암암리에 다루면서 학습에서 감각이 하는 역할을 평가 절하했던 면이 있다. 감각 (무)능력에 대한 새로운 관점에서는 수학이 표현되고, 소통되고, 설명되는 과정에서 특정한 감각 능력이 상당한 역할을 한다는 점을 부각시키고 있다.

수십 년 전에는 감각 손실 때문에 수학 학습에 실패했다는 주장이 제기되었지만, 근래에 이루어진 연구 결과, 수학 교실에서 특정한 감각 정치가 이루어져서 학습 장벽이 만들어지기도 한다. 예를 들어, 청각 장애와 시각 장애를 가지고 있으면 수학적으로 우수한

43) Munn & Reason(2007) 참고

44) Healy & Powell(2013) 참고

45) Gifford(2006) 참고

교사들에게 배울 기회가 낮으며, 이런 식으로 학교 수학에서 암묵적으로 특정한 감각 양식에 특권을 부여하고 있다는 것이다. 칠판 자체가 특정한 감각 양식만 고려한 것이고 구두로 수학을 지도하고 설명하는 것 역시 청각을 가정하고 있듯이, 시각과 청각을 전제로 하는 수학 지도가 분명히 기본 가정으로 전제되어 있다. 대안적 형식을 고려한다고 하더라도 원래 과제보다 더 많은 수학적 조건과 기억해야 할 조건을 학습자에게 부과함으로써 아직은 문제를 해결하는 수준에 이르지 못했다. 청각 장애와 시각 장애를 가진 학습자들이 수학적 지식을 발달시키려면 다음 두 가지 중요한 문제를 고려해야 한다. (1) 한 가지 감각의 상실이 다른 감각의 사용 방식을 변화시킬 수 있으며, 이는 종종 새로운 기회의 창출로 이어질 수도 있다는 점[46] (2) 어떤 감각 기관으로 수학을 마주하는가에 따라 수학 자체가 다를 수 있다는 점.

첫 번째 문제의 경우, 마르샤크, 스펜서, 아담스, 세피어는 청각 장애로 인해 난청인 학습자들이 '듣지 못하기 때문에 장애아'라고만 보아서는 안 된다고 주장했다.[47] 특별한 인지적, 언어적 능력을 가지고 있기 때문에 어떤 수학적 아이디어들은 더 어렵게 학습하지만 다른 수학적 아이디어들은 더 쉽게 배울 수도 있기 때문이라는 것이다. 예를 들어, 누네스는 청각 장애 학습자들에게 적합한 대안적인 교수 방법에 의해 시간적 표현과 공간적 표현 양식을 제공하지 않고, 말하기와 듣기에 의해 수 세기를 배우기는 상당히 어려움을 확인했다.[48] 그런데 청각 장애 아동들이 수 세기 과제에서는 낮은 수행능력을 보였으나 수를 공간적으로 사고할 수 있어서 오히려 거꾸로 세기, 연속되는 수에 관련된 과제에 대해서는 더 우수한 수행능력을 보였다. 문제는 이런 과제들이 수 감각 관련 규범을 확립할 때 사용되지 않으며, 특정한 감각 양식에 대한 가정에 기초하여 수학, 특히 학교 수학을 특징짓는다는 것이다.

교육자 입장에서 볼 때, 14 다음에 오는 수가 무엇인지 아는 것보다 20까지 세는 방법을 아는 것이 더 중요하다고 말할 수 있는 객관적인 근거는 없다. 그런데 20까지 세는 방법을 더 중시하는 것처럼 학교 수학의 문화에서 특권을 부여한 측면이 있다는 것을 인정하는 것과 감각 정치의 입장에서 볼 때 또 다른 수학이 있을 수도 있다는 것을 수용하는 것 사이에는 차이가 있다. 힐리와 페르난데스는 후자의 입장에 따르며, 시각 장애 학생들이 3차원 도형에 대한 촉각적 학습 도구로 어떻게 수학을 배울 수 있는지 그리고 손

46) 이런 주장은 한 감각이 다른 감각의 부재를 대체한다는 '조절' 접근과 동등하지 않다는 점에 주목할 필요가 있다. 이 주장에서 강조되어야 할 것은 감각 기관은 가소성이 있으며, 개인의 생애 내에서 변형에 열려 있다는 것이다.

47) Marshark, Spencer, Adams, Sapere(2011) 참고

48) Núñez(2004) 참고

을 움직여 수학적 추상화를 할 때 달라지는 것이 무엇인지를 탐색했다.[49] 도형에 대한 시각적 지각을 기초로 하여 간결한 언어 표현으로 이동함으로써 도형의 필수 성질을 도출하는 것이 추상화라고 생각한다면, 손을 움직여 수학적 추상화를 할 수 있다는 생각을 하지 못한다. 이와 달리, 손가락을 각뿔의 꼭짓점에 닿는 순간부터 움직여 바닥에 닿을 때까지 모서리를 따라 움직이는 동작을 상징적인 제스처로 생성하는 것도 추상화라고 생각한다면, 학교 수학에서 길러줄 수 있는 수학적 능력에 대해 보다 포괄적이고 확장된 접근을 시도할 수 있을 것이다.

자폐와 아스퍼거 증후군 역시 수학적 능력과 물질세계를 별개로 가정하는 문화에서 만들어진 것이다. 그런데 현재 자폐가 현저하게 증가하고 있으며 자폐 진단을 둘러싼 정치적 논쟁도 다양하게 이루어지고 있어서 이에 대해 논의하는 것은 시의적절하다. 여기서는 정치적 논쟁에 뛰어들기보다, 자폐에 관한 연구에서 때로 모순된 것처럼 보이는 방식으로 수학을 다루었다는 점에 대해 살펴보고자 한다. 아스퍼거는 1944년에 발표한 자폐 아동들에 관한 논문에서, '추상화 능력이 고도로 발달하여 구체성, 대상, 사람들로부터 완전히 멀어져버린' 아동들이 오히려 수학적 능력을 가지고 있을 수 있다고 주장했다.[50] 아스퍼거는 낭만주의자들이 주장한 것과 마찬가지로 성공의 필수적인 요소가 '일상 세계를 외면하는 능력'이므로[51] 과학과 예술을 하는 사람에게 '약간의 자폐는 필수적'이라고 주장했다. 아스퍼거는 자폐를 가진 사람이 무심한 시선에 의해 '마치 허공에 대고 말하는 것처럼' 분명한 수신인 없이 이야기하는 등[52] '편협한 태도'로 인해 유아론적인 집중을 요구하는 수학 또는 다른 학문에 잘 적응한다고 말했다. 일부 연구자들은 자폐를 가진 사람들이 공감 능력이 부족하고 남아가 여아보다 자폐 진단을 더 많이 받는 것과 고등 수학 연구자들의 성 편향이 관련 있다고 주장했다.[53] 그런데 최근에 심리학자 피츠제럴드는 아스퍼거 증후군을 가진 사람의 인지 양식이 '수학적'일 것이라는 데에 의문을 제기했다. 18세기의 연구자들은 시각 장애와 수학적 능력과의 관련성을 생각했던 반면, 21세기의 연구자들은 자폐와 수학적 능력과의 관련성을 논의하고 있음을 알 수 있다. 이와 같이 신체와 수학적 능력에 관한 여러 주장들은 종종 수학 학습에 있어 인간 신체의 역할을 강등시키는 동시에, 수학적 능력을 신화화하며, 특정한 문화적 관심을 반영해왔다. 예를 들어, 수학 교수였던 제임스가 코시, 에르되시, 갈루아, 가우스, 하디, 라그랑주, 로

49) Healy & Fernandes(2010, 2011) 참고
50) Asperger(1944), p.85 참고
51) James(2003), p.63 참고
52) 핌과 싱클레어는 이것을 수학적 글쓰기와 상당히 비슷하다고 보았다(Pimm & Sinclair, 2009).
53) Baron-Cohen(2001) 참고

바체프스키, 리만과 같은 유명한 수학자들이 자폐 증세가 있다는 식으로 언급했는데, 이와 같은 언급은 수학에서의 (무)능력의 정치적 틀을 연구하는 데 도움이 되지 않았다.[54)]

캐너가 고립, 언어 이상, 동일성 유지에 대한 강박으로 자폐의 초창기 정의를 제시한 후, 자폐에 대한 일반적인 이론적 접근은 아동이 물질세계와 맺는 관계 그리고 사회와 맺는 관계를 별개로 보는 방식을 따랐다.[55)] 이 접근에서는 기존에 지배적이었던 발달심리학적 접근과 마찬가지로, 자폐를 가진 사람들이 '타인과의 사회문화적 관계에서 심각한 어려움을 겪는다.'고 보았다.[56)] 다시 말해, 물질과 사회의 이원론으로 인해 자폐이면 정서적 관계에 있어 제한된 능력을 지니고 사회에 부적응하게 된다고 해석했다. 발달심리학에서는 자폐이면 메타-표현을 제한하여 이해하게 되어 대상과의 상호작용에 있어서 '가상 놀이'를 할 수 없다고 보았다.[57)] 여기서 메타-표현은 '다른 것인 양 취급하기, 갖지 않은 속성 부여하기, 사실은 아닌데 몸짓으로 그런 것처럼 표현하기'처럼 대상과 상호작용하는 것을 가리킨다.[58)] 포괄적 유물론에서는 메타-표현에 의해 자폐를 물질과 사회 모두에 관련되는 것으로 파악한다.

윌리암스와 코스탈은 자폐에 대한 대부분의 연구에서 자폐와 물질적 대상과의 상호작용을 대상과 사람의 존재론적 이분법에 의해 해석하고 이로부터 자폐와 사회적, 정서적 장애를 연관시키는 '마음의 이론'으로 귀결된다고 비판했다. 그러나 만약 복잡하게 얽힌 물질성에 입각하여 '사회적' 관계에 주목하는 이론에 비추어보면 이와 같은 해석은 완전히 달라질 수 있다고 보았다.[59)] 물질세계에서 리듬에 의해 감각의 물질적 배치가 계속 달라지고 그 영향도 변화한다는 점을 감안하면 자폐에 대해서도 근본적으로 새로운 접근을 할 수 있다. 칸트가 직관에 대해 부여한 이미지와 정반대로, 정서가 분산되고 감각의 흐름이 발생하는 식으로 감각의 영향이 더 커질 수 있다. 가령, 자폐로 인해 다른 사람들의 시선을 회피하는 것을 마주침의 강도와 과도한 얼굴-정서 때문이라고 보는 경우가 있

---

54) James(2002, 2004) 참고

55) Kanner(1943) 참고

56) Williams & Costall(2001), p.101 참고

57) 러브랜드는 이와 달리, 심리학자 깁슨의 행동유도성 이론에 따라 자폐를 가진 이들의 대상과의 상호작용을 재고했다(Loveland, 1991). 깁슨의 이론 적용이 유망하긴 하지만, 그런 연구들은 대개 사회적인 것과 물질적인 것 사이의 상호 침투에 대한 적절한 분석 없이 의인화 중심의 사용가치에 따라 대상-상호작용을 분석한다.

58) Williams & Costall(2001), p.103 참고

59) 자폐를 가진 사람들이 대상에 주목하는 것을 추상화 능력의 결핍이라고 일축하는 대신, 촉각, 맛, 냄새, 소리 등의 감각에 의해 대상을 탐색하는 것을 좋아한다고 해석할 수 있다(Wing, 1969; Hermelin & O'Connor, 1970, Williams & Costall, 2001에서 재인용).

을 수 있다.[60] 팔을 공중에 들어 리듬감 있게 움직이는 것을 환경과 자신을 차별화하여 느끼기 위한 것으로 볼 수도 있다.[61] 방에 들어갈 때, 그 방을 대상의 하나로 즉시 이해하기보다 기능이 아직 정해지지 않은, 잠정적으로 비결정적인 대상으로 인식하는 경우도 있을 수 있다.[62] 그렇다면 이와 같이 모종의 대상을 감각 능력에 제한되지 않은 본성으로, 다시 말해 자폐를 가진 사람들이 대상을 일시적으로 배치된 다양한 행동유도성을 가진 것으로 인식하는 능력을 가지고 있으며, 그것을 통해 수학적 대상의 물질성에 관여하고, 그 잠재적 '오용' 또는 비결정을 탐색할 수 있을까? 이 질문은 흥미롭게도 수학적인 능력을 갖는다는 것이 의미하는 바에 대해 다른 각도에서 탐색해볼 수 있게 한다.

다음 절에서는 장애에 관한 연구 동향을 살펴본 후, 1장에서 논의한 바 있는 배치로서의 신체에 대한 개념을 발전시킨다. 특히, 신체의 사회문화적 본성, 체화의 물질적 조건 모두에 주목하면서 (무)능력에 대한 여러 모델들을 가능한 모든 편차와 과잉을 고려하여 살펴본다. 먼저 (무)능력 연구의 간략한 역사와 변화, (무)능력에 대한 사고와 연구의 정치적 모델에 대해 알아본다. 다음으로 포스트휴머니즘의 입장에서 지각을 재개념화했던 것처럼, 인간 신체의 비결정적 본성을 탐색한 (무)능력 연구 동향을 살펴볼 것이다. 오버보에를 비롯한 일부 연구자들의 흥미롭고 새로운 연구들에서는 포스트휴머니즘에 의해 인간을 탈중심화하는, 지각에 대한 새로운 관점을 확인할 수 있다. 이 연구에서는 특정한 기관에 한정하여 감각하는 사람 또는 신경학적으로 정의된 특정한 능력을 사용하는 사람이 아니라 정동과 지각의 흐름에 따라 인식되는 방식에 초점을 두고 학습 배치를 논의했다. 요컨대, 어색하지만 강력한 의미를 가지는 '비인간적인 삶'에 의해 감각의 분산이 이루어지고 이것이 신체를 관통하는 것에 대해 논의했다. 이 분야에서 현재 많은 연구가 진행되고 있으나, 이하에서는 어느 정도 확실한 결과를 낸 연구들만 대략적으로 살펴볼 예정이다.

인간 신체의 재배열

1970년대 푸코는 신체를 질병을 가진 기관의 폐쇄적인 집합체로 이해하는 기존의 의학적 해석에서 벗어남으로써 장애에 대해서도 새로운 해석을 창안하는 데에 상당한 영향을 끼쳤다. 다시 말해, 장애를 가진 신체를 의학적이고 생물학적인 담론으로부터 되찾아

60) Manning & Massumi(2010) 참고
61) 5장에 제시한 백스의 영상 참고
62) Manning & Massumi(2010) 참고

비인간적인 것으로 해석했다. 또, 다양한 방법으로 측정하여 장애를 결핍으로만 간주했던 의학적 처방이 아니라 '탈구된 신체'와 마주침을 고려하도록 했다.

> 탈구된 신체를 정치적 의미의 논쟁의 장으로 재등장시키는 데 도움이 되었으며, 탈구는 중립적이고, 장애는 중립적이고 발산적으로 기능하는 기관에 대한 주관적인 부담으로서 정의되었다.[63]

'장애의 사회적 모델'은 차별이라는 배타적 관행으로 권리를 박탈당한 이들을 정치적으로 지원함에 있어 매우 중요하다. 장애를 가진 이들의 체화된 경험을 범주화하고 공식화하는 것을 억제할 수 있었고, 이로부터 (무)능력의 사회문화적 조건을 분석하는 것으로 주의를 옮길 수 있었기 때문이다.

> 의도적이고 전략적으로 과도한 분석에 따른 분류를 지속하려는 관점을 무시했다. 대신, 물리적으로, 직업적으로, 심리적으로 과도한 평가를 했던 담당자들과 그들에게 그러한 권한을 부여했던 제도를 비판적으로 보기 시작했다.[64]

사회적 모델은 장애 연구의 정치화에 있어 상당히 중요한 역할을 했다. 셰익스피어와 왓슨은 사람들이 사회 활동 속에서 장애로 규정받는 방식과 그들이 실제로 갖는 신체적인 장애를 구별하게 되면, 제도적 관행에 주목하게 된다고 설명했다.[65] 차별에 반대하는 신체장애협회[66]는 (무)능력에 대한 사회적 모델을 다음과 같이 기술했다.

> 신체적으로 장애가 있는 사람들을 무력화하는 것은 사회이다. 무능력은 우리가 사회 속에서 불필요하게 고립되고 참여의 기회를 잃으면서 장애에 부과된 것이다. 따라서 장애를 가진 사람들은 사회에서 억압받는 집단이다. 이를 이해하기 위해서는 신체적 장애와 '무능력'이라 불리는 사회적 상황에 의해 부과된 장애를 구분할 필요가 있다. 사지가 모두 또는 부분적으로 없거나, 사지나 신체 기관에 결함이 있거나 또는 결함 기제를 가지고 있을 때 장애라고 정의하며, 물리적 장애를 가졌다는 사실 그 자체가 아니라 사회적 활동의 주류에서 이들의 참여를 배제하는 현재의 사회 조직에 의해 야기되는 활동의 약점 또는 제약으로 무능력을 정의한다.[67] [68]

---

63) Snyder & Mitchell(2001), p.370 참고
64) 같은 책, p.374 참고
65) Shakespere & Watson(2001) 참고
66) Union of the Physically Impaired Against Segregation(1976/1997) 참고

그러나 셰익스피어와 왓슨은 장애와 무능력을 구별함으로써 사회·경제적 불평등을 바로잡고 무능력이 사회적으로 구성되었다는 것을 지적할 수 있었지만, 정치적인 개정을 시도하지 못하게 하는 방식으로 신체의 존재론을 계속 유지하게 되었다고 주장했다.[69] 그들은 (무)능력한 신체를 언급함에 있어 어떤 용어를 사용해야 하는지 보다 물리적 정상성에 대한 개념이 더 문제라며, "장애는 소수의 사람들만의 신체적 상태가 아니라, **인간의 정상적인 조건**이라는 것을 인식해야 한다."고 주장했다(강조는 원작에서 한 것임).[70] 또, 엄격하게 조사한 것은 아니지만 '장애의 편재성'은 경험적 사실이라고 주장했다. 이로부터 어떤 사람들은 명백히 다른 사람들보다 더 많이 고통 받고, 이 차이를 해결할 수단이 필요하다는 문제의 소지가 있는 결론을 얻지만, 이렇게 생각해서는 '특수교육'에서 제시한 여러 입장을 넘어서기 어려울 것으로 생각한다. 이에 대해서는 나중에 다시 논의하고, 이하에서는 '사회적 모델'의 대안으로 근래에 등장한 몇 가지 모델을 살펴본다.

사회적 모델에서 장애의 생생한 체화에 대한 고민을 하지 않았다는 점에 주목하여, 1990년대에는 보다 현상학적인 장애 연구, 실제 장애에 대한 본능적이고 촉각적인 경험을 다루는 연구에 대한 요구가 제기되었다.[71] 여기서도 능력을 갖춘 신체는 다른 모든 신체를 측정하는 이상적인 기준이 아니라, 문화적 힘의 미학적 산물에 불과한 것으로 다루었다. 질병과 장애를 순서지우는 대신, 질병은 예측 가능한 과정을 따르지 않은 것으로, 무능력은 '신체에서 삶의 궤적에 대한 결정론적 예측을 넘어서는 것'으로 재정의 되었다.[72] 이렇게 무능력을 재정의 하면서 이전처럼 무능력을 확정적으로 편리하게 설명하지 못하게 되었지만, 삶의 궤적에 대한 결정론적 이미지 대신 '신체 자체'로 주의를 돌리게 되었고, 신체가 항상 유전 코드에 의해 규정될 수 없는, 되어가는 과정을 따라가는 방식에 주목하게 되었다. 마치 유전자처럼, 우연성과 즉흥성의 재조합에 의해 삶이 추동되며 미래가 열려 있다는 생각을 하게 된 것이다. 결국 이전에 만들어진 기본적으로 체화된 자아조차도 이제 인식할 수 없는 것으로 상상하는 단계까지 이르게 되었다.

신경다양성에 주목하는 연구자들은 장애와 비-장애 사이의 차이를 교정해야 한다고 주

67) Shakespere & Watson(2001), pp.4-5 참고

68) 역주. 저자들이 disability와 impairment를 구분하여 사용하기 때문에 이 인용문 및 관련 본문에서 disability를 '무능력', impairment를 '장애'로 번역했다.

69) 같은 책 참고

70) 같은 책, p.18 참고

71) Paterson & Hughes(1999), Linton(1998) 참고

72) Snyder & Mitchell(2001), p.377 참고

장했던 것에 이의를 제기하는 한편, 인지적 차이에 적합한 권리를 옹호하는 방식으로 정치 논의 지형에 변화를 가져왔다. 예를 들어, 난독에 관한 최근의 한 연구에서는 난독을 가진 이들이 수와 문자에 대해 어려움을 겪는다는 점이 아니라 난독의 예외적인 공간 추론을 강조한다.[73] 난독인 수학자이자, 런던대학 교수인 잰슨은 다른 사람들과 달리 자신이 시각화와 다이어그램에 초점을 둘 것이라고 생각하는 입장에 대해 다음과 같이 기술했다. "그림에 대해 비-언어적이고 공간적으로 추론할 것이라고 생각하는 것은 오해일 수도 있다. 예를 들어, 3차원 공간에 대해 촉각적으로 다룰 수 있다."[74] 난독이면 절차적 학습과 단순 암기 과제 해결에 어려움을 겪을 수 있지만, 촉각, 운동, 공간 배열과 같이 물리적으로 그리고 현상학적으로 세부 사항을 기억하는 데에 있어서는 탁월한 능력을 보여줄 수 있다.[75] 학교 수학에서 시각-촉각-공간적 측면을 간과한다면 대다수 학생들은 불이익을 받을 수 있다.[76] 성공적인 공학자, 건축가, 예술가들 중 상당수가 난독이라는 점은 학교 수학에서 얼마나 많은 잠재성을 개발하지 못하는지를 보여주는 지표이다.[77] 미첼은 이와 같이 개발되지 않는 잠재력의 다른 형태를 '시각 장애'에 대한 글에서 제시했다.[78] 여기서 시각 장애인은 '위험한 전치, 제거, 사라짐'을 인식하지만 시각 장애가 없는 사람들은 이를 알아채지 못했다.[79] 이런 점에서 무능력은 능력이 되며, 그 반대도 성립하는 것을 알 수 있다.

셰익스피어와 왓슨은 '장애 차별'에 대해 이의를 제기하기 위해 '지각 불가능 체험' 혹은 가상의 신체 손상과 같은 정치 프로젝트를 제안했다.[80] 이를 학습 관련 논의에 반영하면, 기능을 전혀 못하거나 장애가 있는 방식으로 기능하는 감각을 고려한 학습 배치를 생각할 수 있다. 이와 달리 미첼은 무능력 관련 연구에서 개인이 수학적 능력을 성취하

---

73) Eide & Eide(2011) 참고
74) 같은 책, p.59 참고
75) 같은 책 참고
76) 미국인의 10.15%가 난독이라고 알려져 있다. 다른 나라는 이보다 난독인의 비율이 낮다. 캐나다의 경우, 약 3.2%의 취학 아동들이 난독을 포함한 '학습 제한'을 보였다. 유럽 인구의 약 2~3%가 난독이라고 한다. 그런데 이들 통계 자료들에서 난독에 대해 서로 다른 정의를 사용했다는 점에 주목해야 한다. 한편, ADHD인 학생의 60%는 난독 진단도 받았는데, 현재의 교육과정은 이와 관련하여 준비가 잘 되어 있지 않다. 더욱이, IQ 검사문항 중 도형 과제, 표준 성취도 검사의 도형 과제는 3차원 공간 추론이 아니라 2차원 유클리드 공간에서의 관계에 초점을 두고 있다는 문제도 있다.
77) West(2004) 참고
78) Mitchell(2001) 참고
79) 같은 책, pp.392-393 참고
80) Shakespere & Watson(2001) 참고

는 것으로 보는 기존의 관점에 이의를 제기했다.

> 신체적 무능력이 개인의 삶에서 일으키는 바로 그 실제적 차이를 부정하는 것도 아니고, 장애를 가진 이들을 대표하여 구체적인 정치적, 윤리적 행동이 긴급하게 필요하다고 주장하는 것도 아니다. 그보다는 자기-충족, 숙달, 완벽한 능력, 완벽성과 같이, 개인에 대한 기존의 이미지를 모델화 한 개념들에 대해 의문을 제기할 필요가 있다고 생각한다.[81]

무능력 관련 연구를 해왔던 사회학자 오버보에도 '비인간적 삶'의 구성이 (무)능력의 급진적 정치를 허용할 것이라고 주장했으며, 무언가를 할 수 있는 능력을 갖춘 개인이라는 기존의 모델에 의문을 제기했다. 오버보에는 뇌성마비를 앓았던 자신의 경험이 어떻게 자아에 대한 휴머니즘적 개념보다 포스트휴머니즘적 개념, 즉 순수하게 내재하는 생명으로 신체를 보는 입장으로 이끌었는지를 논의했다.[82] 오버보에는 의지가 있고 이성적인 주체로 보았던 제한된 관점을 표방하는 자기 확신에 의한 내러티브에서 벗어나서 (무)능력에 대한 현상학적 연구에서 촉진된 바 있는 논의 방식을 추구했다.[83] 그는 극복해야 할 대상으로서의 (무)능력 개념이나 '이성에 순종하는 신체'로서의 정체성을 회복하고 중시해야 한다는 입장에서 벗어나는 것에 목표를 두었다. 그런 접근은 '생생한 경험을 무효화'하며 충족시킬 수 없는 기대를 강요하기 때문이다.[84] 이와 달리 신체에 대한 포스트휴머니즘 입장에 따르면, 정치 강령에 의해 부당함과 불평등을 해소하고자 노력하게 된다는 것이다. 오버보에의 입장을 요약하면, 장애 연구에서는 장애를 극복할 수 있는 행위주체가 현명하다고 가정하는 대신, 인본주의적 주체의 회복이나 만회 대신 '행위성'의 분산과 비인간적 본성에 대해 논의할 수 있어야 한다. 인본주의적 주체 관점에서는 장애를 인지, 의도 또는 행위 주체 없는 경우까지 폭넓게 보지 못하기 때문이다.[85]

'비인간적 삶'의 개념에는 사람이 없는 것이 아니라 사람을 초월하는 것의 의미가 담겨 있기 때문에 다루기 까다롭다. 오버보에는 인간이 결정하는 방식을 넘어서는 것으로 신체를 고려하기 위해 이 개념을 도입했다. 비인간적이라는 것은 인간적이지 않다는 것이다. 다시 말해, 인간에 대한 관례적인 개념과는 다르며 오히려 이것과 혼란을 일으키는 방식으로 연결되고 얽힌 것을 뜻한다. 따라서 비인간적 삶은 "성찰 이전의 비인간적인

---

81) Mitchell(2001), p.396 참고
82) Overboe(2009a, 2009b) 참고
83) Overboe(2007a, 2007b, 2007c) 참고
84) Overboe(2009a), p.245 참고
85) 같은 책, p.243 참고

의식, 자아 없는 의식이 질적으로 지속되는 것, …"이다.[86] 이와 같은 오버보에의 입장을 고려하면, 정동의 강도, 즉 감각 또는 지각을 고려하는 비인간적 '의사소통' 또는 표현에 주목하는 것이 정체성 정치학으로부터 벗어나 전-개인적 특성의 미시 정치학과 지금껏 고려하지 못했던 잠재성을 추구할 수 있을 것이다. 구들리는 "교육 제도와 교육 담론에서 아동의 신체를 측정할 수 있고, 접근할 수 있고, 쉽게 다룰 수 있고, 이해할 수 있는 것으로 개념화할 필요가 있었다. 충분히 (무)능력하지 않거나 그동안 다루었던 전형적인 신체가 아닌 경우를 포함하여 다른 형태의 신체는 논의되지 않았다."라고 유사한 주장을 했다.[87] 이와 같은 주장에 동의하며 또 이 주장이 매우 중요하다고 생각한다. 이 주장에 입각하면 감각을 지속적으로 재조직화하면서 잠정적으로 그리고 상황을 가로질러 분산된 형태로 고려할 수 있기 때문이다. 이와 같이 얽힌 체계를 가로지르는 감각의 움직임은 '비인간적인 삶'을 개인이 아닌 공유된 삶으로 지속시킨다는 점에서도 중요하다.

물론 특정한 시점에는 신체를 하나의 기관으로 인식할 필요가 있고, 의학적 담론에 따라 적절히 신체를 기술하거나 의학적 처방에 따라 신체가 지속되는 면도 있다. 이를 부정할 수는 없다. 그러나 신체가 제한된 경계를 가지고 인식할 수 있으며, 측정 가능하고, (무)능한 것이라는 식의 신체 개념에 초점을 두면 공평한 실천과는 거리가 멀어질 수 있다. 학교에서 (무)능력한 신체에는 고립되고, 제한되어 있으며 파악된 기관이라는 꼬리표가 달려 있다. 비록 무능력을 판정(감정)하는 일이 많은 아동에게 혜택을 주는 것은 분명하나, 여기서 장애가 있는 아동의 신체는 자족적이고 개체화된 실체로 가정되어 있다. 이 책에서 제안하는 것은 견고한 지배층의 요구에 관련된 공통의 제도적 실제에 이의를 제기해야 한다는 것이다. 신체가 구속되어 있다는 점에 주목하지 않으면 학교에서 신체를 환영하지는 않을 것이다. 구들리가 제안했듯이, "교육 제도와 교육 담론에서 아동의 신체를 측정할 수 있고, 접근할 수 있고, 쉽게 다룰 수 있고, 이해할 수 있는 것으로 개념화할 필요가 있었다. 충분히 (무)능력하지 않거나 그동안 다루었던 전형적인 신체가 아닌 경우를 포함하여 다른 형태의 신체는 논의하지 않았다."[88] 포스트휴머니즘 입장에서는 개인의 발달에 주로 관련되었던 '조절'을 넘어서서 신체를 집합적이고 미지의 것으로 개념화하기 시작했다. 구들리가 언급한 것처럼, "장애를 가진 사람은 기술 공학과 과학 분야에 종사하는 데에 적합하고 **탁월한** 능력을 지닌 탈근대주의자일 것이다."[89] 감각 기관

86) Deleuze(2001), p.25 참고
87) Goodley(2009) 참고
88) 같은 책, p.264 참고
89) 같은 책, p.267 참고

으로서의 신체에 한정되지 않고 기관이 있거나 없는 신체로 확장할 수 있기 때문이다. "기관이 있고 없는 신체는 장애를 가진 신체들의 이종성과 사이보그 같은 본성을 포착하기 위한, 모호한 은유이다."[90]

교육을 이런 식으로 논의하는 것이 말하자면 '포스트휴머니즘 교육학'에 해당하며, 사이보그와 같은 신체의 인공두뇌 이미지를 넘어서서 정동과 지각의 흐름으로서의 학습 배치를 고려한 것이라고 할 수 있다.[91] 여기서 흐름은 행위자에 대한 전통적인 아이디어에 반하는 개념이다. 바라드가 바로 이 흐름의 개념을 연구했으며, 고정된 대상인 사람, 도구, 개념만을 행위자로 보았던 전통적인 관점에서 벗어나 내부-작용을 행위자로 볼 것을 제안했다. 잉골드는 연구자들이 행위자에 지나치게 주목했던 것에 강하게 반대하면서 다음과 같이 역설했다. "이론적인 연구자들이 행위자에 대해 더 많이 이야기할수록 삶에 대해 말할 수 있는 기회는 적어진다. 나는 이와 반대로 행위자보다 삶을 강조하고 싶다."[92] 그는 '행위자'라는 용어는 행동의 단일한 원천이 항상 존재한다는 가정, 즉 행위하는 존재가 있다는 가정을 해야 한다는 점에서 문제가 있다고 주장했다. 이와 같은 잉골드의 입장을 포함한 포스트휴머니즘 입장에서 신체를 바라보면서, 신체 역학, 또는 개별화된 행위자에 대한 연구뿐만 아니라 수학 교수·학습에 수반되는 삶의 과정에 대해 더 주목하려는 목적에서 우리는 물질성의 흐름과 동요에 초점을 두고자 한다. 잉골드는 물질성에 초점을 두는 이론에서조차 생명력의 흐름보다 물질의 행위에 초점을 두게 될 것을 우려했다. 다른 포스트휴머니즘 이론가들과 마찬가지로, 잉골드도 비결정적인 세계에서의 삶을 연구하기 위한 적절한 언어를 고심했다. 결국 잉골드는 생명을 그것이 포착되는 방식이나 신체와 대상, 그리고 각각 또는 결합된 행위자에 제한되는 것으로 보는 대신, 해방되고, 새어나오고, 흐를 수 있는 것으로서 생명을 연구해야 한다고 제안했다.

우리도 잉골드가 제안한 바에 따르면서, 운동과 시간 속에 항상 내재되어 있는 물질성의 흐름과 변동을 따를 것이다. (무)능력으로부터 고통받는 이들을 대표하여 정치적으로 행동하는 것을 약화시키려는 위험한 시도가 아니라, 집합적인 영향력 또는 서로 다른 영향의 얽힘으로서의 '능력'을 교육적으로 연구할 수 있게 해준다고 생각하기 때문이다. 여기서 여러 영향은 물질적인 원인 네트워크를 넘어서거나 다른 문제적인 결과들과 얽혀 있기 때문에 인과관계로 환원시킬 수는 없을 것이다. 학습은 항상 예측할 수 없으며 그렇기 때문에 학습에 영향을 주는 일정한 행동을 넘어선다.

90) 같은 책, p.267 참고
91) Hickey-Moody(2009) 참고
92) Ingold(2008), p.211 참고

이 장에서는 수학적 감각의 다양한 측면을 두루 살피면서 감각 기관에 주목하여 논의했다. 다음 장에서는 세계를 감각하는 서로 다른 방식이 어떻게 '공통 감각'으로 여겨지는지 그리고 때로는 일치하며 또 때로는 상이한 것으로 귀결되는지에 대해 살펴보면서 수학적 감각에 대한 탐색을 지속할 것이다. 특히, 미학적 관점을 수학교육에서 어떻게 수용할 수 있을지에 주목하면서 수학적 미학의 역사적 발달에 대해 살펴볼 것이다.

7 수학적 심미성의 문화적 구성 과정

이 장에서는 수학적 심미성[1]의 정치적인 차원에 대해 알아본다. 특히, 랑시에르의 연구를 기초로 수학적 심미성을 일종의 문화적인 정치로 간주하고 분석할 것이다. 미적인 실천은 특정 공동체 내에서 공유하는 것, 즉 '감각할 수 있는'[2] 것을 밝히고 결정하며 분배하는 데 관련되므로 분명히 정치적인 성격을 띠기 때문이다.[3] [4] 미적인 실천은 서로 다른 여러 종류의 '행동과 구성'[5]의 방식들 중 일부라 할 수 있는데, 이는 가시성과 감수성의 형식을 독특하게 생성해내며 이에 따라 어떤 실천 공동체(community of practice)의 구성원의 자격(membership)으로 여겨지는 것을 판단하는 기준이 된다. 랑시에르가 주장하였듯이 미적인 실천은 **자율성**과 **의존성** 사이의 모순적인 결합을 통해 작동하는데, 그림을 예로 하여 생각해보면, 한편으로는 유용하지 않아도 기능하고 설명할 필요가 없다는 점에서 자유롭고, 다른 한편으로는 지각되어야 한다는 점에서 감각기관에 의존한다. 이 장에서는 수학적 심미성 역시 이와 같은 모순적인 결합을 통해 작동한다는 점에 대해 살펴본다. 특히, 미적인 실천이 수학 및 수학교육에서 기능하는 방식을 보이고, 감각 가능한 것들의 어떤 특정한 분배가 특정한 형식의 감수성에 대해 특권적인 지위를 부여한

---

1) 역주. aesthetic의 경우 맥락에 따라 '심미성' 또는 '미적인'으로, aesthetics는 '미학'으로 번역했다.

2) 역주. 이 책에서의 논의 맥락을 고려하여 sense를 '감각'으로, sensible을 '감각 가능한'으로, sensory를 '감각적인'으로, sensibility는 '감성' 또는 '감수성'으로 번역했다.

3) 역주. 랑시에르가 사용한 le partage는 '분리'와 '공유'의 의미를 모두 갖는다. 예를 들어, '다과를 나누다'라고 말할 때 다과를 분리하여 공유한다는 뜻이다(정혜욱, 2013). le partage를 번역한 두 영어 표현인 distribution을 '분배', partition을 '분할'로 번역했다.

4) Rancière(2004) 참고

5) 역주. 원문 표현은 'doing'과 'making'.

다는 점을 지적하고자 한다. 여기서 수학적 감각을 생성하는 것과 그렇지 않은 것을 구분하는 것은, 감각들을 가치 판단하고 규제하는 것에 대한 특정한 방식의 합의를 수반한다. 이 장에서는 수학적 심미성에 대한 탐구를 통하여 수학교육 내에서 이전과 다른 새로운 형태의 처방에 대한 합의를 도출하기보다, 현재의 심미적 체제를 바꾸는 대안적인 방식의 탐색을 주장하고자 한다. 랑시에르의 **합의**와 **불화**[6]의 개념은 현재 받아들여지고 있는 수학 수업에서의 감각 생성 방식과 그 대안에 대해 탐구하는 기회를 제공한다. 짤막한 수학 수업 사례에서 합의와 불화가 어떻게 발생하는지를 살펴보는 것으로 이 장을 시작한다.

수학 수업에서의 합의와 불화

수학 수업에서는 오직 하나의 정답을 추구할뿐더러, 궁극적인 의사소통 방식으로서 문자와 숫자 표현으로 이루어진 담론에 대한 모종의 합의를 목표로 한다. 이와 달리, 공간적인 감각을 과소평가하고 촉각을 비롯한 다른 감각들은 고려조차 하지 않는다. 그러나 수학적인 합의는 모든 감각들이 합의에 이를 것을 요구하며, 합의한 바에 대해 대등한 힘으로 저항하는 것도 바로 그 감각들이다. 초등학교 3학년 수학 수업에서 가져온 매우 유명한 일화를 생각해보자. 이 수업에서 션이라는 학생은 6이 2씩 3묶음으로 이루어진 수이고 3이 홀수이므로 6은 홀수이면서 동시에 짝수가 된다고 주장했다. 이 수업 장면에 대해서는 많은 수학교육 연구자들이 상세히 논의하고 분석한 바 있다.[7] 이 수업을 진행하고 연구했던 수학교육 연구자인 볼은 아동이 수학적으로 생각하는 능력을 가지고 있음을 주장하면서 동시에 그 능력을 존중하는 과정에서 딜레마가 발생한다고 논의했다.[8] 볼과 다르게 싱클레어는 션과 그의 동료 메이가 지적인 열정에서 대조적이었다는 점에 주목하여 이 장면을 해석했다.[9] 이 해석은 정치적인 관점에 따른 것이며, 수학 수업에서 수학적인 감각을 생성하거나 혼란시키는 것에 관련되는 규범이 있다는 것에 주목한 것이다.

수업의 주요 내용은 짝수와 홀수의 의미에 대한 것이었고, 이미 언급한 바와 같이 션은 6을 '2씩 3묶음'으로 보고, '6은 홀수이면서 짝수일 수도 있다'고 발표했다. 학생들은

---

6) 역주. 랑시에르는 불화(dissensus)가 합의의 반대어로서 이질적인 감각들 사이의 불일치만을 뜻하는 것이 아니라 서로 상반되는 감각들이 공존하는 역설적인 상황을 뜻하는 것으로 보았다(정혜욱, 2013).

7) 초창기 연구 논문에서는 이 소년의 이름을 시아로 표기했다.

8) Ball(1993) 참고

9) Sinclair(2010) 참고

이에 대해 토론하고 정당하지 않은 주장이라고 보았다. 션은 모든 짝수들이 홀수인 것은 아니며, 6과 10의 경우처럼 홀수 개의 묶음, 즉 '짝이 맞지 않는' 묶음으로 이루어진 수는 짝수이면서 동시에 홀수라고 주장했다. 학생들이 이 주장을 점점 더 의심했지만 션은 용감하게 처음 제시한 주장을 방어했다. 카산드라라는 학생은 칠판으로 가서 칠판 위에 그려진 수직선을 지시봉으로 가리키며 션의 의견에 반대하는 근거를 제시했다. 특히, 수직선 위에 지시봉을 리듬감 있게 두드리면서 '짝수, 홀수, 짝수, 홀수, 짝수 홀수, …'라고 수를 세는 물리적인 행동으로 6이 왜 홀수가 될 수 없는지를 증명했다. 이 행동은 규칙적이고 의례적으로 짝수-홀수 패턴이 가진 자율성을 실행한 것이다. 짝수-홀수 패턴이 가진 주름을 자율적으로 펼치고 있는 것이다. 이 행동에서 신체는 자율성의 실행과 관련되어 있음을 알 수 있다. 신체는 중요한 제스처로 감각작용으로서의 sense와 의미로서의 sense를 일치시키고 있다. 션은 카산드라가 보여준 행동에서 짝수와 홀수에 관련된 감각과 의미의 일치를 받아들이지 않고 둘 사이의 구분에 기초한 자신의 본래 주장으로 돌아갔다.

이때 수업을 진행한 교사는 '짝수와 홀수의 수학적 정의'를 알고 있는 학생들에게 손을 들도록 함으로써 '상식'[10]을 고려하도록 시도했다. 손을 드는 것은 상식의 공통성을 가시화하는 체화된 제스처이며, 이 경우에도 논쟁의 대상이 되고 있는 수학적 개념의 정의를 공유하자는 의도를 신체적으로 표현한 것이다. 교사는 션이 다시 한 번 자신의 주장을 펼치는 것을 들었고 칠판에 6개의 원을 그리면서 "이것 모두가, 이 전체가 홀수라는 거지?"라고 물었다. 션은 교사가 그린 원을 2씩 3묶음으로 만들어 6이 홀수일 수도 있음을 '증명'하고자 했다. 이 장면에서 짝수와 홀수를 구분할 때 짝을 지을 수 있는지 여부를 수직선 위의 수를 따라 규칙적으로 두드리는 행위 대신 이산적인 물질이 개별적으로 존재하는 형태에 주목하는 시각적인 행위로 초점이 바뀌었다. 이 변화가 이음새 없이 아주 매끄럽게 잘 이루어졌기 때문에, 홀수와 짝수의 기존 정의를 일시적이고 새롭게 구조화 된 정의로 바꾸는, 중대한 존재론적 변화가 별다른 혼란과 주목 없이 이루어졌다.

메이는 같은 방식으로 10과 21도 원을 그린 후 분할하면 짝수이면서 동시에 홀수가 된다는 것을 확인하고 션의 행동이 촉발한 상황을, "만약 계속 그렇게, 네가 말한 것처럼 여러 수들이 홀수이면서 짝수라고 하면, 아마 결국 모든 수들이 홀수이면서 짝수라는 결론으로 끝나게 될 거야. 그럼 모든 수들이 홀수이면서 짝수여야 한다는 건데 그건 말이 안 돼. 만약 모든 수들이 홀수이면서 짝수라면 이런 논의조차 할 필요가 없으니까!"라고

10) 역주. 랑시에르는 상식(common sense)을 분배에 의해 어떤 공동체가 공유하게 된 공통 감각이나 공통의 의미를 뜻하는 것으로 보았다.

표현하면서 이의를 제기했다. 메이의 주장을 보면 그가 짝수와 홀수에 대한 관례적인 수학적 정의의 '의미'를 잘 알고 있다는 것을 알 수 있으며, 이 장면을 분석한 연구자들도 메이가 얼마나 정교하게 수학적인 의미를 자신의 논증에 반영하고 있는지를 언급했다. 메이와 대조적으로 션은, 상식적으로 받아들였던 수 감각 대신 자연수를 인수 개념에 의해 범주화하는 대안적인 방식을 제시했다.[11] 그는 홀수이면서 동시에 짝수이기도 한 수들이 있다는 것을 어떻게 이 수들이 **짝수를 넘어서는지** 보임으로써 정당화했다. 즉, 6과 같은 수들이 어떻게 **홀수 개의** 묶음으로 만들어질 수 있는지에 초점을 맞추었다. 이렇게 함으로써 자연수를 새롭게 분할했으며, 짝수-홀수라는 새로운 범주의 수를 제시하여 기존의 이항 논리를 깼다. 이는 자연수를 새로운 방식으로 분할함으로써 상식적인 수학적 감각을 거부한 사례이다.

션의 행위는 이전에 볼 수 없고 들을 수 없던 것을 보이고 들리게 했다는 점에서 랑시에르가 말한 불화에 해당한다. 랑시에르에 의하면, 불화는 "새로운 방식으로 감각 가능한 것을 공유"하는 행위이다.[12] 불화는 감각 가능한 것을 새롭게 분배할 수 있는 논란의 순간에, 누군가가 일어나 소리 내며, 만질 수 없던 것을 만지고, 금지된 과일을 찾아 먹고, 감추어진 대상을 응시하면서, 상식에 이의를 제기하기 위해 감각을 '부적절하게' 사용하게 되는 것을 가리킨다. 감각작용으로서의 sense와 의미로서의 sense 사이의 일치에 의해 합의가 이루어지며, 불화에 의해 이것이 깨지게 된다. 랑시에르는 정치적이며 논쟁적으로 감각을 재분배하는 것, 즉 "인간이 쌓아온 합의와 달리 모종의 보완"에 의해 상식을 다르게 생각할 수 있게 된다고 지적했다.[13] 어떤 집단적인 상황에서든 간에 불화의 행위는 감각 가능한 것의 한계에 대한 논쟁과 혼란을 야기한다. 불화의 행위는 미적인 것과 그렇지 않은 것 사이의 거친 경계선에 작용한다. 즉, 감각을 의미로부터 탈구된 비-감각으로 사용한다. 현재 감각 가능한 것들을 분할하는 경계선과 세부적인 경계선을 넘나드는 것이다. 션이 자연수을 대안적인 방식으로 분할한 사례에서, 불화가 기존의 제도를 전복시키려는 것이 아님을 알 수 있다. 다시 말해, 불화는 단지 힘의 위계를 재정렬하

11) 션은 사실 적어도 하나의 홀수 인수를 갖는 짝수와 그렇지 않은 짝수로 구분하고 있으며, 후자의 경우는 '2의 거듭제곱 꼴로 표현할 수 있는 짝수'라는 특정한 명칭으로 불리는 것이 수학의 관례이다. 션이 말한 '짝수이면서 홀수'인 수는 2의 거듭제곱 꼴로 표현할 수 없는 짝수이다. 결국 션은 자연수를 홀수, 홀수이면서 짝수(2의 거듭제곱 꼴로 표현할 수 없는 짝수), 짝수의 3개 범주로 분할하고 있으며, 이 분할 방식은 수학적으로 의미 있고 특정한 문제 상황에서 완벽하게 기능하기도 한다.

12) Rancière(2004) 참고

13) Rancière(2009), p.32 참고

려는 것이 아니다. 불화는,

> 문화적이고 정체된 속성들의 형식과 담론 및 장르 사이의 위계를 가로지르면서, 지각의 장에 새로운 주체와 이질적인 대상을 도입하는 행위이다.14)

불화는 주체와 대상 모두 새롭게 지각의 장에 도입하는 행위이다. 앞에서 살펴본 션의 사례에서 짝수이면서 동시에 홀수인 수라는 대상이 새롭게 도입되었는데, 이때 션도 새롭게 감지한 개념과 얽히며 새롭게 형성된 주체라고 볼 수 있다. 이 주체는 상식에 일치되는 합의와 발산적으로 개별화되는 불화 모두에 의해 생성된다. 이때 차별성과 다양성을 나타내는 주체들이 보거나 들을 수 있는 감각과 볼 수 없거나 들을 수 없는 감각들이 있다.

이러한 논의의 연장선에서 보면 '실천 공동체' 개념은 수학 수업에서 감각들을 통해 문화 정치를 고려하는, **감각의 공동체**와 관련된다. 수업에서 감각 가능한 것들은 가시성 또는 가청성과 지적 능력의 융합 형식에 의해 구분하고 분할할 수 있다. 감각이 실천 공동체의 구성원 자격을 설명하는 역할을 한다는 점에 초점을 두어 감각 가능성의 우발성을 조사한다면, 어떻게 서로 다른 감각이 생성될 수 있는지에 대해 논의할 수 있다. 랑시에르가 말한 감각의 공동체는 야켈과 콥이 말한 '사회수학적 규범'과 같이 수학 수업에서 일어나는 합의된 방식과는 다르다. 사회수학적 규범의 경우는 거의 전적으로 담론에만 초점을 맞춘다는 점에서 '감각 위에' 기능하기 때문이다.15) 이와 다르게 랑시에르는 다음과 같이 감각 가능한 것들의 분할에 초점을 맞추면서 보다 유물론적인 접근을 취했다.

> '감각의 공동체'라는 말은 어떤 공통적인 느낌에 의해 형성된 집단을 의미하는 것이 아니다. 가시성과 감각 가능성의 틀에 의해 어떤 사물이나 실천을 동일한 의미 아래 함께 둘 수 있으며, 그에 따라 특정한 공동체의 감각을 형성할 수 있다. 감각의 공동체는 모종의 실천들, 가시성의 형식들, 이해 가능성의 패턴들을 함께 묶어내는, 공간과 시간에 대한 특정한 절단에 해당한다. 이러한 절단과 연결을 감각 가능한 것들의 분할이라고 볼 수 있다.16)

그의 감각과 이해가능성 사이의 상관적인 연결은 교실 내에서 의미 생성(meaning-making)이 창발하는 방식에 관한 미묘하지만 중대한 통찰을 제공한다. 여기서 '감각 가

14) Rancière(2010), p.2 참고
15) Yackel & Cobb(1996) 참고
16) Rancière(2009), p.31 참고

능성'이라는 용어는 '참인 것(true)'과, 공동체에서 공통적인 것으로 간주하는 '감각 가능한 것'의 융합을 뜻한다. 이와 같이 서로 융합된 것은 정책과 교육과정 내에서 가치 있는 것으로 받아들여 온 수학적 실천의 유형에 영향을 주었으며, 이에 대해서는 이장의 후반부에 논의할 예정이다. 여기서는 랑시에르가 어떻게 정치학과 미학의 교점을 독창적으로 형식화하는지에 관하여 살펴보고, 이를 수학적 심미성에 대한 논의로 확장하여 수학에서 자율성이 작동하는 방식에 대해 검토한다.

정치적인 미학

18세기의 시인이자 철학자인 쉴러는 그의 저서인 《인간의 미적 교육에 관한 편지》에서 "아름다움에 관한 예술의 체계와 그보다 한층 더 난해한 삶의 예술 체계"[17]를 지탱하기 위한 미학론을 제안했다.[18] 랑시에르는 기존의 미학적 관점이 예술과 삶을 모순적인 것으로 봄으로써 미학이 불가사의하고 탐구하기 어려운 것으로 보게 만들었다고 지적했다. 그러나 심미성을 삶의 정치를 이루는 한 요소로 독특하게 결합하면 미학은 효과적으로 기능할 수 있게 된다. 전통적인 미학에서는 예술을 진리의 재현이나 어떤 물질의 형상을 모방한 것으로 보며, 아름다움에 관한 예술과 삶의 예술을 존재론적인 분리에 의해 파악한다. 랑시에르는 감각이 두 가지 상반되는 개념, 다시 말해, 자율성 그리고 집단적인 또는 공통적인 형식의 감수성이 결합되어 있는 것으로 보았다. 그러므로 심미성은 사회적 제도는 물론이고 개인의 지각 양식을 조건 지으며 순수한 '감각' 그리고 상식의 결합을 통해 작동한다. 다시 말해, 정치적인 참여와 '예술적인' 실천은 단순히 계급성과 취향 판단의 문제가 아니라, 감각 가능한 것으로 여기는 것과 물질적인 분배가 서로를 보완하는 방식으로 얽혀 있는 문제로 볼 수 있다.

> '미학의 정치학', 즉 예술의 미적 체제에 대한 전반적인 문제는 접속사 '그리고'와 밀접하게 관련된다. 미학적 경험은 바로 이 '그리고'를 구현할 때만 유효하다.[19]

---

17) Rancière(2010), p.115에서 재인용

18) 역주. 쉴러는 지적인 능력이 감각적인 능력보다 우위에 있다고 보는 전통적인 위계를 뒤집는 미학론을 제시함으로써 예술이 학문 등의 지배 아래에 놓이는 불평등을 와해시켰다는 평가를 받는다. 랑시에르는 이러한 쉴러의 관점에 입각하여 인간 활동 일반에 걸쳐 있는 다른 실천들과 예술적 실천이 격리되어 있는 것으로 보는 정치적인 분할 방식 그리고 기존의 위계를 거부했다 (Rancière, 2008).

19) Rancière(2002), p.134 참고

단지 예술 자체만으로 미적 경험을 이루는 것이 아니라 '그리고'라는 접속사로부터 발생하는 긴장을 고려해야 된다. 수학에서 정육면체의 모서리, 면, 각과 같은 형태에 주목하는 것 **그리고** 큐브를 돌려 맞추는 것과 같이 운동이나 활동의 대상으로 보는 것을 그 예로 들 수 있다. 이와 같이 감각 경험 내에서 형식 **그리고** 기능이 상호 영향을 주고받는 복잡한 방식을 고려해야 한다. 다시 말해, 감각 경험에 의해 개별화 된 신체의 특이점이 발생하는 것 **그리고** 감각에 대한 가치 판단과 제약에 의한 합의를 도출하는 것이 동시에 일어나야 하는 것이다. 신체 감각 기관 중에서 특별히 눈으로 정육면체를 뚜렷이 관찰하는 것 **그리고** 수학 수업에서 특정한 형식에 의해 특정한 부분에 주목하는 것이 동시에 이루어지면서 상호 보완된다. 이와 같은 방식으로 감각을 작동하면서 미학과 정치를 긴밀하게 연결할 수 있다. 이미 합의된 일관된 체제에 비추어 정육면체를 해석한다는 것은, 감각의 개별화 그리고 그 감각과 상식 사이의 정합을 수반한다. 방정식을 학습할 때도 마찬가지이다. 표를 제시하고 그 안에 수를 기입하도록 하는 것은 이미 그 형식을 규정하는 것이므로 감각할 수 있는 신체를 제한한다. 이때 표는 방정식에 대해 더 나아가지 못하게 하는 표층이 되며, 방정식을 다루는 방식으로 적절하다고 생각하는, '올바른' 지각 형식의 토대가 된다.

랑시에르가 제시한 심미성 개념에 비추어 생각하면, 수학적 심미성은 순수하게 논리적인 연역과 체화된 감각적 참여의 결합으로 볼 수 있다. 누네즈가 말했던 한 수학 강사의 아름다운 강의 장면에서 수학적 심미성을 확인할 수 있다. 이 수학 강사는 무한대를 매우 형식적이고 언어적인 설명 그리고 리듬감 있는 제스처로 점차 신체에서 반복적이고 선형적으로 멀어지는 움직임을 표현했다.[20] 여기서 강사는 자신의 존재를 무효화하는 탈시간적이고 탈맥락적이며 탈개인화된 목소리인 수학적 담론 그리고 계속해서 반복적으로 공간을 분할하는 감각인 손으로 무한대를 표현했다. 감각적인 참여는 정동과도 관련된다. 록하트는 유명한 에세이, 《한 수학자의 탄식》[21]에서, 수학적인 논증은 "찬물을 끼얹은 느낌 그리고 한 줄기 빛이다. 영혼의 생기를 되찾아주고 정신을 밝게 비춘다."[22] 수학이 마치 '찬물을 끼얹은 것처럼' 정신을 차리게 한다는 것 그리고 정신에 빛을 비추는 것처럼 우리의 존재에 맞닿게 한다는 것은, 심미성의 이중적 측면, 다시 말해, 순수한 깨달음 그리고 상쾌함이 동시에 작용한다는 것을 설명한다. 랑시에르는 "전체주의적으로 공동체

20) Núñes(2006) 참고

21) 역주. 록하트의 저서인 《A mathematician's lament》이며, 국내에서는 2017년 《수포자는 어떻게 만들어지는가? 한 수학자의 탄식》이라는 제목으로 번역되었다. 역서를 참고하여 번역하되 필요한 경우는 맥락을 고려하여 수정했다.

22) Lockhart(2009), p.68 참고

가 단일한 예술을 강제"하는 것에서 미적 체제가 감시 권력으로 기능하는 방식 그리고 "자유주의적으로 일상생활에서 심미성을 추구하고 상업화"하는 것에서 문화적으로 그리고 일반적으로 작동하는 방식을 논의했다.[23] 그는 미학이 공통 감각의 감각 조직에 주름을 만들어 그 내부를 외부로부터 그리고 사회적 세계를 물질적 세계로부터 분리하는 동시에 '내부'와 '외부'가 서로 얽히도록 결합하여, 그 어떤 창조의 탈주선[24]도 온전히 자유로울 수는 없다는 것을 지적했다.

랑시에르에 의하면, 미적 대상은 독립성을 가지고 있으며 동시에 그 독립성을 빼앗는 뒤틀린 자율성을 가지고 있다. 즉, 한편으로는 기능성과 설명으로부터 독립하여 자율성을 가지지만, 다른 한편으로는 체화된 일상적인 감각들에 의존한다. 모더니즘 미학은 미적 대상이 마치 자율적이며, 정의할 수 없고, 손으로 만질 수 없는 것 같은 이미지를 만들어냈다. 그러므로 예술과 예술가의 행위 또는 감각은 별개의 것으로 보았다. 이에 비추어보면, 잭슨 폴록이 그린 그림과 그가 독특한 방식으로 그림을 그렸던 그 행위는 모더니즘 미학에 대한 아이러니이다. 모더니즘 미학에서는 미적인 특질이 어떤 방식으로든 간에 미적 대상의 내부에 들어 있고, 예술을 만들어내는 행위 또는 노동은, 예술의 힘이나 존재성과는 별개로 보았기 때문이다. 이와 같은 해석은 다음 절에서 다룰 수학에 대한 기존의 입장, 즉 수학자를 수학적 대상의 생산을 위해 노동하는 존재로 보는 대신, 통찰력과 직관을 이미 가지고 있어서 수학적 대상을 발견하는 존재로 보는 입장과 상당히 유사하다.

수학 내의 미적인 요소에 관하여 논의하려면, 앞서 언급한 자율성 개념과 관련하여 미적인 실천을 어떻게 구상해낼 것인지의 문제를 해결해야 한다. 랑시에르에 의하면, 자율성을 확보하는 활동만 예술이라고 할 수 있으며, 동시에 역설적이게도 예술과 그에 따른 생산을 단절해야 자율성을 확보할 수 있다. 다시 말해, "예술은 그것이 예술 또는 기술이 아닌 다른 것이 될 때만 예술이 된다."[25] 예술가는 자신이 왜 또는 어떻게 표현하게 되었는지를 온전히 알 수 없으며 그것은 무의식에서 튀어나오기 때문이라는 헤겔의 주장도

23) Rancière(2002), p.133 참고

24) 역주. 들뢰즈가 사용한 용어인 line of flight을 번역한 것으로 비상선으로도 번역되고 있다. 들뢰즈가 어떤 의미에서 이 용어를 사용하는가를 이해하려면 들뢰즈의 저서를 읽을 필요가 있다. 여기서는 대략적으로 말해, 수학적 심미성의 이중적 측면으로, 기존의 관례를 따르는 것과 자유로운 감각에 의존하는 것의 둘 모두를 고려하는 가운데 창조가 이루어지며, 그 '창조의 여정'이 전혀 결정되어 있지도 않고 뚜렷하지도 않으며 뒤얽힌 세계를 이리저리 방황하는 '탈주선'의 양상을 띤다고 보고 있다.

25) Rancière(2002), p.137 참고

일맥상통한다. 수학자 푸앵카레도 1908년 출판한 저서에서 수학적인 안목이 무의식적이라는 주장을 제시한 바 있다. 만약 수학을 미적인 작업으로 생각한다면, 이 장의 뒷부분에서 논의하는 바와 같이, 수학자도 의식적인 존재성을 잃어버리고 모종의 **주관적인 익명성**(subjective anonymity)에 지배되는 것으로 볼 수 있다. 랑시에르는 이와 같은 미적 감각의 역설이 실제 그 정치적인 힘의 근원이 된다고 보았다. 여기서 미적 감각의 역설은 미적 감각의 자율성 그리고 개별성에 의해 **생생하게 경험했던** 감각과 다른 것을 갈망한다는 것이다. 심미성은 손에 닿지 않고 관념적인 형식이 삶을 이루고 현실로서 소유될 것이라고 하는 상상을 통해 작동한다. 물론 이 책에서는 이러한 논의가 수학 교수·학습의 경험과 어떻게 관련될 수 있을지에 대해 더 관심을 두지만, 우선 앞서 논의한 복잡한 미학적 전통이 어떻게 일상적인 삶에서 보다 보편적인 방식으로 형상화되는지의 문제는 중요하다. 예를 들어, 서구 사회에서 부유층 일부는 세계와 그들이 이루는 공동체가 마치 예술의 한 형태를 이루는 것처럼 생각하는 경우가 있다. 그러나 이제 점차 장식품, 산업디자인, 패션 등을 통하여 점차 일상적인 탐미가 추구되는 추세이다. 현대 사회에서 제대로 된 삶을 살아간다는 말에는 자신의 주변 환경에서 미적인 부분을 식별하고, 스스로 '자유롭게' 표현하는 능력을 활용하여 생산하거나 소통한다는 뜻이 담겨 있다. 이와 같이 미학은 자율성을 통해 예술을 세계로부터 제거하면서, 동시에 다시 물질세계에 예술을 삽입하여 자유로운 인간 행위에 의해 그 자율성을 실천하도록 한다. 예술의 미적 체제는 예술과 비-예술이 서로 관련되는 두 시나리오 사이를 넘나들며, 각각 소멸점 또는 붕괴점을 가진다. 즉, 한쪽에서는 삶이 예술을 소모하고, 다른 한쪽에서는 예술이 삶을 부정한다.

미학의 역설은 현대 소비문화에 가득하다. 모더니즘 미학이 분할했던 감각 가능성에 지속적으로 투자하면서 맹목적으로 특정 상품들이 미적 대상이라고 착각한다. 단지 물질이 아니라 디자인을 중시하는 경향은 집단적인 교육의 결과이며, 여기서 예술이 사회적인 책무로서 미적인 삶을 살아가는 방법을 제시한 것이다. 일상적인 소비문화 내에 살아가면서, 이와 같은 교육에 의해 별스럽지 않은 물건도 수집하고 골동품이라는 가치를 부여하기도 한다. 이러한 미적 체제의 작동에 있어서 교육은 매우 중요한 역할을 한다. 학생들이 특정한 감각 습관을 공통적으로 따르도록 하며 상식의 형식을 내면화하는 데 전념하도록 한다. 다음 절에서 수학적 심미성 역시 이러한 정치적인 접근에 관련지어 해석할 수 있음을 논의한다. 수학에서도 심미성의 특징인 자율성을 담보하고, 심미성을 수학적 삶의 한 형식으로 삼아야 하며, 이러한 이중성에 의해 수학의 미적 체제가 작동된다는 점을 논의한다.

수학자의 감성

미학과 수학에 대한 기존 문헌에서는, 수학자가 실제적인 감각을 가지고 있다거나 또는 감각을 갖고 있지 못한 것에 대해서는 논의하지 않고, 마치 관념적인 수학 세계의 비물질적인 실체 또는 물리적인 세계에 감춰진 수학적인 구조 등을 볼 수 있거나 지각할 수 있는 어떤 본질적인 능력을 소유하고 있다는 식으로 수학자의 감성을 신비화하는 경향을 보인다. 수학자는 물리적인 과정을 지배하는 규칙 또는 수열의 성질처럼 이전에 볼 수 없고 감각할 수 없던 것[26]을 감지함으로써 감각적인 삶에 의해 조직화되는 방식을 재구성할 수 있다고 보았던 것이다. 이하에서는 이러한 해석들이 정당한 담론인지 여부보다는, 수학의 미적 체제에 따라 수학적 대상을 볼 수 있고 그것에 대해 사고할 수 있는 구체적인 방법이 무엇인지에 초점을 두고자 한다. 록하트가 예술적 형식으로서의 수학, 특히 다이어그램에 선을 그리는 것에 대해 다음과 같이 말한 것을 보면, 수학에서 신비롭게 가시화되는 것에 대해 논의한 문헌들과 공통적인 담론을 제시한다.[27]

> 그런데 점선을 그린다는 생각은 어디에서 온 것일까? 그 선을 어떻게 그릴 생각을 했을까? 화가는 어디에 붓을 놓을지 어떻게 알게 될까? 영감과 경험, 시행착오와 뜻밖의 행운에 의한 것이다. 이는 바로 예술의 방법이기도 하다. 수학은 생각 또는 사유로 쓰는 아름답고 짧은, 순수한 이성에 의해 쓰는 소네트와 같다. 수학이라는 예술에는 환상적인 전환의 순간 같은 것이 있다. 처음에 이 삼각형과 직사각형의 관계를 전혀 알 수 없다. 그러나 점선 하나를 그리자 모든 것이 분명해졌다. 아무것도 보지 못하다가 한순간 모든 것을 볼 수 있게 되었다. 요컨대, 아무 것도 없던 것에서 심오하고도 단순한 수학적 아름다움을 창조할 수 있었고, 그 과정에서 나 자신도 변화했다. 이것이 바로 예술의 본질이 아닌가?

패턴의 감지는 수학에서 지배적인 감각의 양상으로 다루어졌다. 예를 들어, 수학자인 소여는 수학을 "가능한 패턴들에 대한 범주화와 탐구"[28]로 정의했다. 이러한 입장에서는

26) 8장에서 논의할 예정이지만, 18세기에는 수학자의 지각 능력을 이와 같이 신비로운 것으로 은유하는 저술이 극에 달했다. 심지어는 수학자가 장님이면 더 유리할 것이라고 생각하는 경우도 있었는데, 장님이면 기하적인 대상 등을 포함한 관념적이고 추상적인 수학적 대상에 대해 자유롭게 접근할 수 있을 것이라고 믿었기 때문이다. 다른 철학자들은 시력이 낮은 수학자가 주변 세계를 넓게 보지 못하게 되어 윤리적인 감성은 낮을 수 있다고 주장하기도 했다. 이와 같이 감각과 상식 사이의 황당하고 양극화된 단순한 연결이 이루어졌었다.

27) Lockhart(2009), p.27 참고

28) Sawyer(1955), p.12 참고

수학적 심미성이 수학을 발견하는 방법으로서 가치를 가지며, 이는 패턴에 대한 감수성, 즉 "**패턴이 있는 곳에 중요한 것이 있다**"[29]고 하는 믿음의 결과이기도 하다. 소여는 패턴에 주의를 기울임으로써 수학을 발견하게 되는 것을 다음과 같이 설명했다.[30]

> 어느 분야의 어떤 수학에서든 특정한 패턴이 눈에 띄게 반복되는 것을 보면, 항상 그것이 왜 발생하는지에 대해 탐구해야 한다는 필요성이 대두된다. 그렇게 패턴의 근원을 탐구할 때 수학은 단지 기호 모음이 아니라 하나의 아이디어로 파악할 수 있는 어떤 의미를 가진다.

소여의 주장은 푸앵카레가 패턴에 대한 수학자의 특별한 감수성에 대해 설명하는 방식과 공명하는데, 여기서 패턴이란 대체로 인간의 마음에 의해 인식될 수 있을 만한 어떤 규칙으로 간주된다. 푸앵카레는 수학자가 규칙성과 대칭성을 인식할 뿐만 아니라, 나아가 연구를 통해 그것들을 탐구하고 그에 대처하는 데에 숙련된 사람이라고 보았다. 화이트헤드는 말년에 출판한 에세이에서 플라톤의 윤리적인 또는 정치적인 성격을 띠는 수학 관련 논의를 살펴보며, 패턴 인식에 의한 보다 숭고한 가시성을 제기했다. 화이트헤드는 플라톤이 수학적인 것과 선한 것 사이에 구축한 공리적인 연결에 매혹되었고, 플라톤의 논증 중 불완전한 부분을 다음과 같은 자신의 논증으로 보완했다.[31]

> 인간의 경험을 이루는 유동성을 이해하려면 그것이 무한한 허무 위에 솟아난다는 것을 깨달아야 한다. 연속적으로 다양한 종류의 두드러지는 양식들이 어떤 유한한 배치의 활동 에너지를 생성한다. 무한에 대한 미신적인 경외심은 철학의 골칫거리였다. 무한 자체에는 어떤 속성도 들어 있지 않으며, 불가피하게 유한인 활동에 의해 모든 가치가 만들어진다. 배치의 패턴이 개시되는 것이 바로 활동의 의미이며, 수학은 이러한 패턴을 연구하는 학문이다. 그러므로 수학은 선함과 악함에 대한 연구와 필수적으로 관련될 수 있는 것이다.[32]

---

29) 같은 책, p.36 참고

30) 같은 책, p.36 참고

31) Whitehead(1951), p.674 참고

32) 역주. 화이트헤드는 플라톤이 제시한 선한 것과 관념적인 것, 곧 이데아 사이의 연결에 대한 논증을 보완하기 위해 우리가 사고하는 유한한 지식과 개념들이 그 무한한 배경 세계로부터 분석된 실체라는 점을 강조했다. 다시 말해, 유한성은 무한한 세계와 무관하게 존재하지 않으며 또한 무한성은 유한한 실체로 체화되어 의미와 가치를 부여 받지 않는 한 그 자체로는 아무런 의미나 가치를 지닐 수 없다는 것이다. 인간의 개념적 경험은 실제로 일어난 사건을 활성화시키는 어떤 관념에 생기를 부여하는 모종의 강조이며, 이로써 그저 감각 경험이었던 것에 모종의 가치와 아름다움에 대한 인식을 더할 수 있게 된다(Whitehead, 1951).

화이트헤드는 패턴에 대한 사유가 유한한 의지로 가득 찬 경험에 관한 것이므로 윤리적인 활동이라고 보았다. 화이트헤드는 수학의 유용성을 가장 많이 드러내는 과학의 발전보다 '인간의 조건'에 관한 창조적이고 유연하며 이원론을 넘어선 사유가 중요하다고 역설했다. 수학과 윤리적인 발달, 또는 적어도 그가 '인간의 조건' 중 일부로 제시한 것 사이에 밀접한 연관성이 있다고 본 것이다. 그러나 수학과 윤리에 대한 다른 학자들의 논의는 화이트헤드와 달리 상당히 신중하다.[33]

패턴, 대칭성, 그리고 규칙성에 주목하는 논의는 수학적 심미성에 대한 많은 논의에서 전형적으로 강조했던 자율성과 밀접하게 관련된다. 수학적 패턴은 외부 자극이나 인간의 개입과 독립적으로 내적인 논리 또는 규칙에 따른다는 점에서 자동 운영 기계와 유사하다. 아무리 강력한 물질적인 힘을 가해도 그 패턴의 전개를 방해하거나 변화시킬 수 없다. 수학자는 어떤 패턴을 만들어내기 위해 이용할 수 있는 활동이나 더하고 곱하는 것과 같은 수학적 조작을 통해 그 패턴을 '설명'할 수는 있지만, 이러한 활동이나 조작에 의해 패턴을 만들 수는 없다. 자동 운영 기계는 '스스로 작동'하며, 패턴은 그 안에서 발생한다. 그러므로 수학자가 패턴을 **감지하는 것**에 주목하면서 자신의 활동과 독립적이라는 점을 인지하거나 감각해야 한다. 수학자는 자율적인 '아이디어를 포착할 뿐이다.' 다시 말해, 수학자는 자율성을 내면화하고 수학적 심미성을 하나의 삶의 형식으로 삼으며 **살아가야** 한다. 랑시에르가 제시한 미적 체제의 작동 방식도 정확히 이와 일치한다. 첫째, 수학에서의 패턴이 미적 체제의 표현이 그렇듯이 자율성을 가진다는 것, 둘째, 미적 체제와 마찬가지로 수학자는 감성에 의해 공통의 형식을 창안한다는, 두 가지 상반되는 개념을 감각과 관련시켜야 한다. 수학적 심미성에 관한 최근의 문헌에서도 자율적으로 살아가라는, 불가능해보이는 제안을 찾을 수 있다. 록하트의 다음과 같은 언급이 그 예이다.[34]

> 수학을 한다는 것은 발견하고 추측하며 직관과 영감에 사로잡히는 일이다. 목하 다루는 수학을 이해하지 못해서 그런 것이 아니라 자신이 의미를 부여한 창조물이 어떻게 행동할지 모르기 때문에 혼돈의 상태로 걸어 들어가야 한다. 그곳에서 돌파구를 여는 아이디어를 찾고, 예술가로서 좌절을 겪어야 한다. 고통스러울 정도의 아름다움에 경외심을 느끼고 압도되면서, 괴롭지만 그렇게 살아내야 한다.

33) Hersh(1997) 참고

34) Lockhart(2009), pp.37-38 참고

푸앵카레는 가장 창의적인 수학자들만이 심미적 감성을 가지고 있다고 했다.[35] 마찬가지로 하디 역시 "소수의 선택된 수학자들만 수학의 심미성을 느끼고 현실화할 수 있다"고 주장했다.[36] 수학적 심미성을 유물론적인 용어로 바꾸어 논의함에 있어 이와 같이 선택된 수학자들만 심미적 감성을 가지고 있다는 주장을 간과할 수 없다. 러셀의 유명한 말, "수학은 진리이면서 동시에 조각과 같이 차갑고 순수한 아름다움이다."는 수학적 감성을 표현한 것으로 널리 인용되는 대표적인 사례이다.[37] 여기서 차갑고 순수하다는 것은 그것을 만든 인간의 손동작을 모두 지워서 순수하게 독립적으로 보인다는 뜻을 담고 있다. 더욱이 수학을 차가운 돌로 만든 조각에 비유한 것은, 수학이 내면도 없고 감정도 없이 단단하면서 외부의 형식 부과에 저항하는 힘을 가지고 있다는 뜻을 담기 위한 것으로 보인다. 그러나 수학자들이 심미성에 주목할 때는 일반적으로 진리와 확실성에 대한 인식론적인 초점에 순수하게 주목했던 것의 정반대를 논의한다. 예를 들어, 수학사학자인 모리스 클라인은 수학에서 심미성이 탐구의 방향을 안내할 뿐만 아니라, 이미 정확하게 증명했더라도 심미성이 부족하면 새로운 증명을 찾으려는 동기를 부여한다고 주장했다.[38] 클라인은 이러한 심미적인 동기 부여가 수학의 예술적인 본질을 보여주는 결정적인 증거라고 결론지었다. 기능성과 자율성을 구분하여 생각할 때, 수학적인 증명은 고유한 자율성을 가진다는 점에서, 즉 일상적인 가치를 추구하지 않는다는 점에서, 심미적인 것이라고 할 수 있다. 그렇지 않다면 이미 증명한 경우도 다시 다른 방법으로 증명할 필요가 대체 무엇이겠는가? 다른 방법으로 증명하는 것은 유용성을 위해서가 아니라 심미성을 위한 것이다. 예술로서의 수학이 사라져가고 있는 것에 대해 록하트가 '탄식'한 것은 이와 유사한 생각을 드러낸다. 여기서 더 나아가 그는 수학이 '일상적인 의미에서 "유용한" 것'은 사소한 부산물이라고 할 수 있으며, 더 중요한 것은 수학의 심미적인 활동이라고 주장했다.[39] 수학자 크룰 역시 수학은 진리체계이며 논리적 일관성이라는 인식론적인 관점에서의 의미를 추구하지만 이와 더불어 심미적인 활동을 한다는 점에서 고유하다고 말했다.[40]

> 수학자들은 단지 정리를 찾거나 증명하는 것에만 관심이 있는 것이 아니다. 그들은 정

---

35) Poincaré(1908/1956) 참고
36) Hardy(1940), p.86 참고
37) Russell(1919), p.60 참고
38) Kline(1953) 참고
39) Lockhart(2009) 참고
40) Krull(1930/1987), p.49 참고

리들을 배열하고 배치하여 정확할 뿐만 아니라 명백하고 흥미로운 방식으로 나타내기를 원한다. 그러한 목표는 인식의 문제가 아니라 아름다움의 문제이다.

참 또는 거짓 여부에 대한 판단과 인식은 수학의 기능성에 관련되며, '명백하고 흥미로운' 것은 심미성과 연결된다. 수학의 심미성은 명백함을 추구하는 의미에서 자율적이고 동시에 흥미로움을 고려하는 점에서 정동적이다. 이와 같은 심미적인 차원을 성취했을 때에서야 비로소 수학이 진정으로 그 자율성을 획득하게 되고, 우리는 수학을 받아들인다. 수학자 로타는 수학자들이 미적인 서술방식을 사용함으로써 비물질적이고 감각적인 것에 '영향을 받지 않는다는' 이미지를 가지게 되었다는 점에 주목했다.41)

> 수학의 심미적인 측면을 고려한다는 말은, 수학자들이 통찰 현상의 모호성은 논의하지 않으면서 그 현상을 간접적으로 받아들이기 위해 만든 표현일지 모른다. [...] 수학자들이 통찰 현상의 모호성을 피하는 이유는 우리가 살아가는 실망스럽고, 모호하며, 실패로 가득한, 지저분한 세계로부터 벗어나서 그와 반대로 완벽하며 진리일 것으로 생각하는 세계를 건설하는 데 주목하기 때문이다.

수학적 심미성을 만족하는 세계와 지저분한 세계 사이의 긴장은 감각 가능한 것으로 받아들일 수 있는 것과 그렇지 못한 것을 구분하는 랑시에르의 미학 관점과 유사하다. 로타에 따르면, 수학적인 아름다움은 만질 수 없거나 도달할 수 없는 것을 감각할 수 있는 한 가지 방식이며, 미적인 판단을 통해 관념적인 것을 현실화할 수 있다. 심미성은 수학에 감각적인 측면을 부여하지만 매우 드문 경우에만 현실화 가능하다.

1940년 하디는 수학적 심미성에 대해 가장 널리 읽힌 원고를 출판했다. 하디는 수학적인 아름다움이 수학적 생산물, 특히 증명 내에 있는 것으로 정의하는 데 주목했다. 그는 체스에서 '시시한' 아름다움을 찾을 수 있는 반면, 진지한 수학에서는 '중요한' 아름다움을 찾을 수 있으며, 이 둘을 구분하는 다소 복잡한 도식을 제안했다. 진지한 수학이 중요한 것이 되기 위해서는 깊이와 일반성, 곧 시야와 범위가 필요하지만, 이러한 미적인 특성을 정의할 수 없기 때문에 오직 "상당한 수준의 수학적인 교양"42)을 지닌 수학자만이 이를 인식할 수 있다. 이때 수학자들은 수학적인 아이디어가 "자연스럽고도 명백하게 보다 넓은 범위의 다른 수학적인 아이디어와 연결되는 것"43)을 보면서 그 중요성을 파악한

---

41) Rota(1997), pp.132-133 참고

42) Hardy(1940), p.103 참고

43) 같은 책, p.89 참고

다. 이로부터 수학자들은 이해할 수 있는, 곧 '명백한' 것을 감각하거나 만들어내며, 특정한 방식에 대한 어떤 공통적인, 곧 '자연스러운' 형식을 얻는다.

하디는 수학적인 아름다움에 대한 자신의 관념을 다음 두 가지 예를 들어 설명했다. 하나는 소수의 무한성에 대한 유클리드의 증명이며, 다른 하나는 $\sqrt{2}$가 무리수라는 것에 대한 피타고라스의 증명이다. 이 두 가지 증명은 아름다운 증명의 예로 다른 문헌들에도 자주 등장한다. 드레이퍼스와 아이젠버그는 수학자들에게 $\sqrt{2}$가 유리수가 아니라는 명제를 간접 증명법에 의해 증명한 서로 다른 다섯 가지 방식을 제시하고, 그중 가장 우아한 증명을 선택하도록 했다.[44] 수학자들은 다섯 가지 중 두 가지 증명 방식을 선택했고, 그 이유로 단순해서 인지하기 쉽다는 점과 증명을 이해하는 데에 필요한 배경 지식의 양이 적다는 점을 들었다. 단순성과 최소한의 배경 지식이라고 하는 이 두 가지 판단 기준은 심미성에 대한 수학자들의 두 가지 선호와 관련된다. 단순성의 경우, 수학자들이 불필요한 장식 대신 개성이나 복잡성 없이 고유한 진리 자체를 선호한다는 것과 관련이 있다. 최소한의 배경 지식은 수학자들이 수학을 지식의 일종으로 보기 보다는 궁극의 순수한 이성으로 보려는 희망과 관련된다. 수학자들이 생각하기에 지식은 항상 그 역사적인 맥락의 특수성과 얽혀있다. 수학자들의 심미성에 대한 이러한 선호는 모종의 긴장을 유발하며 이는 더 큰 범위에 해당하는 미학에서의 긴장과 공명한다. 다만 드레이퍼스와 아이젠버그의 연구에서는 유명한 명제의 다섯 가지 증명 방식만을 대상으로 심미성을 판단하고 그로부터 단순성과 최소한의 배경 지식을 가치 판단의 기준으로 도출했기 때문에 이와 같은 결론을 일반화하는 데에는 제한이 따른다.

하디가 말한 두 가지 명제의 증명들에 담긴 특성이 무엇인지에 대해 좀 더 논의할 필요가 있다. 두 명제 모두 모순법이라고 하는 간접 증명법에 의해 증명할 수 있고, 증명하려는 명제의 부정이 참이라고 가정하는 것으로 증명을 시작한다. 간접 증명법에 의한 증명이 모두 아름답다고 생각되지는 않지만, 증명하려는 명제의 반대되는 주장으로 시작하는 행위는 고도의 심미성을 갖춘 것으로 볼 수 있다. 증명하려는 명제와 무관한 것을 고려한다는 점에서 일종의 자율성을 실행하는 것이 되기 때문이다. 마치 자신의 주장을 강하게 밀어붙이는 대신, 소크라테스가 했던 것처럼, 상대방 마음대로 해보라고 관대하게 제의하는 것, '좋아요, 제 주장은 제쳐두고, 당신의 주장을 따라가 봅시다.'와 같이 응대하는 것과 마찬가지이다. 이와 같은 담론의 이동은, 증명의 목표와 그에 대한 태도 또는 방향 사이에 거리를 둠으로써 일종의 자율성을 만들 수 있다. 이렇게 거리를 둠으로써 증명의 정체성을 외적인 것 또는 수행적인 것으로 만들어 증명 자체를 갑자기 미적인 대

44) Dreyfus & Eisenberg(1986) 참고

상으로 만든다. 처음의 주장 또는 가정을 부정하여 결론을 얻게 되면, 증명의 처음과 끝을 감싸면서 닫힌 경로와 매끄러운 흐름을 증명의 양상으로 감지할 수 있다. 이로써 증명은 완벽하게 불투명한 공처럼 뒤로 표면이 접혀 들어가게 되며, 예술적 대상과 같이 소중히 여겨지고 다루어질 수 있다.

이 두 가지 증명이 아름다운 것은, 각각 이전에는 존재하지 않았던 예측 불가능한 대상을 만들어내기 때문일 수도 있다. 소수의 무한성 증명의 경우, 말 그대로 소수들을 한데 엮어서 더 큰 소수를 만들게 되는데 이 수는 애초에 가정한 유한집합 내의 소수보다 크다. 마치 '보이나요? 존재하지도 않는다고 했던 것이 어떻게 생겼는지 보여드렸습니다.'와 같이 말하는 소리가 들리는 것 같다. 어떤 유한한 소수의 집합에 대해서도 언제나 그 안에 없는 더 큰 소수를 만들 수 있는 것이다. 여기서의 '아름다움'은 새로운 소수를 물질적으로 구성하는 작업을 통해서가 아니라 논리에 의해 그 소수가 자율적으로 나타나는 방식에 있다. 증명 그 자체가 감각 가능한 것들을 재분배하고 실제라고 볼 수 있는 것들을 분할하는 기능도 하는 것이다. 두 번째 증명도 마찬가지로 특정한 무리수를 가정함으로써 기존의 수의 존재성에 혼란을 야기했다가 마치 마법처럼 새로운 수가 나타남으로써 증명이 완성된다. 이로써 공약 불가능한 것, 즉 '적절히' 감지될 수 없는 것은 상식에 어긋난 것으로 보았던 기존의 입장을 거부하게 되었으며, 결국 이해할 수 있는 유리수와 이해할 수 없는 무리수라는 구분을 넘어서는 새로운 설명 방식이 존재한다는 것을 인식하게 된다. 이 두 가지 증명은 감각의 분할과 '공통' 감각, 곧 상식으로 간주했던 것을 재분배하는 것과 밀접하게 관련된다는 것을 알 수 있다.

네츠는 아르키메데스 시대(기원전 250년~150년경)의 수학 서술 방식이 현대 뿐 만 아니라 유클리드를 포함한 고대 그리스 시대의 서술 방식과 현저하게 다르다고 주장하며, 수학에서의 감각 생성 공동체가 시간에 따라 크게 변화해왔다는 점을 밝혔다.[45] 알렉산드리아가 수학을 어떤 문체로 기술했는가를 논의하기 이전에 아르키메데스는 학술지 논문이 아니라 개인적인 편지에 자신의 수학에 대한 생각을 기술했다는 점에 주목해보자. 이와 같은 의사소통 방식의 차이 때문에 수학 기술 방식이 본질적으로 다르다고 주장할 수도 있다. 오늘날 수학자들 역시 편지 또는 이메일로 의사소통 할 수 있으며, 이때는 공식적인 글과 완전히 다른 문체를 사용할 것이다. 그러나 알렉산드리아의 편지들은 당시에 수학적 지식을 기록하는 '상식적인' 형식이었으며, 여기에 정리와 증명 등을 거친 완성된 결과물을 전달했기 때문에 오늘날의 문체와 비교해볼 만한 가치는 있다.

네츠가 아르키메데스식 문체에서 발견한 미적인 요소들은 놀라움의 서사, 모자이크 구

45) Netz(2009) 참고

조, 포괄적인 실험, '카니발적인' 문체 등이다. 네츠는 바흐친이 유머와 혼동에 의해 지배적인 문체의 가정을 전복시키고 해방시키는 문학적 양식을 뜻하는 것으로 사용했던 '카니발적인'이라는 흥미로운 형용사를 차용했다. 네츠는 나선 일부분 아래의 넓이가 이에 대응하는 부채꼴의 넓이의 3분의 1과 같다는 아르키메데스의 나선 관련 증명을 이와 같은 미적인 요소들을 중심으로 분석했다. 만약 하디였다면 아르키메데스가 자연스럽고 명백한 측면을 드러내면서 증명했는지 살펴보았겠지만, 네츠는 하디처럼 심미성의 본질적인 의미에 기대기보다는 어떤 문체로 증명을 기술했는지에 주목하여 아르키메데스의 수학적 기술을 살펴보았던 것이다. 네츠의 분석에 따르면, 문제 도입부부터 놀라움의 서사가 등장한다. 아르키메데스는 나선을 "지금까지 언급한 것과 전혀 공통점을 갖지 않는 매우 특별한 종류의 문제"[46]라고 갑작스럽게 표현하며 이 문제를 제시했다. 네츠는 이러한 갑작스러운 진행이 아르키메데스식 문체의 특징이며, 편지 전체에 걸쳐서 이러한 특징이 나타나고 심지어 증명을 제시할 때도 그렇게 서술한다고 분석했다. 이와 같은 문체는 명제 24에 이르러서야 "이치에 맞는 논고 일체를 제시하는 방식"으로 서술했으며, 이때 "경제적이고, 아주 명료한 용어들로, 처음으로 우리가 오랫동안 알고 있었던 그 단순하고 신비화하지 않는 어투"[47]로 바뀌었다.

여기서는 펼쳐지는 서사에 계속 놀라움이 담겨 있으며, 독자들은 다음에 무슨 일이 일어날지 모르기 때문에 몰입하게 된다. 놀라움의 의미를 생각하면, 필연적인 관계의 연속에 의한 연역적인 함의에 따라 전개하는 텍스트와는 완전히 상충되는 방식의 기술이다. 교수학적으로는, 학생들이 탐정 소설을 읽을 때 페이지를 빨리 넘기고 싶게 만드는 음모적인 기술 방식과 달리 수학적 증명을 읽을 때는 논리적인 추론을 따라가야 하므로, 놀라움을 조장하는 것이 오히려 역효과를 낳을 수도 있다고 생각할 수 있다. 그러나 놀라움은 종종 중요한 학습 경험을 동반한다.[48] 예컨대 누노카와는 놀라움이 좋은 수학 지도의 핵심적인 요소이며, 수업에서 추측한 것과 현실화된 것 사이의 간극에 주의를 기울이게 하여 놀라움을 느끼도록 할 수 있다고 주장했다.[49]

드레이퍼스와 아이젠버그는 놀라움을 수학 문제의 중요한 심미성 중 하나라고 주장했다.[50] 놀라움과 더불어 "선행 지식의 수준, 명확성, 단순성, 길이, 정확성, 구조, 강력함, 정교함"[51]을 수학 문제의 심미적인 측면을 판단하는 기준으로 제시했다. 이중 놀라움을

---

46) 같은 책, p.3 참고
47) 같은 책, p.10 참고
48) Movshovitz-Hadar(1988) 참고
49) Nunokawa(2001) 참고
50) Dreyfus & Eisenberg(1986) 참고

미리 지도안으로 쓰거나 예상하기 어렵다. 그러나 놀라움을 동반하지 않는다면 명확성, 간결성, 우아함, 정확성 등 수학적 심미성의 특성들이 발현되기는 어려울 것이다.[52]

> 이전에 주장을 몰랐다면 논증의 강력한 결론을 보고 놀라움을 느낄 것이다. 여기서 놀라움이 논거의 심미성에 더 크게 영향을 미친다. 수학자들은 놀라운 결론을 뒷받침하는 근거를 충분히 이해할 수만 있다면 마치 마술쇼를 보는 관중들처럼 예상하지 못한 것을 좋아한다. 해답이나 증명의 미적인 매력에 기여하는 요소들, 즉 명확성-단순성-간결성-정확성-구조-강력함-정교함-놀라움 등은 서로 연결되어 있으며 연이어 나타난다.

스탠리는 놀라움이 모종의 "사건 발생"으로 보아야 하며, "놀라기 위한 준비가 되어있는" 사람, 다시 말해, 기대하는 바가 있는데 그것과 불일치하는 경험을 하게 되었을 때 놀랄 수 있다고 설명했다.[53] 놀라움을 나타내는 영어 단어 surprise의 어원을 살펴보면, 추월한다는 뜻의 불어와 라틴어 sur와 포착한다는 뜻의 prehendere가 결합되어 있음을 알 수 있다. 놀라움은 16세기에 '예상하지 못한 무언가로 인해 얻게 되는 느낌', 즉 정서와 인식을 결합한 단어가 되었다. 스탠리는 놀라움이 서로 다른 신체들의 상호작용을 통해 출현하는 관계적인 사건으로 보았다. 요컨대, "놀라움은 사건으로 충만한 어떤 순간, 즉 해프닝이다."[54] 특히, 놀라움은 맹점과 같은 감각의 한계를 흔들거나 뒤집음으로써 작동한다.

놀라움은 보이고, 들리고, 이해할 수 있는 감각 가능한 것들의 경계를 허물고 다시 정의해 얻는다는 점에서 일종의 불화이다. 보이지 않거나 들리지 않는 것으로 생각하다가 어느 순간 이의제기에 의해 감각 가능한 것들을 다른 방식으로 분할할 때, 합의하기 전 상태로 논의를 되돌릴 수 있다. 말과 인식의 한계를 거부하는 예술이 정치적인 참여의 공간을 재구성할 때, 삶의 '자연스러운' 질서에 대한 감각의 자명함을 미적인 요소인 불화에 의해 거부함으로써 정치적인 혼란이 언제나 발생할 수 있다. 합의가 감각작용으로서의 sense와 의미로서의 sense 사이의 정합이라고 할 때, 불화는 이 정합을 해체하는 것을 지칭하는 용어이다. 놀라움은 수학에서의 신체에 대한 이론과 직접적으로 관련되며, 앞서 수학적 심미성에 관한 연구들에서 살펴본 것과 같은 일종의 판단을 추동하는 불화의 힘이 중요하다. 여기서 우리는 놀라움이 개인적인 것으로부터 벗어나야 하며 이질적

51) 같은 책, p.3 참고
52) 같은 책, p.6 참고
53) Stanley(2002), p.15 참고
54) 같은 책, p.15 참고

인 물질성들을 재결합시키고 감각 가능한 것들의 경계를 다시 정의하는 사건 또는 해프닝으로 보아야 한다고 주장하고자 한다. 이러한 유명한 수학적 증명들은 단순히 개인에게 확장된 감각 능력을 허용하는, 예를 들어, 이전까지 만질 수 없었던 것을 갑자기 만질 수 있게 만드는 것이 아니다. 놀라움을 경험하는 동안 어떤 개별적인 배치는 새로운 배치에 의해 말 그대로 '대치된다.' 놀라움은 둘 이상의 신체가 새로운 방식으로 서로 맞물리면서 새로운 배치가 출현하는 사건이다. 신체는 놀라움을 느끼는 동안에 내재된 긴장과 새로운 표면 효과(surface effects)를 발생시키는 방식으로 섞이고 혼합된다. 놀라움은 의미로서의 sense와 신체적인 활동으로서의 sense를 통해 작동하므로 수학적인 심미성의 결정적인 양상이라 할 수 있다. 그러나 놀라움은 예상을 뒤흔들기 때문에 또한 불화의 한 형식이라고도 할 수 있다. 놀라움은 새로운 신체를 생산해내는 동시에 신체적인 활동을 위해 전제되어야 하는 돌파구가 되는 지점이다. 그러나 놀라움에 대한 상당수의 문헌들은 그것과 관련된 신체적인 활동을 연구하기 보다는 미적인 판단으로 일괄해버리는 경향이 있다.

네츠는 아르키메데스의 텍스트에 증명을 관통하는 명백한 흐름이 없고, 나선이라는 용어도 편지의 반쯤이 지나서야 정의되는 방식을 따르기 때문에 놀라움을 야기한다고 설명했다. 거기에 도달하기까지의 일련의 과정은 "물리학으로부터, 원과 접선의 기하학을 통한 추상적이고 일반적인 기하학적인 관찰을 거쳐서, 결국 독특한(sui generis) 산술-기하학적 탐구로 이어지는데, 이들 중 어느 것도 다른 것과 연결되지 않는다."[55] 계산 그리고 물리학이라는 장르를 경계 구분하지 않고 넘나들었으며, 관련성이 없는 것처럼 보이는 물질을 임의로 나열하는 식으로 놀라움과 모자이크 구조를 유지했다. 아르키메데스의 나선이 만들어지려면 두 개의 선을 따라가는 움직임이 있어야 하므로 물리학도 고려해야 했고, 이와 같은 서술 방식은 현대 수학에서 제시하는 선형적이고 공리적인 설명과는 대조적이다. 또한 현대 수학에서는 서로 다른 도구들, 특히 따름정리들을 어떻게 사용하는지 독자가 알 수 있도록 서술하는 등 논증의 일반적인 구조를 드러내기 위한 서술 방식을 따르지만, 아르키메데스의 편지에는 이와 같은 교수학적 문체를 발견할 수 없다.

네츠는 아르키메데스가 의도적으로 모호하고 '비약이 있는' 설명을 제시했다고 주장했다. 이로부터 "독자들이 명제 24에서 그것들이 어떻게 서로 맞아떨어지는지에 대해 놀라운 발견의 기쁨을 느낄 수 있고, 최종적으로 풍부한 결과인 명제 27을 다루면서 숨이 턱 막힐 정도로 놀라게 된다."[56] 아르키메데스의 문체는 진리나 선을 추구하기보다는, 재미

55) Netz(2009), p.9 참고

56) 같은 책, p.14 참고

있는 탐정 소설을 읽을 때 기대하듯이 아주 만족스러운 감정을 가지도록 설계된 것으로 볼 수 있다. 네츠는 아르키메데스의 논문에서 그가 최초로 나선을 연구하면서 새롭고 실험적인 측면에 주목했음을 지적했다. 유클리드 기하에서는 시간과 이동을 관례적으로 엄격하게 금지했으나 아르키메데스의 편지에서는 통상적인 관례와 다르게 경계를 넘어 횡단하는 사례가 발견된다는 것이다. 네츠가 제시한 아르키메데스와 그 동시대인들에 의해 작성된 광범위한 수학적인 집필의 사례들에서 분명하게 드러나는 이러한 양식적 요소들에 의해, 현대의 것과 현저하게 대조되는 수학적 문체가 나타난다. 이미 몇 가지 차이점들에 대해 제시한 바 있지만, 네츠는 아르키메데스의 수학 서술 방식이 헬레니즘 문학에 영향을 받은 것일 수 있다는 추측에 대해서도 자세히 논의했다. 그러나 울리포(OuLiPo)[57]에서의 작업을 제외한다면, 오늘날 아르키메데스의 서술 방식을 따라 논증하는 것은 생각하기 어려운 일이다. 네츠는 문학의 문화와 수학의 문화 양쪽 모두에서의 긴장을 분명하게 연결하면서, 아르키메데스가 따랐던 색다른 문체가 당시에 어떻게 가능했는지, 그리고 미래에 다시 가능할 수도 있을 지에 관한 통찰을 제공했다.

지금까지 수학자들이 표현해왔던 바를 토대로 현대적인 수학적 감성과 합의가 어떤 식으로 형성되었는지에 대해 알아보았다. 네츠가 논의한 바 있는, 아르키메데스의 수학 연구와 그 서술 방식은 현대 수학과 현저하게 다른 감각 공동체의 예로 확인했다. 이로부터 현재의 감각 공동체가 사실 필수적인 단 하나의 학문적인 선택을 따른 것이 아님을 보였고, 현재 시점에서 불화가 어떤 형태로 가능한지에 대해 알아보았다. 불화는 수학에서 꽤 자주 발생한다. 예를 들어, 무엇을 수학으로 볼 것인지, 다시 말해, 수학을 다른 학문과 차별화할 수 있다면 어떻게 할 수 있는지에 대해 살펴볼 때 불화가 발생한다. 이와 관련하여 대중적인 사례는 수학과 수리물리학을 구분하는 것에 대한 자페와 퀸의 토론을 들 수 있다.[58] 자페와 퀸은 추측이 수학적으로 엄격하지 않다는 것, 그러므로 물리학에서 수학적으로 엄격하지 않은 추측을 만드는 것과 수학적인 엄격함을 따르는 것을 구분했다. 그들의 논문은 많은 논쟁을 불러일으켰고, 그 결과 《Bulletin of the American Mathematical Society》의 후속 권호에 당시의 선도적인 수학자들이 16편의 논문에서 이에 대한 답을 제시했다. 여기서 논의된 바는 다양했지만, 대부분의 논쟁은 추측과 증명을 구분할 수 있는지 여부에 관련된다. 라카토스는 추측과 증명의 변증법적인 본질에 관해 역설했으나, 그 둘을 분명하게 구분할 수 있으며 증명만을 진리가 입증된 것으로 보는

57) 역주. OuLiPo는 불어 Ouvroir de littérature potentielle(잠재문학 공동체)의 약자로 수학 공식이나 특정한 제약 조건을 따르는 문학 작품 등 실험적인 문학 작업을 시도한 단체를 뜻한다.

58) Jaffe & Quinn(1993) 참고

것이 상식이 되었다. 만약 일부 이론 물리학자들이 제시한 바와 같이 추측을 인정하고 출판할 수 있다면 추측과 증명에 대해 새로운 입장을 만들 수 있었을 것이다. 보다 미묘한 수준에서, 추측을 인정할 뿐만 아니라 출판물로 발표할 수 있다면, 형식적인 수학의 우발성과 유연성을 상당부분 가시화할 수 있을 것이다.

다음 절에서는 학교 수학의 맥락, 특히 정책 및 교육과정 문서와 관련하여 수학과 수학적인 활동으로 간주되는 것에 대한 주제를 탐구해본다. 새로운 합의에 의해 수학 교실 내에서의 생성의 정치학이 어떤 식으로 관련되는지에 대해 살펴볼 것이다.

교육과정 합의에 대한 새로운 기준

지난 20년간의 수학교육과정 개정 과정은 전통적인 진영과 개혁적인 진영 사이의 가치들이 경쟁하는 매우 정치적인 투쟁으로 묘사되곤 했다. 폽크위츠는 수학교육과정에 대해 분석하면서, 소위 '수학 전쟁(math wars)'[59]에서 나타났던 수학의 정치에 초점을 맞추는 것이 아니라, 그 전에 도외시했던 교수학적 입장의 정치에 초점을 맞추었다.[60] 교수학적 입장에 따라 개혁의 기준을 제정하고 생산했다는 것이다. 전통적인 교수학적 입장에서는 학습자들과 교사들의 권한을 박탈했고 그 대안이 필요하다고 주장했는데, 그러한 입장에서 보면 폽크위츠의 분석은 마치 과거로 역행하는 것처럼 볼 수도 있다. 그러나 그는 어떤 교수학적 입장도 전적으로 공정하고 공평할 수 없다고 보았으며, 하나의 교수학적 실천이 다른 교수학적 실천보다 낫다는 수사적인 주장에 대해 중점적으로 비판하고자 했다. 특히, 지난 몇 십 년간의 교육과정 개혁 운동이 어떻게 "특정한 아이들이 참여하지 못하게 분리하고 경계 짓고, 배제하는지" 검토했다.[61] 구체적으로 그는 특정한 교육과정 개혁에 의해 "엄밀한 추론, 행동, 비판적 사고 등 다루는 현상의 범위"를 축소한 적도 있다고 지적했다.[62]

폽크위츠는 '변성'[63] 개념을 사용하여 비판적인 논의를 펼쳤다. 그는 학문적 지식을

---

59) 역주. 미국수학교사협의회(NCTM)에서 1989년 수학교육과정에 대한 규준을 발표하며 촉발되었던 수학교육 전문가들 사이의 갈등을 일컫는 말로 전통적인 내용 중심의 교육과정과 규준 중심의 교육과정 중 어느 쪽을 지지하는지가 갈등의 주요 쟁점이었다(장경윤, 2014).

60) Popkewitz(1998, 2004) 참고

61) 같은 책, p.1 참고

62) 같은 책, p.18 참고

63) 역주. alchemy의 번역어로 '연금술'처럼 학문적 수학을 학교 수학으로 변환할 때 내용의 형식이나 수준만이 아니라 질적인 변화가 일어난다는 것을 지적하는 용어이다.

학교 수학으로 바꿀 때 질적인 변화가 동반되며, 그 결과 더 이상 수학이 아니라 교수학적 입장을 중심으로 내용을 조직하는 현상을 변성 개념을 사용하여 지적했다. 브라운과 맥나마라 역시 이와 같은 질적인 변화 사례로 영국의 National Numeracy Strategy[64]에 의한 수학교육 개혁을 제시했으며, 특별히 이 개혁 운동에 참여한 한 초등학교 교사가 어떻게 수학에 대한 인식의 변화를 겪었는지에 대해 논의했다.[65] 이 개혁을 위한 연구 프로젝트에 참가한 교사들이 4년 동안의 연수 기간 동안 '수학은 무엇인가?'라는 질문에 나름대로의 답을 매년 기술했다. 연구 초기에 교사들은 명확한 서술에 의해 수학적인 지향을 표현했으나, 연구 후반부에는 "수에 대한 탐구, 도형에 대한 탐구"와 "여러 가지 해결 전략들의 비교"와 같이 다소 폭넓은 반응을 제시했다. 연수가 끝날 무렵에 제시한 교사들의 수학에 대한 생각에는, 학습 활동에 대한 적절한 관리와 명시적으로 제시된 교육과정 수행 기준까지 포함되어 있었다. 연구자들은 이러한 변화의 분석을 통해 조작물, 선 그래프, 특정한 활동지 활용 등의 교수학적 형식이 수학을 대신하게 되었다고 설명하였다. 즉, "교수 활동에 대한 설명에서 수학을 위치시키는 방식을 제공할 수 있었지만, 그 활동 때문에 교사는 대안적인 관점을 제대로 볼 수 없게 되었다. 교수학적 형식이 수학을 대치했으며 그 형식이 없으면 '수학의 지도가 불가능'해졌다."[66]

폽크위츠는 브라운과 맥나마라의 연구에서 교수학적 형식의 유형을 지칭하는 '기입 장치'라는 용어를 차용하여 변성을 설명했다.[67] 즉, 변성은 "교과를 번역하고 순서 짓는 기입 장치들의 배치"를 통해 발생한다는 것이다.[68] 기입 장치는 아동의 사고를 지배 형식에 순종하도록 하는 식으로 가시화시킨다는 점에서 중요하다. 1980년 대 연구자들은 절차적인 사고와 사실의 기계적인 암기에 대해 지적하고, 이 문제를 해결하면서 수학의 학문적 본질을 보다 잘 고려하기 위해 기입 장치들을 고안했다. 한편, NCTM의 '문제 해결' 규준 역시 아동의 내적인 특성과 핵심 역량 등에 영향을 미쳤고, 특성과 역량을 경계 짓고, 지속하며, 관리할 수 있도록 했다. 개정된 수학교육과정의 특정한 기입 장치가 '더 나은' 것인지 아닌지에 대해 논의할 수 있고 이미 이에 대한 논의도 이루어져 왔다. 그러나 폽크위츠는 기입 장치 자체에 대한 논의가 아니라 이들을 도입함으로써 수학이 교수

---

64) 역주. National Numeracy Strategy란 영국의 국가 수학교육과정 연구 프로젝트로 1998년에 착수하여 1999년부터 학교에 적용했으며, 효과적인 학교 교육을 위한 국가 단위의 수업 지침과 교사 연수 프로그램도 함께 개발했다(Wallace, 2015).

65) Brown & McNamara(2011) 참고

66) 같은 책, p.113 참고

67) Popkewitz(2004) 참고

68) 같은 책, p.2 참고

학적 형식으로 대치되는 과정에 주목했다. 영국에서 이루어진 연구는 '수학'을 활동지로 바꾸는 방식으로 변성이 이루어지면서 교사들이 더 수월하게 '수학'을 가르치게 되었다는 점을 지적했다. 미국에서 이루어진 연구에 따르면 이와 정반대의 경우가 발생했다. 교육과정 개정에 의해 강조했던 문제 해결과 소그룹 토론이 수학을 대신했는데, 이것을 가르치기가 훨씬 더 어렵다는 것이다. 두 경우 모두 어떻게 수학을 "교육 시장에서 교환되는 상품"[69]의 모음으로 대치했는지를 확인할 수 있으며, 이와 같은 변성은 각각의 사회에서 이루어진 특정한 형태의 규제와 밀접하게 관련된다.

폽크위츠가 주목했던 미국의 변성 사례는 문제 해결과 의사소통이라는 기입 장치를 연구하면서 수학 철학에 기초한 연구자들이 있다는 점에서 상당히 복잡한 경우이다. 예를 들어, 라카토스가 제시한 **증명과 반박**을 기입 장치로 개발한 경우가 있다. 여기서는 수학의 역사 속에서 실제로 일어난 사례를 수학 수업에 적용하여 상상 속의 대화를 설득력 있게 기술함으로써 많은 기입 장치들에 영감을 주었다. 라카토스는 형식주의 수학 철학에서 수학을 "지속적으로 증가하는 영원불변의 진리체계"로 보는 연역주의적 입장을 택하고 있는 것에 대해 비판했다.[70] 형식주의에 반대하며 라카토스는 증명과 반박을 그 방법론으로 하는 오류주의를 제안했다. 여기서는 원시적인 추측에 대한 '증명'으로 반례를 찾고 이로부터 개선된 증명에 이르는 일련의 단계로 이루어진 수학의 창조와 발견술에 주목한다.

라카토스가 자신의 책에 제시한 상상 속의 대화는 다면체에 대한 오일러-데카르트 공식의 역사적인 발달 과정에 대한 것이다. 여기서 증명과 반박의 방법은 '괴물'이라고 부르는 반례, 오일러-데카르트 공식인 $V-E+F=2$에 들어맞지 않는 원기둥과 같은 입체를 찾고, 이 괴물을 배제할 수 있도록 다면체의 정의를 바꾸는 식으로 진행하는 것이다. 원기둥은 소박하고 익숙한 입체이지만 오일러-데카르트 공식을 증명할 때는 괴물의 역할을 한다. 괴물을 찾았을 때 증명하려는 공식을 버릴 것인가 아니면 원기둥이 다면체가 아니라고 규정하는 식의 감각의 새로운 분할을 시도할 것인가? 이 논의에 참여했던 19세기의 수학자들은 실제로 동료 수학자들이 제시한 꼬이고 말도 안 되는 괴물들을 비난하며 데카르트와 오일러가 원래 생각했고 의도했던 다면체의 정의를 사수하고자 했다. 사실 괴물을 찾거나 배제하는 것은 다면체 개념의 자율성에 저항하는 행위이며, 반례들을 생성하는 것은 불화의 행위로 볼 수 있다. 불화에 의해 야기된 감각의 혼란은 심각한 불안감으로 이어진다. 라카토스가 자신의 저서에 제시한 상상 속의 대화에서 등장인물 중

69) Brown & McNamara(2011), p.126 참고

70) Lakatos(1976), p.142 참고

하나인 델타가 다른 등장인물 알파가 만든 '괴물'인 볏 달린 정육면체를 보고 두려워하며 다음과 같이 말했다. "유감스럽게도 그런 이상한 '다면체'가 오일러의 아름다운 정리를 따르지 않아서 혐오스럽다. 수학은 질서와 조화를 추구하는 학문인데 너는 무정부 상태와 혼동만을 일으키고 있다."[71][72] 그러나 증명과 반박의 과정에 의해 다면체를 분할하는 새로운 방법을 찾으면, 다면체는 다시 실세계로 재구성되면서 자율성을 확보하게 된다. 이와 같이 종이와 같은 2차원 평면에서 3차원 입체를 고려할 때 감각 가능한 본질을 오일러-데카르트 공식에 따라 엄격하게 다루기 어려운데, 이 공식을 위상 공간에 적용하면 이른바 탈주선을 찾게 된다.

핌, 바이지겔, 메글리스는 라카토스가 "수학의 최전선에서의 진전은 연역적인 과정에 의해서 이루어지지 않으며, 그가 제시한 상상 속의 대화에서처럼 발견적 과정에 의해 이루어진다."[73]라는 것을 주장했고, 이는 수학 학습과 상당히 거리가 있다고 보았다. 더욱이 라카토스가 제시한 소크라테스식 대화는 실제 담론을 재현한 것도 아니고 수학 수업에서의 대화를 재현한 것은 더욱이 아니다. 그러나 많은 수학교육 연구자들이 전문적인 수학자들이 새로운 아이디어를 창조한 오랜 시간 동안의 역사적인 과정과, 이미 알려진 아이디어를 학습하는 수학 수업에서의 과정 사이의 피상적인 유사성을 토대로 두 과정을 성급하게 연결하려 했다. 예를 들어, 어네스트도 교사와 학생이 라카토스의 대화와 동일한 방식을 따르기 위해서는, 문제를 상정하고 해결하며, 가정을 명확히 하고 개선하며, 진정한 토론에 참여해야 한다고 주장했다.[74] 램퍼트는 교수 실험을 통해 이와 같은 대화를 학교 수학에 적용하여 라카토스가 했던 수학에 역사 중 핵심적인 특성이 교실 환경에서도 관찰될 수 있는지를 연구했다.[75] 램퍼트에 의하면, 실험은 성공했고, 학생들은 "수학을 하는 것과 아는 것에 대한 라카토스와 폴리아의 주장과 일치하는 방식으로 수학을 배웠다."[76] NCTM 규준 개발팀에서는 램퍼트의 연구 결과를 기초로 라카토스식의 대화를 활용한 수학 수업의 규준을 모델링하고 정당화했다.[77]

그러나 여기서 수학을 '하는 것과 아는 것'의 의미는 전적으로 라카토스가 주장한 형식, 즉 학생과 교사 사이의 대화 방식에만 기초한 것이었다. 정의의 형식화, 따름정리의

71) 같은 책, p.21 참고
72) 이 문장은 연속이지만 미분계수를 갖지 않는 함수들을 제시한 수학자 스틸티어스에게 수학자 에르미트가 "골칫덩이 함수들"이 "혐오스럽다."라고 쓴 편지의 문장을 패러디한 것이다.
73) Pimm, Beisiegel & Meglis(2008), p.474 참고
74) Ernest(1991), p.208 참고
75) Lampert(1990) 참고
76) 같은 책, p.33 참고
77) Yackel & Hanna(2003) 참고

창조, 개념의 확장, 괴물 배제, '학생들' 사이의 언쟁, 취향, 정치적이고 지적인 비난, 역사적인 연결 등의 내용은 부수적인 것으로 간주했다. 다시 말해, 정책 결정자들은 교수학적으로 가치 있는 특정한 참여 방식을 선택하는 데에만 주목했다. 그러나 라카토스의 연구에서 핵심이었던 학문적인 요소는 교실 토론에 대한 새로운 기입 장치 뒷전으로 밀려났다.

정치적인 조치는 '문제 해결'과 같은 거대한 규모의 정책 수준에서만 일어나지 않는다. 이보다 훨씬 협소하고 일상적인 사례는 20세기 초 미국 고등학교 기하 교육과정에서 도입한 2단 증명법의 경우이다. 헤르프스트는 2단 증명법이라는 기입 장치가 어떻게 "텍스트로 주어진 증명과 교사가 요구하는 증명을 혼합하여 기하 교육과정의 안정화를 이루는지"에 대해 논의했다.[78] 2단 증명법은 '문제 해결'과 마찬가지로 핵심이 되는 물질적인 실천을 결정하고 동시에 비감각적인 것으로부터 공통 감각인 상식을 구분해내며, 학생들

PROPOSTITON XIX. THEOREM

106. *If two parallel lines are cut by a transversal, the corresponding angles are equal*

(Converse of Prop. XIV.)

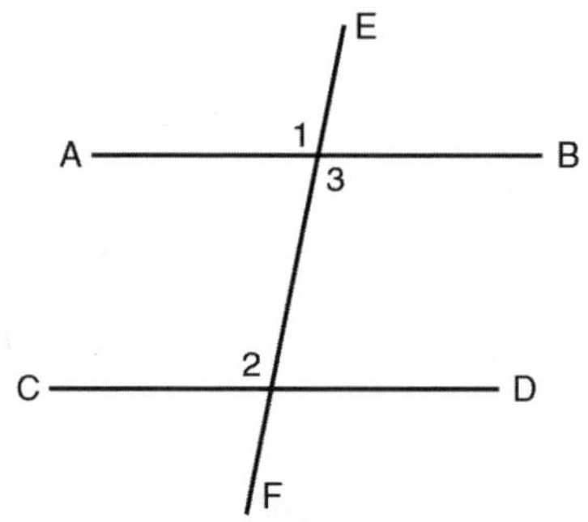

Given parallel lines *AB* and *CD* and the cor. $\angle$s 1 and 2.

To prove $\angle 1 = \angle 2$.

Proof

STATEMENTS	REASONS
$\angle 1 = \angle 3$.	Vertical $\angle$s are equal..
$\angle 2 = \angle 3$.	Alt. int. $\angle$s of ll lines are equal.
$\therefore \angle 1 = \angle 2$	Things equal to the same thing are equal to each other.
Q.E.D.	

그림 7.1 • 동위각에 대한 2단 증명[79]

78) Herbst(2002), p.285 참고

79) Schulze & Sevenoak(1913), p.53 참고

을 이에 부응하는 수행 능력을 갖추었는지 여부에 따라 분리한다. "모두를 위한 수학"과 같은 슬로건 아래 "모든 학생은 증명을 할 수 있어야 한다."는 요구를 충족시키는 것을 목표로 2단 증명법을 도입했다.[80] 2단 증명법은 서사적인 스타일이 아니라 행과 열로 구성된 논증이라는, 매우 특정한 물질적인 실천을 불러일으킨다. 표를 제시하고 모든 문장들을 그 표의 어떤 셀 내에 넣어야 하며, 그 표에 넣지 않은 내용의 문장은 작성할 수 없다. 나아가 모든 문장들의 근거를 제시한다. 사실 이러한 형식에 따르다보면 다이어그램과 물질적으로 관계를 맺지 못하게 되며 다이어그램을 물리적으로 다루기보다 기호로 나타내고 이름을 붙이며, 그 이름에 대한 진술을 작성하는 방식으로 다루게 되어 손을 다이어그램과 멀리 두게 되고 결국 불가피하게 다이어그램과 멀리 떨어지게 된다. 또한, 좌측에 진술을 제시하고 우측에는 정당화 논거를 제시하는 식으로 엄격하게 시각적으로 분리를 하게 되어, 학생들로 하여금 표현과 추론을 분리시키도록 강제한다. 이와 같은 표현은 손과 눈에 막대한 영향을 미친다.

이와 같은 표현 형식의 물질적인 결과는 증명 개념에 영향을 미쳐서, 증명을 이루는 모든 문장은 근거가 있거나 근거를 가져야 하는 것으로 그리고 근거가 있거나 근거를 가져야 한다고 생각하는 것만으로 증명의 문장으로 생각하게 된다. 아마도 가장 문제가 되는 점은 어떻게 발견했는지를 어디에도 쓰지 않기 때문에 정당화의 논리와 완벽하게 분리된다는 것이다. 이렇게 증명을 쓰도록 하는 것은 사건들 사이의 연결만 도와준다. 즉, 교육자들은 학생들이 유클리드의 증명을 암기하고 베끼는 대신 그들 스스로 '고유한' 증명을 적는 것이 중요하지만 그것이 너무 어렵기 때문에 위와 같은 2단 기입 장치를 통해 보다 쉽게 증명을 쓰도록 했던 것이다. 이에 따라 학생들은 증명의 '내용'과 그 '근거'를 공간적으로 분리하여 2단 증명을 작성하는 법을 배우게 되었다. 폽크위츠가 제기한 문제는, 그러한 변성에 의해 학생들의 내적 특성과 역량이 어떻게 변화되겠는가 하는 것이다. 2단 증명 표현을 통해 증명을 할 수 있는 학생과 할 수 없는 학생 사이의 구분 방식이 근본적으로 바뀌었다. 기존 표현 체계에서는 증명 자체가 도전 과제여서 증명을 할 수 없는 학생이 발생한다. 그런데 2단 증명 체계에서는 증명의 간단한 논리적인 단계를 따라가지 못하여 증명할 수 없는 학생이 발생하는 것으로 생각한다. 다시 말해, 증명이 어려워서가 아니라 개인적인 능력의 결여로 증명할 수 없는 것으로 보아 학습자를 대상화하는 것이 가능해진다. "문제 해결 과정과 같이 학생들의 활동 지도를 만들면, 그 지도에 '적합하지 않은' 학생 또는 그렇게 행동하지 않는 학생들의 존재를 구분하게 되고, 결국 이 학생들을 뒤떨어지는 아이들로 표현하게 된다.[81]

80) 같은 책, p.285 참고

NCTM 규준에서 문제 해결에 초점을 둔지 10년이 지난 2001년에 미국 교육센터에서 출간한 보고서인 《Adding it Up》[82]에서는 수학 학습자가 "생산적인 성향"을 가져야 한다고 하면서 그 의미로, "수학에서 의미를 알고, 유용성과 가치를 인식하며, 수학을 학습하려고 꾸준히 노력하면 학습할 수 있다는 신념을 가지고, 학습에 있어서 자기 효능감을 가지며 수학을 하는 주체로서의 정체성을 가지는 기질"을 제시했다.[83] 수학에서 의미를 아는 것에 대해 잘 기술했으며, 규칙에 따르거나 절차적인 맥락에서는 뜻하는 바가 명확한데, 역설적으로 '의미를 아는 것'의 의미를 조작적으로 제시하지 않았다. 더욱이 여기서도 역시 의미를 아는 것을 개인에 초점을 맞추어 제시했으며, 이에 따라 학습자를 가르고 구분하며 배제시키는 면에서는 더 깊이, 더 나아간 새로운 기입 장치가 될 수 있다. 학습에 문제가 발생하는 것을 아동들의 정신에서 찾는다는 점에서 심리학적인 것이다. 이렇게 "심리학적인 기입을 전제로 하면 아동의 내적인 성향, 즉 정신에 초점을 맞추면서, 교수학적 개입에서도 문제 해결자로서의 아동을 특정한 유형의 인간으로 규격화하게 된다."[84] 과거의 규준에서 아동의 모방 능력이나 이해 능력에 대해 이야기했다면, Adding it Up은 의미, 신념, 정체성에 대해 논의했다는 차이만 있을 뿐이다. 이 새로운 버전의 미적 체제에서, 인식론적인 의미, 즉 수학의 의미를 이해할 수 있는지 여부와 가치론적인 의미, 즉 수학이 가치 있고 유용하다는 의미를 아는가 하는 두 종류의 의미를 강조하고 있는 것이다.

수학 교사로서 필자들 또한 학습자들이 학교에서 반드시 수학을 배워야 하는 가치 있는 교과라는 것을 이해하기를 희망한다. 이는 필자들 스스로 수학을 배우면서 겪은 풍부하고 만족스러운 경험 때문이다. 또한 비숍이 지적한 바와 같이, 수학은 수학 수업에서 잘 드러나지 않지만 문화적 가치들을 지니고 있음을 알고 있기 때문이다.[85] 이러한 가치들은 '유용하고 가치 있다'는 말로는 표현할 수 없을 만큼 복잡하다. 사실 대부분의 수학은 유용하지 않기 때문이다. 꾸준한 노력을 통해 항상 성과를 거둘 수 있는 것도 아니다. 효과적인 학습자이자 수학의 실천가가 되는 것이 다른 윤리적인 책무들과 상충될 수도 있다. 수학은 헛소리로 가득하기도 하다. 그러니 성공할 것 같지 않은 생소하고 포괄적인 미적 체제[86]를 강요하는 대신, 지배적인 수학적 심미성이 제공하는 불화의 기회들에는 어떤 것이 있는지 주목하면 어떨까? 픽의 정리에 대해 이해는 하면서도 그것을 완전히

81) Popkewitz(2004), p.5 참고
82) Kilpatrick, Swafford, & Findell(2001) 참고
83) 같은 책, p.131, 참고
84) 같은 책, p.4 참고
85) Bishop(1988) 참고

쓸모없고 하찮은 것으로 보는 학생들을 생각해보자. 또는 분수를 나눌 때 '역수를 취하여 곱하는' 방법의 유용성은 인식하지만 그것을 이해하지 못하는 학생들도 생각해보자.

폽크위츠는 교육과정 개혁에 의해 2단 증명법 또는 문제 해결 교육과 같은 교수심리학이 아동들을 표준화시키기 위해 설계한 것이라는 점에서 수학의 교육과정 프로젝트로 적합하지 않다고 주장했다.[87] 그는 수학교육과정 연구에서 "개념과 일반화 등의 지식과 그 지식의 생산을 가능하게 한 문화적 실제 사이의 관계를 고려"하는 지적인 도구가 필요하다고 지적했다.[88] 라카토스의 언어로 **역사에 대한 합리적인 재구성**은 학문을 구성하는 관계에 초점을 맞추고 시간의 흐름에 따라 학문이 성장하고 변화하는 방식을 예시하기 때문에, 수학의 실제에 대해 사고하고 정돈할 수 있는 도구를 제공한다. 라카토스가 지적한 수학의 성장의 중요한 특징 중 하나는 증명의 형태를 결정하는 데에 '취향'이 어떤 식으로 중요한 역할을 하는지에 관한 것이다. 흥미롭게도 이러한 중요한 특징을 라카토스의 연구에 기초하여 수학 지도 관점을 도출할 때 완전히 배제한 것으로 보인다. 이것이 개혁 교육과정에 따라 토론 기반의 교실, 문제 해결 교실이라는 비전을 제시했으나 실패한 중요한 이유 중 하나이다. 순수하게 논리적인 방법이 없다면, 어떤 정의를 선택할지, 어떤 주장을 따름 정리로 포함시킬지, 어떤 수학적 괴물을 해명할지 어떻게 결정할 수 있겠는가?

폽크위츠를 비롯한 많은 학자들이 설득력 있게 주장해왔듯이, 학교에서의 교육은 문화 정책의 한 형식이며 그 안에서 특정한 사회적인 의제가 상식으로 고착된다. 학교 수학은 "주지 교과"[89]로서, 상식에 해당하는 것을 생산하고 검증하는 데에 중요한 역할을 한다. 수학에서의 상식과 관련하여 예를 들면, 영어알파벳과 숫자를 사용하는 능력을 얼마나 숙달했는가에 따라 문화적 자본을 획득하는 정도가 상당 부분 정해진다. 문화 자본은 사회-경제적 계급, 인종 또는 민족, 성(性), 장애 및 여러 사회적인 범주에 따라 분배된다.[90] 학교 수학은 이와 같은 사회 계층화와 관련된 '핵심 구분' 수단이며, 학생들의 삶을 사회적으로 구조화함에 있어서 중추적인 역할을 하게 된다.[91]

---

86) 여러 연구들은 자기 효능감과 높은 성취 사이의 상관관계뿐만 아니라 수학의 가치와 유용성에 대한 신념과 높은 성취 사이의 상관관계 역시 입증해왔다. 그러나 이 사이에 인과관계가 있다고 보거나 그와 같은 '생산적인 성향'을 수학 수업에서 어떻게 가르칠 수 있는지 또는 심어줄 수 있는지에 대해 밝혀졌다고 가정하는 것은 완전히 착각이다.

87) Popkewitz(2004) 참고

88) 같은 책, p.27 참고

89) Ahlquist(2001), p.27 참고

90) Gates(2002) 참고

91) Moses & Cob(2001) 참고

스코프모스는 이러한 사실을 포함하여 학교 수학을 정치적인 힘과 윤리적인 논쟁의 장으로 재개념화하는 의미를 담아 '비판적 수학교육' 이론을 제시했다.[92] 비판적 수학교육을 지지하는 연구자들은 다양한 방식으로 이 의제를 논의했다.[93] 스코프모스와 보르바는 비판적인 접근 방식이 학교 수학의 'what if not' 전략을 따라야 한다는 것, 즉 가능한 것들을 탐색하고 다른 것들을 고려하여 "무엇이 가능한지" 연구해야 한다고 신중하게 제안했다.[94] 그들은 연구자들과 교육자들이 보다 포괄적이고, 예술적이며, 놀라움으로 가득 찬 수학교육의 비전 또는 기술 방식을 적극적이고 창조적으로 만들어냄으로써, 현 상황에서 제기된 문제의 대안을 도출해야 한다고 주장했다. 특히, "사례에 해당되는 것과, 사례가 아니지만 사례가 될 수 있는 것을 정면으로 맞서게 하고 비교"하는 것을 주된 전략으로 제시했다.[95] 핌 역시 교사 교육에서 '해야만 하는 것으로부터 할 수 있는 것으로' 관점을 전환해야 하며, 교사가 가르쳐야만 하는 것과 학생들이 배워야만 하는 것에 초점을 맞춘 기존의 교육과정 개혁 아이디어는 개인적으로 실제 가능하다고 여기는 것들에 대한 이해를 도외시한 것이라고 주장했다.[96] 학교 교육이 문화적 정치의 한 형태라는 점을 감안할 때, '감각 가능한 것들의 분배'라는 관점에서 수학을 이해하고 이에 대해 연구할 필요가 있다. 이 책에서 제시하는 포괄적 유물론은 그 시도 중 하나라고 할 수 있다.

이 장에서는 자연수를 짝수와 홀수의 두 가지로 구분했던 관례를 짝수, 홀수, 그리고 짝수이면서 홀수인 수의 세 가지로 구분하는 션의 사례로 시작하여 여러 서로 다른 불화의 행위들을 살펴보았다. 또한 불화에 수반되는 놀라움과 반례가 우리가 감각하는 방식을 크게 전환시키는 측면에 주목함으로써 수학적인 감각 또는 의미가 될 수 있는 것이 무엇인가에 대해 의문을 제기했다. 만약 션의 학급 친구들과 교사가 그의 혁명적인 아이디어를 받아 들였더라면 새로운 체제를 확립할 수 있었을 것이다. 흥미로운 다른 예로, 직사각형은 정사각형이면서 평행사변형이며, 2차 함수는 1차이면서 2차라는 해석을 제시

92) Skovsmose(1994) 참고
93) 예컨대, 수학교육의 사회-정치적 윤리를 생성(Skovsmose & Valero, 2002; Valero, 2004; Valero & Zevenbergen, 2004), 사회적 정의의 문제를 다루는 새로운 수학교육과정을 설계(Mukhopadhyay & Greer, 2001; Gutstein, 2006; Tate, 2005), 수학 교사의 정체성 및 사회적 정의 교수에 대한 저항성 평가(de Freitas, 2008a de Freitas, 2008b; Rodriguez & Kitchen, 2005; Walshaw, 2004a Walshaw 2004b; Zevenbergen, 2003), 참여의 활성화를 억제하는 학교 수학 고유의 언어적인 전략을 해체(Adler, 2001; De Freitas & Zolkower, 2009; Mor, 2006).
94) Skovsmose & Borba(2004), p.211 참고
95) 같은 책, p.214 참고
96) Pimm(1993) 참고

할 수 있다. 수학에서 합의를 도출하는 과정에서 충격적인 반례, 예를 들어, 다각체로서의 구 또는 모든 곳에서 연속이지만 어디서도 미분 불가능한 함수와 같은 예는 '명백함'과 '확실함'을 획득해 간다. 브라운과 월터는 수학에서 문제를 해결하는 것뿐만 아니라 문제를 제기하는 것도 중요하며 학생들 역시 문제를 제기할 수 있다는 급진적이고 놀라운 생각을 바탕으로 수학 수업에서 문제 제기 활동을 해야 한다고 주장했다.[97] 학생들에게 수학자들이 하는 것과 같은 문제 제기를 허용한다면 교실 내에서 질문 행위의 통제에 관한 측면을 바꿀 수 있다. 그러나 이렇게 하면 수업 관리는 다소 힘들다. 처음에 문제를 제기하도록 하는 'what-if-not' 전략을 적용했을 때는 아쉽게도 주어진 문제 상황의 고정된 대안들을 나열하는 식으로만 반응하는 것을 관찰했다. 연구자들은 문제를 제기하는 활동이 다른 수학교육 목표의 실현에 긍정적인 효과가 있는지 조사했고, 문제를 제기하는 아이디어는 학교 수학에 관한 기존의 합의와 연결되었다.

불화는 결국 새로운 합의를 만들어낸다. 따라서 문제는, 어떻게 불화-생산의 아이디어가 그 유연함과 덧없음을 유지함으로써 실천 공동체에게 의미를 가지면서 동시에 상식의 일부가 되지 않도록 할 수 하는 것이다. 앞에서 불화가 반례의 출현에 의해 만들어지는 놀라움, 그리고 그 결과로 수학에 어떤 변화가 일어나는 방식과 밀접하게 관련된다는 것을 논의했다. 그런데 놀라움은 오래 가지 못할 때가 많다. 국소적인 수준에서, 수학적이거나 교수학적인 기대를 벗어날 때 놀라움이 발생하는 것이다. 예를 들어, 직선을 중심과 매우 멀리 떨어져 있는 원의 일부로 보거나, 홀수는 존재하지 않는다고 상상하거나, 일차 함수 이전에 이차 함수를 지도하거나, 사인과 코사인 함수 이전에 탄젠트 함수를 먼저 가르치거나, 평행선이 만난다고 가정하거나, 잘못된 해답과 설명을 요구하거나, 맥락에 따라 단순성에 대한 판단이 달라지는 것을 보여주는 식으로 놀라움을 구현할 수 있다. 놀라움을 경험하도록 하는 것은, 상식으로 받아들여져 온 것 그리고 상식에 젖어 있는 사람들을 비록 잠시뿐일지라도, 동요시키는 것을 목표로 한다.

97) Brown & Walter(1983) 참고

8 수학적 개념의 잠재성

이 장에서는 수학 내부의 논의 그리고 수학의 신체에 대한 논의에서 체화 이론을 다르게 해석하고자 한다. 다시 말해, 수학적 개념이 수학적 활동에서 물질적인 행위성으로 어떻게 기능하는가에 대해 살펴보고자 한다. 추상적인 개념으로 보이는 것들이 어떻게 신체-배치의 일부가 될 수 있는지를 이해하려면, 단지 구체적인 감각운동적인 활동들에 의해 소위 말하는 추상적인 수학적 개념을 생성하는 방법에만 주목해서는 안 된다. 레이코프와 누네즈[1]가 집합 개념을 그릇으로 은유했을 때, 여전히 비물질적인 집합 개념의 측면에 집중했을 뿐만 아니라, 모든 개념들을 '리얼한 것'과 관련시킴으로써 오히려 수학적이고 추상적인 것과 물리적이고 구체적인 것을 명확히 구분하는 입장을 취했다.

이 장에서는 샤틀레가 제시한 잠재성 개념이 어떻게 수학적 개념의 운동적이고, 생성적인 특징을 야기하며, 개념의 잠재적인 에너지를 연구하는 것을 가능하게 하는지에 초점을 둔다. 목표는 수학교육과정에 제시된 수학적 개념들에 대해 새로운 방식으로 생각하기 위한 토대를 다지는 것이다.[2] 먼저 샤틀레가 제시한 잠재성 개념을 수학의 맥락에서 설명하고 예를 찾아보는 데 상당한 지면을 할애할 것이다. 샤틀레가 일상적인 단어 사용과 상당히 다른 방식으로 용어를 사용했고, 잠재성이라는 단어를 보고 일부 독자들

---

1) Lakoff & Núñez(2000) 참고

2) 비고츠키는 모든 개념, 심지어 수학적 개념들도 추상적인 것에서 시작하여 구체적인 것으로 이동한다고 주장한 유일한 심리학자이며(Vygotsky, 1934/1986), 이는 피아제의 가정과 대척점에 있다. 우리는 비고츠키의 업적에 매우 우호적이지만, 추상에서 구체로의 발달이라는 그의 논의에는 그렇지 않다. 이 사례는 특수한 수학적 개념의 경우에 기초하여 논의했거나 또는 수학적 개념이 비물질적인 세계와 물리적인 세계에 다소 어색하게 걸쳐있는 경우를 다룬 것으로 볼 수 있다.

은 샤틀레가 반대하고자 했던 일종의 신-플라토니즘으로 오해할 가능성이 있기 때문이다.[3] 두 번째로, 학교 수학의 개념들이 샤틀레의 기조에 따라 어떻게 잠재화될 수 있는지에 대해 살펴본다.

수학적 세계와 물리적 세계를 연결하기

샤틀레는 플라톤과 아리스토텔레스가 수학적인 것과 물리적인 것 사이의 존재론적 차이에 대한 패러독스를 해결한 방법에 만족하지 못했기 때문에 잠재성 개념을 차용했다. 여기서 패러독스는 영원한 진리 체계를 뜻하는 수학적인 존재와 우연적이고 리얼한 물리적인 존재 사이에 인과 관계가 성립하지 않는다는 것을 뜻한다. 이에 대해 플라톤은 시간에 구애받지 않는 이상적인 수학의 형식을 '상기'함으로써 이 문제를 해결할 수 있다고 답했다. 이에 반해 아리스토텔레스는 두 세계 사이에 '목적인'이 있어서 두 세계를 연결할 수 있다는 해법을 제시했다.[4] 갈릴레오는 과감하게 아리스토텔레스의 목적론적인 설명을 버리고, 수학적 개념과 물리적 개념을 연결하자고 제안했다. 둘 사이를 어떻게 연결할 수 있을까? 샤틀레가 제시한 대안적인 해법은, 물리적이면서 동시에 수학적인 상태를 뜻하는 잠재성 개념을 도입함으로써 두 세계가 반드시 연결되어 있을 수밖에 없다고 주장했다. 이를 위해 샤틀레는 수학에서 운동을 금했던 아리스토텔레스의 접근에 도전하는 입장을 택했다.

샤틀레는 수학적인 것과 물리적인 것이 서로를 필요로 하면서 함께 묶여 있는 상태를 잠재성 개념으로 규정하고 이를 둘 사이의 필연적인 연결고리로 생각했다. 그는 들뢰즈를 추종하며, "잠재성은 엄격하게 실재하는 대상의 일부로 정의할 수 있다. 또, 대상의 일부는 객관적인 차원으로 빠져드는 것으로 볼 수 있다(p.209)."[5]라는 들뢰즈의 설명을 인용했다.[6] 수학을 '지각적인 물질'과 분리할 수 없으며, 바로 이 측면이 수학적 개념에

3) 잠재적인(virtual)이라는 단어는 디지털 테크놀로지가 제공하는 '잠재적인 실재(virtual reality)'를 언급할 때도 사용된다. 테크놀로지 분야에서는 잠재적으로 존재할 뿐 실재하는 것은 아니라는 뜻으로 잠재적인이라는 형용사를 사용한다. 한편, 미디어에 대한 연구에서 버블스는 잠재성에 대한 인간의 경험을 '몰입감'으로 설명하는데, 이는 경험에서 파악한 존재성을 확장하거나 정교화하는 것에 관련된다(Burbules, 2006). 몰입감은 실재한다고 느낄 뿐 실재는 아니라는 뜻을 내포한다. 이와 같이 잠재성 개념에 의해, 실재와 비-실재(non-real), 혹은 적어도 물질과 비물질세계를 계속 구분해오고 있다.

4) 샤틀레가 논의한 바와 같이, 아리스토텔레스는 이후에 이 문제에 대한 다른 해법의 아이디어를 제시했고, 라이프니츠가 이를 연구하여 결국 이 장에 제시된 바와 같이 발전시켰다.

5) Deleuze(1994) 참고

생기를 불어넣는 물질의 잠재적인 차원인 것이다. 그러므로 수학적인 대상은 **잠재적** 차원과 **현실적** 차원을 함께 갖는 물질적인 존재이다. 수학자들은 수학적인 대상들을 사고실험에 의해 마주하게 되는데, 이는 통상적으로 말하는 수학적 사고, 즉 신체와 분리된 심리적인 숙고와 다르다. 수학자들의 사고실험은 수학적인 대상들의 움직임에서 출발하여, 평면으로부터 오려내어지고, 특이성에 빠지고, 대칭점 주변으로 늘여지며, 가환군으로 채워지는 등의 물리적인 것이다. 샤틀레[7]는 "철저한 사고실험은 자연과 이해가 자리를 서로 바꾸는 것이라고 말할 수 있다(p.12)."라고 했다. 기하학적인 점이 동적인 물질적 신체로 보일 때, 수학자는 이를 새로운 공간으로 보낼 수 있는데, 예를 들어, 데카르트 평면으로 옮겨놓고 그 복잡한 장에서 새로운 대상을 만들어낼 수도 있다. 다시 말해, 샤틀레의 물질주의적 관점에 비추어보면, 수학적인 개념들은 수학자의 행동에 얽히면서, 모종의 생성 과정에 참여하게 된다.

샤틀레는 라이프니츠 덕분에 잠재성의 역동성을 올바르게 인식하게 되었다고 고백했다. 라이프니츠는 데카르트가 기하학적인 점과 곡선들을 격자 공간을 차지하는 존재로 고려한 것을 비판했다. 데카르트와 달리 라이프니츠는 '유동적인 공간'으로 기능하는 '일반적인 탄력성'을 가짐으로써 공간과 행동이 어우러지는 좀 더 활력 있는 물질 개념을 제안했다. 다시 말해, 공간이 탄력성을 가지고, 접을 수 있으며, 움직일 수 있는 물질이고, 상대적인 위치, 거리나 측도에 대한 감각도 상대적인 것으로 보았다. 이 세계에서 점은 더 이상 위치만을 나타내는 대상이 아니며, 오히려 원, 직선, 교점 등 새로운 대상을 환기시킬 수 있는 '폭발적인 힘'이다. 이와 같이 보면 점이나 직선을 고정시킬 수 없으나, 점을 주어진 대상 이상의 강력한 도구로 상상할 수 있다. 샤틀레는 이러한 의미에서 라이프니츠가 기하학적인 점을 단순히 공간에 속하는 무언가가 아니라, 잠재적인 움직임을 갖춘 것으로 보았다고 생각했다.

라이프니츠는 형이상학적인 논의를 했는데 그 모든 내용을 여기서 다룰 수는 없고, 그 중 물질과 수학을 어떻게 연결할 것인지에 대한 논의에 주목하고자 한다. 특히, 라이프니츠가 관계적인 공간으로 논의했던 바를 살펴본다. 공간에 대한 라이프니츠의 접근은 2장에서 논의한 물질주의에 반영되어 있으며, 데카르트식의 이원론에서 벗어나 기하학적인 점을 물질로 보았던 방식이라고 할 수 있다. 공간 개념에 대한 뉴턴의 관점에서 벗어나

6) 여기서 샤틀레가 들뢰즈를 추종했다고 표현한 것은 샤틀레가 들뢰즈를 연구하고 철학과 수학 사이의 연결에 대한 들뢰즈의 입장에 열정적으로 동의했기 때문이다. 샤틀레의 저서(Châtelet, 1993/2000)에는 들뢰즈가 자주 인용되고 있으며, 다이어그램에 대한 다른 책에서 들뢰즈와 가타리까지 함께 거론했다(Dupuis, 2012).

7) Châtelet(1993/2000) 참고

야 라이프니츠의 입장을 이해할 수 있다. 뉴턴의 관점에서 기하학적인 점은 절대적인 기준의 역할을 하지만, 포괄적 유물론의 관점에서 점은 공간의 상대적인 측도로서 오직 관계적으로만 다루어진다. 이렇게 점은 운동적인 속성을 가지기에, 점은 물질을 분할하고 다른 점들과 충돌하는 방식으로 물질세계에 관여할 수 있다. 마찬가지로 추상적인 개념을 유동성에 비추어 파악한다는 것은 개념이 어떻게 물질적인 세계의 잠재적인 차원에 관여하는가에 대해 파악하게 해준다.

라이프니츠는 점을 어딘가에 고정되어 있는 것으로 보지 않고 움직임의 힘으로 보았다. 점을 움직임의 힘으로 보면 '실험적인 자극'도 가능하고, 샤틀레에 따르면, 잠재성과 대면할 수도 있게 한다(p.15). 수직선 위의 점을 생각해보자. 샤틀레는 $x=1$이라는 점을 직선에 단단히 묶인 고정된 대상으로 고려하는 기존의 입장에 관심을 두지 않았다. 고정된 점으로 보면 갈 곳도 없고 수행할 것도 없다. 그러나 점을 '근육질의', 공간에서 생명을 가진 대상으로, 특히 함수 $y=\frac{1}{1-x}$과 같은 경우에 존재하는 특이점으로 관심을 옮기면 살아있고 잠재성을 되찾은 대상으로 바꿀 수 있다. 점은 그 자체로는 아무 것도 아니지만 창의적인 잠재성에 의해 무언가 중요한 것이 될 수 있다. "수학은 점을 꽃으로 만드는 과정에 의해 구성된다. 대수적 위상수학이나 함수해석학 등은 모두 이와 같이 구성한 다양한 식물이다(p.11)." 점이 새로운 존재로 생성되는 예는 이외에도 많은데, 특이점을 포함하는 폐곡선의 선적분을 구하는 문제에서, 특이점들을 루프로 싸서 빼내는 코시의 나머지 정리 역시 마찬가지 사례이다. 여기서 나머지를 곡면 위에 고정된 점으로 생각하지 않으면 경로를 너무 단단하게 닫지 않도록 막는 힘이 생성된다.

샤틀레는 잠재성이 설명하기도 그리고 이해하기도 어려운 개념이라고 보면서도 수학에 대해 생각하는 데 강력한 도구라고 보았다. 샤틀레는 잠재성/현실성, 가능성/실재성[8]이라는 두 쌍의 용어들을 지렛대로 삼아 논의를 전개했다. 특히, 이 두 쌍의 용어들을 사용하여 수학적 생성의 복잡한 과정을 설명했다. 다시 말해, 그는 수학이 되는 모든 과정이 잠재성과 현실성, 가능성과 실재성 사이의 유동에 의해 이루어진다고 보았다. 또, 수학적인 활동은 잠재성의 현실화와 가능성의 실재화를 모두 포함하는 것으로 보았다. 현실화와 실재화는 공통적으로 주어진 상황에 변화를 야기하며, 실재화는 논리의 규칙, 즉 귀납 또는 연역 추론에 의해 이루어지고, 현실화는 다른 종류의 물질적인 결정이 관련된다. 예를

---

8) 역주. the virtual/the actual, the possible/the real의 번역어이다. 우리말로는 잠재성과 가능성 그리고 현실성과 실재성이 매우 유사한 의미를 갖지만, 본문에서는 각각 두 용어가 상당히 다른 의미를 가진다고 설명하고 있다. 수학을 이 네 가지 상태 중 하나로 해석하면서 수학사 그리고 수학 교수와 학습을 새롭게 조명하는 것이 이 책의 중요한 목표이자 내용 중 하나이다.

들어, 복소수나 사영기하의 무한원점과 같이 존재론적으로 새로운 것을 생성해낼 때 논리 규칙만이 아니라 다른 것이 관련된다. 많은 수학적인 대상들은 논리적이고 물질적인 두 가지 방식에 의해 결정된 것으로 볼 수 있다. 중심에서 일정한 거리에 있는 집합으로서의 원은 '가능성을 실재화'한 것이며, 고전적인 논리에 의해 점의 분포가 결정되는 구조적인 제한을 갖는다. 그러나 원의 중심에서 일정한 힘에 의해 동일한 원심력이 작용하는 점의 자취라는 점에서 잠재성을 현실화한 것이기도 하다. 만약 누군가 '각 운동량이 보존되지 않기 때문에 원이 될 수 없다.'라는 주장을 제기한다면, 이는 가능성의 논리를 잠재성의 존재-논리에 적용한 경우가 된다.

잠재성·현실성, 가능성·실재성의 이중 과정은 수학의 도처에서 일어난다. 존재-논리에 의해 잠재성의 현실화 그리고 추론 규칙에 의해 가능성의 실재화가 진행되며, 이로부터 새로운 것이 나타난다. 이들 사이에는 긴장이 있지만, 수학의 역사는 이러한 긴장에 의해 믿을 수 없을 만큼 유익한 패러독스의 형태를 띠는 풍부한 예로 가득차있다. 이 책에서는 잠재성과 그 현실화의 과정에 더 주의를 기울이고자 한다. 먼저 점의 유동성에 주목하면, 즉 점이 움직이는 것으로 볼 수 있으면, 점의 잠재성을 상상할 수 있다. 다시 말해, 개념을 움직이고, 새로운 배치, 변화, 변형에 대한 상상을 지속할 수 있다. 예를 들어, 팔에 힘이 조금씩 약해지는 것으로 상상하면 나선형 제스처를 취하게 된다. 논리적인 결정에 따라 잠재성을 현실화한다면, '외적인 조건화가 아니라 내적 발생'이 이루어지기도 한다.[9] 잠재성은 내적 발생에 의해 수학적인 형식을 생성하기도 하지만 이때 형식이 미리 결정되어 있는 것은 아니다. 그러므로 잠재성이 마치 물질에 파묻혀 있다가 떠오르는 것으로 생각하지 말아야 한다. 이런 식으로 잠재성을 사전에 보이지 않았던 형식을 현실화하는 것만으로 본다면 플라토니즘으로 돌아가서 이상적인 수학적 실체가 실세계의 부정확하고 불분명한 실재로 바뀌는 것이라고 생각하기 쉽다. 그러나 잠재성은 물리적인 세계가 반영되어 있는 이상적인 형식이 아니다. 잠재성은 현실과 유사한 것도 아니다. 이렇게 현실과 유사하지 않기 때문에 수학에 대한 플라톤주의 인식론을 피할 수 있고 잠재성 자체의 힘을 파악하는 것이 중요하다. 잠재성은 물리적인 성질을 띠기 때문에 실재성과의 인과 관계 관련 패러독스 자체가 플라톤에게는 당혹스러웠고, 아리스토텔레스는 이를 피해가려고 했던 것이다. 현실성은 잠재성의 복제나 추적이 아니다. 잠재성을 현실화한다는 것은 단지 잠재성과 유사한 것이 아니라 특이하고 차이가 있는 무언가를 창조하는 것이다.[10] 따라서 잠재성에 관련된 기본 개념 요소는 새로움, 생성, 그리고 가능성이

9) Deleuze(1994), p.154 참고

10) Cheah(2010), p.86 참고

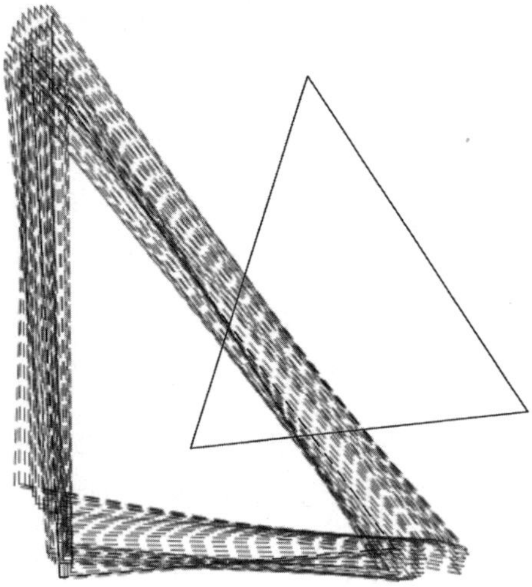

그림 8.1 • (a) 경직되어 활성화되지 않은 삼각형, (b) 규정되지 않은 다양한 전-도형

아닌 창의성이다.

현실화의 과정에 주의를 기울이면, 삼각형이나 원과 같은 대상들을 정적인 도형이 아니라 잠재적인 움직임의 생성으로 다시 생각할 수 있게 된다. 다시 말해, 다이어그램에는 어떤 방식으로든 '내포된' 모든 제스처와 미래의 변형 형태가 잠재되어 있다. 예를 들어, 삼각형은 경직된 도형이나 공간을 차지하고 있는 기호가 아니라, 제스처들의 모임이나 유동성으로 존재한다고 볼 수 있다. 삼각형과 같은 기하학적 도형을 규정되지 않은 전-도형에서 다양하게 오려낸 도형으로 생각할 수 있다(그림 8.1 참고). 이렇게 생각하면 삼각형이 시간과 공간에 고정될 수 없는, 다양한 위치에 놓일 수 있는 잠재성을 갖추고 있다가 이들 가운데 단지 하나만 특정한 시간에 오려내어 삼각형 다이어그램을 만든 것이 된다. 기존의 경직되고, 활성화되지 않은, 종이-위의 삼각형은 움직임을 멈추고 경계를 정하는 실천에 의해 만들어진 것이다. 삼각형을 특정한 방식으로 표현하려면 수많은 물질화가 진행되어야 한다. 움직이는 삼각형을 이상하고 기묘한 방식으로 바라보거나, 특정한 물리적인 도구로 다시 만들거나, 삼각형이 인간 행동과 독립적으로 움직인다고 생각하거나, 괴물처럼 이상한 모양으로 늘이거나 변형하지 않는 등의 물질화에 의한 결과로 특정한 삼각형을 만들 수 있다.

사랑이나 정치와 같이 실재한다고 생각했던 것이 그렇지 않거나 불가능했던 것이 가능한 경우를 생각하면 실재와 가능성은 시간에 따라 변한다는 것을 알 수 있다. 반면에 현실화의 과정은 비가역적인 특성을 갖는다. 잠재성이 한번 현실화되면, 세계를 비가역적인 방식으로 재배치한다. 가능성의 경우, '추상적인' 측면이 있기 때문에 가설 또는 가정법과 같은 방식으로 세계에 관여하여 항상 뒤바뀔 여지를 가지고 있다. 예를 들어, 주어진 조건을 만족하는 함수를 $f(x)$로 칭하거나 G를 그룹이라고 표현할 때 이와 다르게 가정하는 것이 얼마든지 가능하다. 두 원이 만날지 여부를 가정할 때도 가능성이 관여한다. 그러나 만약 두 원이 교차하는 위치에 손을 대고 정말 만나는지를 파악할 때는 잠재성이 관여한다. 잠재성은 물질에 잠재하지만, 본질, 이상, 형식이 아니라 유동성, 진동, 잠재성, 비결정성의 잠재를 뜻한다. 이와 달리 현재의 추론 규칙이나 지각적인 습관에 따라 대상의 모습을 구조화하고 제한하는 것은 가능성에 관련된다. 모든 행동과 모든 물질의 원천에 비결정성이 관련되면 잠재성으로, 논리적이고 지각적인 제약에 영향을 받으면 가능성으로 볼 수 있는 것이다. 바라드가 수학을 불확실한 잠재적인 점의 배치, 오려내고 발굴하며, 접어보는 행동으로 본 것은 앞선 논의에 비추어보면 잠재성과 관련된다. 샤틀레가 물리-수학자를 논의할 때도 이와 같은 잠재성의 배치와 관련된다. 이 논의는 20세기에 물리학자들이 보이지 않던 전자파의 존재를 파악하기 위해 입자를 충돌시켰던 물질 배치와 매우 유사하다.

많은 연구자들은 아르키메데스를 수학의 역사 초창기의 가장 성공적인 물리-수학자로 고려해왔다.[11] 이러한 명성은 아르키메데스가 다음과 같이 도전적이고 과감하게 물리적인 도구를 사용했던 것에 부분적으로 근거한다. 아르키메데스는 눈금 있는 자인 슬라이드 자를 사용했는데 이렇게 접근한 사례는 유클리드 기하에서 거의 찾아볼 수가 없다. 또한, 포물선의 넓이를 구적하여 구한 위대한 시도에서도 아르키메데스의 물리-수학자로서의 면면을 확인할 수 있다. 앞서 7장에서 아르키메데스의 증명 스타일을 상세하게 살펴보았다. 여기서는 그가 사용한 실진법이 수학적 실체들을 물질적으로 다루고 있음을 살펴보고자 한다. 샤틀레는 아르키메데스가 삼각형과 포물선 영역이 마치 무게를 가지고 있으며 지렛대로 균형을 잡을 수 있는 것처럼 다루었다는 점에 초점을 두지 않았다. 샤틀레는 잠재성이 실재와 유사하거나 은유적인 관계로 연결되는 것 이상으로 너무도 중요하다고 보았다. 넷츠 등이 연구한 바에 따르면,[12] 아르키메데스가 사용한 양피지에는 우리가 논의하고자 하는 유동성이 핵심적인 역할을 한다는 것에 대한 믿을 만한 근거가 담겨있다. 아르키메데스는 직선의 비교를 직선의 이동과 포개짐에 의해 다루었으며, 이러한 운동 혹은 포개짐의 제스처를 통해 연속체와 실무한을 조작할 수 있었다.

수학적 실체의 운동에 주목하는 것은 오랜 시간 동안 논란거리였다. 1990년대 초에 동적 기하 소프트웨어를 도입했을 때, 일부 수학자들은 동일한 점을 한 위치에서 다른 위

---

11) Netz(2009) 참고

12) Netz, Noel, Wilson, & Tchernetska(2011) 참고

치로 옮길 수 있다는 생각을 심각하게 비판했다. 이들은 삼각형이 종이에 정적으로 표현된 바로 그것이며, 움직일 수 있거나 변화될 수 있는 것이 아니라고 생각했다. 이들의 비판은 오랜 시간 이루어져 온 수학의 탈-시간 역사의 일부이기도 하다. 플라톤과 소크라테스는 운동, 시간, 행동이 반갑지 않은 인간 존재의 지표가 될 수 있다는 이유로 이들이 기하의 요소가 되는 것을 거부했다.

> 그들[기하학자]은, 어쩔 수 없어서 그렇겠지만, 마치 무언가를 하고 있는 것처럼 말하고 그 행동에 대한 말을 하는 것처럼 할 때, 터무니없다. 그들이 연구하는 대상은 순수한 지식인데 말로는 제곱하기, 더하기, 응용하기와 같이 행동을 말하는 것이다.[13]

러셀[14]도 물질 행위성을 인정하지 않았기 때문에 운동하는 대상에 대한 설명에 반대했다.

> 운동에 대한 말은 삼각형이 공간적이지 않고 물질적이라는 의미를 담고 있다. 표범은 위치를 이동할 수 있지만 위치를 나타내는 공간의 점은 그 위치를 바꿀 수 없다. 공간상의 점이 운동한다고 생각하는 것은 동일률을 거부하는 유령을 인정하는 것과 같다. 주어진 점이 동시에 다른 점일 수 있다고 가정하는 것이기 때문이다.[15]

러셀의 말은 기하학적인 점이 물질적인 세계 너머에 물질적이지 않은 것으로 위치한다는 점에서 존재론적인 이원론을 따르고 있음을 알 수 있다. 그러나 샤틀레는 점은 항상 점으로 생성되는, 즉 현실화의 과정에 따르는 것으로 보았다. 만약 점이 계속해서 유동성과 잠재성을 가지도록 할 수 있다면 점에 의해 물질을 새로운 방식으로 조각할 수 있게 된다는 것이다. 미적분에 대해 연구한 라이프니츠가 종이에 그린 '특성 삼각형'(그림 8.2)은 잠재적인 에너지, 무한소를 이용한 축소와 이동 가능성으로 변화하는 것이었다. 잠재성의 원동력이 되는 미분에 의해 이 삼각형은 계속해서 잠재성을 가지고 있다. 이 삼각형은 진동하는 모호한 존재였고, 계속 진동해야 하는 모호한 존재인 것이다. 삼각형을 이루는 선분의 길이는 0에 수렴하더라도 계속되는 진동에 의해 삼각형 사이의 미분 관계는 유지된다. 바라드가 양자 물리에서 관계적인 존재론을 강조했던 것처럼, 미분 역시 관계의 수학이다. 다음 다이어그램에서, 두 닮은 삼각형, $\triangle ACE$와 $\triangle XCY$의 변의

---

13) 플라톤의 말, Molland(1991), p.182 참고

14) Russell(1903) 참고

15) 같은 책, p.405 참고

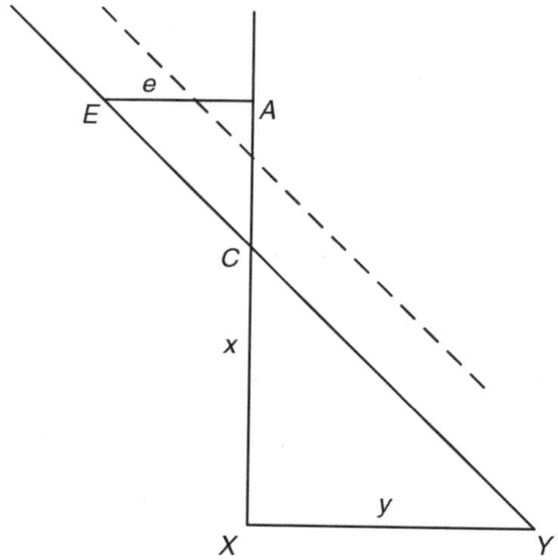

그림 8.2 • 라이프니츠의 특성 삼각형

길이의 비 관계가 점선의 움직임에 따라 변화한다.

기존의 수학 존재론으로는 이러한 사고실험이 어렵다. 샤틀레는 우리가 종종 잠재성을 실재나 가능성으로 대치하는 일종의 '대학살'을 단행한다는 점에 문제를 제기했다.[16] 예를 들어, 미적분 수업에서 학생들로 하여금 dx가 매우 작을 때 dx와 dy 특성 삼각형도 매우 작다는 것을 지도한다고 생각해보자. 샤틀레는 '더 큰 잠재적인 삼각형들을 생각할 수 있을 때에만 그 속에 작은 삼각형이 존재한다고 말할 수 있다.'[17]라고 해야 한다고 주장했다. 컴퓨터 스크린에 있는 역동적인 삼각형의 경우에는 드래깅에 의해 어떤 삼각형이라도 또는 모든 삼각형을 만들 수 있기 때문에 삼각형이 존재한다고 말할 수 있다는 점에서 유용하다. 사영기하를 지도할 때, '마치 ~인 것처럼'이라는 표현을 사용하는데, 예를 들어, 무한원점을 마치 두 평행선이 만나는 점처럼 표현한다. 콕스터가 무한원점에 대해 논의할 때, 그는 두 평행선이 만나는 점의 존재 가능성에 대해 소심하게 말하는 대신, 그 점을 잡고 다양한 형태로 잡아 늘이면서,[18] 두 평행선이 '만나지 않을 수 없는'[19] 점을 찾는 방식으로 설명했다. 이 설명에서 체화된 방식으로 무한원점의 잠재성을 마주하는 모습을 볼 수 수 있다. 그러나 수학에서 늘 그래왔듯이 콕스터도 존재론적인 것은 논리의 문제로 미루고 잠재성을 배제했으며, 한 걸음 물러나서 은유적으로 두 직선이 마치 곧은 철길과도 같다고 생각할 것을 제안했다.

16) Châtelet(1993/2000) 참고
17) 같은 책, p.9 참고
18) Coxeter(1974) 참고
19) 같은 책, p.v 참고

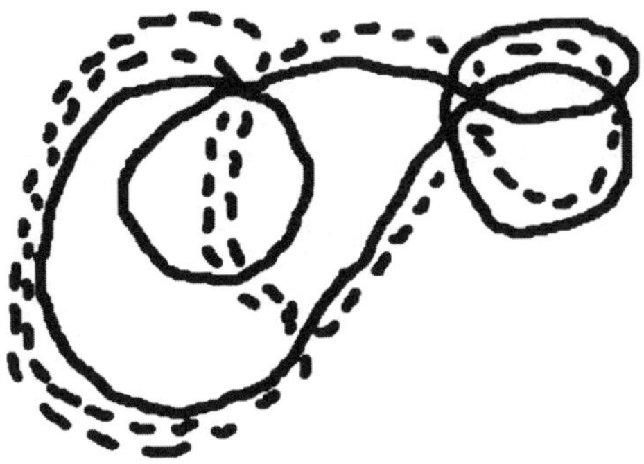

그림 8.3 • 아벨의 정리를 나타낸 다이어그램

샤틀레는 아벨이 다룬 유명한 정리 중 하나인 x, y가 다항식 $f(x, y) = 0$을 만족하며, 대수적인 평면 곡선 C가 정의되어 있을 때 유리함수 $R(x, y)$의 부정적분 관련 논의에서도 잠재성을 확인했다. 쉽게 계산할 수 있어서 아벨의 정리가 필요 없는 경우도 있지만, 초등함수로 해결할 수 없는 타원의 경우에는 적분을 위한 새로운 전략이 필요하다. f의 적분 R은 리만 곡면에서의 선적분을 구하여 계산할 수 있는데, 아벨 자신은 리만 곡면이라는 단어를 사용한 적이 없으나 서술의 편의상 이 용어를 사용했다. 리만 곡면 위에서의 적분은 구와 같은 위상을 갖지만, 타원 적분은 토러스와 같은 위상을 갖고 적분 경로들이 서로 연결되지 않는다. 아벨은 적분 관련 해법을 다음과 같이 제안했다. 선적분의 불연속적인 점들에 초점을 두고, 그림 8.3과 같이 이를 지나는 대안적인 경로들 그리고 여기서 점선은 불연속점 사이의 다른 경로들을 나타내는 것으로 상상한 것이다.

이 정리를 현대적으로 표현할 때는, 이 곡선이 마치 형태가 없고 평면 위의 점처럼 추상적이며, 불연속점들 사이의 새로운 경로이고 적분할 수 있는 '주어진' 것으로 제시한다. 샤틀레는 이렇게 현대적으로 표현함으로써 본래 아벨이 힘을 조절하여 적분 가능하도록 특이점으로 축소하는 식으로 그 잠재성을 고려했던 감각을 감춘다. 본래 불연속점은 단지 표식이 아니라 새롭고 적분 가능한 곡선으로 만드는 힘을 가진 것이었다. 샤틀레는 수학자들이 이 곡선들을 보면서 새로운 적분 경로로 고려할 수 있도록 하는 자극들로 간주하기를 원했다. 이 자극은 물리적인 것만도 그리고 수학적인 것만도 아닌 새로운 대상이 된다. 샤틀레가 사용했던 '자극', '오려냄', '발굴'과 같은 단어들은 그 자체로 환기적인 면이 있지만, 단지 은유를 위해 사용한 것들이 아니었다. 이러한 용어들로 그는 정적이고 비물질적인 수학의 담론에 저항하고 개념의 물질주의를 강조하려고 했다.

앞서 논의한 바와 같이 샤틀레는 문제들로부터 개념들이 만들어진다는 것에 초점을 두면서, 카테고리 이론, 대수와 해석학을 연결하려 했던 랭글랜즈 프로그램[20]과 같이 '이론

정립'을 위한 수학적인 업적들에 대해서는 논의하지 않았다. 잠재성에 대한 샤틀레의 관점이 이러한 이론 관련 업적들에는 적용되지 않아서 그랬을까? 로트먼이 수학에 대한 물질-기호학적 접근을 지지한 것처럼 샤틀레도 집합-이론에 의한 수학 기초론을 비판했다.[21] 주지하다시피 부르바키 학파가 현대적인 집합-이론적 접근을 주장했다. 이들은 '수학적인 기호, 정의, 작도, 추측, 개념, 정리, 증명 등을 신체나 물리적 세계 어떤 것도 참조하지도, 언급하지도, 의존하지도 말아야 하고, 더욱이 수학자들은 물질성에 대한 언급도 전혀 하지 말아야 한다.'[22]라고 생각하면서 기존의 수학을 재서술했다. 샤틀레와 부르바키 학파는 극명한 입장의 차이를 보였다. 부르바키 학파는 대상을 일차적인 것, 관계는 이차적인 것으로 보았으며, 대상이 독립적이고, 고립되어 있는 실체들이며, 다른 대상에 대한 참조 없이도 알 수 있고, 다이어그램이나 그림에도 의존하지 않는다고 보았다.[23]

로트먼은 샤틀레의 관점을 후기-집합-이론에 근거한 '대상에 대한 존재-인식론적인 관계적 접근'[24]에서도 찾을 수 있다고 주장했다. 그는 수학에 대한 집합-이론에 대조되는 예로 카테고리 이론을 제시했다. 카테고리 이론은 대상과 대상 사이의 관계를 합성과 결합법칙을 따르는 화살표로 나타내고 그 구조를 연구한다. 여기서는 '대상을 관계 내에서 그리고 외적 차이를 통해 분석하며, 독자적으로 혹은 내적으로 구조화된 실체로 대상을 보지 않는다. 다시 말해, 대상을 다른 대상들에 연결되는 화살표에 의해 이해하고 구성한다.'[25] 카테고리는 대상들로 이루어진 집합 그리고 한 대상에서 다른 대상으로의 화살표들, 즉 집합의 원소들에 대한 함수들로 이루어진다. 로트먼은 카테고리 자체가 다시 카테고리의 대상이 될 수 있다는 것이 흥미롭다고 했다. 카테고리 이론은 집합-이론적인 관점에서 부딪힌 항등원 문제를 피할 수 있으면서, 새로운 대상을 관계적으로 정의할 수 있어서 '계속 구성되는 수학의 세계'[26]가 가능하게 한다. 카테고리 이론에서 수학적 대상은 내부로부터 만들어지는 고립되고 독립적인 실체가 아니라, 외부에서 종(種)은 물론이고 개개인까지 지속적으로 생성되는 '생물-사회적인' 존재로 상정된다.[27] 카테고리 이론에

---

20) Langlands program

21) Rotman(2012) 참고

22) 같은 책, p.249 참고

23) 현대적인 집합-이론적인 접근은 클라인이 1872년에 발표한 에를랑겐 프로그램에서 대상들의 관계에 주목한 것과도 상반된다. 특히, 푸앵카레가 대상들 사이에서 오직 관계들만을 알 수 있고, "관계 외에 알 수 있는 실재는 존재하지 않는다"(Poincaré, 1905, p.2)고 말한 것도 간과하는 것이다.

24) Rotman(2012), p.250 참고

25) 같은 책, p.254 참고

26) 같은 책, p.255 참고

서 화살표는 조작, 힘 또는 영향력과 움직임을 포함하는 것으로 정의하며, 그렇기 때문에 카테고리는 본래 잠재성을 갖추고 있다. 더욱이 모든 수학적 구조에 대응하는 카테고리가 있고,[28] 그 안에 있는 잠재성을 얼마나 현실화하는가에 따라 그 대응 구조를 찾을 수 있다.

샤틀레는 단지 수학의 역사를 조사한 것이 아니라 신랄하게 비판했다. 수학의 역사에 내재된 잠재성을 논의할 때 그리고 수학 기호에 대해 분석할 때 이를 확인할 수 있다. 예를 들어, 그는 카테고리 이론의 화살표들을 '손의 복수'[29]라고 하면서 다른 수학적 표기에서도 비슷한 사례를 확인할 수 있다고 비판했다. 이 화살표는 수학적 관계를 표현했던 손의 제스처를 포착한 다이어그램이라는 것이다. 그는 끈 이론에 사용한 표기들도 손의 복수에 해당한다고 보았다.

샤틀레는 이미지나 다이어그램과 같은 표기법과 행동에 해당되는 계산이 서로 영향을 미치는 것에 주목했다. 예를 들어, 1에서 100까지의 합을 나타내는 기호 $\sum_{n=1}^{100} n$의 경우, $1+2+3+\cdots+n$이라는 행동을 표현하고 있으나 이 표기가 계산 행동에 어떤 영향을 미치지는 않는다. 여기서는 첨자들의 집합이 '중립적'으로 '계산의 진행에 완전히 외부적으로 남아있기' 때문이다. 다시 말해, 이 표기는 해야 할 계산을 정확하게 제시하고 'x_1, x_2, x_3 등의 선형적인 연쇄로 포착'하여 제시하고 있다.[30] 행렬의 곱을 나타내는 $\Sigma M_l^i N_j^l$와 같은 표기의 경우도 생각해보자. 샤틀레는 그림 8.4가 더 '압축된' 표기라고 하면서, 이 표기에는 선형적인 연쇄에 더하여 합을 나타내는 $\sum$가 더 이상 '드론'[31]이 아니라 두 행렬을 연결하여 계산한 것이라는 아이디어가 들어있다. 다이어그램에 행렬 곱의 의미가

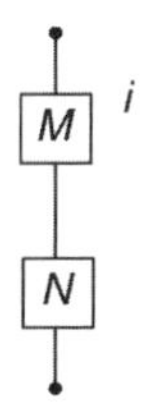

그림 8.4 • 행렬의 곱셈표기에 대한 불화

27) 같은 책, p.254 참고
28) Goguen(1991) 참고
29) Châtelet(1993/2000) 참고
30) Châtelet(2006) p.35 참고
31) 역주. drone은 벌 또는 벌이 나는 소리를 뜻하며 최근에는 무인비행기를 뜻하기도 한다. 여기서는 상황에 개입하지 않고 외부에서 관찰하는 존재의 뜻으로 쓰였다.

들어있고 이것이 계산 과정과 고립되어 있지 않다.

샤틀레는 수학적 표기가 단순히 수행해야 할 내용뿐만 아니라 행동과의 관계를 나타내며 새로운 행동 방식을 제안한다는 점에 주목해야 한다고 주장했다. 가장 좋은 수학적 표기는 퍼스가 구분한 표상 범주, 도상, 지표, 상징의 섬세한 평형을 이루는 것, 수학적으로는 '이미지, 암시, 계산'[32]의 평형을 이루는 것이다. 이집트의 아메스 파피루스에서 덧셈을 앞으로 걸어가는 한 쌍의 다리로 표현한 것과 15세기 후반 쉬케와 파촐리가 사용한 덧셈을 'p'로 나타낸 것, 15세기 초 오렘이 처음 사용한 후 오늘날까지 사용하는 덧셈 기호 +를 비교해보자. 현대적인 덧셈 기호는 이집트의 표기보다 암시하는 것이 적다. 이집트의 표기는 경로에 따른 움직임을 암시하지만, p는 계산에만 초점을 두고 있다. 이들 기호는 모두 덧셈 행동의 순서를 가정함으로써, 덧셈을 대칭적인 관계로 보거나 새로운 방식의 덧셈을 생각하지 못하게 했다. 참고로 6장에 소개한 터치카운트 앱을 이용한 덧셈은 손가락으로 수들을 함께 집는 것으로 표현할 수 있었다. 이 제스처는 여기서 논의한 덧셈 표기의 시간성에 구애받지 않고 문자식 없이 의사소통하는 시대에 적합한 새로운 표기로서 가능성을 가지고 있다.

일상생활에서 그렇게 하듯이 수학 수업에서도 기호를 직접 다루도록 하는 것은 가치가 있지 않을까? 기호에 주목하고 다르게 표현해보는 과정에 수학적 사고가 관련될까? 샤틀레는 분명히 그렇다고 말할 것이다! 기호 자체에 주목하면 이미 작성되어 있는 순차적이고 수동적인 수학적 문장으로부터 이탈할 수 있지만, 이를 통하여 수학적 문장을 조절하고, 새로운 의미의 배치를 형성할 수 있다. 로트먼은 수학 기입 장치가 표기 체계를 이룰 뿐만 아니라,[33] '환유와 제유'[34]를 통해 작동한다고 주장했다. 수학 기입 장치에 의해 물질적인 관계를 바꾸고 표기 체계에 힘과 정동이 스며들도록 한다. 또, 언어가 아닌 운동적인 글쓰기와 잠재적인 움직임의 포착으로 정동적인 힘을 형성할 수도 있다. 이와 같은 기입 장치를 언어로 코드화할 수 없으며 그렇기 때문에 항상 언어적인 참조 시스템을 보완해야 함에도 불구하고, 여전히 고도로 상황적이고 체화된 수행에서는 강력한 효과를 발휘한다.

샤틀레는 기호와 다이어그램이 많이 다르지 않고 잠재적으로 수학적인 개체발생에서 중요한 역할을 수행한다고 보았다. 이 책의 3장에서 수학 수업의 사례를 제시하고 다이어그램의 잠재성을 살펴보았다. 그러나 수업의 맥락에서 기호 관련 잠재성을 다루지는

32) 같은 책, p.41 참고
33) Rotman(2000) 참고
34) 같은 책, p.42 참고

못했다. 학교 수학에는 기호가 많이 포함되어 있으나 수동적으로 마치 색인처럼 사용하고 있을 뿐이다. 휴이트의 연구에서는 적극적으로 대수 기호를 사용하고 있는데,[35] 괄호 기호를 칠판에 제시하면서 분필을 두드리고, 목소리를 조절하며, 제스처를 수행하는 방식으로 활성화한 경우이다. 수업에서의 기호 사용과 기호의 잠재성을 매우 유망한 후속 연구 영역이라고 생각한다.

이제 학교 수학의 맥락에서 수학적 개념의 잠재성에 대해 살펴보자. 이하에서는 학교 수학에서의 개념 배열과 교과서의 개념 전개의 특성에 대해 중점적으로 알아본다. 샤틀레의 입장을 받아들여 학교 수학의 개념들을 잠재화할 수 있는지, 있다면 어떻게 할 수 있을지, 특히 교육과정 내용의 선정과 배열을 어떻게 바꿀 수 있을지에 대해 논의한다.

개념의 교육과정 지도 그리기

샤틀레가 제시한 잠재성 개념을 바탕으로 포괄적 유물론에 부합하는 수학 존재론을 정의할 수 있었다. 수학이 물질적인 세계에 참여하고, 수학과 물질이 서로에게 영향을 미친다는 것이 그것이다. 수학적인 신체는 잠재성을 현실화하는 동시에 제스처, 다이어그램, 디지털 네트워크를 통해 생성된다. 인간이 수학을 포함하고 또 수학에 포함되며, 이러한 배치가 성장한다. 이러한 입장에서 수학 학습의 의미는 무엇일까? 수학교육과정 내에서 잠재성을 찾을 수 있을까? 이미 굳어버린 수학적 개념의 신체를 다시 움직일 수 있을까? 만약 수학 자체가 잠재성을 내포하지 않는다면 이 질문들에 대해 긍정적인 답을 할 수 없다. 그러나 샤틀레의 주장은 수학에 잠재성이 뒤얽혀있다는 것이다. 수학의 신체를 잃어버린 물질적 개념들과 함께 어떻게 회복할 수 있을까? 이 절에서는 친숙한 수학적 개념들을 잠재성의 측면에서 다시 살펴보는 방법에 대해 알아본다.

현재 교육과정에 통용되고 있는 수학적 개념들을 어떤 순서로 학습해야 하는가에 대한 논의가 이루어져 왔다. 내용을 주제나 가닥으로 구분해서 교육과정을 논하기도 하고, 고등 수학에서는 정리나 이론의 측면에서 교육과정을 기술하기도 한다. 수학교육 연구에서 '개념'은 스키마와 관련하여 논의해왔으며,[36] 이를 '심상'[37] 또는 '연결된 개념들의 네트워크'[38]로 표현해왔다. 어원을 생각하면 개념은 마음에 받아들여질 수 있는 것을 뜻한다.

---

35) Hewitt(1999) 참고

36) Skemp(1979) 참고

37) mental entity, 같은 책, p.114 참고

38) Olive & Steffe(2002), p.109 참고

비고츠키는 보다 기능적으로 개념을 정의했는데, "어떤 문제를 해결하기 위해 복잡한 조작을 택하는 상태"39)가 그것이다. 또, 개념은 "고립되어 있지 않고 굳어진 것으로 배열이 변하지 않지만, 활동적인 지적인 과정의 일부로, 의사소통, 이해, 문제해결에 끊임없이 관여한다."40)라고 보았다.

교육과정을 논의할 때 우리는 다양한 은유들을 사용하고 있으며, 이에 비추어 개념이 배치되는 방법을 살펴보면서 개념의 본성에 대해 알 수 있다. 기본적으로 교육과정은 범위나 배열이라는 은유를 사용하여 개념의 목록을 제시한다. 이 목록은 비약이나 빈틈없이 '자연스러운' 순서에 따라 고등 수준의 개념으로 이동하는 '자연스러운' 계열을 따른다. 예를 들어, 북미의 교육과정에서는 덧셈을 뺄셈보다 먼저 제시하는 것이 '자연스러운' 순서이고, 이에 따라 덧셈과 뺄셈을 서로 다른 개념으로 구분하게 된다. 그러나 중국에서는 세 수 a, b, c가 $a+b=c$와 $c-b=a$의 관계를 이루는 것에 대해 주목하면서 덧셈과 뺄셈을 함께 학습하도록 하고 있다. 이와 같은 전개는 덧셈과 뺄셈이 같은 개념의 일부임을 인식하도록 한다. 또, 덧셈과 뺄셈 아이디어가 서로에 기초하여 발전하도록 하며, 학습과 무관하게 수학적인 아이디어의 측면에서 개념을 규정한 것으로 볼 수 있다.

디티커는 앞서 논의한 교육과정 범위와 배열이라는 은유를 넘어, 교육과정 지도, 학습경로, 스토리라는 세 가지 추가적인 은유에 대해서도 논의했다.41) 교육과정 지도 은유는 듀이가 내용의 '논리적인' 조직과 학습자의 '심리적인' 경험을 구분하기 위해 사용했다.42) 이 은유는 학습자가 포함된 지형의 여러 요소가 어떻게 관련되는지에 대한 것이므로 교육과정 범위와 배열이라는 은유를 아우른다. 범위와 배열처럼 개념 제시 순서를 논의하면서 학습자의 입장을 고려하기 때문이다.

다음 은유는 학습 경로로, 목표하는 지점에 이르는 주요 지점을 제시하는 것을 뜻한다.43) 학습자-중심의 가설 학습 경로라는 용어도 사용하는데,44) 여기서 가설 학습 경로는 학생들이 개념을 수행하면서 수준의 상승을 어떻게 이루는지를 면담과 교수 실험에 의해 확인하여 기술한 것을 가리킨다. 콘프레이 등은 '개념의 회랑'이라는 용어로 학습에 단일한 경로만 있는 것이 아니라는 점을 강조했다.45) 이에 비추어 보면, 경로라는 은유는

39) Vygotsky(1934/1986) 참고
40) 같은 책, p.98 참고
41) Dietiker(2012) 참고
42) Dewey(1902) 참고
43) Breyfogle, McDuffie & Wohlhuter(2010) 참고
44) Clements & Sarama(2004), Confrey, Maloney, Nguyen, Mojica & Myers(2009) 참고
45) Confrey et al. (2009) 참고

개념의 완전한 도달점이라는 고정된 목표를 향한 유일한 그리고 벡터처럼 방향성을 가진 것을 연상시킨다. 그럼에도 불구하고 학습 경로에 관한 연구들은 개념뿐만 아니라, 학습 상황에 포함된 과제와 도구에 대해서도 학습자가 감수성을 가지고 학습하게 된다는 것에 주목했다는 점에서 의의가 있다. 여기서 개념은 시간적으로 그리고 물질적으로 얽혀 있는 것으로 다루어진다. 그러나 이들 연구에서 개념은 그 경로에 상관없이 마지막에 획득하는 것으로 남는다는 점이 아쉽다.

1960년대 초 라카토스가 제시한 오류주의에서 개념이 수학 활동에서 하는 역할에 대한 강력한 대안적 접근을 찾아볼 수 있다. 라카토스는 수학 활동을 주로 개념의 형성과 변형으로 보았다. 수학자들은 항상 모호하거나 불분명한 개념으로 연구하며, 이 개념들에 관련된 것들을 증명하려 하고, 새로운 방향으로 개념들을 발전시킨다. 라카토스는 다면체 개념이 발전하고 새롭게 만들어지는 유명한 사례를 제시했다. 이 과정에서 주목할 만한 것은, 난관들이 외부와 단절된 상태가 아니라 특정한 문제를 해결하는 과정에서 발생한다는 점이다. 라카토스가 제시한 사례에서는 다면체의 각, 변, 면 사이의 관계에 대한 문제를 해결하는 과정에서 난관이 발생했다. 라카토스와 비고츠키 등은 특정한 문제의 해결 또는 증명 과정에서 개념이 발생한다고 보았기 때문에 문제에 대해 말하지 않고 개념에 대해 말할 수는 없다고 간주한다. 샤틀레 역시 개념에 대해 이와 매우 비슷하게 생각했으며, 단지 문제와의 관련성뿐만 아니라, 개념이 하는 역할과 개념을 포함한 스토리까지도 주목해야 한다고 보았다.

수학자 록하트도 주어진 '내용'과 관련된 맥락과 동기가 중요하기 때문에 스토리라는 은유를 사용하여 수학을 설명했다.[46)]

> 유용하든 그렇지 않든 수학적 구조는 문제 맥락에서 발명되고 개발되며, 그 의미도 맥락에서 찾을 수 있다. 대수에서 '법 2'에 의해 1 더하기 1은 0이 되고, 구면 위에서는 삼각형 내각의 크기의 합이 180도보다 크다. 그 자체로 '진리'인 것은 없으며, 모든 것은 상대적이고 관계적이다. 중요한 것은 스토리이지 결말이 아니다.

디티커는 수학 활동에 대한 스토리 은유가 수학적인 목표, 사실, 내용이 발전을 멈추는 것이 아니라 시간의 흐름에 따라 지속되는 것에 주목할 수 있게 한다고 보았다.[47)] 스토리에 의한 개념화에서 배열을 바꾸면 다른 스토리가 되며, 스토리의 일부를 바꾸어도 나

---

46) Lockhart(2009), p.17 참고

47) Dietiker(2012) 참고

머지 부분에 영향을 미친다. 가설 학습 경로처럼 A에서 B까지 경로가 있을 수 있고 A가 아닌 다른 출발점에서 B에 도달할 수도 있다. 문제가 A를 출발점으로 하여 A와 B의 관계를 생성한다는 점에서 문제에 초점을 두는 것이 중요할 뿐이다. 또, 미리 정해진 개념들의 배열에 의해 학습 경로를 이동하는 방식으로 수학 문제나 질문을 제시하기보다는 수학적인 사건이나 특성과 관련된 가치 있는 이야기들을 제시하는 것이 더 중요하다.[48]

러시아의 《수학 클럽》[49]이라는 교재의 설계를 미국과 캐나다의 교육과정과 비교해보면, 개념의 주요 내용에 대해서도 매우 다르다는 것을 알 수 있다.[50] 《수학 클럽》에서는 곱셈이나 삼각형과 같은 주제들을 고정된 개념으로 다루기보다 각각의 핵심 특성을 도출한 후, 다양한 목적에 따라 교사들과 학생들이 그 특성 사이의 수학적 관계를 구조화하고 새로운 수학적 대상을 발견하도록 했다. 개념의 배열이라는 아이디어는 약화되었고 단지 행동 모음으로 이루어진, 스토리에 가까운 교육과정을 확인할 수 있다. 여기서 중요한 것은 무엇을 가르치고 배우는지보다 무엇을 할 수 있는지이다. 《수학 클럽》에서 풍부한 문제 해결에 기초하여 개념을 다루지만, 더 중요한 것은 개념을 다른 관점에서 도구로 사용하여, 논리적이고 존재론적인 측면을 부각시키는 방식으로 교육과정을 설계했다는 것이다. 이 책의 다른 부분에서 그러했듯이, 존재론적이라는 표현은 수학을 말 그대로 새로운 실체를 발명하는 창의적이고 물질적인 활동으로 보기 위해 사용한 것이다. 초보자와 전문가 모두에게, 수학은 가능성을 논리에 의해 실재화하면서 동시에 잠재성을 존재론적으로 현실화하는 것 모두를 포함한 것이다. 개념을 이 두 가지 방식으로 학습하려면 그 활력을 유지할 수 있어야 한다. 개념은 원래 새로운 수학적 실체를 오려낼 때의 물화에 저항하는 다목적 도구이다. 샤틀레는 생산적인 모호성을 통해 '관계와 작동성의 핵심을 관통하는' 사고 실험으로 이어지게 되는 이러한 개념을 가리켜 '암시적인 도구'라고 하였다.[51] 이때 개념은 마치 점토, 기름, 페이트, 잉크처럼 물질적인 매체가 되어 특정한 수학 활동에 영향을 미치며 관여한다.

예를 들어, 자연수를 홀수와 짝수의 분할로 보는 활동에서 개념의 잠재성을 생각해보

---

48) 잉골드는 전달과 다르게 여행이라는 은유로 학습을 설명함으로써, 학습 경로 관련 연구의 개념 사용 관련 제한점을 부각시키고 재고하는 기회를 제공했다(Ingold, 2007). 여기서 여행은 학습을 한 장소에서 다른 장소로 여행하는 것으로 은유한 것이며, 주어진 초기 자극에서 이동하는 경로를 생각하는 것과 매우 다르게 점선으로 서로 다른 지점을 연결하는 식으로 학습을 표현했다.

49) 역주. Mathematical circles의 번역어로, 러시아에서 수학자, 교사, 학생, 등이 자율적으로 모여 중등 수학을 흥미롭게 학습하는 데 도움이 되는 문제들을 제시한 교재를 가리킨다. 이 교재는 일종의 수학 문화 운동의 일환에 따른 결과물로 알려져 있다.

50) Fomin, Genkin & Itenberg(1996) 참고

51) Châtelet(1993/2000), p.12 참고

자. 자연수가 홀수와 짝수의 분할로 이루어졌다는 개념은 수학적 논리에 따르면서 동시에 존재론적인 수준에서 작동하는 개념이다.52) 홀수와 짝수 분할은 자연수의 구조적 관계를 드러내며, 학생들로 하여금 어떤 수가 어떤 영역에 있는지를 생각해보도록 돕기도 한다. 나아가 이 개념은 학생들로 하여금 새로운 유형의 수학적 대상을 불러일으키게 한다는 점에서도 주요하게 기능한다. 새로 출현한 수학적 대상의 체화 행동과 더불어 학생들은, 논리적인 제약과 수학적 실체를 모두 고려할 수 있게 된다. 다른 장에서 논의한 바와 같이, $\sqrt{2}$가 무리수임을 증명하는 고대 그리스의 방법은 홀수와 짝수 분할 개념에 상당히 의존한 것으로 볼 수 있다. 홀수와 짝수 분할은 이 유명한 증명을 촉발하는 데 영향을 미쳤으며, 적합한 추론 규칙을 적용했을 때 그 잠재성인 무리수를 현실화할 수 있었다. 분할은 창의적인 힘을 가지고 있었으며, 이 개념이 문자 그대로 새로운 수인 무리수를 배치하는 체화 행동을 유발했다. 그러나 홀수와 짝수 분할은 논리적인 도구의 역할도 하여, 앞서 다른 장에서 논의한 용어로 설명하면, 가능성을 실재화하여, 합리와 불합리 사이의 경계를 제시하기도 한다. 다시 말해, 증명에 의해 무언가 새로운 존재가 생성되고 동시에 진리를 입증할 수 있게 된다. 개념이 이와 같은 역할을 한다면 새로운 수학적 실체를 만들 수 있는 다목적의 도구가 된다. 이 유명한 증명은, 수학 철학에서 비구성적인 증명, 즉 간접 증명의 위상에 대한 오랜 이슈가 어떻게 제기되고 논의되어 왔는지에 대해 생각할 기회를 제공한다. 비구성적 증명은 그 대상을 제공하지 않고 존재를 주장하는 증명을 뜻한다. 브라우어와 직관론자들은 이러한 비구성적 증명이 위험하며, 패러독스로 이어질 수 있다고 우려했다. 그러나 우리는 패러독스를 염려하지 않으며, 비구성적 증명을 추방하는 것도 중요하지 않다고 생각한다. 그보다 학교 수학의 통상적인 실천 양상들을 분석하고 어떻게 존재론적인 것들이 이미 거기에 작동하고 있는지를 보이고자 한다.

러시아의 《수학 클럽》에서 사용한 다른 개념들에는 나누어떨어짐, 불변성, 비둘기집의 원리, 삼각부등식, 그래프, 네트워크 등이 있다. 이 개념들을 보고 원리, 부등식, 나누어떨어짐 등을 모두 개념으로 볼 수 있는지에 대해 의문을 제기할지도 모르겠다. 우리는 잠재성을 현실화하는 것에 관련된 것이면 모두 개념으로 간주할 수 있다고 생각한다. 또, 개념의 범위나 배열도 명시적으로 제시되어 있지 않은데, 우리가 생각하기에 개념 목차

52) 동시에 기능한다는 것은 독자로 하여금 NCTM 규준에 작성된 바와 같은 과정 및 내용의 구분을 떠올리게 할 수 있다. 그러나 중요한 차이점은, 같은 개념(여기서는 패리티)이 내용과 과정에 모두 참여한다는 것이다. 또한, 존재론적인 수준에서 기능할 때, 패리티는 과정 가닥(strand)인 표현, 의사소통, 시각화보다 더 정밀하고 강력하다.

보다 더 중요한 것은 수학적 경험을 구조화하는 항목들을 어떻게 제시하는가 하는 것이다. 개념들을 일단 실행한 후에는 개념들을 마치 주제들처럼 격하시키는 것에 반대한다. 그렇게 할 것이 아니라 새로운 수학적 실체들을 환기시키는 데에 개념을 투입하는 식으로, 창의적인 힘의 원동력으로서의 개념을 지켜내야 한다. 개념들을 조작적이고, 운동적이며, 창의적이도록 지키려면 수행하는 탐구가 창의적이어야 한다. 창의적인 탐구는 새로운 것이 생성되는 과정, 즉 존재가 되는 과정을 이끈다. 이러한 탐구가 잠재성을 환기시키는 것이다. 개념을 오직 논리적인 도구나 대상, 혹은 유한한 성질의 집합에 대한 관계로만 사용한다면, 잠재성을 현실화하는 존재론적인 측면은 고려하지 않는 것이다. 이때의 활동은 개념의 예를 확인하는 것, 다시 말해, 이름 짓기에 불과하며 개념을 규칙이나 논리적 제약에 제한하는 것이 된다. 그러면 굳어버린 개념의 유동성과 잠재성을 활성화할 수 없게 된다.

현재 교육과정에 포함된 개념들은 유동성과 힘을 잃어버렸지만 다시 소생시킬 수 있다. 이를 위해 교육과정이 궁극적인 수학적 진리의 표현인 정리들을 중심으로 조직되어 있는 것을 파악해야 한다. 이 정리들 중 생산적인 개념들을 발굴하는 것이 그 첫 번째 단계이다. 예를 들어, 피타고라스 정리를 삼각형의 변의 길이를 계산하는 도구로 다루는 데 그치는 것을 파악하고, 이것이 창의적인 물질 배치의 도구가 될 수 있다는 것을 확인해야 한다. 수학에서 정리는 승인된 증명과 더불어 체계 내에서 의미를 가지는 명제로 생각해왔다. 그렇다면 어떤 명제가 주어진 연역적 체계 내에서 참으로 인정된 다른 명제들이나 공리들에 기초하여 참이라는 것을 증명하면 그 명제는 정리라고 할 수 있을 것이다. 그런데 피타고라스 정리의 경우 증명 방법이 300여 가지라는 것을 생각하면, 어떤 정리가 진리인지 여부는 그 정리를 증명하는 구체적인 방법의 특성과는 독립적인 것으로 보인다. 피타고라스 정리는 유클리드의 공리 체계의 다섯 번째 공준과 논리적으로 동치이다. 그러므로 피타고라스 정리는 연역적 귀결에 의한 것이라기보다는 원천적으로 승인한 명제로 볼 수 있다. 이를 피타고라스 정리가 보편적으로 참이고, 영원불변이라는 뜻으로 해석하기보다는, 이 정리에서 우연성과 활력을 찾아내고, 풀로 붙인 것처럼 붙어 행동하는 유동적인 개념들을 살펴보는 데에 주목하고자 한다. 피타고라스 정리에 담긴 관계를 다시 개념화할 때, 삼각형의 세 변에 정사각형을 놓는 활동을 생각할 수 있다. 교육과정 개혁을 주장한 교육자들이 관례적으로 제시한 발견학습이나 구성주의와 관련된 의미로 이 활동을 말하는 것이 아니다. 이 정사각형들을 논리적인 필요나 귀납적인 추론뿐만 아니라, 삼각형과 관련하여 가지고 있는 물질적인 잠재성을 현실화하는 것에 대해 살펴보고자 한다. 이 순간 삼각형이 각과 선 개념의 변동을 통해 생성되는 것으로 개념화할 수 있다. 이러한 개념들의 잠재성이 피타고라스 정리라는 새로운 배치에 의해 현실화될 수 있다. 개념의 존재론적인 측면을 인정하면 정사각형은 생성되는 존재로 볼 수 있다. 논리적 필요성의 측면이 창의적인 행동에 따른 우연성의 측면과 함께 드러난다. 그러면 정사각형을 반원이나 사다리꼴과 같이 삼각형의 변에 다르게 물질화 된 무언가로 바꾸어 생각할 수도 있다. 이렇게 하면, 피타고라스 정리는 다양한 유형의 잠재적인 도형들을 현실화하는 개념을 생성하는 배치가 된다. 이를 3차원 공간에 적용한다면, 다차원적인 대상을 조각해내는 수단이 된다. 이러한 방식으로 피타고라스 정리를 탐구하면, 단지 변의 길이에 관련된 논리 규칙에 따른 것을 넘어서서 잠재적인 실체들을 현실화하는 개념을 생각할 수 있다.

실제로 수학자들은 유클리드 기하를 넘어서서 피타고라스 정리를 확장해왔다. 직선, 각, 직각 등을 새로운 물질적인 조건에 맞추어 다시 정의했고 피타고라스 정리가 구면, 타원, 쌍곡면 등에서 어떻게 작동하는지 탐구해왔다. 이렇게 고도로 창의적인 일반화를 하려면 새로운 개념을 도입해야 한다. 이제 피타고라스 정리라는 특수한 예에 주목했다는 점을 신중하게 고려하여 개념을 확장하고 발명하는 과정을 추구하기 위해 필요한 질문들을 제기하고자 한다. 확장은 정리에 어떤 결과를 남기는가? 정리의 나머지 부분들을 새로운 기하학적인 공간과 물질적으로 어떻게 연결할 수 있는가? 어떻게 모든 맥락에 적용할 수 있는 형태로 제시할 수 있는가? 특수한 정리의 존재론적인 시사점은 무엇인가? 아마도 피타고라스 정리는 외연과 내포의 관계, 즉 변들과 각 변의 정사각형들의 현실성과 잠재성 사이의 관계를 지속적으로 유지할 것이다. 다시 말해, 피타고라스 정리에 의해 연속적인 곡선의 방향이 갑자기 달라지고 그 내부에 공간을 옭아맬 수 있으며, 마주보는 변의 그림자 공간을 동시에 현실화할 수 있게 될 것이다. 피타고라스 정리는 어떻게 연장선으로 둘러싸인 강도를 풀어내고 특이점인 꼭짓점에서 문제적으로 그리고 생산적으로 붕괴되는지를 보여주기도 한다. 이렇게 곡면 기하에서의 상황으로 옮겨감으로써 본래 유클리드 기하에서 변의 길이 사이의 관계라는 피타고라스 정리 고유의 훌륭한 면을 버린 것이라고 볼 수도 있지만, 이 정리가 다른 기하에서 어떻게 작동하는지를 생각하는 것은 의미가 있다. 피타고라스 정리로 포착한 특정한 유형의 움직임에 주목하면서 이 움직임이 어떻게 새로운 개념을 형성하는 데 기여하는지를 알 수 있기도 하다. 피타고라스 정리의 본래 배치에서 벗어나 유동성과 움직임에 주목하면, 연역은 다소 느슨해지며, 물질의 잠재성에 다가가기 시작한다. 이것이 바로 기존의 논리에서 존재론적인 것을 존중하는 방법이다. 지금까지 피타고라스 정리가 '변'에 기초한 여러 공간들에서의 관계를 계속적으로 생성하는 배치라는 것 그리고 이를 포착하는 행위와 물질적인 조건이 어떻게 서로 영향을 미치는지를 살펴보았다.

교육과정에 포함된 다른 정리들에 대해서도 다시 살펴보고 그에 포함된 개념들을 존재론적인 힘에 비추어 다시 생각해볼 수 있을까? 가능성을 실재화하고 잠재성을 현실화하는 방식에 따라 개념을 다르게 제시할 수 있을까? 이로부터 논리적인 필연성을 강조하는 입장에서 우연성을 펼쳐내는 입장으로 얼마나 이동할 수 있을까? 이러한 질문들을 생각해보면서, 현재 교육과정을 강하게 구조화하고 있는 논리적인 필연성의 통제를 느슨하게 해줄 수 있는 존재론적인 힘에 주목하는 방법이 중요하다는 것을 인식하게 되었다. 수학에서 논리적 필연성의 역할을 부정하지는 않지만, 논리적인 것과 존재론적인 것 사이의 관계에 대해 다시 검토해야 한다고 주장한다. 존재론적인 것들이 사라지게 된 방식 그리고 그 이유의 문제에 주목한다면, 수학교육과정을 새롭고 흥미롭게 고려할 수 있을 것이다.

또한, 20세기에 등장한 퍼지 이론과 여러 일탈 논리[53] 그리고 논리학자들이 대수학을 이용한 새로운 방법론을 따른다는 점을 감안하면, 교육적인 맥락에서 논리와 수학을 다룰 때도 둘 사이의 관계를 새롭게 볼 수 있어야 한다. 수학교육과정은 피아제 이론의 영향을 받아 아동이 특정한 수학적 개념에 대한 지식을 발달시키는 연령과 순서에 대한 관점을 강하게 따른다. 룬딘은 이를 '발생적 이데올로기'라고 명명했다.[54] 여기서는 학습을 구성의 문제로 보고, 논리적 추론 능력의 획득에 중점을 두기 때문에 기초를 튼튼하게 한다는 은유와 더불어 연역으로 나아갈 것을 제안했다. 또한, 아동이 개념을 형성하며 천천히 성장하는 데 비해 교과는 고정되고 움직이지 않는 것으로 보았다.

비고츠키로부터 영향을 받은 학습 이론에서는 사회문화적인 요인, 특히 언어의 영향에 초점을 두지만 여기서도 발달 이데올로기를 지지한다. 예를 들어, 학습 경로 이론도 수학 학습에서 과제, 도구, 교사의 역할을 보여주긴 하지만 여전히 학생들이 개념에 대한 지식을 획득하고, 심상을 구성하는 것으로 설명했다. 학습 경로 관련 연구에서는 학생들이 이미 만들어진 개념들을 발달시키는 다양한 방식이 있음을 가정하고, 학습이 일어나는 폭넓은 환경에 관심을 두지만, 이러한 연구들도 개념 그 자체는 계속 고정된 것으로 보았다.

이와 같은 '발달' 이데올로기에 의문을 제기할 필요가 있다. 샤틀레는 구체와 추상으로 이분하는 것이 일종의 기만이라고 보고 수학의 '구조'를 매우 다르게 움직일 수 있도록 하는 가능성을 논의했다. 이렇게 구조에 대안적으로 접근하여 움직일 수 있는 적합한 도

53) 역주. deviant logic의 번역어이며, 수잔 하크가 고전 논리학에 속하지 않는 논리학을 가리키는 용어로 사용했다(Haack, 1996).

54) Lundin(2011) 참고

구로 수학을 생성할 수 있다. 그러나 구조의 이미지 자체가 수학의 잠재성과 유동성을 빈약하게 반영한 은유이다.

발달 이데올로기는 수학적 이해의 체화된 특성뿐만 아니라, 어느 정도 지식의 우연적이고 사회문화적인 본성을 인정하는 수학 철학에 의지하고 있다. 그럼에도 불구하고, 여기서는 개념의 물질성을 부정하는 수학 이미지를 계속 따르고 있다. 연역만이 아니라 귀납을 포함한다고 해도 결국 논리적인 결합에 주목할 뿐 존재론적인 것은 거부하기 때문이다. 물리적인 상황과 별개로 추상화를 시도하면서 개념을 다루며, 학습자들은 이러한 의미에서의 추상화를 수행하는 데 필요한 체화만을 할 수 있다. 이렇게 구체와 추상의 이분법에 여전히 매달리면서 수학을 활력도 없고 탈-체화된 영역으로 내버린다는 점에서 발달 이데올로기는 아리스토텔레스의 철학적인 패러독스를 지속시키고 있다.

샤틀레는 선형대수에서 벡터의 곱셈 개념에 대한 그라스만의 논의를 물질주의적인 접근의 예로 제시했다. 그라스만은 곱셈을 기계적으로 덧셈을 반복하는 방식이 아니라 유동적인 활력 있는 개념으로 바꾸었다. 샤틀레는 그라스만이 곱셈을 직선과 그 직선에 수직인 직선의 방향으로 직선을 그어서 만든 직사각형 영역으로 고려한 것이 '풍부한 곱 이미지'을 갖게 했다고 보았다. 여기서 직사각형은 단지 직관적이라거나 가능성을 실재화한 것이 아니며, 기하학적인 사실을 표현한 것도 아니다. 둘 혹은 그 이상의 확장까지 가능한 움직임을 만들어 직사각형들을 만들었다. 이때 수학은 물질 속의 물질 그리고 물질로부터 생성된 물질이 되었다.

여기서 소위 말하는 곱셈의 넓이 모델을 생각해보자. 학교 수학에서는 반복 덧셈으로 곱셈을 제시한 후에, 곱셈이 무엇인지, 좀 더 정확히 말하면, 자연수 곱셈 '결과'가 어떤지를 사실로서 제시한다. 이와 같은 개념 지도 순서를 보면, 곱셈을 유동적이고 활기를 불어넣는 힘으로서가 아니라 단순히 보여주는 사실이나 개념의 표현으로 다루고 있음을 알 수 있다. 개념 지도 순서를 이와 다르게 했던 유일한 예는 비고츠키 관점에 기초하여 수를 측정 단위에 기초하여 다루는 측정-기반 교육과정이다. 여기서 3은 단위 길이의 세 배로 볼 수 있고, 곱셈은 단위 체계의 변환으로 볼 수 있다. 예를 들어, 큰 주전자를 유리잔 n개에 담은 음료로 그리고 그 유리잔을 종이컵 m개에 담은 음료로 채울 수 있을 때, 큰 주전자를 몇 개의 종이컵에 담은 음료로 채울 수 있는지를 단위 변환에 의해 구할 수 있다. 학생들은 이와 같은 단위 변환이 그림 8.5와 같다는 것을 학습한다.

곱셈을 위와 같이 n에서 $n \times m$으로 확장하는 방식은 곱셈을 덧셈의 반복으로 접근하는 전통적인 방식과 달리 그림 8.6과 같이 다이어그램으로 나타낼 수도 있다. 여기서 한 단위는 세포 분열을 통하여 네 개로 이루어진 단위로 바뀐다. 한 단위를 쉽게 절반의 단

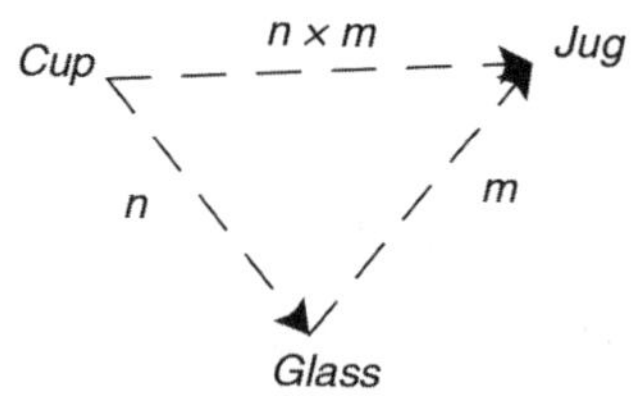

그림 8.5 • 단위 변환으로서의 곱셈

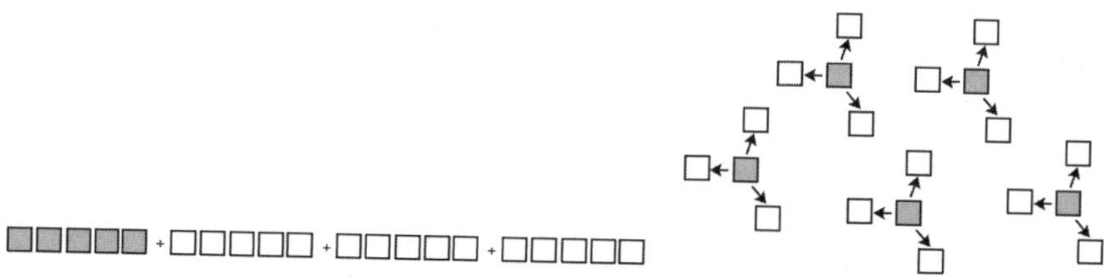

그림 8.6 • 순차적인 덧셈과 그것을 확장한 곱셈 개념

위로도 바꿀 수 있다. 이와 같이 단위의 비결정성을 유지할 수 있다. 이렇게 접근하면 곱셈 개념을 더 유연하고 강력하게 발달시킬 수 있다.[55] 더욱이 덧셈의 반복으로 곱셈을 지도할 때와 비교해보면, 이와 같은 측정-기반의 교육과정은 비교하고 측정하는 등의 물질적인 행동을 통해 곱셈을 학습하게 할 뿐만 아니라, 곱셈을 관련된 대상들의 유동성을 그 본성으로 다룬다는 점에서 개념의 교육학에 따른다고 할 수 있다.

로트먼은 기존의 관점과 완전히 다른 새로운 수학 철학 관점을 제안했다.[56] 이 관점은 샤틀레가 제스처와 다이어그램의 테크놀로지 등 수학의 역사를 테크놀로지에 주목하여 분석했던 내용과 매우 밀접하게 관련된다. 여기서 샤틀레가 사용한 테크놀로지라는 용어는 테크닉으로 바꾸는 것이 적절하다고 생각하지만 말이다. 어쨌든 로트먼은 테크놀로지가 수학에서 논리적 필연성이 하는 역할에 어떤 변화를 초래할 것인가라는 통상적인 연구주제에 주목하는 대신, 디지털 테크놀로지의 도래가 새로운 제스처와 다이어그램의 발명을 이끌 것이라고 도발적으로 주장했다. 서구 지성사를 이끌었던 순차적이고, 탈-체화적이며, 정적인 표기법인 알파벳을 디지털 인터페이스의 새로운 감각들이 대체할 것이라는 예상도 제시했다. 수학자는 과거에 상징적인 형식 언어에 주로 의존했으나 이제 '촉각 수단, 제스처 수단, 감각 수단을 활용하여 시각만큼이나 촉각을' 활용하는 방식으로 수학을 하게 될 것이다.[57] 로트먼은 수학과 기계가 상호 영향을 미치며 발전해왔으며 앞으로도 그럴 것이라고 주장했고, 이것이 그의 핵심적인 주장이다. 과거에는 수학자들이 탈-시

55) Schmittau(2003) 참고

56) Rotman (2008) 참고

간화, 탈-맥락화, 탈-개인화의 담론에 기초하여 기계-기반의 행위성을 부정했지만,[58] 점차 발전하는 디지털 테크놀로지의 존재와 힘은 그 위상이나 역할을 확고히 하고 있다. 이를 감안하여 보고, 만지고, 듣고, 냄새 맡는 등의 활동을 고려해야만, 수학자와 물질세계가 함께 발전하는 가운데 학교 수학이 자리 잡을 것이다. 로트먼은 물질적인 포스트휴머니스트의 수학 철학을 제시했으며, 이로부터 발달 이데올로기로부터 벗어난 교육과정을 탐색할 수 있었다. 여기서 얻은 자유가 잠재성을 마주하는 교육과정을 추구하게 한다.

지금까지 수학에 대한 놀라움을 추구하는 강력한 물질주의 이론을 발전시키기 위해 샤틀레가 도입한 잠재성에 대해 살펴보았다. 특히, 이 장에서는 2, 3, 4장에서 살펴본 수학적인 개념의 논리적인 면과 존재론적인 면에 대한 논의를 확장했으며, 수학적 개념이 어떻게 잠재성을 취하는지에 대해 살펴보았다. 유동성은 잠재성을 이해하는 데 핵심적이라는 점도 확인했다. 이제는 바라드가 원자, 광자, 번개 등을 끝나지 않는 관계적인 배치로 생각했듯이, 수학적 개념의 유동성을 샤틀레가 언급한 '암시적인 장치'로 생각할 수 있게 되었다. 다이어그램, 점, 수의 현실화는 그 움직임의 궤적을 어떻게든 간직하고 있다는 점을 기억해야 가능하다. 그 유동성을 간직한다는 점에서 샤틀레가 제시한 '추상화'는 추상화 관련 다른 논의들, 특히 손과 움직임을 경시하고 가능성이 결정된 것으로 고려했던 논의들과 매우 달랐다. 다른 논의에서는 추상화가 수학적인 실체들의 물리적 발생 측면을 제거함으로써 진행된다고 보았으며, 이로써 수학적 실체들은 경험적인 역사를 잃어버린다. 많은 연구자들이 이처럼 발생의 우연성을 제거하는 행위에 의해 수학이 과학에서 효과적으로 작동한다고 생각했지만, 샤틀레는 수학의 역사를 연구하면서 이러한 생각에 저항했다. 샤틀레는 수학에서의 발명을 가져다 준 제스처의 궤적이나 잠재성의 유동성을 간직해야 효과적으로 수학적 발명이 이루어진다는 것을 보여주었다. 환원에 의한 추상화 또는 아리스토텔레스가 말한 '판단 차감'에 의한 추상화가 아니라, 움직임, 운동, 다이어그램, 제스처 등의 행동에 의해 모든 물질에 내재된 잠재성과 잠재적인 다양성을 환기시킨 것이 수학적 발명에서 중요했다는 것이다. 이러한 통찰을 수학 학습에도 적용한다면, '그 안에 내재하는 잠재성'이 살아 움직이는 학교 수학을 만들고, 급격하게 굳어버리는 '생산성을 활성화'하는 원동력으로서의 학습 배치를 형성할 수 있을 것이다.[59]

---

57) de Kerckhove(2006), p.8 참고. 새로운 매체 연구자들 중 일부는 영화, 사진, 텔레비전에 비해 컴퓨터가 덜 시각적이고, 더 순수하게 상징적인 형식의 쓰기를 요청한다고 주장하기도 한다(예를 들어, Kittler, 1999).

58) Balacheff(1988) 참고

59) Châtelet(1993/2000), p.103 참고

결론

지금까지 인간의 신체를 다루고 변형하는 방식에 대해 논의한 내용이 대부분의 독자들에게 생소할 것이다. 신체를 유기체, 개념, 소리, 소프트웨어의 이질적인 배치로 인식할 수 있을까? 배치가 항상 생성의 과정에 있고, 성장하거나 수축하고 변형된다고 할 수 있을까? 이 책에서 다룬 내용이 급진적이어서 처음에는 그다지 유용하지 않더라도 진지한 생각을 불러일으키고 통찰력을 제공했다는 점을 감안해주면 좋겠다. 신체가 신체로서 어떻게 그리고 언제 인식되는지에 대해 탐구하면서 우리는 수학적 활동이 복잡하게 전개되는 과정 그리고 학습자와 개념의 개체화를 강요해왔던 과정을 추적하고자 했다. 이로부터 수학적 신체가 불안정한 관계에 배치되면서 언제나 생성의 과정에 있는 존재의 상태에 놓인다고 주장했다. 또한 매듭과 그물의 이미지로 배치를 고려하면서 다양한 부분과 조각들이 고정되어 있는 것이 아니라 각각 이동성과 자유도를 가지고 복잡하게 얽힌 경로로 나타나는 이미지를 제시했다. 얽힘이라는 용어를 일반적인 맥락에서도 사용하지만, 이 책에서는 배치의 어떤 한 부분이 자립하거나 존재론적으로 구별되어 고립될 수 없음을 나타내기 위해 이 용어를 사용했다. 아울러 얽힘 개념에 의해, 그 경로가 잠재력과 더불어 음성의 강약으로 진동할 때 관계적인 힘을 가진다는 의미를 강조할 때 하기도 한다. 신체가 가지는 이러한 잠재력을 그것의 비결정적인 형태나, 세르가 제안한 '복합적인 체위'와 연결하여 생각할 수 있을 것이다.

> 그렇게 다양한 자세와 기호에 대해 어떻게 신체를 정의할 수 있는가? 언제 그리고 어떤 형태에서 그것은 그것 자체가 되는가? 어떻게 사람에 따라 다르게 나타나는 차이들을 넘어설 수 있으며 언제 그리고 어떤 형태에서 그것은 우리인가? 이러한 복합적인 체위는 우

리가 말하지 못하게 만든다. 나의 신체와 나의 종은 구체적인 실재라기보다는 잠재적으로 존재하는 것이다.[1)]

이 책에서 새롭게 도전한 것은 수학 개념을 강력하고, 활기차고, 이동성 있고, 살아있고, 물질적인 것으로 간주하면서, 세르가 말했던 가상성이 수학적 개념에 체화되는 방식을 보고자 했던 것이다. 수학과 수학의 실천가가 움직이고 있는 방식을 모두 탐색하기 위해 **생성되는 수학**이라는 용어를 도입했다. 다시 말해서, 학습의 주체와 대상이 각각 원래 있던 것에서 벗어나 완전히 새로운 것을 향해 나아가면서, 둘 모두가 변화 혹은 개조의 존재론적 과정 중에 있다는 것이다. 그때 교실의 맥락에서 생성되는 수학은 **소수자** 수학이 발전되는 것으로서 국가에서 승인된 학교 수학 담론이 아니라 놀라움, 비-감각, 그리고 역설[2)]로 가득 찬 것일 수 있다. 물론 학교 수학으로서의 확장성이나 국가마다 공통적인 기준, 그리고 표준화와 거리가 있기 때문에, 현재의 제도적 요구와 상충될 수 있다. 그러나 소수자 수학은 학생과 교사가 확장적인 방식으로 참여할 수 있도록 하여 **더욱 많은** 학생들을 참여하도록 할 것이다. 이것이 또한 우리의 목표이기도 하다.

샤틀레의 가상에 대한 그의 개념에 기초하여 우리는 수학적 신체의 개념을 제안할 수 있었고, 신체의 개념이 단지 인간의 신체나 물리적 신체(도구와 대상의 것)만을 포함하는 것이 아니라 개념의 신체를 포함하도록 확장할 수 있었다. 수학적 개념이 추상적이고 비물질적인 본성을 가지고 있다는 기존의 가정은 꽤 견고하기 때문에, 많은 독자들이 물리적 대상이 물질적이라는 것은 받아들일 수 있겠지만 수학의 신체가 물질적이라는 주장을 받아들이기는 힘들 것이다. 그러므로 이 책의 목표는 샤틀레가 제안한 가상의 의미가 수학적 개념의 가치와 공상에 대한 잠재력을 훼손시키지 않으면서 수학적 개념을 재물질화할 수 있는지 보여주는 것이었다. 가상성은 실재성과 늘 함께하면서 수학적인 세계와 물질적 세계 사이에 다리를 놓는다. 하지만 이러한 수학적 세계는 오직 논리적인 연역과 실현가능한 것들에 근거를 두는 추상적이거나 고립된 세계가 아님을 염두해야 한다. 우리는 존재론적으로 구별되는 세계들 사이에서, 혹은 단지 인식론적 관심에서만 다리를 놓고자 하는 것이 아니다. 그러한 의미에서 가상은 단지 논리적 가능성이 아니며 실재와 완전히 분리되는 것도 아니다. 감각 가능한 물질의 잠재성은 환원주의자가 말하는 추상이 아니라, 어떠한 표면이나 물질적 장소에 수반된 잠재적인 다양체를 일깨우는 다이어

1) Serres(2011), p.52 참고
2) 들뢰즈와 가타리는 소수자 과학과 문학이 국가에서 승인된 정책과 실천을 따라 강력한 힘으로 작동하는 방식을 논의하고 있다(Deleuze & Guattari, 1987). 또한 드 프레이타스는 이러한 논의가 수학 교실 담론에 어떻게 관계되는지 보여주고 있다(de Freitas, 2012c).

그램, 제스처, 음성 언어, 접촉과 같은 행위에 의해 이해 가능한 것이 된다. 또한 잠재성은 모든 행위와 모든 물질의 핵심인 비결정성을 가지나, 가능성은 논리적이고 지각적인 제약에 따르는 것이다. 샤틀레가 가상을 중심적으로 다루고 있다는 점에서 가상이 학교 수학에 어떻게 적용가능한지, 그리고 교육과정을 이끄는 개념들이 어떻게 물질화될 수 있는지 알고 싶어졌다. 이 책에서는 학교 교육과정을 포함하기 위해 우리에게 친숙한, 가끔은 무력하게 드러나는 개념의 유동성을 이용하는 방식을 찾고자 하였다. 그리고 이러한 탐구는 커틀러와 맥켄지가 제안했던 '개념의 교육학', 즉 개념이 수정되어 물질적이고 개체 발생적인 장치가 된다는 관념과 연결되었다. 개념의 잠재성을 추구하는 작업은 인식론적인 프로젝트로 보일지도 모르지만, 학습-교수는 개념의 이동성을 지속시킬 수 있기 때문에 그것은 또한 존재론적 프로젝트이며, 교수학적 프로젝트라 할 수 있다. 그러한 교육학은 교육과정에 대한 개념에서 학생이 가상성과 비결정론을 의식하도록 함으로써 개념의 논리적이고 존재적인 측면을 모두 강화하도록 할 수 있을 것이다. 이 책에서는 교수를 위한 어떤 프로그램이나 수업 계획을 제시하지 않았다. 하지만 교육과정과 교육 실천에 대한 일반적인 이해를 획기적으로 바꿀 수 있는 개념을 제시하면서 매우 다른 철학적인 접근을 제공하고자 노력했다.

샤틀레의 역사적이고, 물질적인 분석은 우리가 교실 수학 활동을 독해하는 데 획기적인 방식을 적용하도록 영감을 주었다. 3장에서는 학생-원-다이어그램으로 나타나는 특정한 배치뿐만 아니라 학생이 만든 다이어그램이 가진 제스처의 본질을 밝혔다. 예를 들어, 학생이 종이에 점선을 추가하는 발명의 장소에서 새로운 차원을 끌어들이고, 일련의 화살표를 페이지에 표시함으로써 대상들 사이의 새로운 시간 관계를 구축하는 것을 확인했다. 4장에서는 초등학교 수학 활동의 창의성을 다양한 디지털 장치에 의해 활성화되는 새로운 경계에서 연구할 수 있었다. 5장과 7장에서는 샤틀레의 관점을 적용하여 이전에 분석했던 교실 영상을 새롭게 해석하면서 많은 정보를 얻을 수 있었다. 또한 이 분석과정에서 언어와 (무)능력을 각각 물질적으로 이해할 수 있는 통찰을 얻었다. 이 모든 과정에서 초점을 두는 것은 교실 수학 활동이 발명과 발견의 장소가 되는 방식이었다. 그 장소에서 수학 학습은 새로운 차원과 새로운 구조를 유발하는 생성적이고 창의적인 행위로 나타난다.

우리는 이러한 행위들을 물질의 가상적인 차원이 현실화되는 것으로 특성화했다. 3장에서는 샤틀레의 정신을 가지고, 학습자가 만든 다이어그램을 예로서 살펴봤다. 하지만 4장에서의 분석 단위는 다이어그램에 적용했던 것보다 훨씬 더 큰 것이 된다. 이 책에서는 샤틀레의 개념에 기초하여 창의적인 행위를 정의했지만 교실 맥락에서 적절한 창의성의 개념으로 개선하고자 했다. 또한 창의성의 존재론적이고 사회적인 기호적 양상을 모두 포착하기 위해 창의적인 행위를 4중으로 특징화했고, 자유에 대한 그로스의 설명을 확장하여 적용했다. 창의적인 행위는 새로운 것을 도입하거나 촉진하는 것이어야 하므로 이전에는 존재하지 않았던 것을 생산하거나 가시화하고, 현재의 습관과 행동의 규범을 벗어나고, 예상치 못한 것이거나 즉흥적이며, 직접적인 원인이 없고 그 의미가 이미 존재하는 의미들에 의해 고갈되지 않아야 한다는 점에서 정해진 내용이 없어야 한다. 이 책 전체에서 분석된 사례들, 특히 2, 4, 8장에서 제시했던 사례는 창의적인 수학적 활동의 행위가 물질적인 행위를 통해 현실화되며, 그렇게 함으로써 새로운 것이 생성되고 실제와 가상 사이에 존재론적인 결속이 형성되는 것을 보여주었다.

또한 교실 영상은 개별 학생들의 역량이나 능력에 초점을 두기보다 하나의 전체로서 분석되었다. 이러한 분석은 사회적 수학적 규범에 대한 야켈과 콥[3]의 연구에서처럼 수학적으로 다른 것, 정교하고, 효율적이고, 우아한 것으로 간주되는 규범의 발전과 전개를 다루는 것과 유사해보이지만 부분적으로는 다른 면이 있었다. 왜냐하면 이 책에서는 말하는 방식뿐만 아니라 의미가 제스처, 그림, 움직임, 그리고 테크놀로지와 관계되며 어떤 배치가 되어가는 방식을 보여주고자 했기 때문이다. 즉, 개인이 수학적인 말하기 방식을 어떻게 발전시키는가 보다 창의성이 다양한 제스처를 포함하는 특정 배치로부터 어떻게 나타나는 가에 초점을 두고 설명했다. 하지만 5장에서는 다시 '말하는 방식'에 주목하면서 언어를 물질로 이해하는 것이 수학교육 연구에서 기존의 담론적 접근들을 어떻게 발전시킬 수 있을지에 대해 고민했다. 구체적으로는, 언어의 물질성을 단지 담화의 물리적인 측면(목, 입, 폐, 목소리의 움직임)에서 보지 않고, 교실 내 소리의 현상(소리가 움직이고, 누르고, 포함하고, 침묵하는 방식)에 위치시키면서 물질성을 다루고자 했다. 우리의 물질적 접근은 단순히 단어의 의미를 듣는 것에서 벗어나 교실 영상을 볼 수 있는 방식을 제시하였다. 더 나아가 개별적인 화자들(물론 그들을 무시하지 않고)을 탈중심화하였고, 소리가 학습-교수-배치의 형성에 관여하는 방식을 들을 수 있게 되었다. 교실 담론에서 감각의 블록이 집단적으로 증폭된다는 아이디어를 포착하기 위해 듣기를 변조의 측면에서 설명하고자 했다. 5장에서는 언어를 의사소통보다는 창조 혹은 개입의 관점에서 정의함으로써, 언어의 물질성을 충분히 평가할 수 있었고, 담화를 운율학적 측면에서 고려함으로써 배치의 지각적 우발성에 의미가 의존하는 방식을 볼 수 있었다.

우리는 매닝의 용어인 '정동의 음색'을 사용하여 음성의 강약이 의사소통의 의도와 때로는 독립적으로, 어쩌면 불화하여 가로질러 흐르는 방식을 설명할 수 있었다. 그리하여,

---

3) Yackel & Cobb(1996) 참고

'정동'이라는 용어는 담화의 물질성과 인간 신체의 이동성, 유연성을 나타내는 용어가 되었다. 우리는 시츠-존스톤[4]이 강조한 정동·운동의 개념을 따르면서, 정동 상태를 영혼을 가지거나 영혼이 없는 신체를 향해 혹은 그것으로부터 벗어나는 움직임과 관계되는 것으로 본다. 그녀의 비-이원론적인 접근은 정동에 대한 스피노자의 개념을 반향하며, 이것은 정동 상태가 외적으로 가시적인 행동에 반영된 내적 경험이라는 생각을 거부한다. 스피노자는 이러한 관점에서 '주체는 없다'고 주장하면서, "오직 익명의 힘이 개별화되는 정동 상태"[5] [6]가 있다고 주장한다. 하지만 들뢰즈와 가타리[7]는 스피노자의 정의를 개선하여 정동을 "신체의 어떤 경험적인 상태에서 다른 상태가 되는 통로이며 행동할 수 있는 신체의 능력을 확장하거나 감소시키는 것을 암시하는 전개인적인 음성의 강약"[8]으로 정의했다. 따라서 정동은 존재의 상태인 느낌이나 정서와 다르며, 신체의 수용력에 영향을 주거나 영향을 받으며 강하게 매여 있는 것이 된다. 정동은 분산되어 있을 뿐 아니라 관계적이고 우발적이다. 이 관점은 정동을 표상 영역의 부분으로서 간주하는 연구나 정동이 인지와 구별되는 방식을 찾는 연구와 다르다. 이 책에서 정동은 공적으로 순환하는 에너지와 배치를 포화시키며 변조하는 음성의 강약으로서 접근한다. 그것은 열정이나 지루함이 교실을 가로질러 움직이는 방식이나 기쁨과 분노의 파장이 대화 내에서 울리는 방식에 접근하는 것이다. 그렇게 함으로써 정동은 수학적 활동의 내적-작용으로서 연구될 수 있는 것이고 이것이 이 책의 목표이기도 하다. 기존에는 정동을 개인이 소유하는 것으로 가정하거나 감정의 하나의 유형으로 분류했지만, 정동을 강도의 변조로 다루면서 참여가 집단적으로 제정되는 형태를 연구하는데 기여할 수 있게 된 것이다. 정동에 대한 이러한 접근이 수업을 연구하는 새로운 길과 학습-교수에서 정동의 조성을 더욱 일반적으로 탐색하는 새로운 길을 열 수 있을 것이다.

점선을 그리는 것이나 수직선 위에서 자를 반복적으로 두드리는 것이나 목소리에서 운율의 굴절과 같이 수학에서 감각 활동을 자세하게 다룸으로써, 수학의 참여가 다양한 물질의 평면에서 어떻게 작동하는지, 그리고 이러한 평면들 모두가 삶의 사회-정치적 구조 내에서 어떻게 포개지는지 보여줄 수 있었다. 감각과 상식이 수렴하는 것은 삶의 형식이

---

4) Sheets-Johnstone(2009) 참고

5) 이것은 비고츠키 사조의 작업들과는 대조를 이룬다. 비고츠키의 관점은 사회적이고 문화적 실천의 측면에서 정동과 인지 사이의 관계를 강조하며 항상 중재되는 것으로 그리고 있다(Walshaw & Brown, 2012 참고).

6) Alliez(2004), p.27 참고

7) Deleuze & Guattari(1987) 참고

8) 같은 책, p.xvi 참고

고착된다는 것을 의미한다. 아마 어떤 감각이 교육과정과 정책의 일부로서 규정되는 것 또한 어떤 고착을 의미할 것이다. 상식의 형태는 바라드가 경계-형성의 실천이라고 불렀던 물질적 교실 실천을 통해 그리고 내부와 외부, 접근과 거부, 성공과 실패를 기술하는 실천을 통해 입증될 수 있을 것이다. 7장에는 수학에 작용하는 경계-형성의 실천을 지도화했고, 미학·정치적 행위가 수학의 의미와 무의미의 경계를 분열하는 것에 대해 설명하고자 했다. 6장에서는 인간 신체와 감각 기관 배열의 한계를 규제하면서 수학교육에서 (무)능력을 생산하는 경계-형성의 실천을 보여주고자 했다.

랑시에르가 제안한 '감각 가능한 것의 분할' 개념과 미학적 대상의 역설적인 자율성은 수학에서 포괄적 유물론을 발전시키는데 매우 유용함이 입증되었다. 우리는 감각적인 앎과 가치 판단으로서의 미학이 은밀하지만, 구성적인 역할을 하는 수학의 역사에서 이러한 종류의 자율성이 어떻게 작동하는지 조사했다. 비록 서구 수학의 발전의 측면에서만 역사적 분석이 이루어졌지만 수학적 미학의 정치적인 차원을 탐구하기 위한 노력으로 그 분야 내에서 나타나는 다양한 합의의 사례들을 분석하고자 했다. 다음의 관심은 수학교육의 정책에 관한 것이었다. 감각적인 것의 분포는 필연적으로 규제를 합의하고 급속도로 퍼지며, 수학교육의 정책들에서 특정한 행동방식과 구성방식을 통해 드러나게 되므로 이를 보여주고자 한 것이 우리의 관심이었다. 일종의 정치적인 행위들을 랑시에르의 불화의 개념으로 탐구하였고, 그것은 무엇이 의미가 되는가, 무엇이 이해가능한가, 그리고 궁극적으로 무엇이 수학적인가에 대해 가정하고 있는 것을 드러내고자 했다. 만약 합의가 감각으로서의 sense와 의미로서의 sense 사이의 정렬이라면, 불일치는 이러한 정렬을 깨는 것이다. 수학에서(학교 수학뿐만 아니라) 합의와 불일치에 대해 탐구함으로써 우리는 수학적 실천이 놀라움의 괴물을 만드는 경험이 될 때 그것이 얼마나 중요한가를 말할 수 있었다.

포괄적 유물론이라는 철학적 프레임은 일반적으로 사회과학에서 변화하고 있는 패러다임 중 하나이다. 수학적 개념과 물질을 함께 다루는 것이 쉽지 않기 때문에[9] 이러한 철학의 변화가 수학 연구에 적용되는 것은 시간이 걸리겠지만, 다른 영역에서는 그 영향이 점차 커지고 있다. 예를 들어, 인류학에서 '물질의 전회', 문학과 문화의 연구에서 '사물이론(thing theory)', 예술, 인문학, 사회과학에서 '비-인간적 전회'개념은 인간과 대상 사이의 흐릿한 경계에 대해 새롭게 주목하고 있다. 페미니스트 철학에서 주로 새로운 유물론의 출현을 추적하고자 한 것도 이러한 지적인 전통 내에서는 항상 신체에 대해 의문을 가지고 복합적으로 탐구해왔기 때문이다. 이 전통에서 동기를 부여받았지만, 이 책에서는

9) Hacking(2012) 참고

신체가 젠더화가 되는 방식에 대해서는 다루지 않았다. 6장과 7장에서는 신체가 가지는 잠재력을 정치적인 문제로 다루면서 감각의 배열이 어떻게 수학적 미학에서 특정한 가치화와 결합하는지 설명하고자 했다. 또한 이러한 결합이 교육과정 정책에서 채택되는 방식과 특정한 교육적 실천을 따라 작동하는 방식을 다루고자 했다. 하지만 이 책에서는 수학의 젠더화에 대해서도, 수학 교실에서 학생과 교사의 젠더화 된 정체성에 대해서도 말하지 않았다. 페미니스트 과학 연구는 지난 30년 간 지식 패러다임과 실천이 젠더를 수행하는 방식을 드러내면서 많은 성취를 보였기 때문에 이 책에서는 젠더화를 간과했다고 볼 수도 있다. 하지만 포스트휴머니즘의 관점에서, 비-인간적 관계를 단순히 젠더에 대한 휴머니즘적 접근으로 환원하지 않는 방식을 추구하기 위해 젠더에 대한 질문은 전적으로 재검토되어야만 한다. 동시에, 이러한 설명의 실체를 생물학적인 성 관념으로 환원하지 않도록 주의해야 한다. 이것이 곧 페미니즘의 물결이 우리에게 가르쳐 준 것이기 때문이다. 이러한 긴장을 전면에 유지하면서 포스트휴머니즘 관점은 생물학적 개체, 즉 인간과 비-인간 모두를 포함하여 생물학적 집단을 근본적으로 구분하는 성이라는 개념의 편재성을 부정할 수 없다. 인간을 넘어 성과 젠더화의 행위를 신중하게 조사하는 것이 요구되며 그것은 포스트휴머니즘 학문에서 최근인 인류세(anthropocene)의 시기에 느껴진 것이다. 인류세 시기는 '인간 이후'의 기간을 규정할 때 사용되는 지리학적 용어이다.[10] 수학적 개념을 물질성으로 다루고자 하는 야심에 비추어볼 때, 이 책에서는 아마 이 주제를 충분히 다룰 수 없을 것이다. 하지만 이 문제를 해결할 필요가 있다는 것에 동의하며, 다른 연구자들이 신체가 젠더에 의해 배열되는 복잡한 방식을 탐구해주기를 바란다.

우리는 이 책이 수학에 대한 역사와 철학으로부터 교육 연구자들이 수학교육을 연구하는데 통찰력을 제공했기를 바란다. 특히, 수학의 역사(해밀턴의 사원수, 그로스만의 광연론, 그리고 코시의 유수 정리)에서 창의성에 대한 샤틀레의 광범위한 연구에 기초하여 학생 창의성의 본질에 대해 획기적인 관점을 제공하기 위해 노력했다. 또한 수학 역사와 철학을 이용하여 수학적 감각 형성의 공동체가 시대와 장소에 따라 얼마나 다르게 나타나는지 보여주고자 했다. 하디, 푸앵카레, 로타, 그리고 록하트와 같은 수학자들의 저서에 기대면서, 이 책에서는 감각에 대한 두 가지 상반되는 개념, 그러니까 표현의 자율성 그리고 공통적인 형식의 감수성 사이의 결합을 주장하면서 수학적 미학이 작동하는 방식을 보여주었다. 또한 감각에 대한 서로 다른 배열이 시간에 걸쳐 다양한 방식으로 타당화되고 수학적 역량에 관계되는 방식을 보여줄 수 있었다. 이를 통해 수학적 능력이 감각의

10) Colebrook(2013) 참고

(무)능력의 측면에서 정의되고 재정의되는 전체적인 역사를 일별(一瞥)했다.

이 책에서는 최근 이론인 비판적인 (무)능력 이론에 기대어, 인간 신체를 이해하고자 도전해왔다. 특히, 지각에 대한 집단적인 우연성이 교실에서 펼쳐지는 것을 보여줌으로써, 포스트휴머니즘의 교육학은 수학적 능력에 대한 계몽사상에서 우리를 해방시킨다고 주장했다. 감각과 수학적 (무)능력 사이의 역사적인 관계의 변화는 연구가 더욱 필요한 분야이지만 이 책에서의 목표는 우발적이고 다양한 관계들을 포괄적 유물론에 의해 지도화하고, 수학 성취에 대한 가정을 조사할 수 있도록 질문을 제기하는 것이었다. 실제로, 랑시에르의 감각의 공동체 개념은 수학을 만들고 수학을 하는 미학적 실천의 변화로서 수학의 우발성을 명백하게 보여주었다. 물론 수학적 능력에 관한 관점들이 사라질 수 있다고 생각하는 것은 아니다. 하지만, 이 책을 통해 들뢰즈, 샤틀레, 랑시에르와 같은 학자들의 작업에 대해 헌신하면서 창의적이고 새로운 미래의 것을 지향하고, 아직 오지 않은 사람들을 위한 길을 예비하고자 한다.

참고문헌

Ahlquist, R. (2001). Critical multicultural mathematics curriculum: Multiple connections through the lenses of race, ethnicity, gender, and social class. In J. E. Jacobs, J. R. Becker, & G. F. Glimer (Eds.), *Changing the faces of mathematics: Perspectives on gender* (pp. 25–36). Reston, VA: NCTM Publishing.

Adler, J. (2001). *Teaching mathematics in multilingual classrooms*. Dordrecht, The Netherlands: Kluwer.

Alibali, M. W., & Nathan, M. J. (2012). Embodiment in mathematics teaching and learning: Evidence from students' and teachers' gestures. *Journal of the Learning Sciences, 21*(2), 247–286.

Alliez, É. (2004). *The signature of the world: What is Deleuze and Guattari's philosophy?* London: Continuum.

Apple, M. (1999). *Power, meaning, and identity: Essays in critical educational studies*. New York: Peter Lang.

Applebaum, P. (1999). Target: Number. In S. R. Steinberg, J. L. Kincheloe, & P. H. Hinchey (Eds.), *The post-formal reader: Cognition and education* (pp. 423–448). London: Falmer Press.

Aristotle. (1986). *De anima* [On the soul]. (H. Lawson-Trancred, Trans.). New York: Penguin.

Asperger, H. (1944/1991) 'Autistic psychopathy' in childhood. In U. Frith (Ed.), *Autism and Asperger Syndrome* (pp. 37–92). Cambridge: Cambridge University Press. (Original work published 1944)

Asperger, H. (1944). Die 'autistischen Psychopathen' im Kindesalter. *Archiv für Psychiatrie und Nervenkrankheiten, 117*, 76–136.

Atweh, B., Bleicher, R. E., & Cooper, T. J. (1998). The construction of the social context of mathematics classrooms: A sociolinguistic analysis. *Journal for Research in Mathematics Education, 29*(1), 63–82.

Badiou, A. (2008). *Number and numbers*. New York: Polity Press.

Bakhtin, M. M. (1952/1986). The problem of speech genres. (V. McGee, Trans.). In C. Emerson & M. Holquist (Eds.), *Speech genres and other late essays* (pp. 60–102). Austin: The University of Texas Press. (Original work published 1952)

Bakker, A., & Hoffmann, M. H. G. (2005). Diagrammatic reasoning as the basis for developing concepts: A semiotic analysis of students' learning about statistical distribution. *Educational Studies in Mathematics, 60*, 333–358.

Balacheff, N. (1988). Aspects of proof in pupils' practice of school mathematics. In D. Pimm (Ed.), *Mathematics, teachers and children* (pp. 216–235). London: Hodder and Stoughton.

Ball, D. (1993). With an eye on the mathematical horizon: Dilemmas of teaching elementary school mathematics. *Elementary School Journal, 93*(4), 373–397.

Ball, D. L., & Cohen, D. K. (1996). Reform by the book: What is – or might be – the role of curriculum materials in teacher learning and instructional reform? *Educational Researcher, 25*, 6–14.

Barad, K. (2003). Posthumanist performativity: How matter comes to matter. *Signs, 28*(3), 801–831.

Barad, K. (2007). *Meeting the universe halfway: Quantum physics and the entanglement of matter and meaning*. Durham, NC: Duke University Press.

Barad, K. (2008). Living in a posthumanist material world: Lessons from Schrodinger's cat. In A. Smelik & N. Lykke (Eds.), *Bits of life: Feminism at the intersections of media, bioscience, and technology* (pp. 165–176). Seattle: University of Washington Press.

Barad, K. (2010). Quantum entanglements and hauntological relations of inheritance: dis/continuities, spacetime enfoldings, and justice-to-come. *Derrida Today, 3*(2), 240–268.

Barad, K. (2011). Nature's queer performativity. *Critical Humanities and Social Sciences, 19*(2), 121–158.

Baron-Cohen, S. (2001). Theory of mind in normal development and autism. Prisme, 34, 174–183.

Baron-Cohen, S., Wheelwright, S., Skinner, R., Martin, J., & Clubley, L. (2001). The autism-spectrum quotient (AQ): Evidence from Asperger Syndrome/ high-functioning autism, males and females, scientists and mathematicians. *Journal of Autism and Developmental Disorders, 31*, 5–17.

Baron-Cohen, S., Wheelwright, S., Stone, V., & Rutherford, M. (1999). A mathematician, a physicist and a computer scientist with Asperger Syndrome. *Neurocase, 5*, 475–483.

Bartolini-Bussi, M., & Boni, M. (2003). Instruments for semiotic mediation in primary school classrooms. *For the Learning of Mathematics, 23*(2), 12–19.

Bateson, G. (1972). *Steps to an ecology of mind: Collected essays in anthropology, psychiatry, evolution, and epistemology*. Chicago: University of Chicago Press.

Baxter, J. A., Woodward, J., Voorhies, J., & Wong, J. (2002). We talk about it, but do they get it? *Learning Disabilities Research & Practice, 17*, 173–185.

Becker, A. L. (1995). *Beyond translation: Essays toward a modern philology*. Ann Arbor: University of Michigan Press.

Benbow, C. B. (1987). Possible biological correlates of precocious mathematical reasoning ability. *Trends in the Neurosciences, 10*, 17–20.

Bennett, J. (2010). *Vibrant matter: A political ecology of things*. Durham, NC: Duke University Press.

Benwell, B., & Stokoe, E. H. (2006). *Discourse and identity*. Edinburgh: Edinburgh University Press.

Bernstein, B. (1996). *Pedagogy, symbolic control and identity: Theory, research, critique*. London: Taylor & Francis.

Bhabha, H. (1994). *The location of culture*. London: Routledge.

Bhabha, H. (2003). A statement for the Critical Inquiry board. *Critical Inquiry, 30*(2).

Bishop, A. J. (1988). *Mathematical enculturation: A cultural perspective on mathematics education*. Dordrecht, The Netherlands: Kluwer.

Boaler, J., & Humphreys, C. (2005). *Connecting mathematical ideas: Middle school cases of teaching and learning*. Portsmouth, NH: Heinemann.

Bochicchio, D., Cole, S., Ostein, D., Rodriguez, V., Staples, M., Susia, P., & Truxan, M. (2009). Shared language. *Mathematics Teacher, 102*(8), 606–613.

Boi, L. (2004). Questions regarding Husserlian geometry and phenomenology. A study of the concept of manifold and spatial perception. *Husserl Studies, 20*, 207–267.

Boler, M., & Zembylas, M. (2003). Discomforting truths: The emotional terrain of understanding difference. In P. P. Trifonas (Ed.), *Pedagogies of difference: Rethinking education for social change* (pp. 110–136). New York: Routledge-Falmer.

Borgioli, G. M. (2008). A critical examination of learning disabilities in mathematics: Applying the lens of ableism. *Journal of Thought, 43*(12), 131–147.

Bostock, D. (2009). *The philosophy of mathematics: An introduction*. Oxford: Wiley-Blackwell.

Bourdieu, P., & Passeron, J. C. (1990). *Reproduction in education, society and culture*. Thousand Oaks, CA: Sage Publications.

Brantlinger, E. (2001). Poverty, class, and disability: A historical, social, and political perspective. *Focus on Exceptional Children*, 33(7), 1–19.

Brantlinger, E. (2004). Confounding the needs and confronting the norms: An extension of Reid and Valle's essay. *Journal of Learning Disabilities, 37*(6), 490–499.

Bremigan, E. G. (2001). Dynamic diagrams. *Mathematics Teacher, 94*(7), 566–574.

Bremigan, E. G. (2005). An analysis of diagram modification and construction in students' solutions to applied calculus problems. *Journal for Research in Mathematics Education, 36*(3), 248–277.

Breyfogle, M. L., McDuffie, A. M., & Wohlhuter, K. A. (2010). Developing curricular reasoning for grades preK–12 mathematics instruction. In B. Reys, R. E. Reys, & R. Rubenstein (Eds.), *Mathematics curriculum: Issues, trends, and future directions. NCTM 2010 Yearbook* (pp. 307–320). Reston, VA: NCTM Publishing.

Briggs, C. L. (1993). Metadiscursive practices and scholarly authority in folkloristics. *Journal of American Folklore, 106*(422), 387–434.

Brouwer, L. E. J. (1952). Historical background, principles and methods of intuitionism. *South African Journal of Science, 49*, 139–146.

Brown, J. R. (2008). *Philosophy of mathematics: A contemporary introduction to the world of proofs and pictures (2nd ed.)*. New York: Routledge.

Brown, T., & McNamara, O. (2011). *Becoming a mathematics teacher: Identity and identifications*. New York: Springer.

Brown, S. I., & Walter, M. I. (1983). *The art of problem posing*. Philadelphia: Franklin Institute Press.

Burbules, N. C. (2006). Rethinking the virtual. In J. Weiss, J. Nolan & P. Trifonas (Eds.), *The international handbook of virtual learning environments* (pp. 37–58). Dordrecht: The Netherlands: Springer.

Burton, L. (1999). Why is intuition so important to mathematicians but missing from mathematics education? *For the Learning of Mathematics, 19*(3), 27–32.

Butler, J. (1993). Bodies that matter. New York: Routledge.

Butler, J. (1997). *The psychic life of power: Theories in subjection*. Stanford, CA: Stanford University Press.

Cavaillès, J. (1970). Logic and the theory of science. In J. J. Kockelmans & T. J. Kisiel (Eds.), *Phenomenology and the natural sciences* (pp. 353–409). Evanston, IL: Northwestern University Press.

Ceglowski, D. (2002). Research as relationship. In D. K. Denzin & Y. S. Lincoln (Eds.), *The qualitative inquiry reader* (pp. 5–24). Thousand Oaks, CA: Jossey-Bass.

Châtelet, G. (1987). L'enchantement du virtuel. *Chimères, 2*. Retrieved from http://www.revue-chimeres.fr/drupal_chimeres/?q=node/16

Châtelet, G. (1993/2000). *Figuring space: Philosophy, mathematics, and physics*. (R.

Shore & M. Zagha, Trans.). Dordrecht, The Netherlands: Kluwer. (Original work published as *Les enjeux du mobile*, 1993)

Châtelet, G. (2006). Interlacing the singularity, the diagram and the metaphor. In S. B. Duffy (Ed. and Trans.), *Virtual mathematics: The logic of difference* (pp. 31–45). Manchester: Clinamen.

Cheah, P. (2010). Non-dialectical materialism. In D. Coole & S. Frost (Eds.), *New materialisms: Ontology, agency, and politics* (pp. 70–91). London: Duke University Press.

Christensen, O. R., Stentoft, D., & Valero, P. (2008). Power distributions in the network of mathematics education practices. In E. de Freitas & K. Nolan (Eds.), *Opening the research text: Critical insights and in(ter)ventions into mathematics* (pp. 147–154). New York: Springer.

Christie, F., & Martin, J. R. (Eds.). (2007). *Language, knowledge and pedagogy: Linguistic and sociological perspectives*. London: Continuum International Publishing Group.

Clagett, M. (1968). *Nicole Oresme and the medieval geometry of qualities and motions*. Madison: The University of Wisconsin Press.

Clandinin, D. J., & Connelly, F. M. (1995). *Teacher's professional knowledge landscapes*. New York: Teachers College Press.

Clandinin, D. J., & Connelly, F. M. (2000). *Narrative inquiry: Experience and story in qualitative research*. San Francisco: Jossey-Bass.

Clements, D. H., & Sarama, J. (Eds.). (2004). Hypothetical learning trajectories [Special issue]. *Mathematical Thinking and Learning, 6*(2), 163–184.

Clough, P. (2002). *Narratives and fictions in educational research*. Philadelphia: Open University Press.

Coates, J. (1996). *Women talk*. Oxford: Blackwell.

Coates, J. (2003). *Men talk*. Oxford: Blackwell.

Cole, A. L., & Knowles, J. G. (2003). *Provoked by art: Theorizing arts-informed inquiry*. Lanham, MD: Rowman & Littlefield.

Colebrook, C. (2008). Bourgeois thermodynamics. In I. Buchanan & N. Thoburn (Eds.), *Deleuze and politics* (pp.121–138). Edinburgh: Edinburgh University Press.

Colebrook, C. (2013). Modernism without women: The refusal of becoming-woman (and postfeminism). *Deleuze Studies, 7*(4), 427–455.

Combes, M. (2013). *Gilbert Simondon and the philosophy of the transindividual*. (T. Lamarre, Trans.). Cambridge, MA: MIT Press.

Confrey, J., Maloney, A., Nguyen, K., Mojica, G., & Myers, M. (2009). Equipartitioning/

splitting as a foundation of rational number reasoning. In M. Tzekaki, M. Kaldrimidou, & C. Sakonidis (Eds.), *Proceedings of the 33rd Conference of the International Group for the Psychology of Mathematics Education(PME 33)* (Vol. 1, pp. 345–352). Thessaloniki, Greece: PME.

Coole, D., & Frost, S. (Eds.). (2010). *New materialisms: Ontology, agency, and politics*. London: Duke University Press.

Coxeter, H. S. M. (1974). *Projective geometry (2nd ed.)*. Toronto: University of Toronto Press.

Crary, J. (1990). *Techniques of the observer: On vision and modernity in the nineteenth century*. Cambridge, MA: MIT Press.

Crowe, M. (1985). *A history of vector analysis: The evolution of the idea of a vectorial system*. New York: Dover Publications.

Cutler, A., & MacKenzie, I. (2011). Bodies of learning. In L. Guillaume & J. Hughes (Eds.), *Deleuze and the body* (pp. 53–72). Edinburgh: Edinburgh University Press.

Davis, B., & Simmt, E. (2003). Understanding learning systems: Mathematics education and complexity science. *Journal for Research in Mathematics Education*, 34(2), 137–167.

Davis, G. A., & Rimm, S. B. (2004). *Education of the gifted and talented (5th ed.)*. Boston: Pearson Education.

de Freitas, E. (2004a). Pre-service teachers and the re-inscription of whiteness: Disrupting dominant cultural codes through textual analysis. *Teaching Education, 16*(2), 151–164

de Freitas, E. (2004b). Plotting intersections along the political axis: The interior voice of dissenting mathematics teachers. *Educational Studies in Mathematics, 55*, 259–274.

de Freitas, E. (2008a). Troubling teacher identity: Preparing mathematics teachers to teach for diversity. *Teaching Education, 19*(1), 43–55.

de Freitas, E. (2008b). Enacting identity through narrative: Interrupting the procedural discourse in mathematics classrooms. In T. Brown (Ed.), *The psychology of mathematics education: A psychoanalytic displacement* (pp. 139–155). Rotterdam, The Netherlands: Sense Publishers.

de Freitas, E. (2010). Making mathematics public: Aesthetics as the distribution of the sensible. *Educational Insights, 13*(1). Retrieved from http://www.ccfi.educ.ubc.ca/publication/insights/v13n01/articles/defreitas/index.html

de Freitas, E. (2012a). The classroom as rhizome: New strategies for diagramming knotted interaction. *Qualitative Inquiry, 18*(7), 557–570.

de Freitas, E. (2012b). The diagram as story: Unfolding the event-structure of the mathematical diagram. *For the Learning of Mathematics, 32*(2), 27–33

de Freitas, E. (2012c). What were you thinking? A Deleuzian/Guattarian analysis of communication in the mathematics classroom. *Educational Philosophy and Theory, 45*(3), 287–300.

de Freitas, E. (2013). The mathematical event: Mapping the axiomatic and the problematic in school mathematics. *Studies in Philosophy and Education, 32*(6), 581–599.

de Freitas, E., & McCarthy, M. (2012). (Dis)orientation and spatial sense: Topological thinking in the mıddle grades. Paper presented at CERME 8, Working Group 4: Geometrical Thinking, Manavgat-Side, Antalya–Turkey.

de Freitas, E., & Sinclair, N. (2012). Diagram, gesture, agency: Theorizing embodiment in the mathematics classroom. *Educational Studies in Mathematics, 80*, 133–152.

de Freitas, E. & Zolkower, B. (2009). Using social semiotics to prepare mathematics teachers to teach for social justice. *Journal of Mathematics Teacher Education, 12*(3), 187–203.

de Freitas, E., & Zolkower, B. (2011). Developing teacher capacity to explore nonroutine problems through a focus on the social semiotics of mathematics classroom discourse. *Research in Mathematics Education, 13*(3), 229–247.

Delanda, M. (2006). *A new philosophy of society: Assemblage theory and social complexity*. London & New York: Continuum.

Delanda, M. (2008). Deleuze, materialism and politics. In I. Buchanan & N. Thoburn (Eds.), *Deleuze and politics* (pp. 160–177). Edinburgh: Edinburgh University Press.

Deleuze, G. (1984). *Kant's critical philosophy: The doctrine of the faculties*. Minneapolis: University of Minnesota Press.

Deleuze, G. (1990). *The logic of sense*. (M. Lester, Trans.). New York: Columbia University Press.

Deleuze, G. (1993). *The fold: Leibniz and the Baroque*. Minneapolis: Regents of the University of Minnesota Press.

Deleuze, G. (1994). *Difference and repetition*. (P. Patton, Trans.). New York: Columbia University Press.

Deleuze, G. (2001). *Pure immanence: Essays on a life*. (J. Rajchman, Trans.). New York: Zone Books.

Deleuze, G. (2003). *Francis Bacon: The logic of sensation*. (D. W. Smith, Trans.). Minneapolis: University of Minnesota Press.

Deleuze, G., & Guattari, F. (1987). *A thousand plateaus: Capitalism and schizophrenia.* Minneapolis: University of Minnesota Press.

Derrida, J. (1974). *Of grammatology*. Baltimore: Johns Hopkins University Press.

Dewey, J. (1902). The child and the curriculum. In L. A. Hickman & T. M. Alexander (Eds.), *The essential Dewey* (Vol. 1, pp. 236–245). Chicago: University of Chicago Press.

Dietiker, L. (2012). *The mathematics textbook as story: A literary approach to interrogating mathematics curriculum.* (Unpublished PhD dissertation). Michigan State University, East Lansing, MI.

Diezmann, C. M., & English, L. D. (2001). Promoting the use of diagrams as tools for thinking. In A. A. Cuoco (Ed.), *2001 National Council of Teachers of Mathematics yearbook: The role of representation in school mathematics* (pp. 77–89). Reston, VA: NCTM Publishing.

Dowling, P. (1998). *The sociology of mathematics education: Mathematical myths/ pedagogic texts*. London: The Falmer Press.

Doxiadis, A. (2003, January 3). Embedding mathematics in the soul: Narrative as a force in mathematics education. *Opening address to the Third Mediterranean Conference on Mathematics Education*, Athens. Retrieved from http://www.apostolosdoxiadis.com/files/essays/embeddingmath.pdf

Doxiadis, A. (2004, June 11). *The mystery of the black knight's Noetherian ring.* Keynote address at the Fields Symposium on online mathematical investigation as a narrative experience, University of Western Ontario.

Doxiadis, A., & Mazur, B. (Eds.). (2011). *Circles disturbed: The interplay of mathematics and narrative*. Princeton: Princeton University Press.

Drake, C., Spillane, J. P., & Hufferd-Ackles, K. (2001). Storied identities: Teacher learning and subject matter context. *Journal of Curriculum Studies, 33*(1), 1–23.

Dreyfus, T., & Eisenberg, T. (1986). On the aesthetics of mathematical thought. *For the Learning of Mathematics, 6*(1), 2–10.

Driscoll, M. (2003). The sound of problem solving. In H. L. Schoen & R. I. Charles (Eds.), *Teaching mathematics through problem solving: Grades 6–12* (pp. 161–175). Reston, VA: NCTM Publishing.

Dunn, T. K. (2005). Engaging prospective teachers in critical reflection: Facilitating a disposition to teach mathematics for diversity. In A. Rodriguez & R. Kitchen (Eds.), *Preparing mathematics and science teachers for diverse classrooms: Promising strategies for transformative pedagogy* (pp. 143–158). Mahwah, NJ: Lawrence Erlbaum.

Dupuis, J. (2012). *Gilles Deleuze, Félix Guattari et Gilles Châtelet*. Paris: Harmattan.

Dürrenmatt, F. (1989). *Durcheinandertal*. Zürich: Diogenes.

Eide, B. L., & Eide, F. F. (2011). *The dyslexic advantage: Unlocking the hidden potential of the dyslexic brain*. New York: Penguin.

Ellis, C. (2004). *The ethnographic I: A methodological novel about autoethnography*. Lanham, MD: Altamira Press.

Ellis, C., & Bochner, A. P. (2000). Auto-ethnographic inquiry. In N. K. Denzin & Y. S. Lincoln (Eds.), *The handbook of qualitative research* (pp. 733–768). Thousand Oaks, CA: Sage Publications.

Ellis, C., & Bochner, A. P. (2002). *Ethnographically speaking*. Lanham, MD: Altamira Press.

Ernest, P. (1991). *The philosophy of mathematics education*. London: Routledge-Falmer.

Ernest, P. (1998). *Social constructivism as a philosophy of mathematics*. Albany, NY: State University of New York Press.

Fairclough, N. (1993). Linguistic and intertextual analysis within discourse analysis. In A. Jaworski & N. Coupland (Eds.), *The discourse reader* (pp. 183–212). New York: Routledge.

Fairclough, N. (2003). *Analyzing discourse: Textual analysis for social research*. New York: Routledge.

Felman, S. (1990). *Jacques Lacan and the adventure of insight: Psychoanalysis in contemporary culture*. Cambridge, MA: Harvard University Press.

Ferguson, A. (2013). The heretic: Who is Thomas Nagel and why are so many of his fellow academics condemning him? *The Weekly Standard, 18*(27). Retrieved from http://www.weeklystandard.com/articles/heretic_707692.html

Ferrara, F., Pratt, D., & Robutti, O. (2006). The role and uses of technologies for the teaching of algebra and calculus. In A. Gutierrez & P. Boero (Eds.), *Handbook of research on the psychology of mathematics education* (pp. 237–273). Rotterdam, The Netherlands: Sense Publishers.

Ferrara, F., & Savioli, K. (2009). Why could not a vertical line appear? Imagining to stop time. In M. Tzekaki, M. Kaldrimidou, & C. Sakonidis (Eds.), *Proceedings of the 33rd Conference of the International Group for the Psychology of Mathematics Education (PME 33)* (Vol. 3, pp. 33–40). Thessaloniki, Greece: PME.

Feser, E. (2010). *The last superstition: A refutation of the new atheism*. South Bend, IN: Saint Augustine's Press.

Fitzgerald, M. (2000) Is the cognitive style of the persons with the Asperger's Syndrome also a 'mathematical style'?, *Journal of Autism and Developmental Disorders, 30*(2), 175–176.

Fitzgerald, M. (2002). Asperger's Disorder and mathematicians of genius. *Journal of Autism and Developmental Disorders, 32*(1), 59–60.

Fitzgerald, M. (2004). *Autism and creativity: Is there a link between autism in men and exceptional ability?* London: Routledge.

Fomin, D., Genkin, S., & Itenberg, I. (1996). *Mathematical circles (Russian Experience).* Providence, RI: American Mathematical Society.

Fuchs, L. S., Fuchs, D., Hamlett, C. L., & Appleton, A. C. (2002). Explicitly teaching for transfer: Effects on the mathematical problem-solving performance of students with mathematics disabilities. *Learning Disabilities Research & Practice, 17*, 90–106.

Fuson, K. C. (1988). *Children's counting and concepts of number.* New York: Springer.

Gallese, V., & Lakoff, G. (2005). The brain's concepts: The role of the sensorymotor system in conceptual knowledge. *Cognitive Neuropsychology, 21*, 1-25.

Gates, P. (2002). Issues of equity in mathematics education: Defining the problem, seeking solutions. In L. Haggarty (Ed.), *Teaching mathematics in secondary schools* (pp. 211–228). London: Routledge-Falmer.

Gee, J. P. (1991). A linguistic approach to narrative. *Journal of Narrative and Life History*, 1, 15–39.

Gee, J. P. (2005). *An introduction to discourse analysis*. London & New York: Routledge.

Gifford, S. (2006). Dyscalculia: Myths and models. *Research in Mathematics Education, 8*, 35–51.

Gleick, J. (1987). *Chaos: Making a new science*. London: Penguin Publishing.

Goguen, J. (1991). A categorical manifesto. *Mathematical Structures in Computer Science 1*(1), 49–67.

Gough, N. (2004). RhizomANTically becoming-cyborg: Performing posthuman pedagogies. *Educational Philosophy and Theory, 36*, 253–265.

Goodley, D. (2009). Bringing the psyche back into disability studies: The case of the body with/out organs. *Journal of Literary & Cultural Disability Studies, 3*(3), 257–272.

Grawemeyer, B. & Cox, R. (2008). The effects of users' background diagram knowledge and task characteristics upon information display selection. In G. Stapleton, J. Howse, & J. Lee (Eds.), *Diagrammatic Representation and Inference, 5th International Conference, Diagrams 2008, Proceedings* (pp. 321–334). Lecture Notes in Computer Science 5223. Berlin & Heidelberg: Springer.

Greiffenhagan, C. (in press). *The materiality of mathematics: Presenting mathematics at the blackboard.* British Journal of Sociology.

Grosz, E. (1994). *Volatile bodies: Toward a corporeal feminism.* Bloomington: Indiana University Press.

Grosz, E. A. (Ed.). (1999). *Becomings: Explorations in time, memory and futures.* Ithaca, NY: Cornell University Press.

Grosz, E. (2001). *Architecture from the outside: Essays on virtual and real space.* Cambridge, MA: MIT Press.

Grosz, E. (2010). Political matters: Feminism, materialism, and freedom. In D. H. Coole & S. Frost (Eds.), *New materialisms: Ontology, agency, and politics* (pp. 139–157). Durham, NC: Duke University Press.

Gutstein, E. (2000). Increasing equity: Challenges and lessons from a state systemic initiative. In W. G. Secada (Ed.), *Changing the faces of mathematics: Perspectives on multiculturalism and gender equity* (pp. 25–36). Reston, VA: NCTM Publishing.

Gutstein, E. (2006). *Reading and writing the world with mathematics: Toward a pedagogy for social justice.* New York: Routledge.

Hacking, I. (2013). Why is there philosophy of mathematics at all? In M. Pitici & D. Mumford (Eds.), *The best writing on mathematics 2012* (pp. 234–254). Princeton: Princeton University Press.

Hadamard, J. (1945). *The psychology of invention in the mathematical field.* Princeton: Princeton University Press.

Hall, R., & Nemirovsky, R. (2011). *Histories of modal engagements with mathematical concepts: A theory memo.* Retrieved from http://www.sci.sdsu.edu/tlcm/all-articles/Histories_of_modal_engagement_with_mathematical_concepts.pdf

Hall, S. (1996). Introduction: Who needs identity? In S. Hall & P. de Guy (Eds.), *Questions of cultural identity* (pp. 1–17). London: Sage Publications.

Hallahan, D. P., & Mock, D. R. (2006). A brief history of the field of learning disabilities. In H. L. Swanson, K. R. Harris, & S. Graham (Eds.), *Handbook of learning disabilities* (pp. 16–29). New York: The Guilford Press.

Halliday, M. A. K. (1985). *An introduction to functional grammar.* Victoria, Australia: Edward Arnold.

Halliday, M. A. K. (1991). Towards probabilistic interpretations. In E. Ventola (Ed.), *Trends in Linguistics Studies and Monographs: Vol. 55. Functional and systemic linguistics approaches and uses* (pp. 39–61). Berlin: Mouton de Gruyter.

Halliday, M. A. K. (1993). Towards a language-based theory of learning. Linguistics and Education, 5, 93–116.

Halliday, M. A. K. (2007). The notion of 'context' in language education. In J. J. Webster (Ed.), *Language and education* (pp. 269–290). London: Continuum Press.

Hardy, G. H. (1929). Mathematical proof. *Mind, New Series, 38*(149), 1–25.

Hardy, G. H. (1940). *A mathematician's apology*. Cambridge: Cambridge University Press.

Harroway, D. (2008). *When species meet*. Minneapolis: University of Minnesota Press.

Healy, L., & Fernandes, S. H. A. A. (2011). The role of gestures in the mathematical practices of those who do not see with their eyes. *Educational Studies in Mathematics, 77*, 157–174.

Healy, L., & Powell, A. (2013). Understanding and overcoming 'disadvantage' in learning mathematics. In M. A. Clements, A. Bishop, C. Keitel-Kreidt, J. Kilpatrick, & F. K.-S. Leung (Eds.), *Third international handbook of mathematics education* (pp. 69–100). Berlin: Springer.

Hehir, T. (2005). *New directions in special education: Eliminating ableism in policy and practice*. Cambridge, MA: Harvard Education Press.

Heidegger, M. (1977). *Sein und Zeit* [Being and time]. Tübingen, Germany: Max Niemeyer.

Henry, M. (2000). *Incarnation: Une philosophie de la chair* [Incarnation: A philosophy of the flesh]. Paris: Éditions du Seuil.

Henry, M. (2005). *Voir l'invisible: Sur Kandinsky* [Seeing the invisible: On Kandinsky]. Paris: Presses Universitaires de France.

Herbel-Eisenmann, B. (2007). From intended curriculum to written curriculum: Examining the 'voice' of a mathematics textbook. *Journal for Research in Mathematics Education, 38*, 344–369.

Herbel-Eisenmann, B., & Wagner, D. (2010). Appraising lexical bundles in mathematics classroom discourse: Obligation and choice. *Educational Studies in Mathematics, 75*(1), 43 – 63.

Herbst, P. (2002). Establishing a custom of proving in American school geometry: Evolution of the two-column proof in the early twentieth century. *Educational Studies in Mathematics, 49*(3), 283–312.

Hersh, R. (1997). *What is mathematics, really?* New York: Oxford University Press.

Hersh, R., & John-Steiner, V. (2011). *Loving and hating mathematics: Challenging the myths of mathematical life*. Princeton: Princeton University Press.

Hewitt, D. (1999). Arbitrary and necessary: A way of viewing the mathematics curriculum. *For the Learning of Mathematics, 19*(3), 2–9.

Hickey-Moody, A. (2009). Little war machines: Posthuman pedagogy and its media. *Journal of Literary & Cultural Disability Studies, 3*(3), 273–280.

Hoffmann, M. H. G. (2005). Signs as means for discoveries: Peirce and his concepts of 'diagrammatic reasoning,' 'theorematic deduction,' 'hypostatic abstraction,' and 'theoric transformation'. In M. H. G. Hoffmann, J. Lenhard, & F. Seeger (Eds.), *Activity and sign: Grounding mathematics education* (pp. 45–56). New York: Springer.

Hooks, B. (2000). *Where we stand: Class matters*. New York: Routledge University.

Hughes, M. (1986). *Children and number: Difficulties in learning mathematics*. Oxford: Blackwell.

Husserl, E. (2001). *Analysis concerning passive and active synthesis: Lectures on transcendental logic*. Dordrecht, The Netherlands: Kluwer Academic Publishers.

Hutchins, E. (1995). *Cognition in the wild*. Cambridge, MA: MIT Press.

Hwang, S., & Roth, W.-M. (2011). *Scientific and mathematical bodies: The interface of culture and mind*. Rotterdam, The Netherlands: Sense Publishers.

Ilyenkov, E. V. (1977). *Dialectical logic*. Moscow: Progress Publishers.

Ingold, T. (2007). *Lines: A brief history*. Abingdon, Oxon: Routledge.

Ingold, T. (2008). When ANT meets SPIDER: Social theory for arthropods. In C. Knappett & L. Malafouris (Eds.), *Material agency: Towards a non-anthropocentric approach* (pp. 209–215). New York: Springer.

Ingold, T. (2010). *Bringing things to life: Creative entanglements in a world of materials* (NCRM Working Paper). University of Manchester: Realities/Morgan Centre.

Ingold, T. (2011). *Being alive: Essays on movement, knowledge and description*. London: Routledge.

Ivins, W. (1938/1975). *On the rationalization of sight*. New York: Da Capo Press. (Original work published 1938)

Ivins, W. M., Jr., (1945/1964). *Art and geometry: A study of space intuitions*. New York: Dover Publications. (Original work published 1945)

Jackiw, N. (1991, 2001). *The geometer's sketchpad Software*. Key Curriculum Press.

Jackiw, N. (2006). Mechanism and magic in the psychology of dynamic geometry. In N. Sinclair, D. Pimm, & W. Higginson (Eds.), *Mathematics and aesthetics: New approaches to an ancient affinity* (pp. 145–159). New York: Springer.

Jackiw, N., & Sinclair, N. (2009). Sounds and pictures: Dynamism and dualism in dynamic geometry. *ZDM: The International Journal on Mathematics Education, 41*, 413–426.

Jaffe, A., & Quinn, F. (1993). Theoretical mathematics: Toward a cultural synthesis of mathematics and theoretical physics. *Bulletin of the American Mathematical Society, 29*(1), 1-13.

Jaffe, A. & Quinn, F. (1994). Response to comments on 'theoretical mathematics'. *Bulletin of the American Mathematical Society, 30*(2), 208-211.

James, I. (2002). *Remarkable mathematicians: From Euler to von Neumann*. Cambridge: The Mathematical Association of America/Cambridge University Press.

James, I. (2003). Autism in mathematicians. *The Mathematical Intelligencer, 25*(4), 62-65.

James, I. (2004). *Remarkable physicists: From Galileo to Yukawa*. Cambridge: Cambridge University Press.

Jaworski, A., & Coupland, N. (Eds.). (1993). *The discourse reader*. New York: Routledge.

Jefferson, G. (2004). Glossary of transcript symbols with an introduction. In G. H. Lerner (Ed.), *Conversation analysis: Studies from the first generation* (pp. 13-23). Philadelphia: John Benjamins.

Jullien, C. (2008). *Esthétique et mathématiques: Une exploration goodmanienne*. Rennes, France: Presses Universitaires de Rennes.

Kanner, L. (1943). Autistic disturbances of affective contact. *Nervous Child, 2*, 217-250.

Kastberg, S., Norton, A., & Klerlein, J. (2009). Trusting students. *Mathematics Teaching in the Middle School, 17*, 423-429.

Kilpatrick, J., Swafford, J., & Findell, B. (Eds.). (2001). *Adding it up: Helping children learn mathematics*. Washington, DC: The National Academies Press.

Kirby, V. (2011). *Quantum anthropologies: Life at large*. Durham, NC: Duke University Press.

Kittler, F. (1999). *Gramophone, film, typewriter*. Stanford, CA: Stanford University Press.

Klibansky, R., Panofsky, E., & Saxl, F. (1964). *Saturn and melancholy: Studies in the history of natural philosophy, religion and art*. London: Nelson.

Kline, M. (1953). *Mathematics in Western culture*. London: George Allen and Unwin.

Knoespel, K. (2000). Introduction: Diagrammatic writing and the configuration of space. In G. Châtelet, *Figuring space* (pp. ix-xxiii). Dordrecht, The Netherlands: Kluwer Academic Publishers.

Krause, R., & Rölli, M. (2008). Micropolitical associations. In I. Buchanan & N. Thoburn (Eds.), *Deleuze and politics* (pp. 240-254). Edinburgh: Edinburgh University Press.

Kristeva, J. (1980). *Desire in language: A semiotic approach to literature and art.* (T. Gora, A. Jardine, Trans. & L. S. Roudiez, Ed.). New York: Columbia Press.

Krull, W. (1930/1987). The aesthetic viewpoint in mathematics. *The Mathematical Intelligencer, 9*(1), 48–52. (Original work published 1930)

Labov, W. (2006). Narrative pre-construction. *Narrative Inquiry, 16*(1), 37–45.

Labov, W., & Waletzky, J. (1967). Narrative analysis. In J. Helm (Ed.), *Essays on the verbal and visual arts* (pp. 12–44). Seattle, WA: Washington University Press.

Lakatos, I. (1976). *Proofs and refutations: The logic of mathematical discovery.* J. Worrall & E. Zahar (Eds.). Cambridge: Cambridge University Press.

Lakatos, I. (1978). *Mathematics, science and epistemology: Philosophical papers* (Vol. 2). J. Worral, & G. Currie (Eds.). Cambridge: Cambridge University Press.

Lakoff, G., & Núñez, R. (2000). *Where mathematics comes from: How the embodied mind brings mathematics into being.* New York: Basic Books.

Lampert, M. (1990). When the problem is not the question and the solution is not the answer: Mathematical knowing and teaching. *American Educational Research Journal, 27*(1), 29–64.

Lather, P. (1986). Issues of validity in openly ideological research: Between a rock and a soft place. *Interchange, 17*(4), 63–84.

Lather, P. (2007). *Getting lost: Feminist efforts toward a double(d) science.* New York: SUNY Press.

Latour, B. (1990). Drawing things together. In M. Lynch & S. Woolgar (Eds.), *Representation in scientific practice* (pp. 19–68). Cambridge, MA: MIT Press.

Latour, B. (1993). *We have never been modern.* Cambridge, MA: Harvard University Press.

Latour, B. (2005). *Reassembling the social: An introduction to actor-network-theory.* Oxford: Oxford University Press.

Lave, J., & Wenger, E. (1991). *Situated learning: Legitimate peripheral participation.* Cambridge: Cambridge University Press.

Lecercle, J-J. (2002). *Deleuze and language.* Basingstoke: Palgrave Macmillan.

Leikin, R. (2009). Multiple proof tasks: Teacher practice and teacher education. In F. Lin, F. Hsieh, G. Hanna, & M. de Villers (Eds.), *Proceedings of the ICMI Study-19 Conference: Proof and Proving in Mathematics Education* (Vol. 2, pp. 31–36). Taipei: ICMI.

Leikin, R., Berman, A., & Koichu, B. (Eds.). (2009). *Creativity in mathematics and the education of gifted students.* Rotterdam, The Netherlands: Sense Publishers.

Lemke, J. (2000). Opening up closure: Semiotics across scales. In J. Chandler & G. V. D. Vijver (Eds.), *Closure: Emergent organizations and their dynamics* (pp. 100–111). New York: New York Academy of Science Press.

Lemke, J. (2002). Ideology, intertextuality and the communication of science. In P. H. Fries, M. Cummings, D. Lockwood, & W. Spruiell (Eds.), *Relations and functions within and around language* (pp. 32–55). New York: Continuum.

Leonard, J., & Jackson Dantley, S. (2005). Breaking through the ice: Dealing with issues of diversity in mathematics and science education courses. In A. Rodriguez & R. Kitchen (Eds.), *Preparing mathematics and science teachers for diverse classrooms: Promising strategies for transformative pedagogy* (pp. 87–118). Mahwah, NJ: Lawrence Erlbaum.

Leont'ev, A. N. (1978). *Activity, consciousness, and personality*. New Jersey: Prentice-Hall.

Lerman. S. (2005, May 27). *Identity in mathematics education*. Keynote presentation at The Canadian Mathematics Education Study Group, University of Ottawa.

Linton, S. (1998). *Claiming disability: Knowledge and identity*. New York: New York University Press.

Lockhart, P. (2009). *A mathematician's lament: How school cheats us out of our most fascinating and imaginative art form*. New York: Bellevue Literary Press.

Loveland, K. (1991). Social affordances and interaction: Autism and the affordances of the human environment. *Ecological Psychology, 3*(2), 99–119.

Lundin, S. (2011). Hating school, loving mathematics: On the ideological function of critique and reform in mathematics education. *Educational Studies in Mathematics, 80*(1), 73–85.

MacLure, M. (2010, May 4). *Facing Deleuze: Affect in education and research*. Presentation at The American Educational Research Association, Denver, CO.

Malafouris, L. (2008). Between drains, bodies and things: Tectonoetic awareness and extended self. *Philosophical Transactions of the Royal Society B, 363*, 1993–2002.

Malloy, C. (2004). Equity in mathematics education is about access. In R. N. Rubenstein & G. W. Bright (Eds.), *Perspectives on the teaching of mathematics* (pp. 1–14). Reston, VA: NCTM Publishing.

Manning, E. (2009). *Relationscapes: Movement, art, philosophy*. Cambridge, MA: MIT Press.

Manning, E., & Massumi, B. (2010, November 11). Coming alive in a world of texture: For neurodiversity. Keynote presentation at the Thinking – Resisting – Reading the

Political Conference, Giessen, Germany. Retrieved from http://www.youtube.com/watch?v=DqUaEcO30T0

Marion, J.-L. (2002). *Being given: Toward a phenomenology of givenness*. Stanford, CA: Stanford University Press.

Marion, J.-L. (2004). *The crossing of the visible*. Stanford, CA: Stanford University Press.

Marschark, M., Spencer, P. E., Adams, J., & Sapere, P. (2011). Evidence-based practice in educating deaf and hard-of-hearing children: Teaching to their cognitive strengths and needs. *European Journal of Special Needs Education, 26*, 3–16.

Marsh, M. (2002). Examining the discourses that shape our teacher identities. *Curriculum Inquiry, 32*(4), 453–469.

Martin, J. R. (1993). Genre and literacy: Modeling context in educational linguistics. *Annual Review of Applied Linguistics, 13*, 141–172.

Martin, J. R. (2007). Construing knowledge: A functional linguistic perspective. In F. Christie & J. R. Martin (Eds.), *Language, knowledge and pedagogy: Linguistic and sociological perspectives* (pp. 34–64). London: Continuum International Publishing Group.

Massumi, B. (2002). *Parables for the virtual: Movement, affect, sensation*. Durham, NC: Duke University Press.

Maturana, H. R., & Varela, F. J. (1987). *The tree of knowledge: The biological roots of human understanding*. Boston: Shambhala.

McCrink, K., & Spelke, E. S. (2010). Core multiplication in childhood. *Cognition, 116*(2), 204–216.

McCullough, W. S. (1965). *Embodiments of mind*. Cambridge, MA: MIT Press.

McNeill, D. (2001). Analogic/analytic representations and cross-linguistic differences in thinking for speaking. *Cognitive Linguistics, 11*, 43–60.

McNeill, D. (2003). Pointing and morality in Chicago. In S. Kita (Ed.), *Pointing: Where language, culture and cognition meet* (pp. 139–170). Mahwah, NJ: Erlbaum.

McNeill, D. (2005). *Gesture and thought*. Chicago: University of Chicago Press.

Mendick, H. (2006). *Masculinities in mathematics*. Maidenhead, UK: Open University Press.

Merleau-Ponty, M. (1945). *Phenomenologie de la perception* [Phenomenology of perception]. Paris: Gallimard.

Merleau-Ponty, M. (1962/2004). Excerpt from Phenomenology of perception. (K. Paul, Trans.). In T. Baldwin (Ed.), *Basic Writings*. New York: Routledge.

Miller, J. (1992). Teachers, autobiography, and curriculum: Critical and feminist perspectives. In B. B. Swadner & S. Kessler (Eds.), *Reconceptualizing the early childhood curriculum* (pp. 103–122). New York: Teachers College Press.

Mitchell, W. J. T. (2001). Seeing disability [Special issue]. *Public Culture, 13*(3), 391–397.

Molland, G. (1991/1995). Implicit versus explicit geometrical methodologies: The case of construction. In G. Molland, *Mathematics and the medieval ancestry of physics* (pp. 181–196). Brookfield, VT: Variorum. (Original work published 1991)

Morgan, C. (2005). Words, definitions and concepts in discourses of mathematics teaching and learning. *Language and Education, 19*(2), 103–117.

Morgan, C. (2006). What does social semiotics have to offer mathematics education research? *Educational Studies in Mathematics, 61*, 219–245.

Moses, R. P., & Cobb, C. E. (2001). *Radical equations: Civil rights from the Mississippi to the Algebra Project*. Boston: Beacon Press.

Movshovitz-Hadar, N. (1988). School mathematics theorems: An endless source of surprise. *For the Learning of Mathematics, 8*(3), 34–39.

Mukhopadhyay, S., & Greer, B. (2001). Modeling with purpose: Mathematics as a critical tool. In B. Atweh, H. Forgasz, & B. Nebres (Eds.), *Socio-cultural research on mathematics education: An international perspective* (pp. 295–312). Mahwah, NJ: Lawrence Erlbaum.

Munn, P., & Reason, R. (2007). Arithmetic difficulties: Developmental and instructional perspectives. *Educational and Child Psychology, 24*(2), 5–14.

Nagel, T. (2012). *Mind and cosmos: Why the materialist neo-Darwinian conception of nature is almost certainly false*. New York: Oxford University Press.

Nancy, J.-L. (2007). *Listening*. New York: Fordham University Press.

Nemirovsky, R. (2003). Three conjectures concerning the relationship between body activity and understanding mathematics. In N. A. Pateman, B. J. Dougherty, & J. T. Zilliox (Eds.), *Proceedings of the 27th Conference of the International Group for the Psychology of Mathematics Education (PME 27)* (Vol. 1, pp. 103–135). Honolulu: PME.

Nemirovsky, R., & Ferrara, F. (2009). Mathematical imagination and embodied cognition. *Educational Studies in Mathematics, 70*, 159–174.

Nemirovsky, R., Rasmussen, C., Sweeney, G., & Wawro, M. (2012). When the classroom floor becomes the complex plane: Addition and multiplication as ways of bodily navigation. *Journal of the Learning Sciences, 21*(2), 287–323.

Netz, R. (1999). *The shaping of deduction in Greek mathematics: A study in cognitive history*. Cambridge: Cambridge University Press.

Netz, R. (2009). *Ludic proof: Greek mathematics and the Alexandrian aesthetic*. New York: Cambridge University Press.

Netz, R., Noel, W., Wilson, N., & Tchernetska, N. (2011). *The Archimedes palimpsest* (Vols. 1–2). Cambridge: Cambridge University Press.

Niremberg, D., & Niremberg, R. (2011). Badiou's number: A critique of mathematical ontology. *Critical Inquiry, 37*(4), 583–614.

Novick, L. R. (2004). Diagram literacy in preservice math teachers, computer science majors, and typical undergraduates: The case of matrices, networks, and hierarchies. *Mathematical Thinking and Learning, 6*, 307–342.

Nunes, T. (2004). *Teaching mathematics to deaf children*. London: Whurr Publishers.

Núñez, R. (2006). Do real numbers really move? Language, thought, and gesture: The embodied cognitive foundations of mathematics. In R. Hersh (Ed.), *18 unconventional essays on the nature of mathematics* (pp. 160–181). New York: Springer.

Núñez, R., Edwards, L., & Matos, J. F. (1998). Embodied cognition as grounding for situatedness and context in mathematics education. *Educational Studies in Mathematics, 39*, 45–65.

Nunokawa, K. (2001). Surprises in mathematics lessons. *For the Learning of Mathematics, 21*(3), 43–50.

Nunokawa, K. (2004). Solvers' making of drawings in mathematical problem solving and their understanding of the problem situations. *International Journal of Mathematical Education in Science and Technology, 35*, 173–183.

Nunokawa, K. (2006). Using drawings and generating information in mathematical problem solving processes. *Journal of Mathematics, Science and Technology Education, 2*(3), 33–54.

O'Halloran, K. L. (2005). *Mathematical discourse: Language, symbolism and visual images*. London & New York: Continuum.

O'Halloran, K. L. (2010). The semantic hyperspace: Accumulating mathematical knowledge across semiotic resources and modes. In F. Christie & K. Maton (Eds.), *Disciplinarity: Functional linguistic and sociological perspectives* (pp. 217–236). London & New York: Continuum.

O'Halloran, K. L., & Smith, B. A. (2011). Multimodal studies. In K. L. O'Halloran & B. A. Smith. (Eds.), *Multimodal studies: Exploring issues and domains* (pp. 1–13). London & New York: Routledge.

Ober, J. (2007). *The original meaning of 'democracy': Capacity to do things, not majority rule* (Princeton/Stanford Working Papers in Classics). Retrieved from http://ssrn.com/abstract=1024775

Olive, J., & Steffe, L. (2002). Schemes, schemas and director systems (An integration of Piagetian scheme theory with Skemp's model of intelligent learning). In D. O. Tall & M. O. J. Thomas (Eds.), *Intelligence, learning and understanding in mathematics: A tribute to Richard Skemp* (pp. 97–130). Flaxton, QLD: Post Pressed.

Ong, W. J. (1982). *Orality and literacy: The technologizing of the word.* London: Methuen.

Otte, M. (2005). Mathematics, sign and activity. In M. H. G. Hoffman, J. Lenhard, & F. Seeger (Eds.), *Activity and sign: Grounding mathematics education* (pp. 9–22). New York: Springer.

Overboe, J. (2001). *A critique of the ableist model of disability as lack.* Paper presented at the Society for Literature and Science Conference 2001: Technologies, Bodies, Narratives: The Accountability of Scientific and Medical Practices Session, Buffalo, NY.

Overboe, J. (2007a). Ableist limits on self-narration: The concept of post-personhood. In V. Raoul, C. Canam, A. Henderson, & C. Paterson (Eds.), *Unfitting stories: Narrative approaches to disease, disability, and trauma* (pp. 175–182). Waterloo: Wilfrid Laurier University Press.

Overboe, J. (2007b). Disability and genetics: Affirming the bare life (the state of exception). In S. J. Reuters & K. Neves-Graca (Eds.), Genes and society: Looking back on the future [Special issue]. *Canadian Review of Sociology and Anthropology, 44*(2), 219–235.

Overboe, J. (2007c). Vitalism: Subjectivity exceeding racism, sexism, and (psychiatric) ableism. In P. Parekh (Ed.), Intersecting gender and disability Perspectives in rethinking postcolonial identities [Special issue]. *Wagadu, Journal of Transnational Women's and Gender Studies, 4*, 22–34.

Overboe, J. (2009a). Affirming an impersonal life: A different register for disability studies. *Journal of Literary & Cultural Disability Studies, 3*(3), 241–256.

Overboe, J. (2009b). Introduction: Deleuze, disability, and difference. *Journal of Literary & Cultural Disability Studies, 3*(3), 217–220.

Papert, S. (1980). *Mindstorms: Children, computers and powerful ideas*. New York: Basic Books.

Parkinson, G. H. R., & Morris, M. (Eds. & Trans.). (1973). *Leibniz: Philosophical writings*. London: Everyman's Library.

Paterson, K., & Hughes, B. (1999). Disability studies and phenomenology: The carnal politics of everyday life. *Disability and Society, 14*(5), 597–610.

Pickering, A. (1995). *The mangle of practice: Time, agency and science*. Chicago: University of Chicago Press.

Pimm, D. (1993). From should to could: Reflections on possibilities of mathematics teacher education. *For the Learning of Mathematics, 13*(2), 27–32.

Pimm, D. (2006). Drawing on the image in mathematics and art. In N. Sinclair, D. Pimm, & W. Higginson (Eds.), *Mathematics and the aesthetic: New approaches to an ancient affinity* (pp. 160–189). New York: Springer.

Pimm. D., Beisiegel, M., & Meglis, I. (2008). Would the real Lakatos please stand up? *Interchange: A Quarterly Review of Education, 39*(4), 469–481.

Pimm, D., & Sinclair, N. (2009). Audience, style and criticism. *For the Learning of Mathematics, 29*(2), 23–27.

Plucker, J. A., & Beghetto, R. A. (2004). Why creativity is domain general, why it looks domain specific, and why the distinction does not matter. In R. J. Sternberg, E. L. Grigorenko, & J. L. Singer (Eds.), *Creativity: From potential to realization* (pp. 153–168). Washington, DC: American Psychological Association.

Poincaré, H. (1905). *Science and hypothesis*. New York: The Science Press.

Poincaré, H. (1908/1956). Mathematical creation. In J. Newman (Ed.), *The world of mathematics* (Vol. 4, pp. 2041–2050). New York: Simon and Schuster. (Original work published 1908)

Pólya, G. (1981). *Mathematical discovery: On understanding, learning, and teaching problem solving* (Vol. 2). New York: John Wiley and Sons.

Popkewitz, T. (1998). *Struggling for the soul: The politics of schooling and the construction of the teacher*. New York: Teachers College Press.

Popkewitz, T. (2004). The alchemy of the mathematics curriculum: Inscriptions and the fabrication of the child. *American Educational Research Journal, 41*(1), 3–34.

Povey, H., Burton, L., Angier, C., & Boylan, M. (2004). Learners as authors in the mathematics classroom. In B. Allen & S. Johnston-Wilder (Eds.), *Mathematics education: Exploring the culture of learning* (pp. 43–56). New York: Routledge-Falmer.

Radden, J. (2000). *The nature of melancholy: From Aristotle to Kristeva*. New York: Oxford University Press.

Radford, L. (2003). Gestures, speech, and the sprouting of signs: A semiotic-cultural approach to students' types of generalization. *Mathematical Thinking and Learning, 5*(1), 37–70.

Radford, L. (2004). *Rescuing perception: Diagrams in Peirce's theory of cognitive activity*. Paper presented at ICME 10, Denmark, Copenhagen.

Radford, L. (2008). The ethics of being and knowing: Towards a cultural theory of learning. In L. Radord, G. Schubring, & F. Seeger (Eds.), *Semiotics in mathematics education: Epistemology, history, classroom and culture* (pp. 215–234). Rotterdam, The Netherlands: Sense Publishers.

Radford, L. (2009). 'No! He starts walking backwards!': Interpreting motion graphs and the question of space, place and distance. *ZDM: The International Journal on Mathematics Education, 41*, 467–480.

Radford, L., & Roth, W.-M.(2011). *A cultural-historical perspective on mathematics teaching and learning*. Rotterdam, The Netherlands: Sense Publishers.

Rajchman, J. (2000). *The Deleuze connections*. Cambridge, MA: MIT Press.

Rancière, J. (2002). The aesthetic revolution and its outcomes: Emplotments of autonomy and heteronomy. *New Left Review, 14*(March/April), 133–151.

Rancière, J. (2004). *The politics of aesthetics: The distribution of the sensible.* (G. Rockhill, Trans.). New York: Continuum.

Rancière, J. (2009). Contemporary art and the politics of aesthetics. In B. Hinderliter, W. Kaizen, & V. Maimon, *Communities of sense: Rethinking aesthetics and politics* (pp. 31–50). Durham, NC: Duke University Press.

Rancière, J. (2010). *Dissensus: On politics and aesthetics*. (S. Corcoran, Trans. & Ed.). London: Continuum Press.

Raoul, V., Canam, C., Henderson, A., & Paterson, C. (2007). Making sense of disease, disability, and trauma: Normative and disruptive stories. In V. Raoul, C. Canam, A. Henderson, & C. Paterson (Eds.), *Unfitting stories: Narrative approaches to disease, disability, and trauma* (pp. 3–10). Waterloo: Wilfrid Laurier University Press.

Redman, P. (2005). The narrative formation of identity revisited: Narrative construction, agency and the unconscious. *Narrative Inquiry, 15*(1), 25–44.

Rée, J. (1999). *I see a voice: A philosophical history of language, deafness and the senses*. London: Harper Collins.

Rice, S. (2002). The social construction of 'disabilities': The role of law. *Educational Studies, 33*, 169–180.

Riskin, J. (2002). *Science in the age of sensibility: The sentimental empiricists of the French Enlightenment*. Chicago: University of Chicago Press.

Ringrose, J. (2010). Beyond discourse: Using Deleuze and Guattari's schizoanalysis to explore affective assemblages, heterosexually striated space, and lines of flight online and at school. *Educational Philosophy and Theory, 43*(6), 1–21.

Robutti, O. (2006). Motion, technology, gesture in interpreting graphs. *The International*

Journal for Technology in Mathematics Education, 13(30), 117–126.

Rodriguez, A. J., & Kitchen, R. S. (Eds.). (2005). *Preparing mathematics and science teachers for diverse classrooms: Promising strategies for transformative pedagogy*. Mahwah, NJ: Lawrence Erlbaum.

Rogers, M. P., Malancharuvil-Berkes, E., Mosley, M., Hui, D., & O'Garro Joseph, G. (2005). Critical discourse analysis in education: A review of the literature. *Review of Educational Research, 75*(3), 365–416.

Rota, G. (1997). *Indiscrete thoughts*. Boston: Birkhauser.

Roth, W.-M. (2010). Incarnation: Radicalizing the embodiment of mathematics. *For the Learning of Mathematics, 30*(2), 8–17.

Roth, W.-M. (2011). *Geometry as objective science in elementary classrooms: Mathematics in the flesh*. New York: Routledge.

Rotman, B. (2000). *Mathematics as sign: Writing, imagining, counting*. Stanford: Stanford University Press.

Rotman, B. (2008). *Becoming beside ourselves: The alphabet, ghosts, and distributed human beings*. Durham, NC: Duke University Press.

Rotman, B. (2012). Topology, algebra, diagrams. *Theory, Culture, Society, 29*, 247–260.

Rowland, T. (1995). Hedges in mathematics talk: Linguistic pointers to uncertainty. *Educational Studies in Mathematics, 29*(4), 327–353.

Rowland, T. (2000). *The pragmatics of mathematics education: Vagueness in mathematical discourse*. London: Falmer Press.

Russell, B. (1903). *The principles of mathematics*. Cambridge: Cambridge University Press.

Russell, B. (1919). The study of mathematics. In *Mysticism and logic: And other essays* (p. 60). Cambridge: Longmans, Green & Company.

Sacks, O. (1984). *A leg to stand on*. New York: Touchstone.

Sasaki, B. (2002). Toward a pedagogy of coalition. In A. A. Macdonald & S. Sanchez-Casal (Eds.), *Twenty-first-century feminist classrooms: Pedagogies of identity and difference* (pp. 31–58). New York: Palgrave Macmillan.

Sawyer, W. (1955). *Prelude to mathematics*. Harmondsworth: Pelican.

Saxe, G. B., Shaughnessy, M. M., Shannon, A., Langer-Osuna, J. M., Chinn, R., & Gearhart, M. (2007). Learning about fractions as points on the number line. In *The learning of mathematics, 69th yearbook of The National Council of Teachers of Mathematics* (pp. 221–236). Reston, VA: NCTM Publishing.

Schegloff, E. A. (1997). Whose text? Whose context? *Discourse and society, 8*(2), 165–87.

Scher, D. (1995). *Exploring conic sections with The Geometer's Sketchpad.* Berkeley, CA: Key Curriculum Press.

Schmittau, J. (2003). Cultural historical theory and mathematics education. In A. Kozulin, B. Gindis, S. Miller, & V. Ageyev (Eds.), *Vygotsky's educational theory in cultural context* (pp. 225–245). Cambridge: Cambridge University Press.

Schrödinger, E. (1935/1983). The present situation in quantum mechanics. In J. A. Wheeler & W. Zurek (Eds.), *Quantum theory and measurement* (pp.152–167). Princeton: Princeton University Press. (Original work published 1935)

Schulze, A., & Sevenoak, F. (1913). *Plane geometry*. New York: Macmillan.

Semetsky, I. (2006). *Deleuze, education, and becoming*. Rotterdam, The Netherlands: Sense Publishers.

Serres, M. (2008). *The five senses: A philosophy of mingled bodies*. (M. Sankey & P. Cowley, Trans.). London: Continuum International Publishing Group.

Serres, M. (2011). *Variations on the body*. (R. Burke, Trans.). Minneapolis: University of Minnesota Press.

Sfard, A. (2008). *Thinking as communicating: Human development, the growth of discourses, and mathematizing*. Cambridge: Cambridge University Press.

Shaffer, D. W., & Kaput, J. (1999). Mathematics and virtual culture: A cognitive evolutionary perspective on technology and mathematics education. *Educational Studies in Mathematics, 37*(2), 97–119.

Shakespeare, T., & Watson, N. (2001). The social model of disability: An outdated ideology? In S. N. Barnartt & B. M. Altman (Eds.), *Exploring Theories and Expanding Methodologies: Where We Are and Where We Need to Go Series: Research in social science and disability* (Vol. 2, pp. 9–28). Amsterdam & New York: JAI.

Shapiro, S. (2000). *Thinking about mathematics: The philosophy of mathematics*. New York: Oxford University Press.

Sheets-Johnstone, M. (2009). Animation: The fundamental, essential, and properly descriptive concept. *Continental Philosophy Review, 42*, 375–400.

Sheets-Johnstone, M. (2012). Movement and mirror neurons: A challenging and choice conversation. *Phenomenology and the Cognitive Sciences, 11*(3), 385–401.

Simondon, G. (2005). *L'individuation à la lumière des notions de forme et d'information.* Grenoble: Editions Jérôme Millon.

Sinclair, N. (2010). Knowing more than we can tell. In B. Sriraman & L. English (Eds.). *Theories of mathematics education: Seeking new frontiers* (pp. 591–608). Berlin: Springer.

Sinclair, N., de Freitas, E., & Ferrara, F. (2013). Virtual encounters: The murky and furtive world of mathematical inventiveness. *ZDM : The International Journal on Mathematics Education, 45*(2), 239-252.

Sinclair, N., & Gol Tabaghi, S. (2010). Drawing space: Mathematicians' kinetic conceptions of eigenvectors. *Education Studies in Mathematics, 74*(3), 223-240.

Sinclair, N., & Jackiw, N. (2011). On the origins of dynamic number in the breakdown of structural, metaphoric, and historic conceptions of human mathematics. In P. Liljedahl, S. Oesterle, & D. Allan (Eds.), *Proceedings/Actes 2010 Annual Meeting/ Rencontre Annuelle* (pp. 137-146). Burnaby, BC: CMESG/GCEDM.

Sinclair, N., & Pimm, D. (2009). The many and the few: Mathematics, democracy and the aesthetic. *Educational Insights, 13*(1). Retrieved from http://educationalinsights.ca/v13n01/articles/sinclair_pimm/index.html

Skemp, R. (1979). *Intelligence, learning and action - A foundation for theory and practice in education*. Chichester, UK: Wiley.

Skovsmose, O. (1994). *Towards a philosophy of critical mathematics education*. London: Springer.

Skovsmose, O., & Borba, M. (2004). Research methodology and critical mathematics education. In P. Valero & R. Zevenbergen (Eds.), *Researching the socio-political dimensions of mathematics education: Issues of power in theory and methodology* (pp. 207-226). New York: Kluwer Academic Publishers.

Skovsmose, O., & Valero, P. (2002). Democratic access to powerful mathematical ideas. In L. D. English (Ed.), *The handbook of international research in mathematics education* (pp. 383-408). Mahwah, NJ: Lawrence Erlbaum.

Smith, D. (2003). Deleuze on Bacon: Three conceptual trajectories in The logic of sensation. In *G. Deleuze, Francis Bacon: The logic of sensation* (pp. vii-xxvii). Minneapolis: University of Minnesota Press.

Smith, D. (2005). Deleuze on Leibniz: Difference, continuity, and the calculus. In S. H. Daniel (Ed.), *Current continental theory and modern philosophy* (pp. 127-147). Evanston, IL: Northwestern University Press. 127-147.

Smith, D. W. (2006). Axiomatics and problematics as two modes of formalization: Deleuze's epistemology of mathematics. In S. Duffy (Ed.), *Virtual mathematics: The logic of difference* (pp. 145-168). Manchester, UK: Clinamen Press.

Smith, D. W. (2007). The conditions of the new. *Deleuze Studies, 1*(1), 1-21.

Snyder, S. L., & Mitchell, D. T. (2001). Re-engaging the body: Disability studies and the resistance to embodiment [Special issue]. *Public Culture, 13*(3), 367-390.

Solomon, Y. (2009). *Mathematical literacy: Developing identities of inclusion*. New York: Routledge.

Staats, S. K. (2008). Poetic lines in mathematics discourse: A method from linguistic anthropology. *For the Learning of Mathematics, 28*(2), 26–32.

Staats, S. K., & Batteen, C. (2010). Linguistic indexicality in algebra discourse. *The Journal of Mathematical Behavior, 29*, 41–56.

Stanley, D. (2002). A response to Nunokawa's article: 'Surprises in mathematics lessons'. *For the Learning of Mathematics, 22*(1), 15–16.

Stevens, R. (2000). Who counts what as math? Emergent and assigned mathematics problems in a problems-based classroom. In J. Boaler, (Ed.), *Multiple perspectives on mathematics teaching and learning* (pp. 105–145). London: Ablex Publishing.

Stevens, R. (2012). The missing bodies of mathematical thinking and learning have been found. *Journal of the Learning Sciences, 21*(2), 337–346.

Stockero, S. L., & van Zoest, L. R. (2011). Making student thinking public. *Mathematics Teacher, 104*(9), 704–709.

Stokoe, E. H. (2005). Analysing gender and language. *Journal of sociolinguistics, 9*(1), 118–33.

Stokoe, E., & Edwards, D. (2006). Story formation in talk-in-interaction. *Narrative Inquiry, 16*(1), 56–65.

Straus, E. (1935/1963). *The primary world of the senses: A vindication of sensory experience*. (J. Needleman, Trans.). (2nd ed.). New York: Free Press (Original work published as Vom Sinn der Sinne, 1935)

Stylianou, D. A., & Silver, E. A. (2004). The role of visual representations in advanced mathematical problem solving: An examination of expert-novice similarities and differences. *Mathematical Thinking and Learning, 6*(4), 353–387.

Tahta, D. (1980). About geometry. *For the Learning of Mathematics, 1*(1), 2–9.

Tall, D. (2011). Crystalline concepts in long-term mathematical invention and discovery. *For the Learning of Mathematics, 31*(1), 3–8.

Tannen, D. (2007). *Talking voices: Repetition, dialogue, and imagery in conversational discourse*. New York: Cambridge University Press.

Tate, W. F. (2005). Race, retrenchment, and the reform of school mathematics. In E. Gutstein & B. Peterson (Eds.), *Rethinking mathematics: Teaching social justice by the numbers* (pp. 31–40). Milwaukee, WI: Rethinking Schools.

Tate, W., & Rousseau, C. (2002). Access and opportunity: The political and social context of mathematics education. In L. D. English (Ed.), *Handbook of international research in mathematics education* (pp. 271–300). Mahwah, NJ: Lawrence Erlbaum.

Thibault, P. J. (2004a). *Agency and consciousness in discourse: Self-other dynamics as a complex system*. London & New York: Continuum.

Thibault, P. J. (2004b). *Brain, mind, and the signifying body: An ecosocial semiotic theory*. London & New York: Continuum.

Titchkosky, T. (2006). *Disability, self, and society*. Toronto: University of Toronto Press.

Titchkosky, T. (2007). *Reading and writing disability differently: The textured life of embodiment*. Toronto: University of Toronto Press.

Torrance, E. P. (1974). *Torrance tests of creative thinking*. Bensenville, IL: Scholastic Testing Service.

Tracy, K. (2002). *Everyday talk: Building and reflecting identities*. New York: Guilford Press.

UPIAS. (1976/1997). *Fundamental Principles of Disability*. Retrieved from http://www.leeds.ac.uk/disability-studies/archiveuk/UPIAS/fundamental%20principles.pdf

Valero, P. (2004). Socio-political perspectives on mathematics education. In P. Valero & R. Zevenbergen (Eds.), *Researching the socio-political dimensions of mathematics education: Issues of power in theory and methodology* (pp. 5–23). New York: Kluwer Academic Publishers.

Valero, P., & Zevenbergen, R. (Eds.). (2004). *Researching the socio-political dimensions of mathematics education: Issues of power in theory and methodology*. New York: Kluwer Academic Publishers.

Veel, R. (1999). Language, knowledge, and authority in school mathematics. In F. Christie (Ed.), *Pedagogy and the shaping of consciousness* (pp. 185–216). London: Cassell.

Vygotsky, L. (1934/1986). *Thought and language*. Cambridge, MA: MIT Press. (Original work published 1934)

Vygotsky, L., & Luria, A. (1994). Tool and symbol in child development. In R. van der Veer & J. Valsiner (Eds.), *The Vygotsky reader* (pp. 99–174). Oxford: Blackwell Publishers.

Walkerdine, V. (1988). *The mastery of reason: Cognitive development and the production of rationality*. London: Routledge.

Walkerdine, V. (1998). *Counting girls out*. London: Falmer.

Walkerdine, V. (1990). Difference, cognition, and mathematics education. *For the Learning of Mathematics, 10*(3), 51–56.

Walkington, J. (2005). Becoming a teacher: Encouraging development of teacher identity through reflective practice. *Asia-Pacific Journal of Teacher Education, 33*(1), 53–64.

Walshaw, M. (2004a). A powerful theory of active engagement. *For the Learning of Mathematics, 24*(3), 4–10.

Walshaw, M. (Ed.). (2004b). *Mathematics education within the postmodern*. Greenwich, CT: Information Age Publishing.

Walshaw, M., & Brown, T. (2012). Affective productions of mathematical experience. *Educational Studies in Mathematics, 80*(1–2), 185–199.

Webb, T. (2008). Remapping power in educational micropolitics. *Critical Studies in Education, 49*(2), 127–142.

Weil, A. (1992). *The apprenticeship of a mathematician*. (J. Gage, Trans.). Berlin: Birkhäuser.

Weissglass, J. (2000). No compromise on equity in mathematics education: Developing an infrastructure. In W. G. Secada (Ed.), *Changing the faces of mathematics: Perspectives on multiculturalism and gender equity* (pp. 5–24). Reston, VA: NCTM Publishing.

Wendell, S. (1993). Feminism, disability, and transcendence of the body. *Canadian Women's Studies, 17*(4), 116–122.

West, T. G. (2004). *Thinking like Einstein: Returning to our virtual roots with the emerging revolution in computer information visualization*. Amherst, MA: Prometheus Books.

Wetherall, M. (1998). Positioning and interpretative repertoires: Conversation analysis and post-structuralism in dialogue. *Discourse and Society, 9*(3). 431–456.

Whitehead, A. N. (1951). Mathematics and the good. In P. Schipp (Ed.). *The philosophy of Alfred North Whitehead* (pp. 666–681). La Salle: Open Court.

Whitin, P., & Whitin, D. J. (2002). Promoting communication in the mathematics classroom. *Teaching Children Mathematics, 9*(4), 205–211.

Widdicombe, S. (1998). Identity as an analyst's and a participant's resource. In C. Antaki & S. Widdicombe (Eds.), *Identities in talk*. London: Sage.

Widdowson, H. G. (2004). Text, context, pretext. Malden, MA: Blackwell Publishing.

Wilensky, U. (1991). Abstract meditations on the concrete and concrete implications for mathematics education. In I. Harel & S. Papert (Eds.), *Constructionism* (pp. 193–204). Norwood, NJ: Ablex Publishing.

Williams, E., & Costall, A. (2000). Taking things more seriously: Psychological theories of autism and the material-social divide. In P. Graves (Ed.), *Matter, materiality and modern culture* (pp. 97–111). Routledge: London.

Wing, L. (1969). The handicaps of autistic children: A comparative study. *Journal of Child Psychology and Psychiatry, 10*, 1–40.

Winks, J. (1999). *Critical pedagogy: Notes from the real world* (2nd ed.). New York: Allyn and Bacon.

Wittgenstein, L. (1958). *Philosophical investigations* (3rd ed.). New York: Macmillan.

Wittgenstein, L. (1978). *Remarks on the foundations of mathematics*. Oxford: Basil Blackwell.

Woffitt, R. (2005). *Conversation analysis and discourse analysis: A comparative and critical introduction*. Thousand Oaks, CA: Sage Publications.

Woodward, J. (2004). Mathematics education in the United States: Past to present. *Journal of Learning Disabilities, 37*, 16–31.

Woodward, J., & Montague, M. (2002). Meeting the challenge of mathematics reform for students with LD. *Journal of Special Education, 36*(2), 89–101.

Wortham, S. (2006). *Learning identity: The joint emergence of social identification and academic learning*. New York: Cambridge University Press.

Yackel, E., & Cobb, P. (1996). Sociomathematical norms, argumentation, and autonomy in mathematics. *Journal for Research in Mathematics Education, 27*(4), 458–477.

Yackel, E., & Hanna, G. (2003). Reasoning and proof. In J. Kilpatrick, W. G. Martin, & D. E. Schifter (Eds.), *A research companion to principles and standards for school mathematics* (pp. 227–236). Reston, VA: NCTM Publishing.

Yates, F. (1979). *The occult philosophy in the Elizabethan Age*. London: Routledge and Kegan Paul.

Young, K. (1999). Narrative embodiments: Enclaves of the self in the realm of medicine. In A. Jaworski & N. Coupland (Eds.), *The discourse reader* (pp. 428–441). New York: Routledge.

Zevenbergen, R. (2003). Teachers' beliefs about teaching mathematics to students from socially disadvantaged backgrounds: Implications for social justice. In L. Burton (Ed.), *Which way social justice and mathematics education?* (pp. 133–152). London: Praeger.

김명주(2008). 들뢰즈의 이미지 존재론과 문화 해석의 모색. **철학논총**, 53, 57-78.

김상태(2008). 인간적·효율적 정치학: 입체-통섭-바이오정치. **정치정보연구**, 11(2), 1-29.

김수임(2017). 거울 뉴런에 의한 모방과 공감 그리고 자아인식: 돈 들릴로의 [바디아티스트]를 중심으로. **미국학논집**, 49(2), 23-40.

김재춘, 배지현(2012). 들뢰즈 감성론의 교육학적 의미 탐색: [차이와 반복]의 "강도" 개념을 중심으로. **초등교육연구**, 25(1), 1-29.

김한창(1993). 영어와 한국어의 법성표현 대조연구. 언어과학연구, 10, 1-46.
노상우, 진상덕(2014). 라캉의 정신분석에서 본 주체형성과정과 교육학적 함의. 교육의 이론과 실천, 19(1), 65-84.
송상헌(2012). 역사교육에서 역사교과서의 성격 규정 문제. 사회과교육, 51(2), 27-39.
이경남(1994). 법성(modality)과 문장의 구조 및 의미와의 상관성. 언어, 19(2), 431-453.
이정우(1999). 개체, 힘, 주름: 라이프니츠의 자연철학. 시대와 철학, 10(2), 252-276.
장경윤(2014). 수학전쟁의 기원과 우리나라 수학교육과정 개정. 수학교육학연구, 24(4), 645-668.
정혜욱(2013). 랑시에르의 미학적 공동체와 '따로·함께'의 역설. 비평과 이론, 18, 189-217.
조애리, 유정화(2016). 들뢰즈의 소수자-되기와 문학. 현상과 인식, 40(4), 251-271.
조원광(2012). 미셸 푸코 권력이론의 재조명. 경제와 사회, 242-273.
조주현(2010). '사회적인 것'의 위기와 페미니스트 정체성의 정치: 린다 제릴리의 대안. 사회와이론, 53-83.
허성원(2019). 페미니즘의 퀴어정동정치를 향하여: 독해실천으로서의 퀴어정동이론. 한국여성학, 35(2), 75-98.
木田元, 野家, 啓一, 村田, 純一, 鷲田, 清一(2011). 현상학사전. (이신철 역). 서울: 도서출판b. (일본어 초판은 1994년 출판)
Bennett, J.(2010). *Vibrant Matter: A political ecology of things*. London: Duke University Press.
Goldstein, E. B. (Ed.).(2007). *Blackwell handbook of sensation and perception*. John Wiley & Sons., 김정오, 곽호완, 도경수, 박권생, 박창호, & 정상철. (역). 감각과 지각. 서울: 주)시그마프레스. (영어 원작은 2001년 출판)
de Freitas, E., & Sinclair, N.(2012). Diagram, gesture, agency: Theorizing embodiment in the mathematics classroom. *Educational Studies in Mathematics, 80*(1), 133-152.
Deleuze, G. & Guattari, F.(2001). 천개의 고원 : 자본주의와 분열증. (김재인 역). 서울 : 새물결 (초판은 1980년 출판)
Gallagher, S & Zahavi, D.(2013). 현상학적 마음—심리철학과 인지과학 입문. (박인성 역). 서울: 도서출판b. (영어 원작은 2008년 출판).
Haack, S.(1996). *Deviant logic, fuzzy logic: beyond the formalism*. University of Chicago Press.
Husserl, E.(1939). Die Frage nach dem Ursprung der Geometrie als intentionalhistorisches Problem [The question or the origin of geometry as intentional-historical problem]. *Revue internationale de philosophie, 1*, 203-225.
Husserl, E.(1997). *Die Krisis der europäischen Wissenschaften und die transzendentale Phänomenologie: Eine Einleitung in die phänomenologische Philosophie* [The crisis of

European sciences and transcendental phenomenology: An introduction to phenomenological philosophy]. Hamburg: Felix Meiner.

Kirschner, S.(2010). *Nicole Oresme*. Stanford Encyclopedia of Philosophy. https://plato.stanford.edu/entries/nicole-oresme/

Lockhart, P.(2017). 수포자는 어떻게 만들어지는가? (한 수학자의 탄식). (박용현 역). 서울: 철수와영희. (영어 원작은 2009년 출판).

Piaget, J.(1929). *The child's conception of the world*. NY: Harcourt, Brace Jovanovich.

Rancière, J.(2008). 감성의 분할: 미학과 정치. (오윤성 역). 서울: 도서출판b. (불어 원작은 2000년 출판).

Roth, W. M.(2011). *Geometry as objective science in elementary school classrooms: Mathematics in the flesh*. Routledge.

Rotman, B.(2008). *Becoming beside ourselves: The alphabet, ghosts, and distributed human being*. London: Duke University Press.

Wallace, S.(2015). *A dictionary of education*. OUP Oxford.

Wittgenstein, L.(1978). *Remarks on the Foundations of Mathematics*. Cambridge, MA: MIT press.

찾아보기

수학ㅣ신체ㅣ테크놀로지의 삼중주

포괄적 유물론과 수학교육의 만남

지은이 엘리자베스 드 프레이타스 · 나탈리 싱클레어
옮긴이 이경화 · 김동원 · 박진형 · 문성재 · 노정원 · 서민주
펴낸이 조경희
펴낸곳 경문사
펴낸날 2020년 9월 1일 1판 1쇄
등 록 1979년 11월 9일 제1979-000023호
주 소 04057, 서울특별시 마포구 와우산로 174
전 화 (02)332-2004 팩스 (02)336-5193
이메일 kyungmoon@kyungmoon.com
facebook facebook.com/kyungmoonsa

값 19,000원

ISBN 979-11-6073-334-1

★ 경문사 홈페이지에 오시면 즐거운 일이 생깁니다.
http://www.kyungmoon.com

한국과학기술출판협회 회원사